RUBRIQUE FAITS DIVERS

Du même auteur

1993, mode d'emploi
Ramsay, 1990

Les Postiches
Un gang des années 80
Fayard, 2004

(Avec Sébastien Bennardo)
Brigade anti-criminalité
Flammarion, 2013

Guy Georges
La traque
Fayard, 2010 et Pocket, 2013

Le 36
Histoires de poulets, d'indics et de tueurs en série
Seuil/Les Jours, 2017 et Points n° 4726

Grégory
La machination familiale
Seuil/Les Jours, 2018

Le Magot
Fourniret et le gang des Postiches : mortelle rencontre
Seuil/Les Jours, 2019 et Points n° 5160

Le Grêlé
Le tueur était un flic
Seuil, 2022 et Points n° 6146

Kim et les papys braqueurs
Main basse sur les bijoux de la Kardashian
Seuil, 2024

PATRICIA TOURANCHEAU

RUBRIQUE
FAITS DIVERS

ÉDITIONS DU SEUIL
57, rue Gaston-Tessier, Paris XIXe

Photographies pp. 27, 82, 95, 111, 133, 153, 183, 206, 261, 283, 328, 377, 383, 421, 428, 454, 455 : © *Libération*.
Photographies pp. 39, 138, 177, 227, 408, 481 : droits réservés.

Conception graphique : Éric Deleporte

Photographies de couverture : Appartement de Mohamed Merah © Frederic Scheiber/Hans Lucas • Claude Lastennet © Riclafe/Sipa • Marc Hornec © Guillaume Binet/MYOP • François Besse © Api/Gamma Rapho • Photo d'identité de Michel Ardouin © AFP • Patricia Tourancheau (archive personnelle) • Pierre Chanal © Api/Gamma Rapho • Clément Meric © Vincent Nguyen/Riva Press • Bureau d'investigations © Shironosov/Getty Images.

ISBN 978-2-02-159340-2

www.seuil.com

Édito

Criminels, policiers, braqueurs, légistes, escrocs, kidnappeurs, espions, terroristes, trafiquants, faussaires et serial killers ont été mes « clients » attitrés durant mes vingt-cinq années *Libé* à Paris. Assassinats, viols, écoutes, évasions, enlèvements, arnaques, corruption, hold-up et attentats ont été mes sujets dévolus de 1990 à 2015. Violents, menteurs, ripoux, jaloux, fourbes, retors, crapules, brutes, haineux, traîtres, redresseurs de torts, vicelards, magouilleurs et psychopathes ont peuplé les pages « Société » de *Libération*. Embauchée le 1er novembre 1990 à la rédaction nationale du journal historique de Jean-Paul Sartre et Serge July, comme rubricarde « Police » du canard, accréditée au ministère de l'Intérieur et dans les services de sécurité, il m'incombe de suivre les grandes enquêtes qui en dépendent : actes et filières de terrorisme, traques d'« ennemis publics numéro un » (fugitifs, poseurs de bombes, tueurs en tous genres), attaques de banques et de fourgons blindés, rapts et fusillades, scandales politiques (barbouzes de l'Élysée et espionnage d'adversaires), démantèlements de gangs, etc. Mais, rare femme journaliste à ce poste pour un quotidien catalogué gaucho anti-flics pro-taulards, ce n'est pas une sinécure de s'immiscer dans la « maison poulaga » et de tisser des liens avec les mecs de ces services très masculins comme la Brigade de répression du banditisme (BRB) et l'antigang. Surtout quand je m'incruste en parallèle, armée d'un calepin et d'un stylo, dans le milieu des voleurs, pour recueillir leurs points de vue, les faire parler et glaner leurs secrets. Il ne faut pas non plus compter sur moi pour fournir des tuyaux aux flics en échange de leurs infos, une vieille et sale habitude pratiquée par certains. Pas de « donnant-donnant ». Même si j'ai commis des erreurs et quelques comptes rendus institutionnels, j'ai essayé d'entretenir des relations loyales avec les camps adverses, police et voyous, procureurs et accusés, de montrer de l'empathie envers les victimes ou témoins. Passionnée par les énigmes, j'ai enquêté à ma façon pour percer quelques mystères et dévoiler le dessous des choses. Passeuse et conteuse d'histoires, je ne juge pas, je ne flique pas, mais je questionne, j'écoute et recoupe pour retracer un épisode, un parcours, une bascule, un portrait.

Sur mes 3 000 à 3 500 « papiers » publiés entre 1990 et 2015, j'ai choisi soixante-neuf articles rangés en quatorze parties thématiques et ajouté, à l'occasion, des nouvelles fraîches sur leur devenir. La plupart portent sur des affaires retentissantes, qui ont marqué la France, et d'autres plus méconnues sur des destins hors du commun. Fait-diversière revendiquée, j'ai essayé de traiter de la même manière les petits comme les grands, les brèves et les événements, à chaud en pleine actualité, en feuilletons à rebondissements, en chroniques judiciaires ou séries d'été décalées. Comme ces plongées chez les espions, au cœur de la grande truanderie ou à l'Institut médico-légal. Ce sont parfois de véritables phénomènes de société, telles

les épidémies d'actions racistes de skinheads néo-nazis et d'attentats de voleurs de cités devenus jihadistes *made in France* à la Kelkal, les enlèvements contre rançon du baron Empain en 1978 et d'Ilan Halimi par le « gang des barbares » en 2006, ou encore l'émergence de redoutables tueurs en série lorsque l'ADN n'existait pas. Je me suis également intéressée aux femmes meurtrières, jeune rebelle amoureuse, mère infanticide, filles appâts, infirmière « veuve noire » ou sœur vengeresse. Attirée par les hors-la-loi, j'ai fréquenté des gars de la marge qui n'ont pas eu de chance pour comprendre leur choix de ce turbin interdit, raconter leurs coups d'éclat pour s'approprier de l'argent ou parfois leur réinsertion dans cette société pas faite pour eux, et les décrire avec un poil d'humour : l'éternel évadé François Besse (ex-associé de Mesrine) métamorphosé en philosophe ; les mousquetaires de la « Dream Team » ou le braqueur Nino Ferrara qui n'ont pas versé le sang ; le preneur d'otages de la cour d'assises de Nantes Georges Courtois et surtout l'anarchiste maçon faussaire espagnol Lucio Urtubia, ayant escroqué la plus grande banque américaine pour financer des causes.

Habituée à fouiller les poubelles de notre société, à investiguer en dehors des clous et à démasquer les doubles jeux, j'ai écrit sur d'horribles pervers mais toujours cherché l'humain derrière le crime. J'ai gardé le contact avec les protagonistes de multiples affaires après la tragédie ou le procès d'assises, lorsque l'oubli les a relégués avec leur trauma chez un psy ou avec leur peine en prison. J'ai aussi découvert des gens attachants au 36, quai des Orfèvres, parmi les familles de victimes et d'assassins, et même chez les bandits dits d'honneur qui pillent les coffres-forts ou montent des arnaques sans blesser les personnes. Ce recueil de récits de *Libération* constitue une traversée du monde criminel tel que je l'ai vu et vécu, pas tout noir ni tout rose.

Patricia Tourancheau
À Paris, le 29 octobre 2024

Partie 1

Générations de tueurs en série

Les descendants de Barbe-Bleue ne sont ni des seigneurs de la guerre, ni des antihéros mythifiés comme les serial killers américains traqués par des profileurs érigés en anges blancs de la société. Loin du *Silence des agneaux*, les tueurs français contemporains sont plutôt des ratés de la vie, enfants violentés, marginaux errants, parfois débiles, voleurs, cambrioleurs ou détraqués sexuels qui ont basculé dans des crimes monstrueux, mais inspirent encore la pitié. Des meurtriers stoppés trop tard, souvent par hasard, par des enquêteurs mal outillés. Le premier que j'ai eu à traiter pour *Libé* dans les années 1990, c'est « le tueur de la Bastille », ou « de l'Est parisien », Guy Georges. À l'époque, la notion même de tueur en série ou serial killer n'est pas encore entrée dans les mœurs de la brigade criminelle du 36, quai des Orfèvres, qui parle de « multirécidivistes » ou d'« auteurs de crimes multiples », se méfiant des termes et pratiques importés des États-Unis. Malgré les traces de sperme, de sang ou de sueur laissées entre 1994 et 1997 sur plusieurs scènes de crime par cet égorgeur de jeunes femmes à Paris, et la caractérisation de cet ADN baptisé SK1 par le biologiste Olivier Pascal, la traque chaotique de ce redoutable meurtrier identifié et arrêté tardivement, le 26 mars 1998, a révélé le manque cruel d'un fichier centralisé.

Les loupés dramatiques de cette enquête sur Guy Georges ont poussé la France à voter enfin, en juin 1998, la création du fichier national automatisé des empreintes génétiques. Déjà en 1987, l'échec de la Crim' à appréhender le tueur en série de mamies à Paris Thierry Paulin, dont les traces papillaires relevées depuis 1984 sur moult lieux de meurtres ne figuraient que sur des fiches cartonnées dans des commissariats de province, avait boosté le pays pour se doter d'un fichier automatisé des empreintes digitales. En revanche, en 1996, alors que sévissait à Paris « le tueur aux mains nues », un procédurier de la brigade criminelle avait eu l'excellent réflexe de prélever un crachat dans la cabine de l'ascenseur de l'immeuble d'une victime qui avait livré l'ADN de Mamadou Traoré, déjà répertorié pour d'autres violences. Puis la police et la justice se sont équipées pour détecter les séries et lancées dans l'analyse de vieux objets placés sous scellés à l'aune des avancées de la science, trouvant ainsi les preuves de l'existence d'autres tueurs en série comme l'adjudant Chanal, du régiment de parachutistes de Mourmelon, ayant embarqué des auto-stoppeurs dans les années 1980. Enfin, pour contrer les profileurs français autoproclamés – souvent des charlatans ou escrocs –, qui se sont emparés du phénomène, les experts psychiatres ont analysé pour la justice ces tueurs en série au fil de procès d'assises que j'ai suivis et ont détecté des failles profondes dès leur petite enfance.

5 août 2002

1. Lignée sanguinaire

De Landru à Patrice Alègre, des « génies » du crime du début de siècle aux « paumés » de la nouvelle génération, revue d'assassins hors du commun.

Au XIXe siècle, François Vidocq, brigand évadé du bagne devenu chef de la Sûreté, les appelait « *les écorcheurs* », ces voleurs qui trucidaient les gens pour « *la bourse ou la montre* », la vengeance ou le plaisir. Ainsi, le poète assassin Pierre-François Lacenaire, ancien commis voyageur qui a tué à coups de tire-point[1] passage du Cheval-Rouge et rue Montorgueil à Paris, se présente-t-il aux assises en 1835 en vengeur de l'humanité, en révolté de la misère, mais également en jouisseur du crime : « *C'est toujours un intérêt personnel, puisque c'est un plaisir.* »

L'ancêtre de la lignée historique des tueurs en série français s'appelle sans conteste Gilles de Rais, alias Barbe-Bleue, seigneur de la guerre et compagnon de Jeanne d'Arc, qui a séquestré et torturé 140 enfants dans les souterrains de son château de Tiffauges avant de finir pendu et brûlé à Nantes, en 1440. Il sera ressuscité dans les *Contes de ma mère l'Oye* en Barbe-Bleue dévoreur

1. Instrument avec une lame triangulaire et un manche. Cf. *Assassins, hors-la-loi, brigands de grands chemins. Mémoires de Lacenaire, Vidocq et Mandrin*, éd. par Michel Le Bris, Paris, Complexe, 1996 ; Anne-Emmanuelle Demartini, *L'Affaire Lacenaire*, Paris, Aubier, 2001.

d'épouses entassées dans une pièce interdite de son château, ou en ogre du *Petit Poucet*, qui tue ses sept filles au lieu des garçonnets. Gilles de Rais n'a cessé d'incarner « *le monstre de référence dans la mémoire collective d'un peuple* », écrit le commissaire Charles Diaz, coauteur du *Livre du crime*[1], mais le phénomène traverse toutes les époques et « *se caractérise essentiellement par le nombre important des victimes, sur une longue période* ».

Les deux guerres mondiales ont chacune produit un grand criminel, Landru et Petiot, qui ont attiré leurs victimes chez eux, les ont dépouillées et brûlées dans la cuisinière. Escroc au départ, Henri-Désiré Landru, qui contactait des veuves ou des célibataires par petites annonces pour capter leurs biens, a fini par éliminer dix femmes entre 1915 et 1919. Ultime défi à la société, Landru a refusé le matin même de la guillotine de livrer ses secrets à son avocat : « *Désolé, maître, c'est mon petit bagage !* » Crapule lui aussi à l'origine, le docteur Petiot, qui officiait durant l'occupation allemande, proposait à des juifs de fuir en Amérique du Sud et les « *vaccinait* » avec un poison pour récupérer objets et argent. À travers l'œilleton percé dans la porte de la cave, le docteur Petiot se délectait de l'agonie de ses victimes, vingt-quatre au moins, avant de les découper, les jeter dans un puits de chaux ou les incinérer dans son four. Avant l'échafaud en 1946, ce déséquilibré écrivit sur les murs de sa cellule : « *Je ne demande pas de remerciements, j'ai fait ça par esprit sportif.* »

1. Charles Diaz, Daniel Fontanaud et Michel Desfarges, *Le Livre du crime*, Paris, Calmann-Lévy, 1994.

Une accalmie du phénomène, entre la fin de la Seconde Guerre mondiale et la fin des années 1970, a toutefois été soulignée par le journaliste Frédéric Vézard dans *La France des tueurs en série*[1]. Le temps des Trente Glorieuses, de la Libération à la crise pétrolière. Est-ce l'énergie de la reconstruction après le mal absolu de la guerre qui a endigué les passages à l'acte ?

L'arrestation, en 1976, du tueur de l'Oise Marcel Barbeault, régleur dans une usine de Nogent-sur-Oise, déchaîne les passions. Il a attaqué huit femmes en sept ans, le long de la voie ferrée. « *Il les frappait avec un casse-tête, en réalité avec une pelle à ballast de la SNCF, donnait un coup de poignard dans le cœur, tirait une balle de carabine 22 long rifle, baissait leur culotte et les laissait les fesses à l'air* », se souvient le commissaire Bernard Trenque qui eut du mal à le coincer à cause « *des situations disparates, du mode opératoire pas toujours identique et de l'absence de liens avec les victimes, prises au hasard sur le chemin du travail* ». Georges Simenon, le père de Maigret et du polar, s'insurge dans *Paris Match* pour stopper l'hallali, et plaint Barbeault, ce « *schizophrène parfait* » qui, une fois la crise passée, « *reprend sa peau d'honnête homme, redevient un brave citoyen paisible* ». Simenon s'en prend aussi au « *mythe de l'augmentation de la criminalité* » : « *Il y a moins d'un siècle, on n'osait pas aller au théâtre à pied à cause des "Apaches".* »

En 1977, à Auxerre, un chauffeur des Rapides de Bourgogne, nommé Émile Louis, qui transporte des

1. Frédéric Vézard, *La France des tueurs en série*, Paris, Flammarion, 2002.

débiles légères placées en institution, commence à œuvrer dans son coin. Passé au travers durant plus de vingt ans, ce vieux monsieur aux cheveux blancs a été rattrapé par les gendarmes en 2000, et n'a pas encore été jugé pour sept meurtres de pupilles de la DDASS. Après « *les disparues de l'Yonne* », la décennie suivante s'amorce avec « *les disparus de Mourmelon* », sept appelés qui se volatilisent en auto-stop à la sortie du camp de 1980 à 1987. L'imputation de trois de ces meurtres vient juste de retomber sur l'adjudant Pierre Chanal, renvoyé devant les assises de la Marne.

En 1984, deux tueurs en série émergent en France. À Paris, Thierry Paulin, un Antillais homosexuel blond décoloré, élevé à Fort-de-France par sa grand-mère, rejeté en métropole par son père, dépouille et étrangle des vieilles dames, flambe l'argent des victimes dans les boîtes branchées de la capitale et organise une soirée avec champagne pour ses 24 ans, avant son arrestation en 1987. Séropositif, Paulin meurt en prison sans avoir été jugé pour dix-huit meurtres de grand-mères. Toujours en 1984, dans l'Est, Francis Heaulme, garçon retardé et dégingandé qui prend les coups d'un père alcoolique, perd sa mère protectrice, « *une sainte* », le 11 octobre, tente de se suicider, puis attaque une série chaotique de meurtres entre deux séjours en hôpitaux psychiatriques, jusqu'en 1992. Ce marginal déséquilibré lancera à ses médecins : « *Je suis un "serial killer"... le plus grand criminel du XXe siècle,* Paris Match *et* Détective *l'ont écrit. Je suis passé trente fois dans* Le Républicain lorrain... » Pour le psychiatre Michel Dubec, Heaulme n'est qu'un « *débile vaniteux* », selon une définition du XVIIIe siècle, qui « *compense son QI limité à*

60 par de la mythomanie », et son impuissance par « *une suite de meurtres après boire, commis avec des comparses différents plus ou moins clochards, sur n'importe quel type de victime qui passe par là* ».

L'année 1990 marque un tournant. Les serial killers américains ont déjà débarqué en France dans la littérature policière, les romans de James Ellroy (*Le Dahlia noir*), la presse a retracé le travail du bureau du FBI à Quantico, mais la sortie au cinéma du *Silence des agneaux*[1] bouscule tout. Pour le sociologue Denis Duclos qui, dans *Le Complexe du loup-garou*, étudie « *la fascination de la violence dans la société américaine* », l'œuvre devient « *un fétiche, moins pour avoir campé un psychiatre en cannibale que pour en avoir fait un conseiller permanent de la police* ». Le scénario n'a rien d'extravagant puisque le psychopathe traqué par Jodie Foster a été inspiré par Ed Gein, qui tuait pour se fabriquer des vêtements en peau humaine (1958). Et le patron de l'unité de Quantico, Robert Ressler, qui a conseillé les auteurs, a lui-même eu recours à des tueurs en série pour résoudre ses enquêtes. « *C'est pourquoi le film n'a pas eu un banal statut de thriller*, écrit Duclos. *Il a touché au lien intime entre la culture américaine et le spectacle du crime.* »

Du coup, l'Hexagone importe les classifications du FBI et la définition du tueur en série : « *L'auteur de trois meurtres ou plus, sans mobile apparent, avec un intervalle de temps entre les crimes* », à distinguer des tueurs de

1. L'adaptation cinématographique de 1991 du livre de Thomas Harris (1989, trad. fr. 1990) par Jonathan Demme, a reçu l'oscar du meilleur film en 1992.

masse comme Richard Durn à Nanterre, qui a tué huit conseillers municipaux en une minute. Le FBI distingue deux grandes catégories de serial killers, les « *organisés* » psychopathes (75 %) et les « *désorganisés* » psychotiques (25 %). En France, les nôtres sont les deux à la fois, mixtes, et mêlent souvent l'appât du gain aux motifs sexuels.

Une nouvelle génération de tueurs en série français émerge des années 1990. Mamadou Traoré, le « *tueur aux mains nues* », à 23 ans, en 1996, a tué et violé, ou agressé et défiguré des dames à Paris, « *marabouté par le gri-gri maléfique donné par son père* ». En fait, le Sénégalais se serait vengé après avoir appris sa séropositivité et avoir été mis à la porte par sa mère. Guy Georges, abandonné en 1962 à sa naissance par sa mère et confié à une famille angevine, a perdu son identité à 6 ans, changé de nom, et agressé ses sœurs de lait à la puberté. De fugues en larcins, de foyers en prison, d'agression en viol, « *Joe the Killer* » a égorgé avec son Opinel sept jeunes femmes à Paris entre 1991 et 1997, et a pris perpét' à 36 ans. Sid Ahmed Rezala, « *le tueur des trains* », qui a tué trois femmes dans son errance ferroviaire en 1999, a mis fin à ses jours à la prison de Lisbonne. Et Patrice Alègre, le Toulousain de 33 ans, fils d'une coiffeuse légère et d'un policier violent, a étranglé de ses mains cinq victimes, et attend un second procès pour cinq autres.

Tous des gosses perdus, squatteurs ou itinérants, violeurs et meurtriers de femmes. Selon le policier Thierry Toutin[1], qui a étudié quinze cas de multirécidivistes fran-

1. *Le Profilage criminel*, de Thierry Toutin, Paris, La Documentation française, 2000.

çais des vingt dernières années, quasiment tous ont subi *« de graves violences morales, physiques ou sexuelles dans l'enfance »*, 20 % seulement travaillaient, 60 % étaient SDF, neuf avaient une « *intelligence moyenne* ». Les trois quarts étaient des exclus de la société, des maltraités qui ont reproduit les sévices subis.

Loin des schémas américains, le psychiatre Daniel Zagury, qui en a examiné une douzaine, distingue trois types de tueurs en série en France. D'abord, les criminels « *pseudo-utilitaires* » comme Landru, Petiot, Paulin et Lastennet, qui, au départ, volent ou cambriolent les victimes, mais qui voient leur mobile crapuleux s'estomper *« au profit de gains psychiques plus obscurs »*. Puis *« les vagabonds semi-marginaux »*, *« une lignée historique »* de Joseph Vacher, le tueur de bergères de la région de Dijon au XIXe siècle, à Francis Heaulme. Enfin, les *« criminels sexuels »*, comme Guy Georges ou Patrice Alègre, psychopathes et pervers narcissiques profonds : *« Le clivage à l'anglo-saxonne, avec l'alternance entre un Dr Jekyll bon travailleur et un Mr Hyde assassin, ne correspond pas au profil des tueurs en série français. La plupart ne sont pas socialement intégrés et, trop instables, ne parviennent pas à vivre durablement une relation de concubinage ou de mariage*[1]. » Par rapport aux États-Unis, le docteur Zagury note moins *« de mises en scène sexuelles délibérées, de glorification médiatique, de défis à la police… »* et s'inquiète de la dangereuse *« mythologie américaine qui érige ses criminels en véritables légendes du mal, en antihéros de société »*,

1. Daniel Zagury, « Du malaise psychopathique dans la civilisation au tueur en série », *L'Évolution psychiatrique*, vol. 66, n° 4, 2001.

exhibant « *la nature sauvage de l'être humain* » pour justifier la répression « *la plus implacable* ». Le puritanisme et la religiosité des sociétés anglo-saxonnes « *clivées entre le bien et le mal, la réussite et l'échec, Dieu et le diable* », paraissent un terreau plus favorable aux serial killers que l'Europe latine : « *Ne cédons pas à la fascination. Gardons nos traditions. Les nôtres sont des ratés de la vie qui suscitent encore un mélange d'horreur, de dégoût et de pitié.* »

6 août 2002

2. De maman aux mamies

Tous ceux qui ont approché le tueur de vieilles dames du Val-de-Marne Claude Lastennet, après son arrestation le 12 janvier 1994, ont été pris d'une angoisse terrible. Avec sa gueule d'ange et ses yeux de mort-vivant, ce gringalet de 24 ans a épouvanté les policiers les plus endurcis de la brigade criminelle de Paris et même l'avocat pénaliste Pierre-Olivier Sur : « *La première fois au parloir à Fresnes, je me suis trouvé face à un petit bonhomme très brun au physique quasi inexistant, maigre et voûté dans des habits amples. Il n'avait même pas une façon humaine de se tenir sur une chaise, comme l'homme sauvage retrouvé en forêt d'Aveyron, comme un chien galeux. Et son regard, son regard… venait d'ailleurs, de loin. Un physique diabolique, car une lumière diaphane passait à travers lui. Jamais je n'ai eu une impression pareille. J'estime, ce jour, avoir rencontré le diable.* » La psychologue Caroline

Legendre et le médecin Francis Louarn ont aussi vacillé sous « *son regard inquiétant, hypnotisant, qui donne le vertige, comme s'il voulait capturer l'autre, l'aspirer* » et sa manière de se rapprocher en levant les bras « *comme s'il voulait englober l'autre* ».

Ces matins-là, Claude Lastennet sentait « *qu'il y aurait une personne de morte* ». La première fois, pour Marcelle Cavillier, 87 ans, c'est arrivé presque par hasard. Ce 22 août 1993, il entre dans le pavillon de la vieille dame à Chevilly-Larue, sûr d'y trouver un gros paquet de billets, avec un revolver Magnum sans balles. Il a guetté. Il la croit absente. En fait, elle est là. Il exige « *sa thune* ». Elle refuse. Un coup de crosse sur la tête. Il fouille la chambre et dégote 12 000 francs dans l'armoire. Mais la femme se réveille, se jette sur lui et l'agrippe. Ce corps à corps « *l'énerve et l'excite* » : « *Je l'ai étranglée, j'ai serré son cou jusqu'à ce qu'elle ne bouge plus.* » Alors, il a éprouvé « *un spasme* » qui ressemble à un orgasme, une sensation de flotter « *dans un rêve* » au-dessus du monde, « *comme un oiseau qui vole* », et puis « *un soulagement moral, ça allait mieux après* ». Puis il a claqué le portail, a rejoint le foyer de jeunes travailleurs, pris une douche, acheté de la lessive au magasin Atac, lavé sa veste en jean ensanglantée, et réglé ses deux mois de loyer en retard, 2 400 francs.

Pour les quatre autres vieilles dames, « *c'était pas pour l'argent* ». Le 15 novembre, dès le réveil, voilà à nouveau « *la force intérieure* » qui le pousse. « *Je ne savais pas qui, ni où, mais je savais comment : je savais qu'il y aurait étranglement* », confia-t-il au juge[1] : « *Pourquoi des*

1. Procès-verbal du 17 janvier 1994.

vieilles ? Je ne l'explique pas, quoique les vieux, ça m'a toujours intéressé. Je voulais faire des études de gériatrie, mais c'était trop cher. » Ces jours-là, Claude Lastennet repère des mamies dans la rue. Antoinette Bonin, 76 ans, « *parce qu'elle marche plus lentement qu'un escargot* ». Le lendemain, Raymonde Fournier, 72 ans, sœur de l'ex-PDG de la SNCF, « *c'est un détail qui a fait que ça a été elle... Ses grosses lunettes. Elles étaient tellement grosses, des loupes, que s'il y avait eu du soleil, elle aurait eu les yeux brûlés* ». Augustine Royer, 91 ans, il l'a remarquée le 18 décembre à cause de « *ses chaussures trop grandes, elle avait les pieds qui sortaient* », et Violette de Ferluc, 92 ans, le 8 janvier 1994, « *c'est le poireau qui dépassait de son cabas* ». Il les suit chez elles, les étrangle, vole parfois de l'argent ou « *des trophées* », une télé, un bijou, un chapelet...

Claude Lastennet ne peut plus se passer de ces instants de toute-puissance et de jouissance qui apaisent sa « *grande angoisse* », sa « *peur au ventre, assez étrange* » à son réveil. Les jours de crime, même pas besoin de shit, lui qui fume d'habitude dix joints. Dénoncé par un copain du foyer, le voilà attrapé au bout de cinq meurtres en cinq mois et « *soulagé, sinon, j'aurais continué* ». Hospitalisé un mois à l'unité psychiatrique de Fresnes, Claude Lastennet balance entre l'envie d'en finir (« *Je ne peux pas être réincarné si je me suicide, donc il faut que je tue n'importe qui pour me faire tuer* ») et le besoin de comprendre. Faute de parvenir à élucider l'énigme intime de ses meurtres, ce garçon imprégné de science-fiction explique avoir donné la mort pour devenir immortel, tel Satan : « *À chaque fois que j'ai étranglé des femmes, il y a toujours un écoulement sanguin soit du nez, soit des oreilles. Je trempe un doigt, l'auriculaire droit, dans le sang et je le porte à ma bouche. Le sang m'excite. Je me suis d'ailleurs intéressé à des histoires de vampire, de Lucifer.* » Pour le psychiatre Daniel Zagury qui l'a examiné, Lastennet « *puise dans les mythes de l'horreur pour essayer de rendre compte d'une sorte de quête de revitalisation* » mais aussi pour tenter de « *donner une trame* » au processus intérieur qui a guidé ses actes. Sans verser dans le délire du psychotique, le tueur ébauche des sortes d'icônes démoniaques ou vampiriques pour dépeindre des actes irreprésentables. Comment trouver des mots pour évoquer « *les retrouvailles fusionnelles avec le corps maternel dans la possession vampirique ou la mort de l'autre comme condition de la renaissance de soi…* », écrit Zagury[1]. Impossible. Pourtant, Claude Lastennet n'est ni un diable ni un vampire.

« *Je suis un monstre, mais je suis innocent,* dit-il. *Je l'ai fait, mais ce n'est pas moi.* » Bientôt, le prisonnier revendique de bénéficier de l'irresponsabilité pénale : « *Soit j'ai l'article 64, et je me marie, soit j'en finis avec la vie, je ne veux plus rien, sauf le non-lieu.* » Il écrit à sa mère des lettres passionnées : « *J'aurais voulu être le fils modèle. Accorde-moi ton pardon ! Le coupable, c'est quelqu'un que je ne connais pas. Je t'ai perdue à l'âge de 11 ans* », quand sa mère l'a « *trahi* » avec un autre homme. Elle a fait 600 kilomètres pour visiter son fils

1. Dans « Entre psychose et perversion narcissique, une clinique de l'horreur : les tueurs en série » (*L'Évolution psychiatrique*, vol. 61, n° 1, 1996), Daniel Zagury traite le cas de Claude Lastennet, alias « Jérôme ».

au parloir. Mais elle ne l'a pas embrassé, et a refusé qu'il lui « *prenne les mains* ». Quand Claude lui a dit : « *Si je suis condamné, je me taillerai les veines* », sa mère a rétorqué : « *Surtout, ne te loupe pas !* » Il a eu « *très mal au ventre* ». Il a pensé : « *Je ne la reverrai plus.* » Alors il a commencé son travail de deuil. Il a décidé de « *parler* » à sa thérapeute de Fresnes, Monique Delocque-Fourcaud[1], de reconstruire son histoire.

Faux jumeau, Claude Lastennet, né à Brest de père inconnu, « *un marin* », a été abandonné dès la naissance à son oncle et sa tante par sa mère qui travaillait aux PTT dans la capitale. À 2 ans, l'enfant breton retrouve son frère et sa mère, tous les trois ensemble à Paris, puis à Morlaix. Neuf années de « *bonheur, c'était Byzance* »... Jusqu'à l'intrusion du beau-père, 24 ans, dix ans de moins que sa mère, treize de plus que lui, ce qui a peut-être brouillé « *ses repères dans la différence des générations* » selon les psychiatres. Au bout de deux ans, la « *haine* » du beau-père se met à grossir, et reste intacte dix ans plus tard en prison : c'est « *un alcoolique violent* » qui l'humiliait et le cognait, « *un spermatozoïde qui aurait dû rester dans les couilles de son père* ». Il demande à sa mère de divorcer. Elle refuse.

À 13 ans, Claude s'éloigne de la maison « *pour ne pas le voir* ». En pension à Quimper, il passe un BEP d'employé de restaurant et un CAP de pâtissier. À 16 ans, le voilà serveur saisonnier. Et gros fumeur de shit. À

1. Dans « Je l'ai fait, mais ce n'est pas moi » (*Champ psychosomatique*, n° 17, 2000), Monique Delocque-Fourcaud relate le long travail thérapeutique du même « Jérôme ».

18 ans, réformé de l'armée et éprouvé par la mort de sa grand-mère adorée. À 19 ans, crise de nerfs et dépression, séjour à l'hôpital psychiatrique. À 20 ans, engagé au restaurant *Chez Dumonet* à Montparnasse, ce premier chef de rang côtoie des « *dames avec des visons* » qui proposent « *des rendez-vous galants* ». Il fait l'amour avec elles « *pas que pour l'argent, aussi par envie* » et ne se sent donc « *pas un gigolo* ». Au fil de son introspection, Lastennet interprète sa préférence « *pour les dames d'un âge certain* » par la recherche de la mère perdue. De retour à Paris chez son jumeau, Claude avale des cachets de Lexomil en février 1993, pour ne plus « *rester sur terre* ». À la sortie de l'hôpital psychiatrique, il prend des antidépresseurs, et deale du shit. L'été, il stoppe brutalement son traitement psychotrope. « *Pour moi, j'étais guéri. C'est là que ça a commencé.* » Les meurtres de vieilles dames. Et la sensation d'être un « *rien* » : « *Je me vois réduit à un tout petit point noir dans ma tête, je ne sens pas mon corps, je me sentais comme ça les matins où il y avait un mort.* »

Durant trois ans, Claude Lastennet ne peut plus dire « *je* » pour parler de ses actes, mais « *il* ». À son procès d'assises, en octobre 1997, l'accusé relate ses crimes à la troisième personne : « *J'ai vu les faits se dérouler comme si une autre paire d'yeux se trouvait devant les miens* », et annonce : « *Il est mort. Je l'ai combattu à l'aide de psychiatres, de psychologues et de curés.* » Il a été condamné à perpétuité, dont dix-huit ans de sûreté. Une peine qui entrouvre la porte de sortie en 2012.

Claude Lastennet a continué à recoller ses morceaux épars, a fini par fusionner « *il* » et « *je* », et par « *exister* ».

« *La psychothérapie m'a redonné un statut de vivant qui réfléchit. Je me suis réapproprié ma pensée. Avant de vous rencontrer, je n'existais pas* », a-t-il confié à Monique Delocque-Fourcaud qui l'a aidé à remettre de l'ordre dans sa tête après « *le cataclysme du passage à l'acte et à déjouer le destin* ». Il relate son mieux-être et ses passe-temps à la centrale de Poissy à son avocat, Pierre-Olivier Sur, dans une lettre datée du 15 mars 2001 : « *Je suis contrôleur à l'atelier de triage d'oignons, ail et échalotes, je pèse, je soulève cinq tonnes par jour. Je me suis musclé. Je vais m'occuper de mon physique encore un an ou deux, je verrais pour les études plus tard. J'ai un CAP de pâtissier, mais je ne peux pas m'en servir, car il n'y a pas de four en prison. C'est Petiot*[1] *qui en avait un. J'attends une photo pour peindre, un souvenir de Bretagne, ma vie. Je me suis mis au bricolage. J'ai fait une étagère pour mes CD et un meuble pour mes enceintes, pas mal ! J'ai rencontré un détenu. Si, comme je le crois, le courant entre lui et moi s'appelle Amitié, alors c'est le premier. En deux mois, j'ai appris plus qu'en neuf ans. Tu m'as empêché de sombrer dans la folie, et je ne t'en remercierai jamais assez.* » Claude Lastennet se met en scène en train de se rouler un joint et cite Matmatah, groupe de rock breton : « *Ah putain, ça fait du bien. Pour aimer les autres, faut s'aimer un peu soi-même. J'ai la tête dans les étoiles.* »

1. Le docteur Petiot qui, à Paris, durant la Seconde Guerre mondiale, a dépouillé des juifs et brûlé les corps dans sa cuisinière.

UN ETE 2002

Sur la piste des tueurs en série à la française 2/6

De maman aux mamies

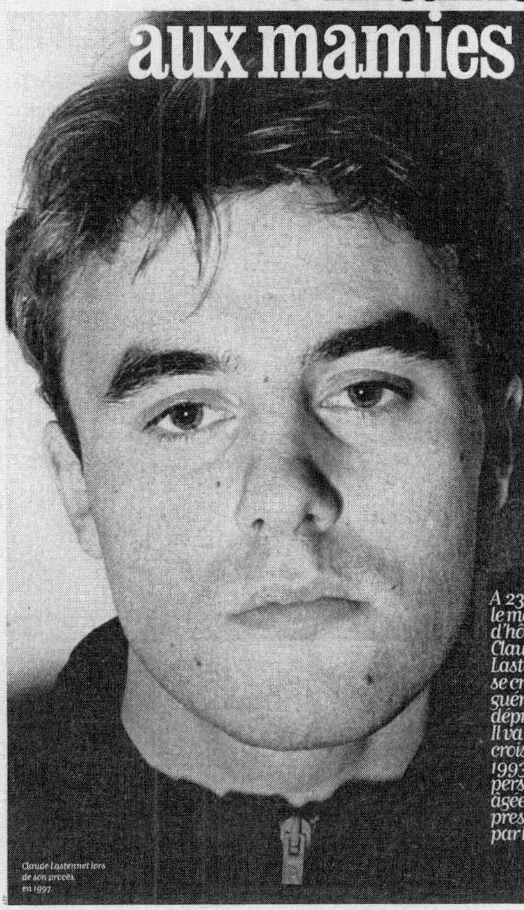

Claude Lastennet lors de son procès, en 1997.

A 23 ans, le maître d'hôtel Claude Lastennet se croit guéri de sa dépression. Il va alors croiser, en 1993, cinq personnes âgées… presque par hasard.

Les descendants de Barbe-Bleue ne sont ni des seigneurs de la guerre, ni des antihéros mythifiés comme les «serial killers» américains, traqués par des profileurs érigés en anges blancs de la société. Loin du «Silence des agneaux», les tueurs français contemporains sont plutôt des ratés de la vie, enfants violentés, marginaux errants, parfois débiles, voleurs, cambrioleurs ou détraqués sexuels qui ont basculé dans des crimes monstrueux, mais inspirent encore la pitié. Des meurtriers stoppés trop tard, souvent par hasard, par des enquêteurs mal outillés.

Tous ceux qui ont approché le tueur de vieilles dames du Val-de-Marne Claude Lastennet, après son arrestation le 12 janvier 1994, ont été pris d'une angoisse terrible. Avec sa gueule d'ange et ses yeux de mort-vivant, ce gringalet de 24 ans a épouvanté les policiers les plus endurcis de la brigade criminelle de Paris et même l'avocat pénaliste Pierre-Olivier Sur: *«La première fois au parloir à Fresnes, je me suis trouvé face à un petit bonhomme très brun au physique quasi inexistant, maigre et voûté dans des habits amples. Il n'avait même pas une façon humaine de se tenir sur une chaise, comme l'homme sauvage retrouvé en forêt d'Aveyron, comme un chien galeux. Et son regard, son regard… venait d'ailleurs, de loin. Un physique diabolique, car une lumière diaphane passait à travers lui. Jamais je n'ai eu une impression pareille. J'estime, ce jour, avoir rencontré le diable.»* La psychologue Caroline Legendre et le médecin Francis Louarn ont aussi vacillé sous *«son regard inquiétant, hypnotisant, qui donne le vertige, comme s'il voulait capturer l'autre, l'aspirer»* et sa manière de se rapprocher en levant les bras *«comme s'il voulait englober l'autre»*.

«Un spasme.» Ces matins-là, Claude Lastennet sentait *«qu'il y aurait une personne de morte»*. La première fois, pour Marcelle Cavillier, 87 ans, c'est arrivé presque par hasard. Ce 22 août 1993, il entre dans le pavillon de la vieille dame à Chevilly-Larue, sûr d'y trouver un gros paquet de billets, avec un revolver Magnum sans balles. Il a guetté. Il la croit absente. En fait, elle est là. Il exige *«sa thune»*. Elle refuse. Un coup de crosse sur la tête. Il fouille la chambre et dégote 12000 francs dans l'armoire. Mais la femme se réveille, se jette sur lui et l'agrippe. Ce corps à corps *«l'énerve»* et *«l'excite»*: *«Je l'ai étranglée, j'ai serré son cou jusqu'à ce qu'elle ne bouge plus.»* Alors, il a éprouvé *«un spasme»* qui ressemble à un orgasme, une sensation de flotter *«dans un rêve»* au-dessus du monde, *«comme un oiseau qui vole»*, et puis *«un soulagement moral, ça allait mieux après»*. Après, il a claqué le portail, a rejoint le foyer de jeunes travailleurs, pris une douche, acheté de la lessive au magasin Atac, lavé sa veste en jean ensanglantée, et réglé ses deux mois de loyer en retard, 2400 francs.

Pour les quatre autres vieilles dames, *«c'était pas pour l'argent»*. Le 15 novembre, dès le réveil, voilà à nouveau *«la force intérieure»* qui le pousse. *«Je ne savais pas qui, ni où, mais je savais comment: je savais qu'il y aurait étranglement»*, confia-t-il au juge (1). *«Pourquoi des vieilles? Je ne l'explique pas, quoique les vieux, ça m'a toujours intéressé. Je voulais faire des études de gériatrie, mais c'était trop cher.»* Ces jours-là, Claude Lastennet repère des mamies dans la rue. Antoinette Bonin, 76 ans, *«parce qu'elle marche plus lentement qu'un escargot»*. Le lendemain,

*

Lorsqu'en 2012 Claude Lastennet peut demander sa remise en liberté au bout de sa peine de sûreté de dix-huit ans pour ces cinq crimes atroces de vieilles dames, il n'en fait rien, *« il diffère ce désir »* selon Me Pierre-Olivier Sur. Mais longtemps après, fin 2022, ce tueur à la gueule d'ange qui a enfin mélangé le « je » et le « il » pour reconstituer son Moi, se sent d'attaque pour affronter la réalité en dehors des murs. *« Il est prêt à sortir »*, annonce alors son avocat sur RTL : *« Tous les psys viennent dire qu'il n'y a plus de dangerosité chez lui. Il a vaincu ses démons et je le crois. Le Claude Lastennet qui a tué est mort. »* Au bout de près de trois décennies, une troisième personnalité est apparue : *« Aujourd'hui, c'est un autre, un personnage qui est extrêmement fragile et qui a peur de lui-même comme de son ombre, mais voudrait sortir pour la première fois encadré d'une escorte »* puis *« marcher dans la nature »*, une fois libéré. Ce rêve de retour aux sources, les pieds ancrés dans la terre nourricière, le regard perdu dans les grands espaces, Claude Lastennet ne l'a pas réalisé car, le 19 décembre 2023, au sein du centre pénitentiaire de Poitiers-Vivonne, la « faucheuse » l'a emporté.

9 février 2000

3. Les délires mystiques de Mamadou Traoré

Hier, la cour d'assises est revenue sur les faits, que l'accusé a refusé d'évoquer.

« C'est l'enfer actuellement pour moi, je suis en prison depuis trois ans, j'ai six victimes dont deux décédées. Je ne suis pas fou et timbré, mais intelligent et cultivé. C'est à cause du travail de mon père avec un marabout sur mon passé, d'un grigri qui m'a fait re-sombrer dans la délinquance, alors que j'avais une carrière dans le football. Alors, s'il tombe sur une femme, le colosse qui est là, imaginez comment je peux lui faire mal. » Mamadou Traoré, 26 ans, longiligne à l'apparence pas si puissante, a inversé les rôles hier à la cour d'assises de Paris face à sa première victime, Danielle B., 42 ans, amnésique « *par chance* » – selon elle – de l'agression. Il a refusé de lui restituer sa mémoire des faits parce que « *c'est immoral* » : « *Elle marche dans la rue, elle vit sa vie, elle va, elle vient et l'homme l'agresse, c'est pas normal. Les coups, ils partent.* » C'est son « *poing gauche qui est trop lourd* », il pratique « *la boxe thaïe, anglaise et française* ».

L'accusé refuse d'en dire plus et le président Yves Corneloup lit ses PV d'aveux : ce 22 avril 1996, à 2 heures du matin, Mamadou Traoré revient du *Queen Bee*, un karaoké du XIIIe. Il croise Danielle B., jolie femme au teint mat, juchée sur des talons hauts, « *pense à voler son sac* » et la frappe au visage. Elle tombe sur le trottoir, il l'a traînée dans un hall d'immeuble, il a « *arraché son collant et soulevé son haut* » pour voir son soutien-gorge noir, et sa minijupe blanche pour voir sa culotte. Il est dérangé par « *du bruit* » et file avec le sac. Il a pris 100 francs de monnaie et l'a jeté sur la ligne de chemin de fer, du haut du pont rue Gandon. Au 12, habite sa mère. Au 13, Danielle B. Mamadou avait expliqué au juge d'instruction : « *La veille, je suis passé demander à ma mère de me reprendre à la maison, j'avais faim, j'étais au bout du rouleau, elle m'a jeté, elle m'a dit : "Démerde-toi." J'ai volé une bouteille de whisky à l'épicerie. Comme à chaque fois que je demande de l'aide à ma mère, j'ai fait une bêtise après.* »

Aujourd'hui, il réfute ces paroles dues à sa « *mystification* », et s'énerve : « *Je n'ai jamais eu de problèmes financiers ou sexuels. Ma vie sexuelle est à la perfection. Je payais une chambre d'hôtel 6 000 francs par mois et le trafic de stups me rapportait 20 000 à 25 000 francs.* » Son avocat, Me Honnorat, souligne que son client a « *ramené à la maison de l'argent de la drogue que sa mère a refusé* ». Pour les victimes, Me Gottschek insiste sur un point sensible : « *Qu'est-ce qui vous est passé par la tête quand vous avez baissé le collant de Danielle B. ?* » Mamadou Traoré tremble et explose en bégayant : « *J'ai l'impression dans cette salle qu'on se fout de ma gueule, qu'on me manque de respect.* » « *Un peu de pudeur,* coupe l'avocat général, Philippe Bilger, *cessez de donner des leçons de morale aux parties civiles.* »

Danielle B., veste fuchsia, pantalon moulant, raconte sans haine ce qui a « *bouleversé sa vie, tout cassé d'un seul coup* ». Secrétaire de direction bilingue, et femme indépendante, elle ne peut plus travailler. Au chômage. Elle a mis huit mois à récupérer sa mémoire, a toujours un « *trou noir* » de quelques semaines, a séjourné en hôpital psychiatrique, a sombré dans la dépression et a eu « *des envies de suicide* ». « *Pendant deux ans, je n'ai pas supporté que des gens marchent derrière moi ou trop de monde. J'ai perdu le goût et l'odorat, les sens. Si je mange, je ne sais pas si c'est du Canigou ou du foie gras.* » Sur un ton de psychologue, Mamadou Traoré demande : « *Est-ce parce que vous avez un peu perdu le goût à la vie depuis votre agression ?* » Gentille, sa victime répond : « *Ça n'a aucun rapport, j'ai recommencé une autre vie.* » L'accusé se rassied : « *Je vous remercie infiniment.* »

Selon les psychiatres Jean Martel et Michel Dubec, qui ont expertisé Mamadou Traoré, ses agressions répétées répondent à « *un déchaînement pulsionnel archaïque si disproportionné par rapport à leur mobile originel (vol ou désir érotique) qu'elles évoquent le déclenchement d'une fureur destructrice* ». Suivie en général « *de comportements insolites, seulement ébauchés, à connotation sexuelle (dénudation partielle et caresse des corps)* » où Mamadou Traoré semble « *apaisé devant le corps de sa victime inanimée* ». Il ne supporte pas le « *décalage entre l'image qu'il se fait de lui-même et la réalité* », et « *réagit alors par la transgression sans frein* ». Les médecins parlent de « *psychopathe pervers* », notent son « *déséquilibre* », mais « *pas d'anomalie mentale ou psychiatrique* ». Mamadou Traoré est accessible à la sanction pénale, avec un « *discernement altéré par un trouble psychique* » au moment des faits. Le « *recours à la pensée animiste* », sur un fond culturel indéniable puisque ce garçon né au Sénégal a été imprégné de rites vaudous, permet à Mamadou Traoré de supporter ses actes et d'en parler, alors que les serial killers n'y parviennent pas : « *Son interprétation des faits lui permet de les reconnaître, mais de s'éloigner de leurs qualités archaïques et pulsionnelles. Alors qu'il en a été l'auteur et pas totalement le maître, il veut aujourd'hui en être le maître et plus du tout l'auteur.* » Avec un moteur de l'action – le grigri maléfique – extérieur à lui, l'accusé « *reproduit ainsi l'effet d'un Moi clivé qui est à l'origine de ses passages à l'acte* ». Le docteur Martel interprète « *sa conviction inébranlable du maraboutage* » comme « *un processus délirant* ». À l'inverse, l'expert Dubec y voit « *une rationalisation, le début d'un travail psychique* ». À ses yeux, la découverte de sa séropositivité en août 1995 puis le rejet par sa mère en mars 1996 ont tout déclenché : « *Pour moi, il s'agit d'un matricide déplacé.* »

*

Le « *tueur aux mains nues* » a frappé une fillette de 11 ans et cinq femmes âgées de 20 à 71 ans avec une telle force qu'il en a achevé deux et défiguré deux autres à coups de poing là où la Crim' croyait à l'usage d'une batte de baseball. Lors de son procès d'assises à Paris en février 2000, ce Sénégalais de 26 ans à la carrure de footballeur a fini par endosser deux meurtres et deux tentatives commis entre le 23 avril et le 30 octobre 1996, où la cheffe de cabinet du ministère de l'Aménagement du territoire a été rouée de coups et violentée dans un parking du XIIe arrondissement, au point de ne plus jamais reconnaître son visage dans un miroir. Mais Mamadou Traoré rejette la faute sur un *« grigri maléfique »* donné par un marabout complice de son père honni. Toutefois, l'envoûté refuse alors d'imputer ses cinq viols ou attouchements au sortilège maléfique et ne veut pas entendre parler d'agressions sexuelles. Il est néanmoins condamné à la réclusion criminelle à perpétuité dont vingt-deux ans de sûreté. En détention, ses accès de colère et son ultraviolence rejaillissent parfois sur des surveillants, comme à Fresnes en 2000, puis à la prison centrale d'Arles en 2013, ce qui lui vaut près de trois ans de prison supplémentaires pour *« violences volontaires »* et un placement à l'unité pour malades difficiles (UMD) de Montfavet, dans le Vaucluse.

14 octobre 2003

Le procès de l'adjudant Pierre Chanal doit s'ouvrir aujourd'hui.

4. Le juge et les fantômes de Mourmelon

Septième juge du dossier, Pascal Chapart a réussi à faire la lumière sur le sort de trois des huit disparus en Champagne, entre 1980 et 1987.

Le septième juge fut le bon. *« Sans l'insistance des familles d'appelés, il n'y aurait jamais eu l'affaire des disparus de Mourmelon. Et sans la ténacité du juge Chapart, le septième sur ce dossier, il n'y aurait jamais eu, au bout, de procès d'assises de l'adjudant Chanal* », témoigne Jean-Marie Tarbes, le gendarme qui a passé dix-huit ans sur le casse-tête des disparitions de soldats et d'auto-stoppeurs en Champagne entre 1980 et 1987. Il a fait équipe avec le juge en 1994. Ensemble, ils ont remué ciel et terre, exhumé des indices oubliés et élucidé cette affaire que d'autres préféraient voir fossilisée.

Pierre Chanal, 56 ans, résiste encore. À la veille de son procès d'assises, le 11 mai dernier, il a fait une tentative de suicide étrange avec une « *dose thérapeutique* » de somnifère Noctran. L'ex-adjudant-chef du 4e dragon de Mourmelon fait durer son bras de fer avec la justice. En grève de la faim depuis trois mois, néanmoins considéré par les experts comme apte psychologiquement et physiquement à comparaître, il refuse de participer à « *un procès joué d'avance* ». Mais, avec ou sans son accord, le procès aura lieu. « *La justice sera plus forte que sa volonté* », affirme le procureur général.

Il est aujourd'hui rattrapé par l'enquête au long cours du juge Pascal Chapart. Tels deux archéologues, le magistrat et l'enquêteur ont déniché *in extremis* LA preuve par l'ADN de l'implication de Pierre Chanal dans trois des huit cas de disparition, autour du camp militaire de Mourmelon. De quoi renvoyer l'adjudant-chef devant la cour pour ces trois ultimes séquestrations et assassinats. Ceux de Patrice Denis, 20 ans, civil volatilisé le 23 août 1985 à 10 kilomètres de Mourmelon ; de Patrick Gache, 19 ans, appelé du 4e régiment de dragons, enlevé le 30 avril 1987 sur le chemin du camp à la gare ; et de Trevor O'Keefe, 20 ans, auto-stoppeur irlandais qui traversait la région

Champagne le 3 août 1987 et a été enfoui dans un bois en Picardie.

Le petit juge Chapart, qui, selon l'avocat de la famille du disparu irlandais, Me Dupond-Moretti, a « *sauvé l'enquête sur O'Keefe* », n'a pu rattraper toutes les désinvoltures de son prédécesseur sur ce dossier-là, Pierre-Charles Marien, qui n'avait pas exploité tous les indices, a perdu des pièces à conviction et remis l'adjudant en liberté en juin 1995. L'avocat de la famille irlandaise réclame d'ailleurs le témoignage à la barre de ces deux magistrats. Au bout de huit années passées reclus chez sa sœur dans un village de la Loire, l'accusé Pierre Chanal refuse toujours d'endosser ces crimes en série. L'ordonnance de mise en accusation de l'adjudant Chanal (90 pages noircies par le juge Chapart) reconstitue une enquête chaotique, freinée par l'obstruction de l'armée, l'absence de cadavres, les secrets du militaire solitaire et les défaillances de magistrats.

L'élucidation des disparitions de bidasses les soirs de perm sur les routes du « triangle de la Marne » entre Mourmelon, Châlons et Suippes s'est longtemps heurtée aux dénégations de l'armée, qui, pendant sept ans, a traité les victimes de déserteurs. De passage dans la Marne en 1987, le ministre de la Défense d'alors, André Giraud, a même déclaré : « *Les disparus de Mourmelon, c'est une blague ridicule.* » Et l'appelé Patrick Gache, sans doute enseveli dans un des innombrables puits de la région, a reçu *post mortem*, en 1988, chez ses parents une amende de 302,15 francs du tribunal de Reims pour désertion.

C'est en 1985 que les gendarmes de la section de recherches de Reims se lancent à fond sur la piste criminelle. Ils recherchent « *un solitaire, pervers sexuel, militaire ou passé par l'armée, rompu aux techniques commando* », selon un profil défini avec un psychologue. Le 9 août 1988, lors d'un contrôle routier, l'adjudant Chanal, chef de corps au 4e régiment de dragons de Mourmelon durant neuf ans, est arrêté. Dans son combi Volkswagen : un auto-stoppeur hongrois violé et ficelé. Une cordelette autour du cou, avec une chaîne à chaque bout, fermée sur ses poignets et attachée à la ceinture de sécurité[1]. La perquisition de son véhicule et de sa chambre au mess dévoile ses manies sexuelles (vagin artificiel, films porno, photos d'appelés nus sous la douche, séquences de masturbation face à son caméscope...). L'examen de son emploi du temps atteste sa présence à Mourmelon aux dates de cinq disparitions. En plus, Chanal fut le supérieur direct de quatre appelés disparus. Le Carme, laboratoire privé de microscopie électronique, établit que les éléments pileux ramassés dans le combi de Chanal appartiennent à six individus différents. Les trente-deux slips parfois déchirés saisis dans les affaires du sous-officier et les « *morceaux de sous-vêtements susceptibles de représenter des trophées d'un délinquant sexuel* » révèlent trois taches de sperme, deux du groupe sanguin A (celui de Chanal, du Hongrois et de deux disparus) et une du groupe O, que partagent quatre victimes.

À l'aube des années 1990, les analyses génétiques sont encore balbutiantes. Et Chanal ne passe pas aux

1. Chanal a été condamné le 23 octobre 1990 à dix ans de réclusion criminelle pour viol, attentat à la pudeur et séquestration de Paläzs Falvay. Il purgera sept ans.

aveux. À ce stade des investigations, les gendarmes n'ont « *découvert aucune preuve matérielle, directe et objective de la culpabilité de Pierre Chanal* [...]. *La majorité des indices recueillis n'a guère dépassé le stade du subjectif* », admet l'ordonnance de mise en accusation. Mais, en juin 1993, une expertise spectrométrique des cheveux trouvés dans le combi, comparés à ceux des victimes, « *attribue valablement un seul poil* » au disparu Patrick Gache. Cet élément scientifique entraîne la mise en examen et sous écrou de Chanal pour six assassinats. Mais cela ne suffit pas. Et la cour d'appel de Reims va remettre l'adjudant en liberté dans le dossier des disparus, mais il reste en prison pour le viol du Hongrois.

En octobre 1994, le juge Chapart, alors âgé de 29 ans, récupère ce dossier lesté de sept disparus mais d'un seul corps retrouvé (Olivier Donner, tué en 1982). Il analyse les procès-verbaux, les annexes des rapports, mais l'instruction est dans l'impasse. Il annonce au gendarme Tarbes son intention de clôturer par un non-lieu : « *Je n'ai pas de quoi renvoyer Chanal devant la cour d'assises.* » L'enquêteur parlemente. Le juge rétorque : « *Convainquez-moi.* » Dans son ordonnance, le juge Chapart livre son raisonnement de l'époque : « *S'il était concevable qu'un tueur en série, et plus particulièrement Pierre Chanal, ait séquestré et assassiné les sept victimes, n'était-il pas également envisageable* » qu'Olivier Donner, SDF et homo, « *ait fait une mauvaise rencontre* », que Manuel Carvalho ait pu « *être pris à partie dans une rixe à Paris* » ou que le civil Patrice Denis ait été pris en stop par un autre délinquant sexuel ? « *Il était aisé de multiplier les exemples de ce type, alors qu'il ne s'agissait pas d'une loterie* », lit-on sous la plume de Chapart. « *En l'absence de cadavres et d'aveux* », le juge décide de chercher « *uniquement à démontrer que le mis en examen a eu des contacts physiques* » avec des victimes.

Le hic, c'est que les vêtements retrouvés chez Chanal ont été restitués par la première juge d'instruction à la sœur de l'adjudant, qui les a gardés, et à l'armée, qui les a détruits. Sans que personne ait cherché à savoir si des habits appartenaient aux victimes. En quête de preuves, Chapart et Tarbes reprennent alors les perquisitions pour récupérer ce qui peut l'être. Mme Denis reconnaît ainsi le blouson en jean de son fils. Selon le gendarme, le magistrat obstiné ne se contente pas d'analyser les listes des scellés mais « *part en exploration* » en 1995 dans le grenier du tribunal de Châlons-en-Champagne fouiller les cartons d'objets saisis. Il fait une trouvaille capitale, à l'intérieur de « *gros sacs de plastique noir* » : les poussières et poils aspirés sur le sol du combi de Chanal et, surtout, « *les trois blocs de mousse qui constituaient sa couchette* », les draps et la literie. « *Le juge était stupéfait que ses prédécesseurs aient pu oublier d'exploiter ces pièces à conviction, mais n'en a rien dit en public, discret et réservé comme toujours*, rapporte Tarbes. *Comment pouvait-on être passé à côté, alors qu'on a erré des années ?* »

Le magistrat ordonne alors des prélèvements et découvre « *457 éléments pileux* ». En février 1996, misant sur les progrès de la science, il demande une expertise au labo de biologie moléculaire de Nantes. L'analyse durera trois ans. À défaut du bulbe de ces cheveux, les pionniers de l'empreinte génétique en France ne peuvent extraire l'ADN nucléaire qui identifie à coup sûr, mais seulement l'ADN mitochondrial, moins fiable. N'empêche. Onze poils de la couchette du minicar de l'adjudant révèlent les empreintes génétiques de Patrice Denis, de Patrick Gache et de Trevor O'Keefe. Me André Buffard, défenseur de l'adjudant, compte bien attaquer ces expertises livrées en février 1999 et qui ont motivé en août 2001 le renvoi de son client devant les assises. Afin de bétonner le dossier O'Keefe, qui a rejoint son instruction, le juge Chapart a dû perquisitionner le bureau de son collègue Marien pour saisir un carton de scellés non transmis. En revanche, il n'a jamais retrouvé l'échantillon de terre prélevé sur le lieu de découverte du corps. Le juge Marien l'avait « *égaré* ». Alors, le magistrat du Sud-Ouest « *aux avant-bras sévères, taillé comme un rugbyman* », est allé lui-même « *bêcher la terre* » pour la comparer à celle qui souillait la pelle de Chanal. Et ça a payé. Car les deux spécimens correspondent au même type de terre. Mieux, selon l'expert légiste désigné par Chapart, le sillon laissé sur le cou d'O'Keefe par l'étrangleur s'accorde avec la corde à piano utilisée pour attacher l'auto-stoppeur hongrois.

*

Bien décidé à échapper à son procès d'assises à Reims pour les meurtres de trois auto-stoppeurs dans le *« triangle maudit de la Marne »* – sur les huit disparitions de Mourmelon entre 1980 et 1987 –, l'accusé Pierre Chanal a multiplié les tentatives de suicide, grève de la faim, refus de suivre les gendarmes au tribunal, dénégateur et rétif, incapable physiquement d'assister au premier jour d'audience le 15 octobre 2003. L'accusé s'était juré que *« jamais »* il ne serait jugé. Il a opté pour l'autocondamnation à mort la seconde nuit. Malgré le dispositif exceptionnel de surveillance, ce prisonnier rompu à *« l'action commando »* et à *« la neutralisation de sentinelles »* a déjoué les stratégies de l'ennemi pour lui filer entre les mains. Il a desserti deux lames des rasoirs Bic fournis par l'administration pénitentiaire, en a planqué une sous son dentier, l'autre dans l'étiquette de son jogging, puis, entre deux rondes, s'est taillade l'artère fémorale. Imparable. Son autopsie a révélé un cancer des reins en phase terminale qui lui laissait peu de temps à vivre. La présidente de la cour d'assises a bien été obligée de prononcer *« l'extinction de l'action publique »* à son encontre. Énervée par tant d'incurie, la famille de l'auto-stoppeur irlandais Trevor O'Keefe tué par Pierre Chanal le 8 août 1987 a fait condamner l'État français en 2005 pour dysfonctionnement majeur des services publics de la justice.

24 septembre 2002

5. Casseur de cailloux et briseur de vies

Louis Poirson passe devant la cour d'assises de l'Eure pour un double meurtre.

Évreux, envoyée spéciale

« *C'est une grosse connerie.* » Ainsi, devant la cour d'assises de l'Eure, Louis Poirson, 40 ans, tailleur de pierre, parle-t-il du double meurtre de Monique Villain, 44 ans, et de sa mère Jeanine, 67 ans, dans un cimetière pour animaux, non loin de Pacy-sur-Eure. Ce 30 août 1995, les aboiements d'un « *clébard* » l'ont énervé, et puis aussi « *le pognon que les gens foutent* » pour enterrer des cabots. En rage, il décide de « *casser des tombes dans le cimetière pour chiens* », mais deux dames endeuillées par la mort de Babette, leur chienne, menacent d'appeler les gendarmes. Surtout la fille, une pète-sec de 115 kilos qui veut le dénoncer. Pour lui, ça signifie « *retour en prison* ». Il vient d'en sortir l'été passé. Il a été incarcéré neuf ans pour neuf agressions de femmes dans des parkings à Strasbourg entre mars 1983 et janvier 1985 : « *C'était pour l'argent* », insiste l'accusé aux cheveux noir corbeau, au nez et au menton taillés à la serpe. Il a pourtant violé quatre de ses victimes. À l'audience hier, il en rajoute : « *J'ai été condamné pour quatre, mais y en a plus, on en mettra... allez, dix...* » Rien à voir avec le sexe, selon

Poirson. L'avocate générale insiste : « *Pourquoi ne volez-vous que des femmes, alors ?* » Le violeur révèle crânement : « *Ça s'est présenté aussi avec des hommes, mais ça s'est pas su. C'était en 83, un patron de librairie et un simple travailleur.* »

À sa libération à l'été 1994, Louis Poirson se met en ménage avec Chantal Vaslet, une assistante maternelle de quatorze ans son aînée, qui avait échangé des correspondances avec ce détenu pour « *braquages* », croyait-elle. À la barre, la volumineuse dame en noir qui a six filles raconte ses deux années à Pacy-sur-Eure, puis à Mantes-la-Jolie, avec Louis, « *toujours attentionné* », qui porte les paquets et la protège. Bouquets de fleurs, promenades à la campagne, mais amour charnel en pointillé : « *Même pas une relation sexuelle par mois. Des fois, je me fâchais, je lui disais qu'il ne me désirait pas. Louis me disait qu'il était mal dans sa tête...* » Louis Poirson travaille alors dans une société de rénovation, « *entretien et taille des pierres, pour le dallage des terrasses* », et se dépense sans compter, « *serviable, disponible et fort physiquement* », selon sa patronne. Mais voilà la rechute. Le casseur de cailloux embarque en juin 1996 trois autostoppeuses de 15 ans, les menace avec un couteau et un « *pistolet en plastique* » : « *C'était pour leur faire peur parce qu'une amie de ma sœur, insouciante comme ces trois filles, avait eu des ennuis en stop.* » Pour les dissuader, en somme... Deux ans de prison. À la sortie, ses patrons le reprennent. Chantal aussi : « *Ce n'était plus le Louis que j'avais connu, il était plus froid et physiquement changé. On n'avait presque plus de rapports. Je lui ai proposé de se soigner, d'aller chez un sexologue, il n'en a pas eu envie.* » L'accusé concède : « *C'est vrai que j'ai eu un blocage là-dessus. Après ma deuxième sortie de prison, ça s'est pas arrangé.* »

Lecteur de *SAS* et de *Détective*, « *de romans policiers et d'agents secrets* », de revues de motos et de chevaux, buveur de café (deux litres et demi par jour) mais pas d'alcool, Louis Poirson reproduit des peintures naïves de Walt Disney et débite sa haine contre ses parents, avec les mots qui s'entrechoquent. Né à Madagascar, ce métis d'une Malgache et d'un Français croit encore son père militaire (en réalité ouvrier du BTP) et situe à tort sa naissance avant le mariage de ses parents. Il taxe son « *vieux* » de « *con* », de « *rigide* », de donneur de « *raclées* » et « *la vieille, elle laissait faire* ». À l'école, l'infirmière l'a trouvé « *complexé par sa taille et son teint mat* ». Il a sculpté son corps par le sport, natation, football, basket, footing, musculation. Avec son CAP de marinier fluvial, il a piloté des barges durant quatre ans. Il a adoré *Rambo* au cinéma et a signé un temps ses lettres à Micheline, sa fiancée étudiante, « JR » pour John Rambo. Il a adopté la tenue militaire et les Ray-Ban. Et il tenait par-dessus tout à intégrer « *les paras commandos* » dans l'armée. Un genou défaillant après un accident de mobylette l'a rétrogradé comme bidasse en Allemagne, au génie : « *C'était vraiment le but de ma vie, voyager, le sport, le combat, les copains, l'armée, ça donne tout.* »

Après le meurtre de la mère et de la fille Villain en 1995, Louis Poirson est suspecté d'avoir tué deux retraitées âgées de 73 et 79 ans, en 1999, et toujours dans son périmètre de travail. Des vieilles dames comme sa mère.

*

Le 24 septembre 2002, Louis Poirson est condamné pour le double meurtre de la fille et la mère Villain à la réclusion criminelle à perpétuité par la cour d'assises de l'Eure. Lors de son second procès d'assises à Versailles, le 4 février 2005, le *« tailleur de pierre »* tueur en série écope de la même peine, assortie cette fois de vingt-deux ans de sûreté pour deux viols commis en 1998 et 2000, et les homicides en 1999 de Lucie Pham-Ngoc-Bich, septuagénaire sous tutelle d'une maison de retraite de Mantes-la-Jolie, et de Charlotte Berson, 79 ans, en promenade à Pacy-sur-Eure, qu'il essaya de faire monter à bord de sa voiture, fit tomber en la poussant violemment et embarqua dans son coffre, puis finit par étrangler : *« À soulever tous les jours des pierres de cent kilos, je ne sentais plus ma force »*, dit-il. Il reste une énigme pour les experts psychiatres comme Roland Coutanceau qui vint préciser à la barre : *« Il ne tue pas par plaisir mais dans des situations conflictuelles qui dégénèrent. »* Sans regret ni mobile.

16 février 2001

6. Un « petit Noir » en Anjou

Pupille de la DDASS, Guy Georges a été élevé par une mère nourricière qui raconte volontiers cet enfant « fainéant » mais « pas méchant ». L'instituteur dit qu'il ne « manquait de rien, mais ne s'épanouissait pas ». Récit.

« C'était un bébé magnifique. Guy, je l'ai eu à 7 mois et demi, le premier enfant que j'ai eu par la DDASS. Je voulais un petit Noir. Parce que j'avais vu une émission à la télé où ils parlaient de petits machins comme ça qui étaient malheureux. Guy était le seul enfant noir du Maine-et-Loire. Quand l'ambulance l'a amené, c'était un événement dans le pays, les gens sont venus voir. Dans le département, il y a un peu de racisme. Mais, après, tout le monde l'aimait bien. Sauf quelques mauvais qui disaient : "Tiens, v'là la Morin avec son négrillon." » Jeanne Morin, mère nourricière qui a élevé vingt gosses, dont treize de la DDASS, ne veut plus recevoir de journalistes dans sa grande maison vide, du côté d'Angers : un indélicat l'a photographiée en catimini pour vendre le cliché de la mère du présumé tueur en série de l'Est parisien, Guy Georges, à un magazine à sensation. Filmée sur le pas de sa porte après l'arrestation de son gamin, le 26 mars 1998, elle ne supporte plus les regards inquisiteurs après les rediffusions à la télé : « *Au Super U de Baugé, deux dames m'ont pointée du doigt, les gens vous fixent. Pourtant, j'ai pas de honte à avoir, mais ça me fait du mal. Je suis la mère du criminel. Guy, c'est mon gamin, sauf que je ne l'ai pas mis au monde. Je voulais me le garder pour moi, qu'il fasse une carrière. Dans mon for intérieur à moi, c'est affreux, y a pas de quoi être fière.* » Mais elle se révolte contre ceux qui la chargent à bon compte, les services sociaux de l'époque par exemple, pour masquer leur faillite : « *Ils cherchent si j'ai été à la hauteur. Si Guy avait été soigné, on n'en serait peut-être pas là. J'ai peut-être des défauts, mais je ne m'en trouve pas. Mes autres enfants vont bien. Je vais prendre 71 ans,*

et personne me fait peur, je suis vaccinée. » Mme Morin a été dépeinte par une psychologue en mère « *plantureuse, à l'œil vif, active et autoritaire, quelque peu castratrice* », et feu Jean Morin en père « *plus conciliant et discret* ».

Layette blanche et peau noire, Guy Rampillon a débarqué de nulle part le 4 juin 1963 à La Pellerine, dans les bras de Jeanne Morin, qui ignore tout de son passé. Sitôt expulsé des entrailles de sa mère, Hélène Rampillon, le 15 octobre 1962, à l'hôpital de Vitry-le-François (Marne), le bébé a été renié, ballotté. À 25 ans, Hélène Rampillon, petite Angevine montée à Marly-le-Roi travailler « *au bouchon* », dans les bars américains, cherche à se débarrasser de ce fardeau. Le père, George Cartwright, un Noir américain cuisinier sur une base de GI, a quitté la France pour retrouver sa femme aux États-Unis, deux semaines avant l'accouchement. Elle envoie aux parents du père un faire-part de naissance à sa façon. « *Ce télégramme demandait de venir chercher l'enfant, sinon il serait remis à la police ou à la DDASS* », a rapporté le frère aîné d'Hélène, Serge Rampillon, à la brigade criminelle de Paris : « *Je n'avais même pas su qu'Hélène était enceinte, mes parents non plus.* » Ces derniers ont refusé de prendre Guy, « *parce que c'était le deuxième* ». Hélène leur avait déjà casé son premier fils, trois ans plus tôt. « *Je ne pense pas que le fait qu'il soit noir ait pesé dans la décision. Mes parents n'étaient pas racistes, et ma mère, une femme légère comme Hélène le fut aussi, avait eu des relations intimes avec des Noirs.* » Le tonton Serge a donc récupéré sa sœur avec le bébé : « *Elle fumait énormément, elle n'avait pas du tout la fibre maternelle. Personne ne voulait garder cet enfant.* » Au bout de deux haltes chez des nourrices d'Angers pas payées, Guy échoue à la

DDASS, qui le place chez Jeanne Morin, le 4 juin 1963, puis recherche la mère « *dans l'intérêt des familles* ». Localisée à l'hôtel Éden de Versailles, Hélène Rampillon laisse les lettres sans réponse et rencontre enfin une assistante de la DDASS le 14 septembre 1965. Standardiste dans un organisme de l'OTAN pour 900 francs par mois, elle doit se marier aux États-Unis avec un soldat noir et promet de signer, d'ici à huit jours, « *l'abandon* » de Guy, qui a déjà 3 ans. Elle n'a plus jamais donné de nouvelles. Le 2 février 1966, la DDASS décrète « *l'état d'abandon* » de Guy Rampillon, bientôt pupille de l'État sous le matricule 5086. Toujours chez les Morin, l'enfant change d'identité le 23 février 1968. À 5 ans et demi, son nom a été effacé. Son second prénom, Georges, érigé en patronyme. Jeanne Morin a présenté les choses sous un bon jour : « *Je lui ai dit : "T'as de la chance, toi, de changer de nom", en rigolant. Guy était enchanté de s'appeler Georges.* » C'est pareil quand le mécanicien de la laiterie l'a surnommé « *"Boule de neige"* [...] *il était content, Guy* ».

Guy a toujours été « *un enfant gentil et sage* » aux yeux de Mme Morin, « *peut-être trop sage justement* », se dit-elle aujourd'hui : « *Le seul problème que je lui aie connu, c'est de barboter des pièces ou des friandises. Il a chapardé de la monnaie qu'on laissait dans un vide-poches sur la télé. Mais quel enfant n'a pas fait ça ?* » Guy Georges minimise lui aussi[1] : « *Les vols, c'était des gâteaux dans un paquet, elle appelait ça un vol. Elle mettait tout sous clé, elle comptait les barres de*

1. Les citations de Guy Georges sont extraites de ses entretiens en 1998 et 1999 avec les experts psychiatres Michel Dubec, Henri Grynszpan et Daniel Zagury.

chocolat. » Maîtresse de maison hors pair, Jeanne Morin a réussi non sans fierté le tour de force de maintenir un intérieur bien rangé et briqué, une marmaille pas crasseuse, avec des habits sans tache. Quitte à tout faire elle-même pour « *être sûre que ça soit bien fait* ». Ainsi, elle a frotté et récuré Guy sous la douche jusqu'à 11 ans, elle a « *toujours fait son lit, parce qu'il était trop feignant* », et même « *ciré ses chaussures* » : « *Sinon, j'aurais passé plus de temps à décrasser mes portes.* » La mère nourricière n'a jamais été prise en défaut sur la propreté, même lors de l'inspection de la DDASS. Car, une fois tous les enfants partis à l'école, elle a « *fait le portage de pain* » le matin pendant six ans : « *Ils ont voulu m'attraper, mais la maison était en ordre, le linge propre, les lits faits. Ah, j'ai bossé. C'était du 6 heures-minuit, j'avais un moteur sous les pieds.* » Les grands frères Morin ont quitté la maison pour travailler, Guy Georges est en CM2 à l'école Saint-Joseph de Noyant, et cela se passe mal. Il a 11 ans et déjà « *un an de retard et de grosses lacunes* », selon l'instituteur, qui en parle alors avec Mme Morin : « *Elle était persuadée qu'il avait de grosses capacités, mais qu'il était fainéant de par le sang noir qui coulait dans ses veines. Je me souviens de son expression : "Il a ça dans le sang." Guy Georges ne s'épanouissait pas dans sa famille, mais ne manquait de rien matériellement.* » Sur son bulletin de CM2 1973-1974, l'enseignant a noté : « *Peu d'aptitudes intellectuelles et manuelles. Cet enfant aurait besoin de se donner à fond dans des activités extrascolaires, judo, ping-pong, foot.* » Dans une lettre, l'enfant raconte à son correspondant de classe qu'il hésite entre trois métiers pour l'avenir : « *Je veux être motard, parce qu'on ne m'appellera plus noiraud. Je veux faire clown, parce que j'en ai l'air. Enfin, je veux être footballeur, parce que j'aime ça.* » Il décroche une super note avec l'exposé sur l'usine de poudre de lait, où son père officie en contremaître. Il entre au collège privé Notre-Dame à Baugé, redouble sa sixième. Commentaires de Guy Georges, vingt-cinq ans plus tard : « *Ma mère, elle était pas câline, et en général pas affectueuse, mais elle faisait bien son boulot, sans chichis.* » Elle l'a élevé comme les autres – les siens et les pupilles – « *à la baguette* ». Et sa couleur n'a rien à y voir : « *On plaisantait sur moi, mais ça me touchait pas. Au contraire, j'étais le seul Noir, ça me donnait une place originale.* »

Jeanne Morin rêvait son petit Noir en uniforme : « *Je voulais que Guy entre au prytanée à La Flèche, l'école des officiers. Pour se tirer dans la vie, étant de couleur, Guy aurait eu plus de chances avec cette présentation. Comme il était pupile* [sic]*, il avait le droit. Ils les prennent à 10 ans, avec les fils de militaires. On en a discuté tous les deux, mais il était pas très courageux, et la discipline, ça lui plaisait pas. Pourtant, il apprenait bien à l'école, fainéant comme une couleuvre, mais ça rentrait bien, alors que ses sœurs peinaient. S'il avait voulu, Guy, il serait monté, monté...* » En juin 1975, à 12 ans et 7 mois, donc, Guy Georges, élève « *non intégré au milieu scolaire* », est envoyé en consultation au service de prophylaxie mentale de Saumur. Enfant « *trop défensif* », frappé d'une « *certaine nonchalance* » et d'une « *boulimie importante, peut-être le symptôme d'un trouble affectif* », note la psychologue : « *Se voit marié tout en blanc avec une fille blonde, et se voit en gendarme.* » Cependant, « *la nourrice ne semble pas connaître l'enfant. Une seule chose compte : la réussite scolaire, sans oublier la propreté.* » Après les vacances d'été, où Guy ne s'est « *pas adapté à la colo* »,

« *Mme Morin dit qu'il n'y aurait plus de problème au collège. Décidons d'interrompre les séances, selon le désir de l'enfant* »... Pourtant, le directeur de l'établissement souligne « *ce besoin qu'on s'occupe de lui* » : « *Guy cherchait par tous les moyens à attirer l'attention, depuis l'affabulation jusqu'à la violence.* » À la rentrée en cinquième, l'adolescent déjà grand et costaud « *conta le merveilleux voyage qu'il avait fait en Guadeloupe ou outremer pendant ses vacances* ». Une aventure chimérique chez ses frères noirs.

À la maison, Guy « *étouffe* » au milieu des six filles, déteste les « *corvées ménagères* » et trouve qu'il prend parfois des « *corrections* » pour les bêtises de ses sœurs. Le garçon se réfugie dans les bois et braconne en solitaire : « *Chaque fois qu'il peut, il s'échappe, fabrique des pièges, pose des collets pour les lapins et les lièvres, tue des poules d'eau au lance-pierres. Il porte toujours un couteau sur lui depuis le premier volé à 10 ans* », relatent les psychiatres. Il se met alors dans la peau de « Jo », le héros négatif, le méchant du roman *Tom Sawyer* : « *C'est un trappeur, personne ne l'aime, parce qu'il est indien.* » « Jo » a toujours gardé ce surnom depuis. Jeanne Morin ignore tout des chasses de son fils et jure ses grands dieux qu'il « *n'a même jamais apporté une graine ou une goutte d'eau aux pigeons* » : « *On en avait une centaine dans le pigeonnier, il en avait pas le courage, trop paresseux. Vous vous rendez compte qu'il fallait que je crie pour qu'il fasse son lit ou qu'il nettoie ses slips. Figurez-vous qu'il les lavait pas et les cachait sur le haut de l'armoire.* » Bien sûr, son enfant « *allait se promener dans les forêts tout autour, mais Guy, c'est pas un homme des bois. Il avait peur. Il prenait même pas les buses parce que ça pince. C'est un trouillard, pas une brute, pas un méchant. C'est pour ça qu'on comprend pas. Parce que, pour faire ce qu'il a fait, faut pas avoir peur* ».

À 14 ans, Guy Georges attaque – sans raison – sa sœur Roselyne D., handicapée mentale de dix ans son aînée. Embusqué derrière un buisson, le giboyeur attend la retardée avec ses poubelles sur le chemin du dépotoir, l'attrape par-derrière et lui serre la gorge. Ses mains ont laissé de méchantes traces au cou de Roselyne qu'il aime bien pourtant. « *Papa Jean l'a grondé, l'a un peu secoué. Du coup, Guy a passé une nuit à la belle étoile* », se souvient Jeanne Morin, qui a passé l'éponge « *pour ne pas charger son cas, c'est un pupille, et puis on a vite fait de saquer les gens* ». Seule explication à son frère Jean-Louis Morin, « *les filles m'avaient agacé et je me suis laissé emporter* ». Pour Christiane D., qui a deux ans de plus que Guy, « *l'incident a été minoré, pas pris au sérieux* ». À ses yeux, le gosse « *toujours gai, rieur, farceur* » s'est mué en un adolescent « *vantard* » qui « *rêve tout éveillé* » de châteaux, de belles voitures, pour « *nous en mettre plein la vue, la folie des grandeurs* ». En mars 1978, Guy explose à nouveau et agresse Christiane dans le grenier : « *Dès que je faisais une connerie, elle me balançait. Elle voulait ma place. C'était dur d'être un garçon. Je voulais être le chef. Elles l'acceptaient, sauf Christiane* », a-t-il expliqué aux experts vingt ans et sept assassinats de femmes plus tard. « *Guy lui a sauté dessus avec la barre de fer d'un escabeau et a essayé de l'étrangler. Il y avait du sang partout, elle a eu une hémorragie du nez. Ils ont lutté. Si Christiane l'avait pas mordu au doigt, elle serait morte* », raconte Mme Morin, qui décide alors de se séparer de son « *petit Noir* » : « *On ne pouvait pas toujours le surveiller, on ne pouvait plus le garder, il y avait trop de risques. On avait fait le sacrifice une fois, pas deux. Je ne l'ai pas disputé mais j'ai dit : "Guy, on t'avait donné ta seconde chance, c'est terminé maintenant."* » En un coup de fil à la DDASS, Jeanne Morin a tranché net le cordon ombilical. Guy Georges a été expédié en foyer à 16 ans. De vols en fugues, de viols en meurtres, l'enfant de personne a fini en « Jo » le trappeur à Paris, chasseur de femmes en tenue camouflée.

*

La première semaine de son procès d'assises en mars 2001, l'accusé Guy Georges épaulé par Mes Alex Ursulet et Frédérique Pons réfute avec aplomb les sept assassinats de jeunes femmes à Paris entre 1991 et 1997 malgré ses aveux passés aux enquêteurs et son ADN retrouvé sur plusieurs scènes de crime. Jusqu'à ce que l'avocate Solange Doumic lui arrache un geste de la main comme fermée sur un couteau qui frappe, un acte manqué qui fissure sa défense et le pousse à reconnaître les faits. Mais Guy Georges explique qu'il ne comprend pas les atrocités commises par *« Joe the killer »*. Son abandon à la naissance par sa génitrice est au cœur des expertises des psychiatres qui évoquent des *« matricides déplacés »*. Avant sa condamnation à la réclusion criminelle à perpétuité dont vingt-deux ans de sûreté, Guy Georges demande pardon aux familles des victimes. La seule à le lui avoir accordé est la mère d'Hélène Frinking, Anne Gautier, laquelle a entretenu une correspondance secrète avec le meurtrier et m'a légué sept lettres manuscrites de Guy Georges. Je les ai révélées en 2021 dans le film documentaire *Les Femmes et l'Assassin* que j'ai coréalisé avec Mona Achache pour Netflix et dans la version étoffée de *Guy Georges. La traque* aux éditions Pluriel. *« Je ne ressortirai jamais vivant de prison »*, écrivait le prisonnier à la mère de sa victime. Conscient de sa dangerosité hors les murs, il n'a pas demandé la libération conditionnelle à laquelle il peut prétendre depuis mars 2020. Lorsque je le rencontre en juin 2015 au sein de la centrale pénitentiaire d'Ensisheim en Alsace, je ne reconnais pas Guy Georges qui, devenu diabétique, a grossi de plus de trente kilos. Il travaille à l'atelier, à ranger des hameçons dans des boîtes, indemnise les parties civiles, joue de la batterie dans le groupe de rock et se gave de médicaments pour tenir le coup. Le tueur en série cohabite alors avec *« l'ogre des Ardennes »* Michel Fourniret et le routard du crime Francis Heaulme, et aujourd'hui avec le féminicide Jonathann Daval et le Toulousain de son acabit Patrice Alègre.

21 février 2002

7. Les racines d'un « dangereux extrême »

Les psychiatres ont évoqué hier à la barre son passé et sa personnalité.

Toulouse, envoyée spéciale

Replié sur sa carcasse de rugbyman, Patrice Alègre, 33 ans, a passé des heures, immobile, à l'écoute des psychiatres qui ont disséqué les soubassements de sa personnalité. À défaut de pouvoir plonger seul dans une introspection vertigineuse qui risque de laminer ses défenses et de le pousser au suicide, le tueur en série a été le spectateur des analyses de son inconscient. Au bout de huit jours de pressions orchestrées pour qu'il livre l'indicible, « *parle !* », a ordonné son ex-compagne Cécile, le psychopathe est sorti K.-O. de ces rounds incessants de parents de victimes, d'avocats, et même de sa fille, lancés à l'assaut de son inébranlable forteresse. « *Monsieur le président, je veux vous mettre en garde contre ces attentes illusoires* », a déclaré hier à la barre le psychiatre Daniel Zagury, qui n'a « *jamais vu un tueur en série venir aux assises avec des remords et de l'émotion* » : « *C'est entièrement vain, il ne faut peut-être pas lui demander ce qu'il ne peut pas. En plus, il a dit des choses, par bribes. Il a parlé d'"hystérie" au moment du passage à l'acte, c'est-à-dire d'un état mental pas normal. Il a expliqué que le réveil d'Émilie qu'il étrangle l'a fait "retomber sur terre". C'est bien qu'il était en l'air, léger, Dieu, le démiurge. C'est l'orgie narcissique qu'on trouve dans la scène du* Dictateur *de Charlie Chaplin jonglant seul avec une mappemonde dans un état d'ivresse et d'euphorie où tout lui appartient. Si on remplace le globe par une femme et le dictateur par un tueur, c'est le même sentiment d'élation, de toute-puissance.* » Sept spécialistes ont défini Alègre comme un « *psychopathe, pervers narcissique avec des angoisses archaïques* ». Pas malade mental, mais « *dangereux extrême* ». Disert sur sa vie, le tueur s'est avéré « *perplexe et distant* » sur les actes, « *incapable de comprendre cette zone du crime* ». Il leur a juste lâché : « *Je ne peux pas en parler parce que c'est pas bien* » et « *si je pouvais l'expliquer, je n'aurais pas recommencé* ».

Les experts ont donc fouillé la petite enfance de ce fils non désiré d'un CRS rigide qui l'a « *matraqué* » et d'une coiffeuse volage qui lui a tout passé, et ont repéré une « *instabilité précocissime* », selon le psychologue Alain Pénin, c'est-à-dire dès l'école maternelle. Infernal et casse-cou, le minot a déjà des « *conduites antisociales* ». À la maison, l'enfant s'interpose dans les bagarres familiales, quand la mère fêtarde se prend des coups par le père violent et alcoolique. Le gamin n'échappe ni aux sanctions physiques ni aux ébats sexuels de sa mère, avec son père ou avec un amant, dans la chambre d'à côté, obligé de « *mettre sa tête sous l'oreiller pour ne pas entendre ses gémissements* ». Pour Daniel Ajzenberg, psychiatre et analyste, le fait que Patrice Alègre associe la violence et le sexuel dans ses crimes trouve ses racines dans ces scènes-là qui « *effraient les enfants, persuadés que papa bat maman* » : « *Si, en plus, le petit garçon voit sa mère rouée de coups, la croyance s'incruste profondément. En plus, il y a les infidélités de la mère et les défaillances du père qui manque. Les traumatismes infantiles deviennent une bombe explosive. Au premier meurtre, ce qui est enkysté en lui ressort, le scénario pervers enfoui est mis en scène.* »

Patrice Alègre cultive une vision manichéenne de ses parents, suspecte : une haine absolue du père, « *mauvais à 100 %* », et une idéalisation de la mère, « *entièrement bonne en dépit de tout, sacrée* ». Pourtant, selon Daniel Ajzenberg, « *le tueur s'identifie à son père sous sa forme la plus monstrueuse, lorsqu'il bat une femme* », et exprime aussi « *une rage contre sa mère* ». Le docteur Zagury évoque l'hypothèse de « *matricides déplacés* ». Patrice Alègre a d'ailleurs spécifié que « *sa mère est blonde, et toutes ses victimes brunes, comme pour mettre un écart entre la blondeur maternelle et les meurtres de femmes* ». Les experts ont insisté sur l'absence d'interdits dans sa construction. Patrice Alègre a pâti du laxisme de la mère pour acheter son silence sur ses infidélités et de la loi du père policier qui s'est substituée à la sanction du juge. Voleur de Mobylette, cambrioleur, dealer de shit, l'adolescent, pourtant repéré dès l'âge de 15 ans par un éducateur de justice (cinq rapports alarmants entre 1983 et 1985), se croit alors tout permis, revendique « *son existence effrénée, sa vie débridée et sa marginalité* », selon Daniel Zagury. Patrice Alègre « *se veut maître de son destin* » et finit par s'arroger le droit de vie et de mort.

Un « *refus ou une contrariété* » peuvent déclencher le passage à l'acte chez lui. Martine Matias a été assassinée le lendemain de sa rupture tumultueuse avec sa compagne Sylvie. Émilie a été violée huit ans jour pour jour après le meurtre originel de Valérie Tariote. La deuxième, Laure Martinet, a été tuée alors que sa fille de 7 mois se trouve à l'hôpital. Mireille Normand a été étranglée le jour de son anniversaire non fêté en cavale. Avant de basculer dans son déferlement de violence, Patrice Alègre « *met en place de façon délibérée les conditions* » du passage à l'acte, selon Zagury, « *ambiance festive, alcoolisation massive, prise de toxiques (shit, coke et ecstasy) et possibilité d'avoir un rapport sexuel* » non pas avec des « *étrangères* » mais avec des connaissances.

Énervé par les schémas américains et les pseudo-profileurs, Daniel Zagury, qui a expertisé avec Michel Dubec « *une douzaine de tueurs en série français contemporains* », explique que de tels meurtriers ont été arrêtés avant la récidive : « *Un tueur en série, c'est un criminel qui ne s'est pas fait prendre avant, qui est passé à travers. Ne tombons pas dans le piège de gens ultra-intelligents qui défient la police, dans l'identification à la toute-puissance du tueur en série. C'est très hollywoodien, mais extrêmement dangereux, voire criminogène. Aux États-Unis, les serial killers sont devenus des légendes du mal et renvoient à toute une mythologie des monstres... de sauvages qui sortent de l'humanité. Gardons nos traditions. Et méfions-nous des gens, de ces profileurs qui se présentent comme des super-héros.* »

*

La cour d'assises de Haute-Garonne a infligé à Patrice Alègre en 2002 la perpétuité dont vingt-deux ans de sûreté pour cinq meurtres et six viols essaimés au fil de ses nuits déjantées en 1989-1990 et 1997. Le procès n'a pas épargné la police toulousaine qui avait classé deux de ces crimes en suicides : la mort de sa collègue serveuse de bar vers la gare de Toulouse, Valérie Tariote, 22 ans, en février 1989, pourtant découverte bâillonnée, poignets liés, culotte déchirée, un foulard au fond de la gorge et une casserole remplie de sang sous la nuque, qui avait chez elle le livre *Suicide mode d'emploi*, avait ainsi été classée « *intoxication polymédicamenteuse et asphyxie* » jusqu'aux aveux spontanés, douze ans plus tard, de Patrice Alègre ; et le décès de la championne de boxe Martine Matias, retrouvée carbonisée chez elle en février 1997, était également passé pour accidentel malgré la « *position de levrette* » du corps, la présence de taches de sang, d'un chargeur de pistolet automatique, d'un goulot de bouteille et d'empreintes digitales dans la cuisine, jamais comparées au fichier des délinquants. C'est la cellule de gendarmerie « Homicide 31 » drivée par Michel Roussel qui avait exhumé ces victimes du placard des suicidées. Intrigué par *« l'inactivité »* supposée de Patrice Alègre entre 1990 et 1997, le pôle judiciaire « Cold Cases » de Nanterre cherche désormais à lui imputer d'autres crimes non élucidés dans la région toulousaine. Libérable depuis septembre 2020, ce tueur en série qui compte un fan-club de groupies depuis le début de son incarcération, envisageait de s'installer un jour avec sa compagne, une psychologue canadienne, et avait entamé une procédure pour sortir. Mais Patrice Alègre a décidé d'y renoncer à cause d'une expertise psychiatrique défavorable qui pointe son *« absence d'empathie et de réel sentiment de culpabilité »* vis-à-vis de ses victimes et de gros risques de récidive.

Partie 2

Les grandes évasions

Il m'a toujours paru humain que les prisonniers enfermés rêvent d'évasion et les réalisent, à condition de ne pas tuer ni verser le sang. Tous les évadés que j'ai rencontrés m'ont décrit cette obsession de liberté, ce besoin compulsif, ces heures d'observation des rondes et habitudes des surveillants, ces plans millimétrés échafaudés et cette quête du matériel indispensable. À l'ancienne, limes à ongles ou à bois pour scier les barreaux, cire de Babybel ou pâte spéciale pour prendre les empreintes des serrures, métaux de l'atelier pour fabriquer les clés, briquet pour fondre le mastic d'une vitre en plexiglas, savon et cirage pour façonner un revolver, cuillères en fer-blanc et outils plus performants pour creuser un tunnel, échelles de corde ou de draps, crochets pour servir de grappins ; mais parfois aussi, armes et explosifs apportés par des complices extérieurs qui ont permis à Jacques Mesrine et François Besse de s'enfuir de la Santé en 1978 puis à Redoine Faïd de Lille-Sequedin en 2013.

Plus moderne, à partir de 1981 en France, l'hélicoptère devient l'engin à la mode, bien commode pour s'échapper par les airs. Ce sont Gérard Dupré et Daniel Beaumont qui l'inaugurent le 27 février 1981 en s'envolant de Fleury-Mérogis. Cinq ans plus tard, en mai 1986, la compagne non violente de Michel Vaujour, qui a appris à conduire un hélico – pour éviter de prendre en otage un pilote –, vient chercher son amoureux sur le toit de la maison d'arrêt de la Santé, jouant « la fille de l'air » incarnée au cinéma par Béatrice Dalle. Quand, en novembre 1986, des gangsters des Postiches braquent un hélico de la Croix-Rouge pour arracher leur pote André Bellaïche de la prison de Rebibbia, les journaux italiens titrent sur cette évasion *« alla francese »*. Dans les années 2000, le braqueur du Var Pascal Payet bat le record avec trois évasions organisées en hélico. En 2018, Redoine Faïd reprend le procédé pour s'enfuir de Réau.

Plus rusés, trois bandits corses ont quitté la taule de Borgo en mai 2001 grâce à un faux ordre de libération transmis par fax à l'administration pénitentiaire, qui n'a pas été vérifié. C'est plutôt l'apanage des braqueurs de retrouver la liberté confisquée de manière rocambolesque même si les cavales, compliquées à gérer, se réduisent à quelques mois. On sourit moins lorsqu'un double meurtrier comme Jean-Pierre Treiber se fait la malle de la maison d'arrêt d'Auxerre dans l'Yonne à bord d'un... carton et s'évapore dans la nature.

La belle la plus retentissante et originale reste celle d'Antonio Ferrara de la forteresse de Fresnes, attaquée en mars 2003 par un commando de ses potes à coups d'explosifs et de bazooka, sans blesser personne, à la façon d'un braquage de fourgon blindé, de « tirelire ».

30 août 2005

1. Sorti par le haut

Michel Vaujour, 54 ans, dont vingt-sept en prison. Ex-braqueur à main armée, spécialiste de l'évasion par les femmes et les hélicoptères, il est en liberté conditionnelle.

Fini la fuite en avant, les échappées à tout bout de champ. De la plus belle, la septième, Michel Vaujour, 54 ans, adepte du yoga et joueur d'échecs, vient de faire un livre. La septième passait par la grande porte de la centrale. Sorti avec un pécule de « *20,27 euros pour vingt-sept ans de placard* », l'ex-braqueur habite depuis deux ans avec Jamila, juriste, au pied d'une forêt, promène son chien, écrit un nouveau scénario, Palimpseste, thriller psychologique à propos d'un parchemin effacé. Il revient de loin, de très loin. Il fait toucher, sur sa tempe droite, la balle policière de .357 Magnum incrustée dans son cerveau. Tatoué sur son épaule gauche, « *un loup hurle à l'amour* » sous le portrait de sa nouvelle femme, Jamila, et au poignet droit les points « *né pour voler* ».

Petit coureur de forêts en Champagne, armé d'un lance-pierres et de flèches de jonc, ce fils « *sauvage et intenable* » d'un cuisinier de l'école communale de Vertus (Marne) a viré enfant de chœur avec un curé qui l'a entraîné au cross-country, au tir et à l'escalade, afin de surmonter sa peur du vide : « *Je voulais devenir prêtre, comme ce père de substitution.* » Il en a gardé un penchant pour le mysticisme, un « *goût des batailles* », une facilité à s'élever en l'air et une « *extrême détermination* » face au danger. Ouvrier d'usine et père à 18 ans, Michel Vaujour vole une voiture pour une virée, saute par la fenêtre à l'arrivée de la police, laisse les flics embarquer sa fiancée. C'est un peu son travers, de mettre ses amoureuses dans l'embarras. Elle en prison, lui en cavale. Il prend trente mois, se rebelle. Insultes aux surveillants, descentes au cachot. Il ressort, interdit de séjour, tricard, et jure de ne plus jamais retourner en taule. Monteur-voltigeur au port de Fos-sur-Mer, il roule un jour sans permis, tombe sur des uniformes, se lance dans « *une fuite éperdue pour un motif dérisoire qui valait juste une amende* », au risque de se noyer dans la Saône. Il replonge à Mâcon. Une porte s'ouvre. Il prend la tangente. Tentative de cambriolage, quatre ans. Il scie les barreaux. Il retombe à Châlons. Il partage sa cellule avec un détenu qui devient bientôt son meilleur pote. Il prend l'empreinte des clés avec « *la cire rouge* » du Babybel, bricole une échelle avec un lit, grimpe sur les hauts murs : « *Pour moi, c'était normal, j'aurais pas été étonné d'ouvrir un dico et de lire : "Prison : endroit d'où l'on doit s'évader."* »

Aussitôt rattrapé, le voilà bon pour le quartier de haute sécurité (QHS) de Chaumont, « *condamné à pourrir en cellule* ». Un petit livre de yoga lui apporte la révélation. Il apprend à respirer dans l'irrespirable, à maîtriser ses impulsions, trouve une « *paix intérieure* ». Il ne parle à personne, et ça dure trois ans. Il ne décroche pas un mot à son procès d'assises, suicidaire encore. Du coup, il prend quinze ans pour deux braquages sans violence avec des armes factices, des jouets. L'addition s'allonge : « *vingt-trois ans au total* ». Il réalise alors qu'à force d'aller nulle part « *tout est déjà foutu* ». La nuit de ses 26 ans, Michel Vaujour se livre à un rituel intime de renaissance. Nu, à genoux, il entre « *dans le vide du yoga comme d'autres en prière* », se lave, se rase, se tond, pour « *tuer le chien fou* » en lui. Il renonce au tabac, à la radio, au matelas : « *À tout, pour ma liberté, sinon tu t'apprivoises.* » Il conserve un jeu d'échecs, un manuel d'anglais, un livre d'espagnol. Dans le « *silence, la solitude, l'ascèse, presque le châtiment* », Vaujour se construit une forteresse bien plus dure que la prison, façon de rester hors d'atteinte, tendu vers son objectif obsessionnel : sortir. Il passe ainsi des jours, des mois, des années à monter des plans d'évasion millimétrés, mille fois répétés. Ainsi, en 1979, il prend en otage sa juge de Châlons avec un pistolet de savon noirci au cirage.

Réfugié dans la famille de son copain de cellule, Michel Vaujour tombe amoureux de sa sœur, entre dans le grand banditisme, appartient « *plutôt à des confréries de guerre* », pas au milieu traditionnel : « *Nous, on était des pirates, eux des corsaires reconnus par le roi avec des accointances obligées.* » Il multiplie les hold-up, « *du braquage pur* ». Il ne flambe pas, économise pour partir en Argentine. Pisciculture et farniente en Italie avec sa compagne, le fugitif, devenu Daniel, loue un mas en France. Il se fait opérer le nez, « *change de gueule* » pour ne pas être reconnu. Trahi par ses empreintes, il est repris fin 1981. « *J'avais baissé la garde. Les sentiments, ça complique les choses* », dit-il.

Pourtant, c'est sa compagne qui apprend à piloter et vient l'arracher de la Santé en hélicoptère, le 26 mai 1986 à 10 h 46. Ils filent tous les deux. Elle veut se rendre.

Il l'en dissuade. Il repart la fleur au fusil chercher de l'argent. Il n'a pas peur des fusillades, au contraire, « *c'est le plus excitant* » : « *Si des flics se mettent sur mon chemin, je ne lève pas les mains, j'allume.* » Pas de quartier ce 26 septembre 1986, porte de Bagnolet, à la sortie du Crédit lyonnais. Vaujour loge trois balles dans le ventre de policiers, blessés, et en reçoit une dans la tête. Coma. Il se réveille « *divisé pile au milieu* », paralysé du côté gauche, hémiplégique. Jeté en cellule « *sans rééducation* », Michel Vaujour « *rampe par terre* », articule « *Je vous salue Marie* » devant un miroir, utilise « *la technique du retournement de la conscience* » du yoga pour bouger main, bras et jambe. Et ça marche.

Après dix-huit mois d'incarcération, sa femme a repris le chemin du parloir. Elle ne tient plus à jouer la fille de l'air. Il la largue. Elle l'aime pourtant. « *C'est pas une raison pour que je reste cinquante ans en conserve* », lance-t-il, énervé. Selon d'anciens détenus, « *Michel aurait marché sur la tête de n'importe qui pour sortir, et a exploité les femmes qui l'aimaient pour reprendre sa liberté.* » À son tour, Jamila, étudiante en droit, « *fascinée par l'enfermement, divisée, elle aussi, entre cultures musulmane et occidentale* », débarque au parloir. Coup de foudre. Il l'utilise pour de menus services. En 1993, elle tente par deux fois de venir le chercher en hélicoptère. Elle le paie de cinq ans de prison, n'a pas pu devenir juge d'instruction. Elle a épousé Michel Vaujour en secret à Moulin-Yzeure en 1999 : « *Jamila n'a pas pu m'arracher par les murs, mais elle m'a offert une autre évasion, la plus belle, sans rien me demander en échange.* » Il a entrevu le bout du tunnel avec la loi sur la présomption d'innocence qui, depuis 2000, met la libération conditionnelle entre les mains des juges, et non plus du garde des Sceaux : « *Avant, l'autorité politique ne se mouillait jamais pour des irréductibles comme nous. Là, j'ai eu un choix réel.* » Michel Vaujour a dû « *tout détruire* » de son passé, éjecter son karma, « *casser son image vis-à-vis de l'administration pénitentiaire et des détenus* », changer de comportement, « *c'est impossible de tricher pour remonter un tel handicap* ». Un chemin de croix. Que le directeur de la centrale a récompensé d'une mention positive pour sa libération : « *C'est maintenant ou jamais.* » Il lui restait seize ans à purger.

*

Rangé des voitures, comme on dit dans le « milieu », depuis son échappée de prison par la grande porte en 2003 au bout de vingt-sept ans de placard, souvent à l'isolement, l'ancien braqueur Michel Vaujour raconte sa métamorphose dans un film fameux de Fabienne Godet, *Ne me libérez pas, je m'en charge*, nommé aux Césars 2010 dans la catégorie Meilleur documentaire. Le septuagénaire un brin intello s'adonne à l'écriture et signe en 2018 chez XO *L'amour m'a sauvé du naufrage*. En écho, sa nouvelle épouse, Jamila, juriste, retrace en 2020 chez le même éditeur leur rencontre en détention et leur histoire improbable dans *La Force d'aimer*.

31 octobre 2013

2. Le bandit qui rêvait de Hollywood

Inspiré par les films de gangsters, Redoine Faïd refuse de se cantonner au rôle de voyou de série B. Itinéraire d'un accro aux braquages en mal de reconnaissance.

Il a vu en boucle tous les films de gangsters. Fils d'ouvrier algérien et avant-dernier de onze enfants, Redoine Faïd est né en 1972 à Creil (Oise). Autobaptisé « Doc », comme Steve McQueen dans *Guet-apens*, il s'inspire de scènes de braquages pour monter ses coups fumants. Voleur de chariots de confiseries à 6 ans, cambrioleur de 80 magasins, selon ses dires, ce Beur associé à deux « Feujs de Barbès » sèche sa terminale au lycée Jean-Rostand de Chantilly à 18 ans pour son premier hold-up de banque, avec un .357 Magnum trouvé lors d'un casse dans un bar.

« *J'ai appris mon texte par cœur en regardant le film* Mesrine *de 1984* », dit-il dans son livre, *Braqueur*[1]. Comme Tony Montana dans *Scarface*, vu dix fois au ciné, Faïd ne veut plus voler des fringues de marque, mais « *de l'argent pour les payer* ». À l'en croire, c'est « *une banque tous les quinze jours* » ou des vols de cartes mémoire d'ordinateurs. Son QG est le *Café de la Paix*, à l'Opéra. Pour attaquer la BNP de Creil, à côté de son HLM, avec séquestration du

1. Redoine Faïd, *Braqueur. Des cités au grand banditisme. Entretiens avec Jérôme Pierrat*, Paris, La Manufacture de livres, 2010.

banquier, c'est le film *Point Break* et ses pilleurs en série affublés des masques de présidents américains, qui lui donne l'idée d'emprunter les visages de Giscard, Chirac et Mitterrand. Mais, pour dévaliser la plus belle bijouterie de Chantilly, il porte le masque de Raymond Barre avec moustache postiche et perruque. Comme dans *Reservoir Dogs*, de Tarantino, les trois voleurs décident de s'appeler par des couleurs, « Monsieur Jaune », « Monsieur Vert » et « Monsieur Blanc ». N'empêche que, dans l'action, le copieur s'attribue un sang-froid de pro et une intelligence supérieure : « *On ne fait pas long feu dans le braquage avec un pois chiche dans le cerveau.* » Imagination, détermination et, surtout, « *pas de vice : ni alcool, ni drogue, ni putes* » pour ne pas se mélanger « *à ces pourris* » du milieu.

Quand les flics le recherchent pour onze hold-up de sociétés informatiques avec prise d'otages, en 1995, et arrêtent son frère Fayçal, Redoine Faïd se planque dans les hôtels Campanile en VRP, costard-cravate, Clio commerciale. Février 1996, les condés perquisitionnent à Creil l'appartement de 120 m^2 de sa famille, qui tombe des nues. Pour laver cet affront, « Doc » et sa clique pillent trois entrepôts d'ordinateurs d'affilée le 17 avril dans l'Essonne, en Seine-et-Marne, et à Paris, avec les mêmes Serflex (liens pour attacher les employés) et les masques d'hommes politiques en guise de signature. Il se met en cavale : Alger, Londres, Lille. Il veut se venger des flics de la Brigade de répression du banditisme (BRB), qui « *mésestiment les mecs des cités* » et pour qui « *le voyou ne peut être qu'un Gaulois passé par la Centrale. Ça ne peut pas être le Redoine de Creil, cet Algérien de banlieue de merde* ». Un vieux poulet nous jure qu'il n'y a « *jamais eu de déconsidération* », mais « *le costard que Faïd s'est taillé est trop grand* » : « *Son souci, c'est le cinéma, Redoine de Creil ne veut pas rester dans l'anonymat.* » C'est ce qui le perdra. Le petit voyou qui se sent en mal de reconnaissance des flics de la BRB décide de leur « *mettre une raclée* » : « *C'est la guerre, on va passer au fourgon blindé* », lance le chef, avec « *des casques de hockey, comme dans le film* Heat, *de Michael Mann, ils vont péter un câble.* » Un militaire israélien rencontré à Tel-Aviv devient son complice, fournit fusils d'assaut et explosifs. Mais l'attaque du fourgon de la société Ardial, le 3 juillet 1997 à Villepinte, tourne court : trop de sacs de billets à charger dans les véhicules, mauvais chronométrage du braquage, la police rapplique et tire sur Faïd. Blessé à l'épaule, il se soigne dans une suite du Concorde Lafayette, part en Israël *via* la Suisse avec des faux papiers. Il habite les beaux quartiers de Tel-Aviv avec une copine qui apprend l'hébreu, roule en BMW, mais « s'emmerde ». En manque de braquage et de shoots « *d'adrénaline* ». En vacances à Marbella, Redoine de Creil croise Francis le Belge. Puis s'envole pour New York et Las Vegas : « *On a loué la suite vue dans* Rain Man, *avec Dustin Hoffman et Tom Cruise, à 350 dollars la nuit* », crâne-t-il. Retour en France. Avec ses nouveaux associés, il se fait passer pour un juif, kippa sur la tête et mots d'hébreu, genre « *Richard Anconina dans* La vérité si je mens ». Arrêté le 30 décembre 1998, il n'a alors que 26 ans, mais déjà une grande carrière. Il prendra dix-neuf ans de prison pour divers braquages. Il en purge dix. Quand il sort, au printemps 2009, Redoine Faïd se prétend « *rangé des bagnoles* » et commercial dans le BTP. Marié à Zohra, il a un fils et un appartement à Courbevoie. Il sort son livre fin 2010. Des anciens de la « Dream Team », spécialistes de l'attaque de convois de fonds, le traitent alors de « *mytho* » : « *Il s'attribue des repérages au centre fort* [dépôt de fonds] *de Vert-le-Grand en même temps que nous. Sauf qu'il s'agissait d'une autre équipe. Il prétend avoir bossé avec l'Italien Nino Ferrara, c'est faux.* » Il apparaît sur Canal + en héros d'un docu sur les caïds de cité, soi-disant « *repenti* », frime en cuir et chemise blanche sur le parvis de la Défense. On le voit alpaguer Michael Mann, venu à Paris en juin 2009 présenter *Public Enemies*, et le remercier d'avoir été son « *meilleur conseiller technique* ». Gêne du réalisateur.

Le 10 janvier 2011, il échappe au coup de filet de la BRB pour la fusillade de Villiers-sur-Marne qui a tué Aurélie Fouquet, policière de 26 ans, le 20 mai 2010. Sept de ses potes sont arrêtés. La BRB « *ne dispose pas d'indices de la présence de Faïd à bord du Trafic* » qui emmenait sur un braquage les bandits munis d'armes de guerre qui ont tiré en fin de course-poursuite sur la policière. Mais les enquêteurs tiennent Redoine Faïd pour le « cerveau » ayant élaboré l'attaque d'un fourgon sortant de la Banque de France, non loin de Créteil. Rattrapé en juillet 2011 dans un bar à Villeneuve-d'Ascq, postiché et lunetté, avec deux voyous, il est mis en examen pour le « *vol à main armée en bande organisée* », en mars 2011, d'un fourgon blindé entre Arras et Lens (Pas-de-Calais), puis dans l'affaire du meurtre de la policière dans le Val-de-Marne. Enfin sorti de son rang de braqueur de série B, Redoine, qui aurait vendu les droits de son livre à Labyrinthe Films pour l'adapter au cinéma, rêve d'une épopée hollywoodienne à l'image de sa scène d'évasion le 13 avril 2013 de la maison d'arrêt de Lille-Sequedin à coups d'explosifs, unique. Même si sa piteuse arrestation cinq semaines plus tard dans un hôtel bas de gamme de Pontault-Combault en Seine-et-Marne renoue plutôt avec la tradition du bon vieux nanar.

*

En 2017, Redoine Faïd sera condamné à dix ans d'emprisonnement pour son évasion à coups d'explosifs et avec prise d'otages de la prison de Lille-Sequedin en 2013 puis à dix-huit ans par les assises du Nord pour le braquage de ce fourgon blindé dans le Pas-de-Calais en 2011. En avril 2018, la cour d'assises de Paris aggrave en appel sa peine qui culmine à vingt-cinq ans de réclusion criminelle pour *« tentative de vol à main armée et association de malfaiteurs »* avec le commando à sa solde qui, montant au braco à fond sur l'autoroute au volant d'un fourgon à la sortie de la Banque de France, a tiré sur des policiers en patrouille à l'arme de guerre et tué la policière municipale Aurélie Fouquet. Le 1er juillet suivant, le braqueur qui n'a plus rien à perdre s'arrache en hélicoptère de la prison de Réau, non sans panache, avant de se faire pincer au terme d'une cavale minable, entièrement voilé, ce qui lui vaudra quatorze années de prison supplémentaires. Pour protester contre ses conditions de détention durcies après ses évasions, Redoine Faïd se met en grève de la faim le 20 février 2020, refusant d'être extrait de sa cellule et de comparaître, une semaine plus tard, devant la cour d'assises d'appel pour la violente attaque du transporteur de fonds en 2011 sur l'autoroute du Nord. À l'issue de ce procès qui se tient sans lui, l'accusé Faïd se voit infliger la pire sanction de sa « carrière », vingt-huit ans de réclusion. Le DPS – « détenu particulièrement signalé » – est à nouveau incarcéré dans le quartier d'isolement de Fleury-Mérogis. Comme les peines prononcées pour ses évasions ne peuvent pas se confondre avec les autres, mais se cumulent, Redoine Faïd n'est désormais libérable – sauf hypothétique réduction de peine ou grâce – qu'en 2060, à l'âge de 88 ans.

19 juillet 2014

3. François Besse, sage à l'acte

L'ancien « roi de l'évasion », transformé par ses lectures en prison, travaille pour Emmaüs et tente de « réparer le mal ».

« *La liberté permanente* », François Besse l'a découverte un matin dans les entrailles de la centrale pénitentiaire de Saint-Maur (Indre) : « *C'est la connaissance qui m'a rendu libre, quand j'ai épousé Spinoza.* » En liberté conditionnelle depuis 2006, après une vie de cavales, vingt-trois années en prison et six évasions, l'homme ne veut pas apparaître comme un Robin des Bois. C'est pour cela qu'il n'accorde jamais d'interview, « *car des rencontres en prison m'ont permis d'étudier et de devenir un sage* », dit-il posément. Il déteste « *la publicité* » et « *le bruit* », et a toujours été » *discret* ». Même lors de son équipée sauvage en 1978 au côté du grand Mesrine, le bandit tonitruant et m'as-tu-vu. Le « petit » Besse passe-muraille, lui, a toujours tenu à rester dans l'ombre. À 70 ans, cet antihéros aux cheveux blancs n'a pas de temps à perdre : « *Il faut que cela ait du sens, que ce soit créatif.* » On invoque sa valeur d'exemple pour les gars en rupture de ban et les compagnons d'Emmaüs qu'il a encadrés, à la façon de l'abbé Pierre. On lui rappelle notre première rencontre en juin 2002, lorsqu'en veste noire à col mao et sandales de moine, dans le box des accusés de la cour d'assises de Paris, il nous avait époustouflés par son authentique métamorphose et sa sincérité inédite en ce lieu : « *J'avais besoin de le faire pour la justice, les victimes et pour ma libération, c'était le lieu idéal. Comme l'écrit Jankélévitch dans* Les Vertus : *"Il faut rendre à chacun le sien."* »

François Besse lit toujours les articles sur la réforme pénale, l'univers carcéral, la réinsertion, les « *valeurs de la justice réparatrice* », mais n'a jamais lu les deux livres consacrés à son histoire[1], pas même *Je suis un bandit d'honneur*, qu'il a pourtant signé. « *Je ne l'ai pas écrit* », confesse-t-il. C'est sa sœur Noëlle qui l'avait ainsi vendu. « *Pareil pour les films sur Mesrine et moi, ça ne m'intéresse pas.* » En 2008, François Besse est tout de même allé voir *L'Ennemi public numéro 1*, avec Vincent Cassel

1. Mathieu Delahousse, *François Besse*, Paris, Flammarion, 2006 ; François Besse, *Je suis un bandit d'honneur*, Paris, Paul Legrain, 1984.

dans le rôle principal. À sa fille de 20 ans, qui le tanne pour connaître la vérité des faits et de son personnage, François Besse ne veut « *ni confirmer ni infirmer, il n'y a rien à raconter* ». Il refuse d'expliquer son histoire à Charleyne, parce qu'elle le prend « *pour un héros* » et veut « *frimer devant ses copines* ». On aimerait son point de vue sur ce film, mais on ne parvient à lui arracher qu'un seul mot : « *Vulgaire.* » François Besse s'en tiendra là. Même pour *Libération* qui, dans les années 1970, ouvrait ses pages aux intellectuels tels que Foucault, Deleuze ou Sartre pour soutenir la lutte des prisonniers contre les QHS, les quartiers de haute sécurité où il a croupi dix ans. La juge d'application des peines qui le surveille jusqu'en juillet 2015 lui a interdit « *toute intervention publique relative aux infractions* » commises, sous peine de retourner en prison. Du coup, le repris de justice à la retraite ne nous livrera pas de scoop. Ce qui ne l'empêche pas de décrypter son parcours personnel. Ainsi, commentant un titre de *Libération* du 28 février 2006, à l'occasion de sa sortie de prison : « *"Rédemption", ce n'était pas le bon mot. Ça n'a rien à voir, c'est un chemin parcouru...* »

À table, cet ascète en chemise blanche immaculée et coupe de cheveux de premier communiant commande, contre toute attente, une choucroute en souvenir de son escapade à 17 ans chez sa demi-sœur à Strasbourg pour échapper aux roustes de son emporté de père, Francesco Esposito, un républicain espagnol en couple avec Marcelle Besse, femme de ménage. Le petit François, leur enfant naturel, est « *chétif* », même « *rachitique* ». Dans l'Est où il fugue, l'adolescent bosse à la chaîne dans une fabrique de sièges auto, rencontre « *des marginaux qui sortent de foyers de correction* », cambriole l'usine Olida en 1963 – le jour de l'assassinat de Kennedy –, et atterrit dans une maison d'éducation surveillée. François Besse qui, depuis, a appris le latin pour lire Virgile dans le texte, réfléchit sur ce centre pour mineurs délinquants : « *Nous étions laissés à nous-mêmes, avec un éducateur pour 40 jeunes issus du même milieu, fils d'ouvriers, multirécidivistes, avec une loi qui n'est pas celle de la société normale. Arrivé avec un mandat de dépôt comme cambrioleur – ça avait une valeur –, j'ai été accepté comme une mascotte. La notion d'enfermement a disparu.* » Il y passe un CAP d'électricien, « *pour avoir un métier* », mais deux militaires l'emmènent à la caserne pour le service. Le bidasse vole, se retrouve en prison à Metz puis est réformé. Retour chez sa mère, à Cognac (Charente) : « *J'ai retrouvé exactement le même type de camarades.* » Il devient conducteur de poids lourds et petit voleur.

Son premier sentiment d'injustice remonte à 1970. Représentant et bientôt père de famille, François Besse accepte « *d'héberger un camarade d'école, petit délinquant* » qui perce des coffres-forts. La police l'accuse à tort, l'humilie et le « *maltraite* », l'oblige à marcher tout nu au commissariat et l'étouffe à moitié avec une serviette gorgée d'eau. Traumatisé par ces tortures, François Besse montre sur son iPhone la photo d'un indigène supplicié en Amérique du Sud, un bâton coincé sous les genoux et à la saignée des bras : « *On m'a suspendu dans cette position entre deux fauteuils au commissariat Castejan, à Bordeaux. J'ai cru mourir. Je me suis longtemps demandé comment avec 55 kg et 1,60 m, je trouvais autant de force. J'ai compris que je faisais des amnésies. On m'a malmené, j'ai perdu connaissance, mon corps m'a abandonné et m'a sauvé du ressentiment. Spinoza m'a enseigné que le corps est premier. Sans lui, pas de pensée.* » Le « petit » ne supporte pas sa condamnation, en février 1971, à sept ans de prison pour vol : « *J'avais le choix entre me plier ou me révolter. J'ai sauté le mur. Et je me suis inscrit dans la marginalité définitive.* » Il regagne alors sa liberté, mais se « *condamne à ne plus avoir d'identité. Une fois dans la clandestinité, vous n'existez plus* ». Repris à Bordeaux en février 1973 pour un braquage, François Besse se tire une balle dans le cœur mais se rate : « *En fait, je suis nul* », dit-il avec cette habitude de toujours se rabaisser. Retour à la maison d'arrêt de Draguignan qui s'équipe en « *miradors Besse* ».

Encore échappé, à nouveau repris, transféré à Fresnes, François Besse y rencontre en 1977 un certain Jacques Mesrine, avec lequel il pactise. « *On était à égalité, lui trois évasions, moi trois.* » Retrouvailles à la Santé et « *plan sérieux* » en préparation. Plus tard, aux assises de Paris, Besse avouera avoir misé sur Mesrine, « *plus déterminé que moi, pénible avec son ego, mais excellent associé* » pour « *mener à bien cette entreprise* ». Le 8 mai 1978, Mesrine et Besse neutralisent les matons pour « *tailler la route* ». Au fil de la traversée de la Santé, le « grand » en habits de surveillant chef et le « petit » sans galons bouclent à double tour quatorze otages dans les cellules. « *Nous avions toutes les clés...* », lâchera-t-il à la cour avec gourmandise. Les trousseaux de la liberté. Avec un crochet pour grappin et une corde, Besse puis Mesrine escaladent le mur d'enceinte et disparaissent dans l'euphorie des conquérants : « *Après notre évasion de la maison d'arrêt de la Santé, tout s'est enchaîné comme si nous avions été les maîtres, les dieux, c'est de la folie...* » Le tandem dépareillé attaque une armurerie à Paris, braque le casino de Deauville, tombe dans une embuscade. Fusillade. Les fugitifs forcent un barrage de gendarmerie puis prennent en otages un couple de propriétaires de chevaux et leurs trois enfants.

Au procès, en 2002, Daniel Lelodet, l'otage, a fait la différence : « *Mesrine était autoritaire et m'a fait très peur. Besse ne parlait quasiment pas, il était anéanti.* [...] *Ils ne nous ont pas brutalisés, mais ma fille aînée a hurlé après, la nuit, longtemps perturbée.* » La victime accepte les excuses de l'accusé : « *Je tiens à vous demander pardon à vous et à vos enfants pour le mal qu'on vous a fait.* » Mais l'avocat général Philippe Bilger pointe ses contradictions : « *N'est-ce pas une forme de jésuitisme criminel, monsieur Besse ? À chaque fois que vous êtes obligé d'arbitrer, c'est toujours en faveur de la solution la plus dangereuse. Alors, c'est commode de vous donner le beau rôle...* » Droit comme un *i* dans son habit noir et col blanc, tel un clergyman dans le box, François Besse se met à philosopher : « *J'ai aujourd'hui une grande conscience du mal que j'ai pu faire. À l'époque, j'étais dans une forme de déterminisme qui excluait le doute. Je ne doutais pas de moi.* » « *Avec Mesrine, vous répudiiez le bon en vous. Vous restait-il un peu de liberté personnelle ?* » interroge le président, Dominique Coujard. « *Le libre arbitre est une illusion. C'est le contenu de la pensée qui peut mettre en œuvre quelque chose, mais quand les événements extérieurs sont les plus forts, ils vous submergent. Sauf si vous êtes ferme et raisonné, car vous êtes un sage. À l'époque, je n'étais pas un sage.*

– Avez-vous tiré de ces événements un sentiment de toute-puissance ?

– J'ai été conforté dans l'idée de maîtriser n'importe quelle situation.

– Mesrine est mort, pas vous. Vous avez eu la baraka, pas lui ?

– J'ai sûrement une force de vie qui m'amène devant vous aujourd'hui, pas lui. »

Le « *sage* », qui a tenté en vain de « *sauver* » le jusqu'au-boutiste Mesrine de ses travers mégalomaniaques et suicidaires, brise le mythe des « *bandits d'honneur* » : « *La société imagine des aventuriers généreux, des Robins des Bois, mais c'est faux, c'est dans l'imaginaire des gens. Aujourd'hui, je porte sans conteste un jugement négatif sur ce passé. Je ne peux pas être un modèle dans cette révolte, car je me suis trompé...* »

À l'époque en couple avec Michelle, François lui promet « *d'aller à Goa, en Inde, acheter des tapis persans pour les revendre à Paris* », mais la Parisienne, qui ignore son pedigree, parce que, « *quand on est clandestin, on ne peut pas avouer son identité, sinon l'autre est foutu* », se fait arrêter avec lui en Belgique. L'été 1979, « *l'anguille* » Besse s'éclipse du tribunal de Bruxelles, rejoint l'Italie puis l'Espagne, replonge en 1982 pour un « *trafic de faux dollars* ». Incarcéré à Manzanares, le séducteur de 38 ans tombe amoureux de la très jeune et belle Marie-Ange, qui n'en a que 16, et s'enfuit de prison pour la rejoindre en février 1983. Perpignan-Paris. Puis la PJ retrouve la piste de Besse en Italie, suspecté d'avoir aidé, fin 1986, André Belaïche, le chef du « gang des Postiches », à s'évader en hélicoptère de sa prison romaine. Arrive alors la triste nouvelle. Besse est mort. Un indic rapporte à la police que le « petit » n'a pas été « *réglo* » avec les Postiches, qui l'ont « *fumé* ». Les flics de la répression du banditisme croient à ce décès et expliquent ce règlement de comptes à *France Soir* la veille d'un énième procès de Besse, prévu en 1990. Ils en sont sûrs : « *On ne trouvera jamais le corps.* » On frôle le coup parfait. Mais Besse n'y est pour rien : « *On m'a fait passer pour mort, c'est un truc d'indic*, dit-il avec mépris. *Il ne sert à rien de rectifier les légendes, de rentrer dans l'imaginaire des gens. Si ça leur convient...* » François Besse multiplie les hold-up. Le sage, qui ne veut « *plus jamais agir sous le coup de la passion, aveuglé* », renie aujourd'hui ses sentiments pour Marie-Ange : « *On était sur le même bateau, on était associés, ce n'est pas l'amour.* » Tout comme « *vivre en cavale, ce n'est absolument pas la liberté* ». Chez le fugitif, deux sensations se percutent : « *On a l'impression de pouvoir se déplacer en permanence de façon libre et on ressent cette urgence à vivre car c'est peut-être la dernière minute.* » Mais, pour éviter l'arrestation, le fugitif doit à tout prix « *tout border, planifier, ne pas boire, ne jamais se relâcher, 24 heures sur 24. Il faut une maîtrise totale, c'est une forme de folie* ».

Pour assouvir « *un désir d'enfant* » et revoir sa mère, François commet l'erreur de revenir à Cognac. Enceinte,

Marie-Ange accouche sous un faux nom à Carcassonne en février 1994. Ils s'envolent en Espagne, puis au Maroc, avec Charleyne qui a pour parrain... Alain Delon. Mais la police retrouve les empreintes du ressuscité et les échographies de Marie-Ange dans un appartement à Angoulême. Sur les lignes de leurs amis écoutés, un certain « Jacques » appelle pour réclamer « *des couches et du lait* ». Les flics le localisent à Tétouan, au Maroc. « *Inconsciemment, j'ai voulu me faire prendre* », dit-il. L'officier de l'Office central de répression du banditisme qui, au bout de douze ans de cavale, lui mit les menottes du côté de Tanger, a découvert un « *monsieur respectable aux cheveux blancs, qui vivait dans une résidence très chic en bon père de famille, payait rubis sur l'ongle – même la police marocaine – et se faisait appeler El Pépé* ». Extradé du Maroc, puis emprisonné, le détenu décide de « *payer l'addition, salée* ». Il conseille à Marie-Ange de ne pas l'attendre : « *Je lui ai rendu sa liberté, pour retrouver la mienne.* » Il lui reste alors à purger une grande partie des « *quinze ans de réclusion pour des vols à main armée commis en 1972 – c'est Pompidou qui était président –, car une évasion en récidive fait cesser toute prescription, c'est de la folie...* », plaideront ses avocats Henri Leclerc et Francis Triboulet. Peine à laquelle il faudra ajouter huit ans infligés en 1998 par la cour d'assises de Charente pour les braquages commis du côté d'Angoulême quand il attendait Charleyne. Venue voir son père en détention, celle-ci, qui n'a alors que 4 ans, lui fait des reproches : « *Vous étiez tous les deux en cavale, pourquoi vous m'avez faite ?* » Réponse : « *On avait un désir d'enfant.* » La petite : « *À quoi ça sert ? Toi, tu es là et elle, maman, est là-bas avec un autre.* » François Besse reste coi : « *Quelque part, elle nous disait : "Vous n'aviez pas le droit."* »

Pour tuer le temps à la centrale de Saint-Maur, François Besse s'inscrit « *à tout : philo, théâtre, squash, siddha yoga, méditation* », décroche un bac littéraire, un diplôme d'ingénieur du son, restaure des films de l'INA et étudie la philosophie. En 1996, un jeune professeur venu enseigner en prison pour vérifier si « *le génie et le criminel cohabitent* » apporte à François Besse la connaissance de Freud, Husserl et de l'œuvre complète de Spinoza, ainsi que des classiques du cinéma : Renoir, Godard, Fellini... Dans sa cellule, François Besse entreprend sa mue de l'esprit et du corps, qu'il expliquera lors de son procès devant la cour d'assises de Paris, en 2002 : « *J'ai subi les événements et toujours pensé que c'était la vraie solution pour exister. Alors, il m'a fallu réfléchir, je me suis donc mis en danger, et puis j'ai mis tout ça en actes. J'ai commencé par le rachitisme justement, et mon côté frileux. Je me suis mis à marcher pieds nus, été comme hiver, dans des sandales, et plus jamais je ne me suis enrhumé. Puis j'ai baissé la température des douches, et maintenant, je prends des douches froides, toniques, tous les matins. Mon corps réagissant différemment, j'ai découvert mon intelligence, recouverte. Maintenant, j'essaie d'être, tout simplement.* » La métamorphose de l'accusé subjugue tellement la cour que François Besse s'en sort avec un verdict clémentissime : huit ans d'emprisonnement pour quatre vols à main armée et deux évasions. N'empêche : « *8 + 8 + 15, ça fait beaucoup, même si j'ai obtenu dix ans de conditionnelle, ce qui est rare.* »

Plongé tout de suite dans Emmaüs, François Besse a retrouvé peu ou prou la même population qu'entre les murs, avec une tendance de certains « *à se plaindre, à se lamenter, à rejeter la faute sur la société pourrie* » : « *J'affirme alors que je suis absolument contre les circonstances atténuantes. Je leur dis : "Ah oui, t'as tout perdu, t'es alcoolique, tu ne fais rien... Arrête de geindre et viens m'aider, physiquement."* » C'était le message de l'abbé Pierre aux compagnons : « *Arrête de pleurer et viens m'aider*[1]. » Le « *moine* » Besse – selon l'expression de Mesrine – rappelle que « *l'abbé Pierre ne se laissait pas marcher sur les pieds, quitte à rudoyer des compagnons avec sa canne* ». « *Le nouveau slogan d'Emmaüs, "Agir pour ne pas subir", me convient parfaitement.* » Devenu « *encadrant social* » en 2011 à Paris, François Besse a participé au programme « Emmaüs défi », cherchant des SDF dans la rue pour une heure de travail par jour, en échange d'un toit, de repas et de 200 euros par mois. Aujourd'hui, l'association n'a plus assez d'argent pour le payer. Le repenti du crime en a besoin, mais pas seulement pour lui. Il indemnise ses victimes, « *160 euros par mois* ». Par égard pour elles, il ne se sent pas le droit de dire son bonheur. « *Je compte rester en vie jusqu'à 130 ans pour les rembourser et tenter de réparer le mal.* » Le libéré sous conditions doit absolument trouver du travail : « *Il y a plein d'endroits où je ne peux pas aller avec mon dossier et, ayant été condamné à de la réclusion criminelle, je n'ai pas non plus le droit de voter. Comme quoi,* conclut-il, *je ne suis pas si libre que ça.* »

1. Ce texte est antérieur aux révélations sur les abus sexuels de l'abbé Pierre.

François Besse, en 1983, emprisonné en Espagne. Le «petit François» avait été condamné à mort en France en octobre 1978.

25 ANS APRES, LE PROCES DE FRANÇOIS BESSE

BESSE RATTRAPÉ PAR SON PASSÉ

Le «lieutenant de Mesrine», qui a alterné condamnations et évasions depuis 1971, est jugé à partir d'aujourd'hui.

Le 8 mai 1978, le «petit François» Besse, voyou de moindre envergure, entre dans la légende des *«bandits d'honneur»*, dans le sillage du «grand Jacques» Mesrine, gangster à la Robin des Bois, par une évasion hardie du quartier de haute sécurité (QHS) de la maison d'arrêt de la Santé. Un pied de nez au garde des Sceaux, Alain Peyrefitte, et à ses redoutables QHS, que le braqueur Mesrine vomit alors dans les colonnes de *Libération* (1) car on y *«fabrique les fauves de demain»*, *«une nouvelle race de truands... des vengeurs»*. Ce coup-là scelle la réputation du «petit», déjà expert en évasion (c'est sa quatrième) et en cavale, qui part en équipée avec *«l'ennemi public numéro un»*. Braquages en duo d'une armurerie, d'un casino et d'une banque, prises d'otages et tirs sur la police. Un quart de siècle plus tard, François Besse, 58 ans, doit aujourd'hui répondre de ces faits devant la cour d'assises de Paris (lire ci-contre).

«Voyou standard». *«Avant d'apparaître avec le grand Jacques, le petit François était un inconnu*, explique Charles Pellegrini, ex-patron de l'Office central de répression du banditisme (OCRB), *connu certes de nos fichiers, mais comme un voyou standard, professionnel, discret et matois, sans le côté mégalo, extraverti et justicier de Mesrine.»* Pour un chef de bande des années 80, Besse, *«c'est un pauvre mec, un électricien qui s'est greffé sur l'évasion de Mesrine, tellement il avait peur de la prison»*. Apprenti électricien de Cognac (Charente) donc, ce fils d'une femme de ménage au grand cœur et d'un anarchiste espagnol violent, a «héroïsé» ce paternel en exil malgré les roustes et a adopté son amour de la *«Libertad»*. Obligé de quitter la maison à 16 ans pour échapper au couteau du père qui veut le punir d'un larcin, le «petit François» se réfugie chez une demi-sœur à Strasbourg, multiplie les vols, et s'engage dans l'armée. Bataillon disciplinaire à Pau et guerre d'Algérie.

Retour à une *«existence normale»* à Cognac. Le voilà *«transporteur routier»* à Bordeaux, accusé de cambriolages de coffres-forts. A 27 ans, selon ses propres mots dans le livre *Je suis un bandit d'honneur* (2), ce *«fils d'émigré en butte au racisme et à la pauvreté»* hurle son innocence, et vilipende *«la justice des notables»* qui l'expédie en prison pour sept ans. Le «petit» s'associe à un détenu *«du milieu»*, fond le mastic d'une vitre en Plexiglas à la flamme d'un briquet, file ainsi du centre pénitentiaire de Gradignan, le 8 mai 1971, et *«franchit alors la porte du grand banditisme»*. Deux années de clandestinité, 1971-1973, secouées par les mutineries dans les prisons et les exécutions capitales. Deux détenus de Clairvaux, Buffet et Bontemps, qui ont tué un gardien et une infirmière, passent à l'échafaud.

Repris, Besse suit de sa cellule l'épopée de Mesrine qui défie les flics de l'Antigang. Le «petit François» scie ses barreaux et noue ses draps, à Gradignan puis à Fresnes, et rencontre enfin le «grand Jacques» en taule. Il le vénère, écrit-il encore, pour *«sa lutte contre les QHS, l'attaque d'un pénitencier au Canada, son mépris envers l'ordre établi, son courage et son amitié»*, et l'épaule pour déjouer les systèmes de sécurité de la Santé. Ils s'évadent. Dehors, le tandem change de physique, récupère des outils de travail, pille les caisses, et mijote des actions plus politiques. Ainsi, le «petit» et le «grand» projettent de délivrer les détenus soumis au *«silence absolu»* de Mende (Lozère), de kidnapper l'éditeur de *l'Instinct de mort*, Jean-Claude Lattès, accusé par Mesrine de *«s'approprier ses droits d'auteur»*, d'enlever aussi Philippe Bouvard, *«chroniqueur populaire qui avait ridiculisé notre lutte contre les QHS»*. Selon son livre, François Besse approvisionne en armes des *«révolutionnaires colombiens»* qui n'ont *«pas de fonds pour les payer, mais livrent de la cocaïne ou de la*

Suite page 18

Hold-up et cavales

François Besse comparaît devant la cour d'assises de Paris du 4 au 14 juin pour six dossiers criminels datés des années 70. Durant sa cavale au long cours, «Petit François» avait été condamné par contumace pour ces faits à la peine de mort pour un hold-up sans effusion de sang, commis il y a vingt-six ans, et trois fois à la réclusion à perpétuité pour complicité avec Jacques Mesrine voilà vingt-quatre ans.

4 mars 1976. Hold-up à la Société financière pour la France et l'étranger (SFFE) à Paris, pour 15 lingots d'or, 1800 pièces d'or et 27270 francs en espèces.

8 mai 1978. Evasion de la maison d'arrêt de la Santé avec Mesrine, en uniforme de surveillants, à l'aide d'armes cachées dans la gaine d'aération du parloir réservé au «grand Jacques», d'échelles de corde et d'un grappin.

16 mai 1978. Braquage avec Mesrine d'une armurerie rue du Faubourg-Saint-Martin à Paris (Xe). Butin: un pistolet automatique, neuf revolvers, des munitions et 20000 francs.

26 mai 1978. Attaque du casino de Deauville avec Mesrine pour 136774 francs, fusillade avec la police, fuite avec prise d'otages et coups de feu sur les force de l'ordre.

30 juin 1978. Vol à main armée de 350000 francs à la Société Générale du Raincy, avec prise d'otages du banquier et de sa famille.

23 novembre 1986. Coauteur de l'évasion d'un membre du gang des Postiches en Italie. François Besse, alias Michel Duchemin, a aidé André Bellaïche, braqueur dudit gang à s'échapper de la prison de Rébibbia de Rome, en braquant un hélicoptère et son pilote.

*

Toujours aussi svelte à coups d'exercices de gymnastique et d'ascétisme rigoureux, l'ex-bandit rebelle assagi porte beau ses 80 étés et philosophe encore. Petit retraité, François Besse vivote à Paris, mais continue à indemniser ses victimes. Pas d'alcool, pas de cigarettes, pas d'excès, le sage multiplie les remontrances d'un ton parfois pontifiant lors de nos rencontres et retourne les questions par des pichenettes didactiques, tel un prof ou un curé, lui qui ne croit pourtant pas en Dieu et se veut *« anarcho-chrétien »*. Une fois libéré définitivement, en juin 2015, cet homme de l'ombre a émergé en pleine lumière avec un livre catharsis, *Cavales* (Plon, 2019), qu'il est même allé signer dans une librairie de l'Indre, à Saint-Maur, pour les surveillants de son ancienne maison centrale. Figure d'exemple, cet adepte du yoga et de Spinoza a prêché la bonne parole dans de multiples colloques et salons littéraires, sans accabler la justice ni la pénitentiaire qui *« manquent de moyens »*, tout en stigmatisant l'état des prisons. Quant à sa réinsertion exemplaire, François Besse ne la trouve *« pas exceptionnelle »* mais *« à la portée de tout le monde »*. Lors des Journées du patrimoine en 2014, sa visite de la maison d'arrêt vide de la Santé, où il a tant souffert en cellule bétonnée du quartier de haute sécurité (QHS) et dont il s'est évadé avec Jacques Mesrine en 1978, ne l'a pas submergé d'émotion ou de colère : *« C'est une forme de résilience, dit-il. Ces événements ne m'impactent plus, ils m'appartiennent toujours mais sont à leur place, dans le passé. »* Comme la panthère noire tatouée sur son biceps droit, trace d'un combat révolu.

2 avril 1996

4. Le jour où les Postiches ont joué les fils de l'air

Récit d'une extravagante évasion aux assises de Paris.

« *Pourquoi ne pas scier les barreaux, ou creuser un trou à la petite cuillère, au lieu de vous évader en hélicoptère ?* » demande le président Jean-Paul Laurans à André Bellaïche, 45 ans, jugé avec deux gars du gang des Postiches pour « *association de malfaiteurs* ». Sept vols à main armée commis à l'esbroufe voilà dix ans. « *L'hélicoptère des carabiniers tournait sans arrêt au-dessus de Rebibbia à Rome, et l'idée germait dans la tête de tous les prisonniers : si seulement ce truc descendait, on monterait dedans et au revoir tout le monde. Cela semblait d'une simplicité enfantine. C'était une vieille bâtisse construite sur le même modèle que Fleury-Mérogis avec un vaste terrain de foot. En Italie, ça s'appelle une évasion* alla francese, *jamais pratiquée ailleurs.* »

Le 14 janvier 1986, les Postiches essuient un revers. Robert Marguery est capturé et Bruno Berliner tué, à la sortie d'une banque rue du Docteur-Blanche à Paris. Le 23 novembre 1986, les rescapés volent au secours de Bellaïche, enfermé à Rome depuis cent dix jours. Devant la cour d'assises de Paris, le Franco-Tunisien, vraie moustache, complet marine et fines lunettes, joue franc jeu « *sans crainte de passer pour une balance* ». En accord avec Jean-Claude Myszka, 40 ans, présent à ses côtés dans le box, il décide de raconter son évasion : « *Je peux vous dire comment j'ai fait. C'est fou, mais comme il n'y avait pas de censure à la prison, j'ai écrit directement à Jean-Claude, que j'avais fait passer en Italie, pour lui demander cette faveur.* » Myszka, pull-over de camionneur et cheveux blonds dans le cou, approuve : « *J'ai été chercher Bellaïche par amitié. J'ai rencontré un type à Rome qui parle bien l'italien, j'ai demandé où louer un hélicoptère, juste pour avoir la sensation car j'étais jamais monté. On a survolé Rome, le Vatican, c'est très joli.* »

Ce « *tour touristique de Rome sans objectif précis* », payé rubis sur l'ongle 2 millions de lires par les deux Français, intrigue le pilote qui photocopie leurs faux papiers aux noms de Laurent (Myszka) et Duchemin, qui, pour la justice, est François Besse, lieutenant de Mesrine, absent du box pour cause de complications juridiques. Myszka dit ignorer ce nom. « *Duchemin, c'est mon complice, c'est tout.* » En repérage, le tandem de pseudo-touristes survole ainsi le flanc de la prison de Rebibbia. « *On a essayé de relouer, mais impossible, car il y a eu une fuite, un coup de fil passé à la société pour dire : "Attention aux deux Français"*, rapporte Myszka. *Alors, plus rien. Un jour, il y a eu un accident grave à Rome. On voit arriver l'hélicoptère des secours qui ressemble au Supercopter de la bande dessinée. Mon complice a relevé le nom de l'hôpital inscrit dessus, et on y est allés sans repérage, au hasard, le jour de l'évasion.* » Dans la cour, un gosse de 10 ans joue avec un avion en papier. L'hélicoptère-ambulance est à son papa. Myszka « *braque très gentiment et sans violence le père* » avec un 11.43, l'enfant est menotté au radiateur, bâillonné avec de l'adhésif : « *Je m'installe sur la civière à l'arrière, Duchemin à l'avant. Direction, la prison de Rebibbia. Au-dessus de la cour de promenade, je reconnais Bellaïche à son déguisement décrit par courrier. Mais, à ma grande surprise, je vois un garde avec une mitraillette. C'est pas prévu. Alors, je lui ai fait coucou de l'hélico, le garde a lâché son arme, et m'a répondu de la main. On a pu se poser.* »

En moins de soixante secondes, selon les sentinelles postées dans les miradors sur le mur d'enceinte, deux prisonniers (Bellaïche et Esposito) se hissent à bord de l'hélicoptère de la Croix-Rouge. Coups de feu. Myszka affirme ne pas avoir tiré : « *Je me suis collé au pilote qui, excellent, a démarré tout de suite. Je le remercie, on a évité une grande catastrophe.* » Pour la suite, Myszka n'a rien préparé, au grand dam de Bellaïche : « *C'est d'ailleurs pénible. Myszka est un garçon spontané, folklorique, le contraire du méchant. Il a agi sur un coup de tête, comme dans un film, sans trop réfléchir. Mais dans le ciel, y a pas de panneau indicatif avec Champs-Élysées ou Opéra, on sait plus où on est. À l'arrivée, il n'y a même pas de voiture.* »

Le pilote est sommé d'atterrir sur un stade de Rome, en plein match de football. « *Les spectateurs applaudissaient presque, croyant à une attraction ou à un film, à deux pas de Cineccitta* », sourit Bellaïche. L'équipe avise une Volkswagen Golf sur place, braque une Alfa Romeo près des studios de cinéma, puis une Lancia six jours plus tard pour rentrer en France. C'est Bellaïche qui décide : « *En Italie, où il se passe tant de choses au quotidien, je pensais qu'un entrefilet dans une revue spécialisée suffisait, mais notre affaire de l'hélico a pris une ampleur inattendue, imprévue. Alors, on a passé la frontière en coup de force, sans papiers. Et on a gardé la même voiture de Rome à Paris. On était désespérés, on était cuits.* » Arrivé au 28, rue des Pins, à Yerres (Essonne), dans la planque de Myszka, le blond donne 200 000 francs comme promis à « Duchemin ». Avant d'être débusqués, le 13 décembre 1986, par les policiers à cause d'un papier codé avec l'adresse laissé en Italie. Myszka a perdu son « trésor » de Postiche caché dans les murs, 300 000 francs, 5 000 pièces d'or, des kilos de bijoux et pierres précieuses.

*

Lors de ce procès en 1996, je vois pour la première fois ces trois gangsters des Postiches que je piste désespérément depuis cinq ans. Mais c'est moins sympa que de prendre un verre avec André Bellaïche rue Mouffetard, où il a monté sa boutique de CD et DVD *Au 3e disque*, ou Robert Marguery, alias « Bichon », et Jean-Claude Myszka dans un bistrot de Montreuil. Là, assise sur les bancs de la presse de la cour d'assises de Paris, les trois bandits me font face à six mètres dans le box des accusés et jouent la comédie comme au théâtre du Grand Guignol. Je me jure de retrouver ces gars-là pour percer leurs secrets après leur sortie de prison où ils vont à coup sûr retourner. À la fin, Bichon et Myszka sont condamnés à douze ans pour sept braquages de banques commis entre fin 1985 et début 1986, le second pour complicité de l'évasion de Dédé à Rome. Mais Bellaïche, qui paraît le plus capé voire le chef de bande, réussit le tour de magie de s'escamoter des hold-up : huit ans de prison seulement pour *« recel de vol à main armée »*, c'est-à-dire d'objets piqués par ses potes dans les coffres des particuliers, pour son évasion de la prison de Rebibbia et association de malfaiteurs. Ayant déjà tous passé plusieurs années en détention préventive, les Postiches seront bientôt libérés : Bellaïche à Noël 1997, Marguery en 1998 et Myszka en 1999. Je cueillerai à la sortie le « disquaire » Dédé et le fils de fondeur Bichon, et dévoilerai les dessous du gang des Postiches dans une série de *Libération* en septembre 1998, puis dans un livre *Les Postiches. Un gang des années 80* (Fayard) en mai 2004. Enfin, le 24 juillet 2004, je révélerai le scoop dans *Libération* : le redoutable serial killer des Ardennes Michel Fourniret a volé une partie du butin des Postiches, cinquante kilos d'or enterrés dans un cimetière, et trucidé au passage la femme d'un ancien codétenu. Cette hallucinante histoire est devenue un livre aux Éditions du Seuil, *Le Magot*, adapté en série sur Canal +.

6 août 2014

5. Ferrara, le beau de la belle

Séducteur et pointure du grand banditisme, Antonio l'Italien a réussi deux évasions et mené la grande vie pendant ses mois de cavale. Il devrait bientôt sortir de prison, de façon légale cette fois-ci.

Prêt à tout pour se libérer de la prison de Fresnes, Antonio Ferrara, dit « Nino », petit gabarit d'1,66 m, devenu grande pointure du banditisme, a mis le paquet : explosion des portails d'enceinte et des barreaux de sa cellule avec des charges de PEP 500 ; 84 tirs à la kalachnikov sur les miradors. Le commando d'une douzaine de cagoulés à sa solde venu le délivrer a attaqué, le 12 mars 2003 à 4 h 15, la forteresse réputée imprenable, suivant le même mode opératoire qu'un braquage de fourgon blindé. Du jamais-vu. Un gigantesque pied de nez à la pénitentiaire, salué par les gangsters de haut vol et les délinquants de cité, qui érigent Nino en héros. Mais, dans le feu de l'action, l'évadé a commis l'erreur d'oublier son portable dans sa geôle. Pas de chance, son pote « Doumé » Battini, qui l'avait appelé pour lui donner le top départ de l'assaut, a rappuyé par mégarde depuis la voiture de fuite. Du coup, la messagerie du Samsung de Nino, retrouvé dans sa cellule désertée, a enregistré, à 4 h 28, une minute de conversation qui a trahi son complice corse. On entend Ferrara lui lancer : « *Putain, Doumé, oh, t'as pris une balle ?* » Et l'autre, qui pisse le sang, dit : « *Hé non, ça va pas ! J'ai perdu l'œil, moi, dans l'histoire.* » Pendant que les poulets explorent la bande-son pour les pister, Nino et ses potes empruntent l'autoroute du Soleil pour des vacances bien méritées à Saint-Raphaël (Var).

Recherché comme l'ennemi public numéro deux (après Yvan Colonna), Nino Ferrara change de look – cheveux décolorés, coupe branchée – et de « blase ». Il devient Max, plein aux as et boute-en-train qui flambe au piano-bar *Le Coco-Club* et en boîte de nuit au *Crystal*, avec sa clique. Dans leur livre sur Antonio Ferrara, Brendan Kemmet et Matthieu Suc citent des clients et employés qui le trouvent « *drôle avec sa tête de diable* », « *son look de fêtard* », son bagout impayable et son énergie débordante : « *C'était un pin's qui sautait partout* », dit une barmaid.

Max, qui a toujours une liasse de billets dans sa sacoche, raque aussi pour les locations de transats, les déjeuners et les consommations sur une plage privée, appelle tout le monde « *mon pote* » et, grand prince, paie des verres à n'importe qui. À Estelle, serveuse dans une pizzeria, Max offre en guise de pourboire tout le panier de roses d'une vendeuse à la sauvette et prétend bosser dans le textile en région parisienne. Tout le monde l'adore. Sauf ses deux gardes du corps corses, des sportifs qui font leur jogging à 6 heures, car le couche-tard se montre trop et joue au « *kéké* ». Mais ses coups de fil à Paris pour prendre des nouvelles de sa dulcinée Mylène et son « *voyage d'affaires* » dans la capitale vont le perdre.

Les flics de l'Office central de répression du banditisme le repèrent, le 10 juillet 2003, au *Peanut's Café*, à Bercy, et entrent en force. Ferrara tente de dégainer son pistolet automatique Tokarev, mais le commissaire Christophe Molmy lui colle deux coups de poing et se fracture le bras. « *Encore vous !* » s'écrie le bandit qui le reconnaît. En garde à vue, Ferrara « chique » (ment), comme d'habitude, sur son échappée de Fresnes, puis dédicace le plâtre du commissaire Molmy : « *Sans rancune.* » Avant de sortir menotté de la PJ à Nanterre pour aller au tribunal, le braqueur déboutonne sa veste kaki pour exhiber son torse bronzé aux photographes, et remet ses lunettes de soleil pour masquer son œil au beurre noir. « *C'est un garçon très attachant* », témoignera le commissaire Molmy aux assises, sans rancune… Selon l'indéfectible défenseur du « *petit Rital* », Me Amar Bouaou, « *Ferrara a sous-estimé la portée de son évasion, la pression policière et celle de l'État. Sinon, il serait parti en Amérique du Sud. On voit la différence pendant la cavale : l'ennemi public numéro un, Yvan Colonna* [arrêté huit jours avant], *est dans la montagne avec des moutons. L'ennemi public numéro deux, Antonio Ferrara, est dans les boîtes de nuit de Saint-Raphaël*[1]*...* »

Né à Cassino, en Italie, le 12 octobre 1973, Antonio Ferrara a débarqué à 10 ans à la cité Gabriel de Choisy-le-Roi (Val-de-Marne) sans causer un mot de français, avec sa sœur et ses cinq frères. Son père Arturo vendait pizzas et sandwichs, dans un camion, au pied des immeubles. Sa mère Helena, femme de ménage, est devenue cheffe d'équipe de nettoyage. À 16 ans, fini l'école. Un peu plombier, nettoyeur de trains, serveur, Nino part en Italie avec son père « *vendre des tableaux et des pastèques* ». De retour en banlieue parisienne, en 1995, « *une razzia dans le quartier pour un trafic de stupéfiants* » qui ne le concerne pas le pousse à fuir. En attendant de décrocher un non-lieu, Nino Ferrara, en « *situation irrégulière* », fait ses premiers pas dans le banditisme. Passé aux hold-up, le voilà mêlé en 1996 à une tentative de meurtre sur un voyou qui lui vaut huit ans de prison. Un vol à main armée en 1997 dans une banque lui rapporte 20 000 francs. Rattrapé, Ferrara plonge à Fleury-Mérogis, « *prétexte un mal aux pieds* » pour aller à l'hôpital et s'évade le 7 août 1998 grâce « *à trois complices* ». Durant ces quatre années de cavale, le jeunot noue de solides relations avec des gars plus âgés du milieu corse et marseillais. La police lui impute un braquage foireux en 1999 à la poste de Joinville-le-Pont. Puis, formé à l'école du grand banditisme, Nino Ferrara

1. Brendan Kemmet et Matthieu Suc, *Antonio Ferrara, le roi de la belle*, Paris, Le Cherche midi, 2012.

aurait appris le « *métier d'artificier* » et « *la technique du cadre explosif qui se scotche sur la paroi d'un fourgon blindé et découpe comme une fenêtre, qui permet aux voleurs d'attraper les sacs de billets* », détaille un ancien de la Brigade de répression du banditisme.

En 1999, le séducteur Nino tombe amoureux de la belle Mylène, aux yeux noisette et à la crinière châtain, qui travaille alors à la sécurité de l'aéroport d'Orly. La même année, José Menconi, un gars de Bastia qui a pris la tangente à cause du meurtre d'un légionnaire, s'acoquine avec Ferrara, qu'il prétend avoir rencontré « *dans le Sud, à Saint-Tropez, en boîte de nuit. Nino était attablé avec l'acteur américain Bruce Willis et Claudia Schiffer*[1] ». En duo avec son ami Menconi, l'Italien a été accusé d'avoir participé à l'attaque d'une « *tirelire* » de la Brink's, avec les vétérans de la « Dream Team » – le surnom donné à l'équipe –, porte de Gentilly, à Paris, le 26 décembre 2000. Car son ADN a été découvert, dans le repaire des gangsters, sur deux goulots de Heineken, un chargeur de kalachnikov et un adhésif autour d'une grenade. Et l'empreinte génétique de Menconi sur un gobelet en plastique. Ferrara et Menconi écoperont de douze et onze ans de prison en décembre 2006, avant d'être blanchis en appel. À la fin de ces années de liberté volée, Nino, alias « Stéphane », a son QG aux *Caves Saint-Georges* dans l'Essonne et sa planque à côté de chez Mylène, à Athis-Mons, où les policiers l'ont débusqué à l'été 2002, puis coffré. Jusqu'à son échappée fumante et détonante, au bout de huit mois.

1. José Menconi, devant la cour d'assises de Paris, le 22 novembre 2006.

Désormais abonné des cours d'assises, l'accusé Ferrara séduit par sa gouaille, son côté cabot et bravache. Ainsi, à la présidente de la cour d'assises Janine Drai qui, en octobre 2008, veut savoir « *avec quel argent* » il a financé quatre ans de cavale, Nino lance avec malice : « *Ouh, ça, c'est une question qui sent les menottes... Je vous dirais simplement que j'ai bricolé et que je suis un gros bricoleur.* » Quant aux 1 200 euros en pièces découverts dans son refuge à Athis-Mons, « *je faisais les parcmètres* », ironise Ferrara. Au grand dam de l'avocate générale Anne Vosgien : « *Comme un petit Roumain, pour trois francs six sous, êtes-vous sérieux ? Dans le Sud, vous ne montiez pas plutôt des paraboles ?* » Allusion à celles qu'il utiliserait pour concentrer l'effet de souffle lors de l'explosion de fourgons blindés. Le Rital fait mine de croire qu'on lui parle des paraboles télé et glisse, jovial : « *Non, je ne suis pas électricien.* »

Mais le détenu particulièrement signalé a beau afficher un moral d'acier, le traitement spécial que lui a imposé l'administration pénitentiaire pendant sept ans a fini par l'atteindre. De 29 à 36 ans, Antonio Ferrara a été bouclé au quartier d'isolement de Fleury-Mérogis avec 28 surveillants dévolus « *en permanence* » à sa petite personne, et des parloirs derrière « *un hygiaphone avec un double vitrage de 15 centimètres* ». On l'a vu au procès de son évasion, fin 2008, excédé par les transferts soir et matin les yeux bandés, et par ses conditions de détention, tout seul dans la salle de sport ou en promenade dans une cour couverte : « *Le soleil n'a pas touché ma peau depuis cinq ans* », se plaint-il, révolté. Son avocat Lionel Moroni exige alors qu'Antonio Ferrara soit « *jugé dans des conditions humainement acceptables* » : « *Ce garçon n'est pas Hannibal*

Lecter, n'a pas de sang sur les mains, et on le traite pire que Fourniret, lui qui n'a fait qu'affronter l'État. » Le procès a tourné au pugilat. Et le verdict fut impitoyable : dix-sept ans de réclusion (ramenées à douze ans en appel). Découragé, Nino Ferrara redevient combatif en 2009. Et ça paie. Le voilà acquitté deux fois en appel : le 9 avril aux assises de l'Essonne pour le braquage de Gentilly, puis le 10 décembre devant les assises de Paris pour l'attaque avortée d'un convoi de fonds à Toulouse. Du coup, la pénitentiaire desserre l'étau et envoie Antonio Ferrara en janvier 2010 à la maison d'arrêt de Lille-Sequedin (Nord).

Lors de son dernier procès à Paris, en mai 2012 – en appel, pour le vol à main armée raté de Joinville –, Nino Ferrara a retouché son portrait avec son nouvel avocat Éric Dupond-Moretti alias « Acquitator ». Assagi, rangé, bientôt père de famille, l'accusé adopte un profil de détenu modèle, « *poli, respectueux, jovial* », disent les surveillants de Sequedin, reconverti en « *auxiliaire de coiffure* ». Façon de montrer que les conneries, c'est fini. Et qu'il compte rester à l'ombre des hauts murs : « *Quand je serai libre, je reviendrai parmi le public pour écouter les plaidoiries des avocats ou celles des procureurs généraux* », lance-t-il à la cour d'assises, qui décidera de l'acquitter et d'effacer ainsi quinze ans de réclusion criminelle. Condamné à dix-sept ans pour deux évasions, et huit ans pour tentative de meurtre, Nino Ferrara en a déjà purgé douze. Et entrevoit enfin le bout de son chemin de croix carcéral : « *Jusqu'en 2008, j'avais encore de hautes ambitions, qui ne sont plus les mêmes aujourd'hui. Je suis passé à autre chose. Avant, je me disais que ma liberté n'a pas de prix. Aujourd'hui, je pense que LA liberté n'a pas de prix.* »

Libération

JUSQU'AU 23 AOÛT, PRENEZ LES CHEMINS DE LA LIBERTÉ

ÉTÉ

Ferrara, le beau de la belle

Antonio Ferrara dans les locaux de l'Office central de répression du banditisme, en juillet 2003. PHOTO DR

EXPLOSIF Séducteur et pointure du grand banditisme, Antonio l'Italien a réussi deux évasions et mené la grande vie pendant ses mois de cavale. Il devrait bientôt sortir de prison, de façon légale cette fois-ci.

Par **PATRICIA TOURANCHEAU**

Prêt à tout pour se libérer de la prison de Fresnes, Antonio Ferrara, dit «Nino», petit gabarit d'1,66 m, devenu grande pointure du banditisme, a mis le paquet : explosion des portails d'enceinte et des barreaux de sa cellule avec des charges de PEP 500 [illegible]34 tirs à la kalachnikov sur les miradors. Le commando d'une douzaine de cagoulés à sa solde venu le délivrer a attaqué, le •••

*

Bien décidé à sortir par la grande porte, Nino Ferrara se marie avec Mylène en prison et devient père de deux enfants. Coiffeur puis bibliothécaire, il adopte un *« comportement exemplaire »* selon son avocat, Frédéric Trovato, qui œuvre avec Me Abou Amar à sa libération anticipée pour lui éviter de croupir derrière les barreaux jusqu'en… 2028. Normalement, ses deux peines pour évasion qui s'élèvent à dix-sept années ne peuvent être confondues avec les principales pour vol à main armée et tentative d'homicide. Transféré à la prison de Réau en Seine-et-Marne qui comporte le Centre national d'observation (CNO) des profils à risques et le rapproche de sa famille, Antonio Ferrara se trouve au parloir en même temps que Redoine Faïd le 1er juillet 2018 lorsqu'un hélicoptère se pose à côté pour *« l'arracher »*. Alors, Ferrara, qui ne veut plus s'échapper de cette façon, opte illico pour un retour dans sa cellule. Ses très accrocheurs défenseurs ont fini par obtenir, en 2019, l'annulation d'une vieille peine de cinq ans pour sa première évasion de l'hôpital en 1998, et de quatre années supplémentaires : neuf ans de gagnés pour Nino, désormais libérable en 2022. Du coup, l'ex-bandit bénéficie de permissions de sortie pour passer des week-ends en famille dans le Val-de-Marne. Et puis le grand jour est arrivé, le 8 juillet 2022, et Nino Ferrara a quitté le centre pénitentiaire après dix-neuf ans de détention, sa peine totalement purgée, donc sans condition, sans fil à la patte. Mais sous surveillance discrète de la Brigade de répression du banditisme. On l'a vu au concert de Rohff le rappeur à Bercy, sortir dans des boîtes aux Champs-Élysées, des restos chics et des bistrots de banlieue, mais, *« rangé des voitures »*, Nino Ferrara évite les journalistes, même la plus fidèle qui l'ait suivi et soutenu à distance, de procès en péripéties. Soucieux de sa tranquillité, Nino entend faire mentir les flics et leur vieil adage : *« voyou un jour, voyou toujours »*. Mais jamais les policiers ne le lâchent, à l'affût du moindre faux pas... Ainsi Antonio Ferrara a été interpellé le 16 mai 2024 lors d'un contrôle routier à Villeneuve-Saint-Georges au volant d'une voiture de location non restituée et placé en garde à vue pour *« recel de vol »*.

Partie 3

Skinheads et nazillons, actions françaises

De la profanation du cimetière juif de Carpentras en 1990 à la tentative de meurtre de Jacques Chirac en 2002, les boules à zéro partisanes du retour au IIIe Reich ont souvent occupé la rubrique des faits divers. Le premier crime raciste de fachos qui me tombe dessus à *Libération* est la tristissime affaire du Marocain de 29 ans, Brahim Bouarram, jeté dans la Seine par des crânes rasés dans le sillage du défilé du Front national à Paris, le 1er mai 1995. C'est le paroxysme d'actions violentes et d'agressions perpétrées par des ultras qui grenouillent en marge du parti de Jean-Marie Le Pen depuis son score historique de 10,5 % aux élections européennes de 1984. Utilisées pour coller des affiches et grossir les troupes, ces têtes brûlées ne sont pas totalement en odeur de sainteté au sein du FN, qui recherche une certaine respectabilité, au point que Bernard Courcelle, le chef du service d'ordre appelé Direction protection sécurité – DPS –, mène l'enquête sur ces skinheads venus de Reims et livre des noms à la brigade criminelle. Il n'empêche que Mickaël Fréminet, qui a poussé à l'eau ce pauvre Marocain, et ses deux comparses l'ayant laissé se noyer se sont rendus à la fête de Jeanne d'Arc, de Reims à Paris, à bord des cars affrétés par le FN et que la responsabilité morale des lepénistes planera sur leur procès d'assises.

La même année 1995, le 18 avril, deux skins normands ont précipité dans le port du Havre Imad Bouhoud, qui n'en a pas réchappé. Je révèle alors les carnets de David B., vingt-trois ans de galère et de violences, qui se revendique « néo-nazi de France » et dénigre le Front « trop bourgeois » et tiède à ses yeux, lui qui prône « les chambres à gaz en Normandie » pour les « Arabes envahisseurs ». C'est l'un de ses témoins à charge qui, lassé des menaces, dénonce deux chefs du groupuscule Blood and Honour ayant tué au Havre en 1990 le jeune Mauricien James Dindoyal avec une bière empoisonnée au peroxydase, un dégrippant pour moteur. Or Régis Kerhuel et Joël Giraud qui ont cassé du « boucaque », contraction de « bougnoule » et « macaque » dans leur terrible jargon, sont également des lieutenants de Serge Ayoub, alias « Batskin ». Ce hooligan du Kop of Boulogne réputé pour ses coups de batte de base-ball, leader charismatique des Jeunesses nationalistes révolutionnaires (JNR) et président de l'association extrémiste Troisième voie, viendra témoigner en faveur de ses adjoints aux assises de Rouen, sans être autrement inquiété par la justice. Pourtant, les organisations de Batskin, qui a fédéré les pires jeunes adeptes de la musique Oï, du slogan « BBB » (Bière, Baise et Baston) et de la suprématie blanche, ont généré de multiples actes violents et criminels. Ainsi, les deux skins Esteban Morillo, 20 ans, et Samuel Dufour, 23 ans, qui ont bastonné à mort avec un poing américain le 5 juin 2013 Clément Méric, 18 ans, militant antifasciste et étudiant à Sciences Po, à la sortie d'une vente privée de bombers de marque Fred Perry et Barbour rue Caumartin à Paris, gravitaient dans les JNR et Troisième voie. La dissolution de ces deux mouvements de Serge Ayoub, qui s'apparentent à « des groupes de combat et milices privées », sera donc votée. Mais si les auteurs des « violences volontaires ayant entraîné la mort » de Clément Méric

« sans intention de la donner » écoperont de huit ans et cinq ans de prison ferme, leur modèle et patron Batskin ne sera jamais poursuivi...

2 août 1996

1. La virée de la haine de cinq apprentis nazis

Trois des profanateurs présumés du cimetière juif de Carpentras avaient été entendus dès le début de l'enquête.

Yannick Garnier, 26 ans, vigile dans une société de sécurité d'Avignon, profanateur repenti du cimetière de Carpentras, a trahi, mardi devant la police, le pacte de secret qu'il avait scellé il y a six ans avec quatre autres nazillons. Il a été mis en examen, hier à Marseille, pour « *violation et profanation de sépultures avec atteinte à l'intégrité du cadavre* » qui, commises « *en raison de l'appartenance des personnes décédées à une ethnie, une nation, une race ou une religion déterminée* », sont punies au maximum de trois ans de prison et 300 000 francs d'amende. Bertrand Nouveau, 27 ans, vendeur dans le Vaucluse, et Patrick Laonégro, 30 ans, employé d'un grand magasin de Perpignan, ex-militant du PNFE (Parti nationaliste français et européen) ont aussi écopé de ce même chef « *d'atteinte au respect dû aux morts* ». Le quatrième, Olivier Fimbry, 27 ans, militaire de carrière, sergent au 152e régiment d'infanterie de Colmar et interpellé mercredi soir à la caserne, est l'objet d'un mandat d'amener pour être présenté au palais de justice de Marseille. Le cinquième, Jean-Claude Gos, chef supposé de la bande, est mort en 1993 à 26 ans dans un accident de moto. Selon la police, les suspects, dopés à l'idéologie nazie, ont tous passé des « *aveux circonstanciés* » sur ces actes commis « *par haine des juifs* ».

Le 8 mai 1990, soir anniversaire « *de la chute de Berlin, le 8 mai 1945* » et de « *la mort d'un haut dignitaire nazi* », ces cinq crânes rasés du Vaucluse qui ont baptisé leur bande « *Tir Charlemagne* », décident de ne pas rester passifs devant la diffusion du documentaire de Frédéric Rossif *De Nuremberg à Nuremberg* à la télé, et de passer, pour une fois, à « *l'action spectaculaire contre les sales juifs* ». D'habitude, c'est plutôt « *les ratonnades et les bastons contre les Arabes* ». D'après leur récit, ils partent en expédition en bagnole, à jeun, sans bière, sans joint. Pas question d'être défoncé ou soûl cette nuit « *où on doit faire un gros coup* ». Les trois chefs ont tout prévu : Laonégro et Gos, traits d'union entre les « Charlemagne » autonomes et le PNFE, ainsi que Fimbry, appelé du contingent en Allemagne et en permission. Les moins aguerris, scotchés à la bande depuis quelques mois, suivent : Yannick Garnier et Bertrand Nouveau, têtes de cuir et 20 ans à l'époque, toujours partants pour les mauvais coups décidés par les aînés. La voiture s'arrête à Carpentras, la « *Jérusalem du Comtat venaissin* », non loin du cimetière des juifs du pape. Du coffre, les initiés sortent pelles, pioches, pieds-de-biche. Le commando escalade le haut mur d'enceinte du parc où reposent les morts. Ils commencent par déplacer le marbre du monument funéraire d'Emma Ulman – décédée en 1977 –, trop lourd. Alors ils s'attaquent à la tombe de Félix Germon, 81 ans, enterré il y a moins d'un mois, plus facile à desceller. Les cinq costauds entreprennent un véritable chantier de terrassement : charrier trois mètres cubes de terre, soulever le cercueil avec des tuyaux d'arrosage trouvés dans la remise du cimetière, ouvrir enfin le couvercle avec un pied-de-biche pour levier. C'est avec les moyens du bord que les nécrophiles organisent ensuite la mise en scène autour du corps, étendu sur une dalle de marbre noir recouverte du linceul, un piquet de parasol glissé entre ses jambes – simulacre d'empalement, une étoile de David en pierre et une plaque « Souvenir des voisins » posées à côté. Entre 22 h 30 et 1 h 30 du matin, sous la pleine lune, les cinq skinheads ont le temps de saccager trente-quatre autres tombes et de casser les stèles avant de s'enfuir avec les outils. La profanation n'est découverte que trente-six heures plus tard, au matin du 10 mai.

À peine les premières constatations effectuées, la dépouille de Félix Germon est réinhumée en catimini, à 15 heures, à la demande de la communauté juive. À 17 heures, Pierre Joxe, ministre de l'Intérieur, qui se trouve à Nîmes pour des feux de forêt, fait irruption dans le cimetière de Carpentras et dénonce les « *criminels* » : « *Le racisme, l'antisémitisme et l'intolérance.* » L'affaire prend une envergure nationale. Jean-Marie Le Pen hurle à la « *provocation* ». On parle d'un commando, d'une empreinte de ranger. Les Renseignements généraux sont priés de sortir les fiches des néonazis et skinheads du coin. La police judiciaire est poussée à interpeller à tout-va dans les milieux d'extrême droite « *sans billes* » (pas d'indices marquants, pas d'empreintes digitales), sans même connaître le jour et l'heure des faits. Les tombes ont pu être profanées la nuit précédente, du 9 au 10. Le tapage suscite alors « *des tas de coups de fil, de lettres anonymes, de revendications bidon, de tuyaux crevés, de rumeurs, de manip' qu'on est bien obligé de vérifier* », se souvient un enquêteur effaré par la pollution de ce dossier : « *L'idéal pour la police judiciaire, c'est partir d'éléments matériels, travailler dans l'ombre, sans pression. L'enquête de Carpentras est le symbole du dérapage d'un fait divers qui bascule dans le politique.* »

Dès le 11 mai, les PJ d'Avignon et de Paris commencent à interpeller des garçons de la région qui gravitent dans la mouvance néonazie, skinheads, militants du PNFE, et sont – on le sait aujourd'hui – tombés sur trois vrais profanateurs de Carpentras : Laonégro, Gos et Fimbry. Qui ont tous fourni un alibi, vite vérifié. « *Faute d'éléments matériels, de témoignages ou de renseignements, comment voulez-vous confondre un type qui jure avoir passé la nuit dans son lit tout seul chez lui !* », s'énerve un policier. Deux de ces skins d'Avignon se seraient inventé une soirée au *Coupe 1*, une brasserie à Sarrebruck (Allemagne) à siroter de la « mousse ». Les inspecteurs, qui remontent aussi la piste d'une canette de bière Saar-Furst retrouvée sur la tombe, vérifient si, par hasard, le bistrot *Coupe 1* ne sert pas cette marque. Négatif. Plus tard, l'importateur de la Saar-Furst en France, la société Karlsbrau de Saverne (Haut-Rhin), a daté l'indice, un lot mis en bouteille en mars 1988 dont la vente a été stoppée en juin 1989. Les limiers en ont déduit que la trop vieille canette devait traîner dans le cimetière avant. Et l'enquête est partie dans des tas de directions, les sectes sataniques qui hantent les cimetières, le groupe inconnu « *Mohamed el-Boukima qui revendique, Ahmed grilleur de merguez à Carpentras qui s'est cassé la jambe, un saut de mur de cimetière ?* ».

Enfin, une photo d'adolescents coiffés à la punk, cheveux décolorés, habillés en noir, qui posent sur les tombes du cimetière juif, conduit les policiers à interpeller, le 6 juin 1990, quatre fils de notables de Carpentras (enfants de marbrier, de fonctionnaire municipal, d'ébéniste et d'avocat), adeptes des jeux de rôle, finalement mis hors de cause. La rumeur continue à désigner la « *jeunesse dorée* » de la ville, soi-disant « *protégée* », et à distiller les pires hypothèses de « *barbouzes* » téléguidés par des politiques pour faire porter le chapeau au Front national. Aujourd'hui, les profanateurs racontent comment le barouf autour de l'affaire de Carpentras leur a flanqué « *la trouille* » après coup : ils ont « *balancé les tenues, l'équipement, les outils* », scellé un pacte de silence pour la vie, abandonné les expéditions et évité de se revoir. Laonégro et Nouveau se sont mariés, Garnier a trouvé son boulot, Fimbry s'est engagé et, voilà trois ans, Gos a été enterré. Mardi, Garnier, hanté par le « *remords* », selon un policier, n'a plus supporté de tenir sa langue et a exhumé l'affaire de Carpentras, une profanation de tombes juives, évidemment d'extrême droite.

*

Le 17 mars 1997, quatre profanateurs du cimetière juif de Carpentras comparaissent devant le tribunal correctionnel de Marseille, sans le leader Jean-Claude Gos, membre du

Parti nationaliste français et européen (PNFE) qui s'est tué fin 1993 à moto. Le sergent Olivier Fimbry, 27 ans, crâne rasé, déplore juste que leur complice Yannick Garnier les ait dénoncés : « *J'aurais aimé qu'il se taise. Quand il a avoué, tout s'est effondré autour de moi.* » L'armée a résilié son contrat. Même regret chez Patrick Laonégro, 30 ans, vendeur en électronique et admirateur du IIIe Reich : « *C'est un peu surprenant de contacter la police. Il aurait pu s'adresser à un curé.* » Tout comme feu Gos, Laonégro redoutait toujours que Garnier parle et menaçait de mettre un contrat sur sa tête. Jugé lui aussi, Yannick Garnier, 26 ans, agent de sécurité, assume : « *Je suis fier de ce que j'ai fait il y a six mois. Fier de pouvoir dire enfin non à la profanation.* » Devenu skin, « *antisémite par conformité* », Garnier analyse « [sa] *haine de l'autre, à l'époque, comme la haine de* [soi] – *même* » : « *Il me fallait un souffre-douleur pour me venger de tous mes problèmes. Les juifs, on s'en prenait à eux tout simplement parce qu'on n'avait pas réussi à être des rouages importants de la société comme eux.* » Partisan à 19 ans de « *thèses proches du Front national* », Garnier se dit aux antipodes de cela : « *Sans être d'extrême gauche, j'évolue au milieu de gens de toutes origines. Je suis devenu tolérant.* » Même changement affiché par Bertrand Nouveau, 28 ans, ouvrier, père de famille : « *J'étais faible, j'avais la haine, je ne réfléchissais pas trop. Le FN essaie de normaliser une haine envers les immigrés, les personnes différentes. À force de dire ça à un jeune de 20 ans, ça peut le pousser à l'extrême.* » Le 24 avril 1997, Laonégro, le « *commissaire politique* » de l'opération selon la procureure, et l'ex-militaire Fimbry ont été condamnés à deux ans de prison ferme, la peine maximum à l'époque pour ce délit (contre cinq aujourd'hui) ; les deux autres ont écopé de vingt mois, Bertrand Nouveau parce qu'il *« a eu le courage de dire : "J'étais lâche" »* et Yannick Garnier car, *« sans ses aveux, on n'aurait pas de procès »*.

12 mai 1995

2. La collaboration police-Front national dénoue les fils du meurtre de Brahim

Dix jours après la mort de Brahim Bouarram, un Marocain de 29 ans noyé dans la Seine en marge d'une manifestation du Front national, trois jeunes de Reims sont passés aux aveux. Mickaël Fréminet, 19 ans, a dit être l'auteur de la gifle qui a fait tomber la victime dans le fleuve. Ses amis Christophe Calame, 25 ans, et David Parent, 19 ans, ont été les témoins muets du drame. Fait inédit, le Front national a mené sa propre enquête et a livré mardi à la police le nom de Calame. Cette collaboration, estiment les dirigeants lepénistes, prouve que le FN n'a aucune responsabilité, même indirecte, dans le meurtre, bien que le trio ait effectué l'aller-retour gratuitement dans un autobus affrété par le parti d'extrême droite.

Mickaël Fréminet, 19 ans, soupçonné d'avoir précipité Brahim Bouarram dans la Seine le 1er mai, a été mis en examen pour assassinat hier soir par le juge Jean-Paul Valat. Ses deux copains, David Parent, 19 ans, et Christophe Calame, 25 ans, présents à ses côtés sur le quai du Louvre, l'ont été pour complicité. Tous trois ont été écroués.

Arrêtés mercredi à Craon-les-Ludes, Tinqueux et Reims, dans la Marne, les trois auteurs présumés sont passés aux aveux, Mickaël Fréminet en dernier. Au cours des interrogatoires, ils ont tous raconté le voyage gratuit Reims-Paris dans l'un des deux autobus affrétés par le Front national pour permettre à ses militants et sympathisants de participer à la manifestation en l'honneur de Jeanne d'Arc. Christophe Calame, qui s'est acoquiné un temps avec le groupuscule d'extrême droite L'Œuvre française, dit vouer « *une grande adoration à Jeanne d'Arc* ». Le trio écluse pas mal de bière dans le car pendant les deux heures de trajet. À l'arrivée à Paris, à 9 h 30, ils sont déjà « *soûls* ». À 10 h 30, lorsque le cortège du Front national s'ébranle de Saint-Germain-des-Prés, ils se mettent dans les rangs. Où ils continuent à boire et à faire « *du chahut* ».

À 11 h 50, Mickaël, Christophe et David, pris d'une envie d'uriner, s'échappent du défilé au pont du Carrousel et descendent sur le quai du Louvre. « *On était en train de pisser contre le mur sur les berges, je reboutonne ma braguette,* a rapporté Mickaël Fréminet aux inspecteurs, *à ce moment-là, un Arabe vient vers moi et m'insulte, me traite de fils de pute de skin, je lui envoie une claque, il tombe dans l'eau et il coule à pic.* » Brahim Bouarram n'est plus là pour donner sa version. Le Marocain de 29 ans qui, selon sa petite amie Alice, était « *un non-violent, avec une peur de plus en plus grande des racistes et des fascistes* », s'est noyé dans le fleuve. Les trois n'ont pas essayé de repêcher l'étranger. Ils sont remontés en courant et se sont fondus dans la manifestation.

La brigade criminelle de Paris a bouclé son enquête en dix jours. La piste de Reims est apparue mardi, par deux sources distinctes, les Renseignements généraux et le Front national. Après avoir qualifié, par la bouche de Jean-Marie Le Pen, le meurtre de Brahim « *d'incident* » et parlé de « *coup monté* », le FN a « *mis un point d'honneur* » à collaborer avec la police judiciaire. C'est Bernard Courcelle, chef du service d'ordre du FN, la « *direction protection sécurité* » (DPS), qui, au terme de ses investigations personnelles, a donné mardi, sur procès-verbal d'audition, l'identité de Christophe Calame et de deux simples témoins de Reims. Il avait demandé aux 400 gros bras de son service d'ordre « *de recenser tous les incidents avec des skins, leur nature, les détails sur les bagarreurs, les noms de proches possibles, etc. Il y a eu 77 interventions du FN à cause de skinheads d'extrême gauche ou d'extrême droite, que ce soient les Firebirds tatoués, les Lucky, dérivés des Redskins communistes, ou les Angels. On a repéré que des skins, en marge du cortège, s'en prenaient à des gens de couleur, africains ou maghrébins sympathisants du Front national. D'après les descriptions, ce groupe se trouvait, au départ du défilé, du côté des cars de la région Champagne. Ensuite, on a resserré sur la Marne* ».

Dans le même temps, les RG de Paris et de province qui ratissaient les milieux d'extrême droite pour glaner des tuyaux se sont aussi recentrés sur Reims. Promesse de récompense à l'appui, les RG locaux ont délié les langues et trouvé « *les noms des trois mecs qui ont fait le coup* ». Les identités de Fréminet, Parent et Calame remontent à la brigade criminelle par une note de la direction centrale des RG mercredi à 9 heures, alors que Calame a déjà été arrêté à Reims, trois heures plus tôt, sur dénonciation du FN. Ce premier gardé-à-vue a avoué, selon la PJ, être mêlé au crime. L'auteur principal, Mickaël Fréminet, et le second complice ont été interpellés juste après.

Si la version du trio se révèle exacte, le juge Valat pourra descendre dans la qualification des faits. L'assassinat implique en effet une préméditation, qui reste à prouver. Les auditions des marcheurs voisins des trois skinheads de Reims, au moment où ils s'éclipsent pour uriner, selon eux, seront à ce sujet importantes, pour tenter de savoir si la descente sur la rive droite de la Seine n'a pas plutôt pour objet l'Arabe qui se promène en contrebas. Dans le cas contraire, le magistrat risque de changer les chefs de mise en examen du trio soit en homicide volontaire (ou involontaire), soit en coups et blessures ayant entraîné la mort sans intention de la donner.

Le FN continue à se démarquer de ces skinheads « *indésirables* » : « *Ils n'étaient pas dans le cortège, mais en marge, et ils ont profité de la navette mise à la disposition des participants de la Marne à cette manifestation populaire, pour monter à Paris faire la foire* », jure Bernard Courcelle. L'enquête criminelle démontre en tout cas que le Front national entraîne dans son sillage – ses bus, ses rangs, ses manifestations – des têtes brûlées qui, même sans carte du parti de Jean-Marie Le Pen, en sont de violents supporters.

Un membre du FN a orienté les inspecteurs sur un petit groupe de skinheads de la Marne et a fourni le nom d'un suspect possible.

Meurtre de Brahim: les aveux d'un skinhead

Cinq crânes rasés de Reims sont en garde à vue à Paris dont les trois auteurs présumés.

Cinq crânes rasés de Reims, sont en garde à vue au 36, quai des Orfèvres à Paris, dont trois, Michaël, Christophe et David, âgés de 20 à 25 ans, sont soupçonnés d'avoir assassiné, il y a dix jours Brahim Bouarram, précipité et noyé dans la Seine par trois skinheads, au moment où passait le défilé du Front national. Ils ont été arrêtés mercredi à l'aube à Reims, à Tinqueux et aux Ludes dans la Marne par la police judiciaire (PJ) de Paris, assistée de «collègues» de la région. La brigade criminelle, chargée de l'enquête, a remonté la piste grâce à trois sources distinctes, dont les «tuyaux» convergent sur cette petite bande de skinheads de province, qui ont déboulé à Paris le 1er mai pour la manifestation du Front national.

Tout d'abord, les Renseignements généraux de la préfecture de police (RGPP) de Paris ont identifié un maximum de jeunes aux cheveux ras d'Ile-de-France présents à l'intérieur ou à l'extérieur du défilé de Jean-Marie Le Pen, dont 30 ont été «raflés» la semaine dernière, histoire de «donner un coup de pied dans la fourmilière». Sur la base des photos et des films pris dans les rangs des supporters du FN, les policiers ont buté sur des têtes inconnues venues d'ailleurs. Notamment un garçon avec une cicatrice sur le nez et un autre avec une balafre. Les «signalements» ont été diffusés samedi à tous les services de police du pays. Les RG de la capitale ont ensuite appris la présence aux abords du pont du Carrousel vers 11h50, au lieu et à l'heure des faits, de la présence d'un «groupe de skinheads excités de Reims». Ainsi aiguillée, la direction centrale des RG, qui couvre l'ensemble de l'Hexagone, a mis ses fonctionnaires du département de la Marne sur le pied de guerre. Les «grandes oreilles» de Reims ont «gratté» dans les milieux d'extrême droite, et ont réussi à délier les langues. Un inconnu a enfin balancé «les trois mecs qui ont fait le coup». Dans le même temps, la brigade criminelle a obtenu mardi soir un témoignage de poids du Front national. Bernard Courcelle, responsable de la «direction protection sécurité» (DPS), autrement dit le service d'ordre du parti de Jean-Marie Le Pen, a orienté les inspecteurs sur un petit groupe de la Marne et a fourni le nom d'un suspect possible, Christophe, 25 ans, qui n'aurait pas sa carte au parti. Le Front national, qui a crié dès le départ au «complot» et au «coup monté», met les bouchées doubles pour aider la brigade criminelle à débusquer les coupables. Au bout de deux jours de tergiversations, Bernard Courcelle avait accepté de remettre le 3 mai à la PJ une cassette-vidéo tournée en queue de manif où avaient été éjectés (selon ses dires) «une cinquantaine de skinheads indésirables». Ces images ont permis aux enquêteurs d'affiner les endroits et les horaires où se trouvaient les uns et les autres au moment des faits. Le chef du service d'ordre est monté d'un cran dans sa collaboration avec la police, en rapportant le nom d'un auteur présumé du crime qui circule dans les milieux d'extrême droite. Christophe a été arrêté à 6 heures hier matin, et a, selon la PJ, avoué très vite être un complice. A 9 heures, la DCRG a donné le nom de celui qui aurait poussé le Marocain dans le fleuve: Michaël F., 20 ans, fiché comme proche du groupuscule néo-nazi Œuvre française. Il a été interpellé peu après.

Avec ces «rebondissements» dans l'enquête, la PJ pense «tenir le bon bout» mais attend des «aveux» de Michaël. Pour les recouper par la suite, la «crime» essayera de récupérer les autres skinheads que les témoins ont vu s'échapper de la fin de cortège sur le pont du Carrousel et descendre en contrebas sur le quai du Louvre à 11h50 le 1er mai. Trois de ces dix crânes rasés sont allés jusque sur les berges, et l'un d'eux a poussé à l'eau l'étranger qui se promenait au soleil. Mais la rapidité et la distance risquent d'empêcher les quatre personnes qui ont assisté à la scène de reconnaître formellement les auteurs. C'est pourquoi la PJ et le juge misent énormément sur les auditions des suspects, et comptent arrêter les autres personnes qui se trouvaient là.

Pour faire parler les skins, les RG auraient promis une récompense de 50.000 francs à qui donnerait les identités des criminels, et des complices. Michaël F. et ses deux présumés complices, Christophe et David, devraient être présentés cet après-midi au juge Valat, pour être mis en examen et écroués.

D'après leurs premiers interrogatoires, couchés sur procès-verbal, le trio aurait beaucoup «fait la foire» en ce 1er mai, énormément bu de bière, serait descendu du pont du Carrousel «pour pisser le long du mur des bords de Seine», Michaël aurait donné un coup à l'étranger là par hasard, et l'homme aurait coulé à pic dans la Seine ●

PATRICIA TOURANCHEAU

Deux élus strasbourgeois remis en liberté

Jean Oehler, adjoint au maire de Strasbourg, et Jean-Pierre Fréani, conseiller municipal, ont été remis en liberté mercredi en milieu de journée, après une garde à vue de vingt-sept heures dans les services de police judiciaire qui enquêtent sur la gestion de CUS-Habitat, l'office HLM strasbourgeois que préside Jean Oehler et où Jean-Pierre Fréani siège à la commission d'appel d'offres.

En novembre dernier le SRPJ avait ouvert une enquête à la suite d'un courrier anonyme mettant en cause les deux élus. En particulier, il était question de travaux dans la résidence secondaire de Jean Oehler dans les Vosges et plus généralement d'un soupçon de favoritisme dont aurait profité le groupe Bouygue lors de la passation des marchés d'HLM strasbourgeois par l'intermédiaire de Jean-Pierre Fréani, salarié d'une filiale de Bouygue, la Cimar-Dest. En même temps que les deux élus, Jacky Gillmann, directeur général de Kesser, filiale travaux publics de Bouygues, a été entendu et relâché dans les mêmes conditions. Aucune charge n'a été retenue contre les trois hommes, le parquet se contentant d'évoquer pour les élus «une éventuelle citation directe ou un classement de l'affaire». Mercredi soir, les deux élus se sont déclarés étonnés de la procédure.

Jean-Pierre Fréani, pour sa part, rappelle qu'il a été nommé voici six ans à CUS-Habitat par un arrêté préfectoral et qu'il ne siégeait pas à la commission d'appel d'offre quand des entreprises du groupe Bouygues étaient en lice ●

MICHEL SOUSSE

*

Dès le 2 mai 1995, Alice, 19 ans, étudiante en droit, la copine de Brahim Bourram, me contacte à *Libé* pour évoquer ce garçon marocain de 29 ans devenu chômeur et SDF à Paris qu'elle a rencontré avant Noël aux Restos du Cœur, où elle sert des repas. Ils sont tombés amoureux et se sont souvent promenés sur les quais de Seine. « *Brahim était pacifiste, la seule chose en laquelle il croyait, c'était l'amour*, me confie-t-elle. *Il disait qu'il y a trop de violence, trop de haine, et parlait beaucoup de la montée du racisme, il avait de plus en plus peur.* » Il venait de demander le renouvellement de sa carte de séjour pour rester en France « *mais partir de Paris, là où il n'y a pas tous ces problèmes dans la rue, pas de flics, et pas de types qui le traitent de bougnoule, pour avoir enfin la paix* ». Il revenait toujours à son point d'ancrage, la Seine, où il donnait rendez-vous à Alice. Mais, le jour du muguet, Brahim n'était plus là, emporté par le fleuve, poussé par un skinhead haineux. Et lorsque devant la cour d'assises de Paris, le 14 mai 1998, Mickaël Fréminet lui demande pardon, Alice se bouche les oreilles et s'enfuit. Son avocat Me Baloup lancera aux crânes rasés du box : « *Vous qui aimez tant la France, qui n'aimez que la France, vous allez être condamnés au nom du peuple français.* » À l'issue de ce procès qui a balancé sans cesse entre la responsabilité pénale des accusés et la responsabilité morale du Front national, Fréminet a écopé d'une peine plutôt clémente de huit ans de prison pour le meurtre de Brahim Bouarram. Ses deux camarades, Christophe Calame et David Parent, qui ont regardé sans bouger la victime se noyer, ont pris cinq ans de prison dont quatre avec sursis pour « *non-assistance à personne en péril* ».

21 octobre 1995

3. « Moi, David B., néonazi de France »

Le skinhead, impliqué dans la mort d'un jeune beur, a écrit ses carnets en prison. Extraits.

David B., 23 ans, est incarcéré depuis le 15 mai pour « *non-assistance à personne en danger et non-dénonciation du crime* » d'Imad Bouhoud, 19 ans, que son copain Michaël Gonçalves est accusé d'avoir précipité dans le port du Havre, le 18 avril. En perquisitionnant chez B., la police a découvert un cahier, « *L'aventure sans étoile. Dédié à mon fils Allan, petit être de 4 ans* », qui a été versé au dossier de l'instruction pour éclairer son parcours. Il a été commencé le 30 juin 1994 à la maison d'arrêt de Rouen, où le jeune homme purge alors une peine pour « *vol avec violence* ». *Libération* n'aura jamais de mots assez forts pour condamner l'idéologie néonazie. Selon ses mots : « *Le destin est parfois cruel envers les hommes, tout être humain a une destinée différente, la mienne est stupéfiante, voire rejetable, mais il en est à vous et à vous seul d'en juger !* »

Ma mère. « Vers six mois, mes parents se sont séparés et, ne voulant pas que je reste avec ma mère, mon père me confia à ma tante. Cette affaire alla tout droit devant les tribunaux de grande instance du Havre. J'ai bien commencé ma triste carrière. Ma tante eut droit à ma garde. Elle avait déjà deux filles, Marie-Hélène et Martine, plus deux garçons, Marcel et Laurent, donc j'étais le plus jeune de la famille. Nous habitions rue des Bleuets, ce n'était pas Beverly Hills ni Oxford City, mais plutôt le Bronx. À l'époque, tout le monde se tirait dessus pour rien. Nous avons déménagé rue des Saules, une autre partie d'Aplemont, beaucoup plus calme. Ne pouvant subvenir à nos besoins, ma tante se mit à travailler la nuit, elle faisait le ménage. Aujourd'hui, je sais très bien que c'est pour moi qu'elle avait repris le travail. »

Cafard. « Douze années que je connais Cafard, et je n'ai plus aucun respect ni le moindre signe de compassion envers lui depuis trois ans. Pourtant, nous avons vécu de merveilleuses années. Tout commença un après-midi où j'avais bastonné un mec de mon âge qui m'avait dit : "Je vais le dire à mon cousin." Quelques minutes plus tard, je vis un type chaussé de rangers, un treillis de l'armée, un bombers noir et une crête jaune. Nous parlâmes et nous avons lié des liens style musique, tenue vestimentaire, etc. Dès lors nous étions inséparables, toujours à s'épauler dans les coups durs. Nous nous sommes fait des meufs ensemble. Nous avons pris de la drogue ensemble, vers 15 ans. Nous avions un idéal commun : la race blanche. Je me souviens que nous passions tous nos après-midi à la forêt de Montgeon au lieu d'aller tout simplement à l'école, nous allions aux balançoires, et nous faisions les fous à nous balancer dans tous les sens. Cafard avait un gros poste et nous écoutions les Béruriers noirs, les Garçons bouchers, avec une grenade dans la poche, car nous faisions de la détection d'armes anciennes au bois de la Comtesse, à Caucriauville. Vint le temps des virées à Mammouth, le trafic des jeux électroniques, sniffer des produits nocifs tels que le dégoudronnant et le trichlo, derrière les chaînes de magasins (Decathlon, Monsieur Meuble, Cuir Center). Notre amitié commença à se dégrader lorsque j'ai connu Béatrice. »

L'hôpital psychiatrique. « À ma sortie de prison, le 18 septembre 1989, sans domicile où aller, puisque j'avais quitté le foyer de mes parents vers 14 ans, comme aucun foyer pour jeunes délinquants ne voulait de moi en raison de mon agressivité envers les éducateurs et les autres jeunes, je ne savais où aller. Le juge des enfants, encore responsable de moi jusqu'à 18 ans, décida de m'interner pendant sept mois en hôpital psychiatrique, dans un service pour les jeunes ayant des problèmes à dominer leurs nerfs. Je me doutais pourquoi j'allais là-bas. J'avais fait mes preuves en matière de violence : sauter une fois sur le thorax d'un gendarme et lui lancer une plaque d'égout dans le bassin, sans oublier les bagarres dans les bars en Bretagne, où j'avais mis deux coups de couteau dans le ventre d'un marin, j'étais pris au piège... À notre arrivée au centre Pierre-Janet, une ravissante jeune femme me montra ma chambre, j'étais seul, je pouvais avoir ma clé, et j'avais le droit de sortir jusqu'à 21 heures. Le soir, j'allais chez ma mère et, en rentrant, je flânais dans les rues. En rentrant, je prenais une douche et je m'installais devant la télé avec d'autres jeunes. Ce qu'on ne m'avait pas dit, c'est que je devais prendre des cachets et des gouttes. Je voyais bien où cela menait. Les autres internés des pavillons, sous étroite surveillance, se comportaient d'une façon euphémistique. Je me doutais que l'absorption des médicaments en était la cause. Donc, je donnais mes cachets à un type, mais ce petit jeu ne dura pas longtemps. Une infirmière découvrit ma tactique et en informa mon psy qui, mécontent, ordonna de me clouer au lit avec une piqûre. Un soir, je reçus un coup de téléphone de Béatrice, cette fille qui correspondait avec moi quand j'étais incarcéré à la maison d'arrêt de Rouen, où elle m'avait fait parvenir une photo. »

Béatrice et moi. « Nous sortions ensemble, tout était neuf, tout était beau, nous allions à la mer le soir [...]. Nos rapports se dégradèrent lorsqu'un après-midi, nous avons rencontré Cafard et Gaëlle. Béatrice vit un skinhead et une *"bird's"* (une fille avec une crête comme un oiseau) tenir conversation avec moi. Elle ne savait pas que j'étais un skinhead qui avait coupé avec le mouvement, depuis ma libération. Elle fut un peu choquée et bien sûr insista pour que nous nous en allions, ce que je fis. Je voyais bien qu'elle n'était pas heureuse, son comportement avait changé à mon égard, juste l'idée que son mec parle avec des nazis la dérangeait. Pourquoi devais-je avoir honte de mon passé puisque, dès mon plus jeune âge, j'avais fait partie de ces fameux mouvements d'extrême droite ? Je n'avais jamais eu l'occasion de défendre mon point de vue sur ces Arabes envahisseurs qui viennent jusque dans nos campagnes égorger nos fils et nos compagnes. Les parents de Béatrice étaient de fervents admirateurs de Staline et membres du Parti communiste, opposés avec acharnement aux racistes ainsi qu'aux défenseurs de la race blanche. À ce niveau, moi, néonazi de France, j'étais dans une position délicate, car Béatrice soutenait bien naturellement ces deux rouges en puissance, ces abcès où il faut porter le scalpel ! Bien qu'elle soit en faveur de ses parents, elle n'a jamais su ce qu'est le communisme, et encore moins définir le mot national-socialisme ! Poussée par ses parents, qui voulaient la faire rompre, elle hésitait et je sus remettre les choses en ordre, jusqu'au jour où elle me proposa une place de peintre en bâtiment. Je n'ai jamais eu le sens du travail. J'étais à cette époque un original. Pas question de bosser et d'entrer à mon tour dans le système vicieux de la société. Je pris la décision de rompre. »

Au nom d'une idéologie. « Dans le livre *Hitler in uns selbst*, notre guide Adolf Hitler, père spirituel de notre voie, cite ces phrases : "Les juifs sont des ordures qui pullulent. Ils ne sont qu'une troupe de rats. Des enfants aux vieillards, ils ne sont que des parasites. Si tu n'as pas la pensée du sentiment, ni la tendre figure du frère, alors deviens un néonazi, tu n'as rien à gagner aux côtés de tous ces chiens qui sont bâtardés !" Notre Führer est mort pour renaître sous d'autres visages, et ces visages, ce sont les nôtres. Que tu sois un grand leader qui enflamme les foules, ou bien que tu sois un simple militant de la cause, tu as une part de l'héritage d'Adolf Hitler à léguer aux peuples nordiques. Défendre sa race est l'acte le plus noble qui puisse être commis. »

Allan. « Le 12 octobre 1990 à 0 h 40, est né Allan-André-Daniel, mon fils. À la maternité, je le vis tout petit, pas un cheveu sur la tête, je le pris dans mes bras pour l'embrasser, le petit homme faisait des grimaces avec sa bouche, comme s'il se disait : "Qui t'es, toi ?" J'étais fier de lui, j'ai pleuré des larmes de joie, ce qui m'arrivait était superbe, malgré mes 18 ans, j'étais papa. Après une semaine, nous sommes retournés chez nous. Toutes les nuits, je me levais pour lui donner le biberon, changer ses couches. À 10 mois, il commençait à marcher, il fallait tout cacher. Un jour, il fit tomber une assiette et, d'un coup, plus personne sur les lieux du méfait, le criminel s'était réfugié dans la chambre. Nous avions un chaton. Un jour, Allan s'amusait avec, quand le chaton le griffa. Bien sûr, les pleurs et les baba (papa) retentissaient. Plus tard, j'entendis un miaulement, et puis plus rien. Allan était assis sur le chaton qui, ne pouvant supporter les vingt kilos du petit monstre, était mort. Allan avait fait justice lui-même. Je pris le chaton et le donnai à un berger allemand qui en fit son repas. [...] J'ai passé seize mois avec lui, seize mois de bonheur complet. Lorsque je me suis séparé d'avec Béatrice, je venais le voir dès que je pouvais, j'avais toujours quelque chose pour lui. La dernière fois que je l'ai vu, il était dans les bras du mec à Béatrice, il me vit et me tendit les bras, je le pris et pendant trente minutes, je ne l'ai pas lâché, il rigolait, il me faisait de gros sourires comme à ses premiers mois, puis Béatrice vint le prendre. Puis je me suis souvent posé la question suivante : "Est-ce que tu iras le voir un jour ?" Je ne pense pas que j'essaierai de le revoir car cela pourrait lui créer des troubles dans son équilibre familial. Béatrice s'est remariée, elle a un autre bébé, je pense qu'Allan s'est habitué à sa famille. Tout ce que j'espère pour lui, c'est d'être heureux et que la vie lui réserve plein de bonnes choses. »

Sanvic. « Ce quartier situé sur les hauteurs du Havre, je l'aime. Tout d'abord pour son ambiance. Personne ne regarde personne d'une façon bizarre. J'aime aussi le centre de Sanvic, où est Champion, un grand parking avec des petits magasins, et surtout la laverie automatique. C'est un endroit où nous allions souvent pour délirer. Les parents des copines et des copains y allaient pour leur linge, nous étions toujours assis sur les grosses machines à laver, avec une bouteille, on rigolait bien dans cette laverie. Grâce aux vitres transparentes, nous étions aux premières loges pour voir tout ce qui se passait sur le parking, à Carrefour et à Champion. J'aime aussi la mairie de Sanvic, avec, dans l'arrière-cour, un arbre. Dans cet arbre, il y avait une pie qui, quand nous venions boire, se posait sur le béton et volait les capsules de bière. Un jour, nous avions mis de la bière dans une capsule et elle avait bu les gouttes, nous étions trop morts de rire. Le bar *Le Témoin* était génial. Tous les skins se retrouvaient le soir dans l'arrière-salle, avec un jeu électronique et un billard. Les gérants nous connaissaient bien, je n'ai jamais vu un seul Noir ou un seul Arabe dans ce bar... Quand les skinheads des autres villes venaient, c'est toujours au *Témoin* qu'ils allaient, mais ce bar n'a plus la même ambiance depuis 1991.

Enfin, il y a le fort de Sanvic, c'est l'endroit que j'aime le plus. Devant l'entrée, il y a un bunker, incrusté dans la terre, recouvert d'herbe. De la dalle de béton, juste devant, on voit la plage du Havre, le port où s'enfoncent les car-ferries venus d'Angleterre, on voit aussi les toits des maisons havraises. À l'intérieur du fort, il y a deux bâtiments où se trouvaient les dortoirs des militaires, tout est délabré, les murs sont troués, détruits. Nous montions sur les toits en ruine, cela nous amusait de prendre des risques. Ensuite, il y a la chapelle. Dieu a déserté depuis longtemps cet endroit. Plus loin, dans les hangars à camions, on peut voir des petits tas de pierres en forme de cercle. C'est ici que nous nous réunissions pour faire la fête, l'été. Nous restions là toute la nuit, à boire, discuter, écouter de la musique, à faire des parties de chasse à l'homme. Dans le fort, la nuit, c'est lugubre. Dans les remparts, il y avait des galeries, nous avions mis des cordes pour que, si la police ou des bandes adverses, notamment zouloues, arrivaient, nous puissions nous cacher et sortir du fort par un cimetière situé derrière. Mais mon endroit favori se trouve sur les plaines, il y a des étendues d'herbes hautes à perte de vue, des blockhaus un peu partout, et au bout se trouve le câble d'acier. En dessous, c'est quarante mètres de vide avec des arbres, des carcasses de voitures et des ordures. Notre jeu préféré était de se laisser glisser le long de ce câble et d'arriver en un seul morceau. En dehors de ces endroits, je trouve Sanvic calme. Pas de cités avec d'énormes tours de béton. Les rues sont tranquilles. J'espère y habiter un jour car j'aime vraiment ce coin. ».

*

Lorsque j'ai appris l'existence de ce document saisi par la justice, je me suis démenée pour l'obtenir et, contre toute attente, c'est l'avocate de David B. qui a fini par me le donner, tellement la vie misérable de ce garçon de 23 ans pouvait éclairer ses actes. À l'époque, David B. n'est mis en examen que pour non-assistance à personne en danger et recel de criminel, mais ça va se corser. Car son pote incarcéré au Portugal, Michaël Gonçalves, ouvrier de 21 ans surnommé « Baby Boot » qu'il a dénoncé pour ce crime, rejette la responsabilité du meurtre d'Imad Bouhoud sur David, alias « Toten ». Or, la découverte, le 26 janvier 1996, chez des skinheads du Havre, de lettres de David B. signe ses aveux : *« Tu sais, je dis que j'ai pas poussé le bicot à la flotte, mais j'ai mis deux frites et un coup de boots avant de le balancer »*, et : *« J'ai bien rigolé quand il est mort. »* Du coup, le 2 février 1996, nouvelle mise en examen de B. pour l'homicide volontaire d'Imad Bouhoud. Par la suite, il prétend avoir écrit ça *« pour rire »*, se vanter mais n'y être pour rien. Afin de départager les torts, le tribunal portugais de Braga qui juge Gonçalves se déplace le 31 mai 1997 au tribunal de Caen pour interroger B. Sur ses valeurs, le nazillon ne triche pas, *« la lutte contre l'immigration, les communistes et les juifs. La reprise des thèmes de* Mein Kampf *d'Hitler »*. Et sur les faits non plus. À la question, *« Qu'avez-vous fait le 18 avril 1995 ? »*, il répond franchement : *« On a tué Imad Bouhoud. »* À Rouen, David B. se présente le 11 décembre 1997 devant la cour d'assises de Seine-Maritime, les cheveux plus longs, sans treillis ni rangers, mais les idées intactes. Sur les murs de sa cellule, il a tagué *« des balles pour les juifs, des cordes pour les Arabes »*. Selon ses écrits, le FN se trompe en voulant forcer les immigrés à quitter la France, lui construirait pour eux des *« camps de concentration et des chambres à gaz en Normandie »*. Lorsque le président lui demande : *« Maintenez-vous toujours cela aujourd'hui ? »*, David B. acquiesce. Il a été reconnu coupable du meurtre raciste d'Imad Bouhoud, 19 ans, et condamné à dix-huit ans de réclusion, tout comme Michaël Gonçalves au Portugal.

14 juillet 2003

4. Le tireur du 14 juillet, archétype nazillon

Depuis que Brunerie a tiré sur le président, d'autres militants fascistes ont projeté des actions suicidaires.

Les passages à l'acte de têtes brûlées d'extrême droite qui se sont succédé depuis un an, inquiètent la police et la justice lancées aux basques de groupuscules néonazis, « *repaires de barjos* », depuis le défilé du 14 juillet 2002. Ce jour-là, Maxime Brunerie, 25 ans, militant d'Unité radicale – aujourd'hui dissous – et adhérent du MNR (Mouvement national républicain) de Bruno Mégret, programmait sa mort mais tirait d'abord sur Jacques Chirac sur les Champs-Élysées. Le militant a tout raté, le meurtre du président, et son suicide qu'il voulait spectaculaire. Mais, depuis, il est devenu une vedette dans son milieu de nazillons politisés. Quelques jours avant ce 14 juillet, Maxime Brunerie avait averti trois comparses d'Unité radicale, « *Je vais tuer le président* », mais nul ne l'avait cru. Il leur avait aussi conseillé, énigmatique, de « *regarder la télé* » et il avait envoyé la veille un e-mail sur le site hooligan anglais Combat 18 : « *From Maxime. Paris. Watch the TV this Sunday, I will be the star*[1]. » Étudiant en BTS comptabilité-gestion à Évry, et

1. « De Maxime. Paris. Regardez la télé ce dimanche, je serai la star. »

intérimaire dans la sécurité, Maxime Brunerie godille dans le marigot des fachos depuis l'âge de 20 ans : au Parti nationaliste français et européen (PNFE), puis au Groupe union défense (GUD) en 1999, enfin à Unité radicale. Pilier des « *groupes de rock identitaire français* », rédacteur pour le fanzine négationniste *Rebelle blanc*, et hooligan du Kop of Boulogne du Parc des Princes, abonné Paris-Saint-Germain jusqu'en 2000, Maxime Brunerie, alias « Crochu » en raison de sa pingrerie, traverse les concerts punk et skin, « *toujours soûl, alcool et fumette non-stop* » selon un amateur de musique surnommé « Oï » : « *Un gars à problèmes, tout le temps rejeté, un de ces paumés de la* middle class *de l'Essonne, à moitié cramé.* » N'empêche.

Le MNR intronise Brunerie sur sa liste du XVIIIe à Paris pour les municipales de 2001. Au premier tour de la présidentielle, le 21 avril 2002, le « *gars à problèmes* » du MNR vote pour Mégret. Puis donne sa voix le 5 mai à Le Pen, et selon son pote Oï, avale de travers la victoire de Chirac : « *Dommage, sinon, on aurait pu foutre le boxon.* » Pourtant, son avocat Me Pierre Andrieu ne voit « *pas de mobile politique dans son geste* » : « *Maxime Brunerie a commencé à projeter de se suicider de façon grandiose à son anniversaire* », le 21 mai, « *car, 25 ans, c'est* un âge pour un homme », et a « *cherché le jour le meilleur pour entrer dans l'Histoire, celui de la fête nationale, du défilé du 14 juillet avec le chef de l'État pour se tuer devant les caméras* ». Le choix de Jacques Chirac pour cible ne paraît pourtant pas relever du hasard. « *Maxime Brunerie, qui a une mère chiraquienne, n'en voulait pas à Chirac. Ce n'est pas un régicide en puissance, mais un garçon avec des troubles psychiques importants*[1]. *Son intention d'homicide est secondaire par rapport à son acte suicidaire* », insiste Me Andrieu, « *son milieu politique a induit peut-être son choix de la date, historique* ».

La brigade criminelle de Paris a déterminé que Maxime Brunerie a acheté, « *seul* », le 6 juillet, sa carabine 22 long rifle au supermarché des armes Kettner de Corbeil-Essonnes, qu'il a loué une voiture chez Hertz à Évry pour aller s'entraîner au tir en Bourgogne puis pour rejoindre Paris le matin du 14 juillet, « *toujours seul* ». Fondu dans la foule avec son étui à guitare, Maxime Brunerie a visé une fois le président mais son tir a été dévié par un voisin. Il a réarmé son fusil et a essayé de mettre le canon sous sa gorge. Puis il a été maîtrisé. « *C'est un acte individuel, mais peut-être nourri d'une détestation collective de Jacques Chirac dans ces groupuscules d'extrême droite* », affirme un enquêteur. Des sites Internet néonazis comme « *SOS Racaille* » véhiculent en effet des menaces persistantes et provocatrices sur le sujet : « *Faut-il tuer le président de la République ?* » En tout cas, la police

1. Interné d'office pendant un mois à l'Unité pour malades difficiles (UMD) de Villejuif, Maxime Brunerie est détenu à la maison d'arrêt de la Santé, où il est suivi par le service médico-psychologique. Une première expertise psychiatrique du docteur Dubec a conclu à une simple « *altération* » de ses facultés mentales au moment des faits, ce qui ouvre la voie à un procès d'assises. Une contre-expertise effectuée par le docteur Gay a retenu « *l'abolition du contrôle de ses actes* » et donc une irresponsabilité pénale. Le 27 mars, la juge Odile Bertella-Geffroy a désigné un collège de trois psychiatres (les docteurs Archambault, Prosper et Zagury) qui n'ont pas encore tranché.

judiciaire a trouvé dans le sillage de Maxime Brunerie d'autres suicidaires influencés par les mêmes idées de haine.

Ainsi, Nicolas de C., 16 ans, lycéen, catholique intégriste islamophobe, et Florian Scheckler, 30 ans, adepte lui aussi de l'église Saint-Nicolas-du-Chardonnet à Paris, ont gravité autour d'Unité radicale avant de participer à un groupe baptisé « Unité amicale ». Le 15 septembre 2002, un commando a attaqué à la bombe à raser et au gaz lacrymogène le père Bernard Berger pendant l'office religieux à la basilique Saint-Denis à cause de son soutien aux sans-papiers. Ils ont distribué des tracts signés « Unité amicale » pour vilipender ce prêtre « *collaborateur de l'invasion* ». Nicolas de C., qui se trouvait sur place, connaissait bien Maxime Brunerie, et avait d'ailleurs écrit dans son journal intime orné d'une fleur de lys dorée et d'une photo de crânes rasés : « *Ce n'était pas Chirac qu'il visait, pas assez con pour faire monter la cote de ce sale capitaliste.* » Les policiers ont retrouvé les écrits fascistes et antisémites de ce lycéen déjà acoquiné avec les royalistes de l'Action française à 14 ans, chef de patrouille aux scouts d'Europe et skinhead nostalgique du IIIe Reich, après sa mort violente, le 1er octobre 2002. Nicolas de C. s'est en effet suicidé à 16 ans d'une balle dans la tête, alors qu'il était au téléphone avec la fille du chef de cabinet de Dominique Perben, Adeline R., 23 ans, dont il était amoureux. C'est elle qui lui avait donné le pistolet.

Son aîné, Florian Scheckler, comptable dans une agence de voyages des Champs-Élysées, qui avait organisé à son domicile la réunion de préparation de l'action contre le curé de Saint-Denis, a été interrogé à ce sujet par la police, puis a essayé deux fois de se supprimer, très marqué par la mort de Nicolas. Après un séjour à l'hôpital psychiatrique Sainte-Anne en janvier 2003, Florian Scheckler, proche d'Unité radicale et du Front national de la jeunesse, a « *trouvé une idée idiote et raciste* » selon un policier : « *se faire péter la cervelle dans une mosquée intégriste* », rue Jean-Pierre-Timbaud à Paris, un vendredi, jour de prière, « *pour tuer le maximum de musulmans arabes* ». Il voulait « *mourir en martyr de l'Occident chrétien* » et en a parlé à des copines qui ont alerté la police. Interpellé, Florian Scheckler a tout expliqué : la recette de bombe artisanale véhiculée par Internet, l'achat de sucre et de chlorate de soude pour la fabriquer et l'essai « *décevant* » en forêt d'Étampes, « *pas plus qu'un gros pétard* ». « *Il n'a pas été capable de passer à l'action parce qu'il n'a pas réussi à fabriquer l'engin* », rapporte un enquêteur. Florian Scheckler a toutefois été mis en examen et écroué le 3 février 2003 pour « *menaces réitérées de destruction* » et « *infraction à la législation sur les explosifs* » en relation avec une entreprise terroriste. Depuis, les psychiatres ont détecté une « *altération de son discernement* » et le juge antiterroriste Gilbert Thiel considère que ce projet d'attentat kamikaze relève plutôt d'une affaire de droit commun.

La brigade criminelle n'a « *pas trouvé de complice* » à Maxime Brunerie, pas plus qu'à Florian Scheckler, mais un lien de tous ces déséquilibrés avec l'ex-Unité radicale : « *Ce sont des actions individuelles qui naissent peut-être d'idées collectives.* » Un commissaire analyse : « *Nous n'avons pas affaire à des militants "GUDards"* [du GUD, Groupe union défense] *classiques avec de gros bras, ni à des skinheads super entraînés, ni à des miliciens de combat. Paradoxalement, ces garçons sont tous des fins de race, des petits maigrichons, mal sexuellement, qui ne font pas peur physiquement, et ne sont pas de vrais méchants. Tous en proie à un mal-être, dérangés et barjos, ils sont attirés par l'extrême droite, et ainsi peuvent déverser leur haine et rejeter la terre entière. »*

*

À son procès d'assises à Paris que je chronique pour *Libé*, les derniers mots de Maxime Brunerie avant le verdict, le 10 décembre 2004, sont pour Jacques Chirac qui a renoncé à ses droits de victime, « *regrets* », « *excuses* » et attente de son pardon. Reconnu responsable et coupable de tentative d'homicide, le brun paumé est condamné à dix ans de réclusion. En sept ans d'immersion forcée avec des « *Rebeus de cité* », pédophiles et meurtriers, l'ancien hooligan du Kop of Boulogne « *connaît enfin une vie sociale* », passe un BTS de gestion et ressort le 3 août 2009, transformé. La mairie de Courcouronnes dans l'Essonne l'embauche aux ressources humaines. Je retrouve Maxime Brunerie en mai 2011, à l'occasion de la parution de son livre *Une vie ordinaire* (Denoël), sur ses pitoyables exploits et sa renaissance d'antihéros, pour lui tirer le portrait, plus avenant et musclé, sans lunettes ni rangers, avec des cheveux sur le crâne, critique et moqueur sur son passé : « *Je voulais entrer dans l'Histoire, je suis entré chez les dingues.* » Resté vierge jusqu'à 32 ans, Maxime Brunerie me confie qu'il a enfin eu la révélation l'été de sa libération avec « *une elfe irréelle* », puis qu'il a rencontré voilà cinq mois au Café d'Edgar, à la pièce de boulevard *Ma femme me prend pour un sex-toy*, l'amour de sa vie, Delphine. Ensemble dans leur appartement à Gennevilliers, ils écoutent en boucle Nostalgie 80, consomment bio, vont au ciné voir *Le Dernier des templiers* et portent la même bague celtique. À 34 ans, Maxime Brunerie reste un *« conservateur catho et réac, pour l'ordre et la nation »*, mais n'est plus ultra. Il consulte sa psychiatre une seule fois par mois et ne prend plus de neuroleptiques. Il rêve de monter une librairie, de se marier à l'église et d'avoir des enfants. Mais la rupture n'a pas tardé à arriver, puis le rabibochage. Et une nouvelle scène de séparation au cours de laquelle Brunerie a pété les plombs. Il ne le nie pas, le 8 octobre 2018, devant le tribunal correctionnel de Nanterre qui le juge pour ces violences sur son ex-compagne : *« Ma colère a explosé, c'était ma frustration, cette relation ratée… »* Il a écopé de trois mois de prison avec sursis. En décembre 2018, il a publié *Même pas mal !* Et a fondé son autoentreprise d'achat-vente de livres anciens et de collection.

18 octobre 2000

5. Les deux lieutenants de « Batskin » nient nazisme et meurtre

Ils comparaissent pour avoir tué un Mauricien il y a dix ans.

Rouen, envoyée spéciale

Il y a dix ans, James Dindoyal, jeune Mauricien de 24 ans, était empoisonné par un mélange de bière et de produits toxiques ingurgité de force. Puis jeté à la mer du haut d'une digue. Ce matin, devant la cour d'assises de Rouen, deux des auteurs présumés du meurtre font leur entrée dans le box. Régis Kerhuel et Joël Giraud, anciens chefs skinheads du Havre, ont changé de look pour leur procès et gommé le racisme de leur lexique usuel. Les deux acolytes, familiers du Kop of Boulogne, au Parc des Princes, amis de Serge Ayoub, alias « Batskin », avaient même adhéré à son mouvement néonazi, les Jeunesses nationalistes révolutionnaires (JNR).

Mais, devant les jurés, ils tentent de se démarquer de toute idéologie pour parler chiffons. À en croire Régis Kerhuel, 35 ans, qui a grossi de quinze kilos en prison, « *à cause des médicaments pour calmer les nerfs* », et s'est laissé pousser une queue-de-cheval, l'époque skinhead relevait d'un attrait pour la « *tenue vestimentaire* » (jean, bombers et Doc Martens), « *la musique oï* », la fête et la bière : « *J'ai adhéré aux JNR en tant que meilleur ami de Serge Ayoub et uniquement pour plus de facilité avec les filles. L'étiquette JNR, c'était le prestige, mais la politique n'a absolument rien à faire là-dedans.* »

Élevé au Havre par ses grands-parents depuis l'âge de 1 an jusqu'à sa majorité, Kerhuel affirme n'avoir jamais souffert : « *Ma mère m'a manqué, mais je n'ai pas été malheureux.* » Échec au CAP d'électricien, réformé P4 au service militaire, à cause de « *problèmes psychologiques* » : « *En plus, je n'aimais pas la discipline. Ou alors j'aurais voulu m'engager pour le Liban ou le Tchad pour que je sois actif, ne pas obéir à des ordres pour rien.* » À 20 ans, Régis Kerhuel a eu sa période punk. Cheveux en pétard, se rase la boule à zéro, appelle son fils Heinrich (« *ça sonnait bien* »), empoisonne la vie de

Myriam, sa compagne, de plus en plus seule à la maison à cause de ses virées alcoolisées. De 1988 à 1993, le pote de Batskin milite toujours aux JNR et prend du galon dans sa ville : « *Régis du Havre* », on l'appelle alors dans le milieu. L'année du crime, en 1990, le caïd, qui a déjà passé du temps en prison pour des violences et dégradations, tombe les filles, descend les canettes et rivalise avec son cadet de trois ans, Joël Giraud, qui tient le rang de vice-président des JNR. Le président des assises, Bernard Messias, insiste sur « *l'idéologie et la phraséologie racistes* » du mouvement : « *Un leader comme vous ne pouvait pas se contenter de parader en tenue.* » L'ex-skin minimise : « *On était essentiellement nationalistes, pas forcément racistes, on n'en voulait pas, comment dirais-je...* (il cherche ses mots) *aux immigrés. Dans nos thèses, seule la lutte contre l'immigration avait un rapport avec eux, mais je n'ai jamais eu de haine envers eux.* »

Avec son allure de baba cool à lunettes et pull-over, Régis Kerhuel se lance dans l'histoire du « *mouvement contestataire né en réaction aux hippies, puis récupéré en 1988 par l'extrême droite et l'extrême gauche, d'où les skinheads et les redskins* », mais refuse de s'y situer : « *J'étais un oï.* » En 1992, ce musclé entraîné aux sports de combat et « *fanatique des tatouages* » (toile d'araignée, tête de mort, écailles de dragon et skin en crucifix sur la poitrine) multiplie les services d'ordre de concerts rock au Zénith ou au Bataclan, mais aussi les services d'ordre du Front national, « *en bénévole* ». À Rouen, Lille et Paris, « *pour rencontrer tous les skins de toute la France que drainait le FN* ». Gentil garçon avec sa famille, bagarreur avec ses rivaux, Régis Kerhuel, qui s'en va à une rave à Montreuil, a été « *agressé à coups de cutter par les Green Berets, une bande de Noirs en supériorité numérique* » : 72 points de suture dans le dos. L'année suivante, il a une fille, Karolane, qu'il n'a pas plus reconnue que Heinrich. En 1995, c'est la drogue dure, accro à l'héroïne, et l'affichage sauvage pour une société de Minitel rose en banlieue parisienne. Puis, plus tard, un travail dans la sécurité comme maître-chien. Jusqu'à son arrestation en 1998. Les experts jugent sa personnalité comme « *psychopathique, au sens classique, qui s'est organisée très tôt dans la revendication, le déni, le défi, pressée par une pulsion de mort active* ».

Son comparse, Joël Giraud, 32 ans, s'est composé l'allure d'un premier communiant, avec sa raie sagement tracée sur le côté, sa chemise blanche et son costume gris. Avant-dernier d'une fratrie de sept, orphelin de père à 4 ans et fils de soudeur, il a été élevé « *dans l'amour* » d'une mère, a abandonné son CAP de monteur chauffagiste pour devenir boulanger pâtissier, a passé un an au régiment d'infanterie puis a travaillé en intérim, « *serrurier métallier, petit boulot dans la sécurité* ». Dans le sillage de Kerhuel, le Havrais intègre les skins à 19 ans pour au moins six ans, « *par effet d'entraînement*, dit-il, *et à cause de* [ses] *mauvaises fréquentations* ». Giraud n'occulte pas comme Kerhuel le rejet des étrangers. Au contraire, prendre l'étiquette JNR est une manière selon lui de « *se démarquer du mouvement skin* » : « *Aux JNR, on pouvait se permettre d'avoir une connotation raciste.* »

Musculation, judo, jogging et boxe française, le costaud d'alors joue les gros bras, « *mais uniquement pour les concerts de Tina Turner ou Rosebud* ». Filiforme aujourd'hui, Giraud a perdu dix-huit kilos en prison, à l'inverse de son coéquipier. Il y a plusieurs raisons à son engagement chez les crânes rasés : « *la quête d'une identité ("je me cherchais")* », « *les conflits avec les immigrés dans* [sa] *cité en 1986* », la mort de son neveu dans un accident provoqué « *par un Maghrébin* », et puis son caractère soupe au lait. Après la bière mortelle administrée au Mauricien James Dindoyal, le 18 juin 1990, Joël Giraud s'est expatrié à Perpignan : vendanges, intérim, puis physionomiste. En réalité, ce videur du casino d'Argelès a écopé de dix mois de prison en 1994 pour avoir tiré avec un pistolet à balles en caoutchouc sur des « *individus munis d'armes blanches qui tentaient de s'introduire dans les lieux* ». Puis, il a eu un fils, Jurgen. Aujourd'hui mercredi, les deux skinheads qui se donnent des airs de père de famille doivent s'expliquer sur le meurtre du « *boucaque* » (mélange de « bougnoule » et de « macaque »), comme ils l'appelaient il y a dix ans.

HISTOIRES

Skins tueurs à la bière empoisonnée

Les meurtriers d'un Mauricien au Havre démasqués huit ans après.

La mort de James Dindoyal, un soir de beuverie au Havre, est une *«correction»* infligée à un *«boucaque»*, mélange de bougnoule et de macaque, qui n'avait pas à passer par là. La triste fin de ce Mauricien de 23 ans sur la plage *«du bout du monde»* a été élucidée huit années plus tard, après les révélations à la police de Michel H., un «jeunot» de la bande à l'époque.

Ce 18 juin 1990, des crânes rasés du Havre – la bande Blood and Honour – et des durs de Paris se retrouvent à trente devant l'église du quartier Sanvic, achètent des packs de bière et des bouteilles de rhum chez Champion, puis filent au bunker sur la falaise en face du fort de Sainte-Adresse. Circuit habituel. Le soir, les voilà *«chauds»*, qui descendent sur la plage au bistrot la Bodega s'envoyer encore des *«barons»* de bière. Selon Michel, le chef Joël Giraud donne le signal du départ: *«On bouge, pour aller casser du boucaque.»* Il interdit aux deux mineurs, âgés de 15 ans, de sortir. Michel et «Cafard» restent. Les *«autres, Kerhuel, Cédrose, Poisson, Mammouth et trois meufs suivent Giraud»*.

«Trempette». Du bar, Michel observe le manège des dix qui se dirigent vers la digue. *«Trois garçons reviennent sur le parking pour prendre un sac dans le coffre de la voiture de Giraud»*, puis rejoignent le groupe. Au bout d'une demi-heure, tout le monde réintègre la Bodega, hilare. Giraud lance: *«On s'est bien marrés, il a bien picolé, celui-là, avant de faire trempette.»*

Le «jeunot» du groupe a gardé ses doutes jusqu'au 10 avril 1997. Ce jour-là, Michel, qui a témoigné dans une autre affaire de crime raciste (1), dépose plainte au commissariat pour *«menaces de mort»* à cause de coups de fil. En gage de sa bonne foi, le «repenti» branche les policiers sur *«l'histoire du Pakistanais»*. Dans les archives, les enquêteurs trouvent trace de la mort classée sans suite d'un étranger, James Dindoyal, né le 11 juillet 1966 à l'île Maurice, décédé le 3 juillet 1990 au Havre, de façon atroce. Un médecin de Sainte-Adresse avait trouvé devant sa porte un jeune homme qui *«se tordait de douleur, de la bave sanguinolente aux lèvres»*. A l'hôpital Monod, James Dindoyal avait parlé d'une agression violente, d'une boisson bizarre avalée de force. Avant de plonger dans le coma. Et de succomber, seize jours plus tard, de ses brûlures à l'estomac. Selon l'autopsie, la mort a été causée par *«l'ingestion d'un produit caustique»* indéterminé.

Aiguillés par Michel sur la piste des boules à zéro, souvent désignés par des noms de guerre et éparpillés aux quatre coins de France – Paris, Bordeaux, Perpignan, Le Havre –, les policiers ont mis une année à démasquer les skinheads meurtriers. Le 12 juin 1998, six suspects ont été mis en examen par le juge Christian Balayn, du Havre, pour l'homicide de James Dindoyal.

Empoisonnement. Régis Kerhuel, 33 ans, maître-chien, et Joël Giraud, 30 ans, qui crient à la *«dénonciation calomnieuse»*, sont accusés d'*«empoisonnement»*. Pascal Liberge, dit «Poisson», 31 ans, qui se prétend *«absent ce soir-là»*, Cédric Haudebout, «Cédrose», 29 ans, Carmen Vicente, 31 ans, qui *«n'a rien à voir avec ça»*, et Elodie Lagarde, 24 ans, sont soupçonnés de *«complicité»*. Les quatre garçons ont été écroués, les deux filles placées sous contrôle judiciaire. Me Dominique Tricaud s'est constitué partie civile pour la famille de James Dindoyal, ainsi que SOS-Racisme.

Régis Kerhuel et Joël Giraud sont des lieutenants de Serge Ayoub (2), un inconditionnel de la batte de base-ball surnommé «Batskin», qui a monté les Jeunesses nationalistes révolutionnaires (JNR) à Paris en 1987 et a soutenu en hooligan le club de foot du Paris-Saint-Germain. *«Carmen de Normandie»* fabrique alors un fanzine, *Bird's Band*, avec Elodie et Greg, le chanteur du groupe Viking. Son compagnon Giraud et Kerhuel, *«partisans du White Power»*, traversent Le Havre *«déguisés en grands chefs du Ku Klux Klan»*, tiennent des *«réunions secrètes»* pour monter un groupe KKK, *«organisent les trajets sur Paris pour aller aux manifs du Front national, à la fête des Bleu-Blanc-Rouge ou au défilé à Jeanne d'Arc»*, et participent à des services d'ordre du FN au Havre et à Paris, *«contre rémunération»*.

«Drôle de goût». Embrigadé par Kerhuel dans Blood and Honour, Cédrose a rapporté aux enquêteurs la scène du crime. *«Assis sur la digue, on a vu passer un bien bronzé qui se promenait vers la mer, pas noir ni maghrébin, mais comme un Pakistanais. On l'a insulté, traité de sale boucaque: "Retourne dans ton pays." Il n'a rien dit. On lui a barré la route, on l'a entouré et bousculé. On le provoquait pour obtenir une réaction de sa part. Il voulait partir mais ne se défendait pas. On attendait qu'il se rebiffe pour le frapper. Les chefs ont décidé qu'on allait le forcer à boire. Il a vidé une bière sans rien dire. C'est la première fois qu'on faisait ça. On n'avait pas pour habitude d'user de la bière pour un boucaque. Comme il avait accepté une bière normale, Giraud et Kerhuel ont eu l'idée de lui en préparer une autre, ils se sont absentés quelques instants. Mort de trouille, le gars avait du mal à boire la deuxième bière, il faisait la grimace, il se plaignait qu'elle avait "un drôle de goût". Giraud et Kerhuel répondaient: "Mais non, c'est rien, elle doit être éventée. Soit tu la bois, soit on te tabasse. Finis ta bière, et on te laissera partir." Le mec l'a toute bue et a cherché à s'en aller. Le ton est monté, et on l'a balancé à l'eau par-dessus la rambarde. Il est remonté sur ses jambes vers la plage, trempé.»*

> «Assis sur la digue, on a vu passer un bien bronzé qui se promenait vers la mer. (...) On l'a insulté, "retourne dans ton pays". (...). On attendait qu'il se rebiffe pour le frapper.» «Cédrose», mis en examen pour «complicité».

Aujourd'hui, Cédrose refuse de confirmer au juge ce long récit qu'il aurait livré *«sous la pression de la police»*. Elodie Lagarde, elle, maintient ses aveux. Cheveux rasés sur le côté, petite queue-de-cheval tatouée, elle est restée en retrait avec Cédrose et Carmen: *«Notre rôle à tous les trois a été de servir en deuxième rideau à empêcher le gars de se barrer.»* Pascal Liberge, alias Poisson, fut *«l'un des gros bras qui maintenaient le gars»*, et Joël Giraud, *«l'un des instigateurs de la correction»* avec Régis Kerhuel, qui *«a tendu la nouvelle canette de bière décapsulée au Black»*: *«Ils n'admettaient pas de personnes étrangères au groupe sur leur territoire, même simplement de passage. L'intrus était prié de s'en aller. Si, en plus, il était bronzé, il avait droit à une correction.»* Sa copine Carmen Vicente prétend qu'elle est hors du coup. Mais, ex-femme de Joël Giraud, chef de la bande du Havre avec Régis Kerhuel, elle a raconté toutes leurs sales histoires.

Chat égorgé. Kerhuel et Giraud raffolent d'un *«petit cocktail à base d'eau chaude, d'absinthe et d'alcool à 90°»*. Carmen, buveuse de whisky, a goûté à leur mixture et a souffert de brûlures d'estomac. Elle dépeint ses amis en tortionnaires. Giraud l'a souvent frappée les soirs de soûlerie, *«cocards, bleus et autres»*, et lui a *«cassé la jambe, d'un coup de pied au tibia»*. Kerhuel, lui, *«aimait faire souffrir les animaux»*. Un jour, il a mis *«son rat blanc dans une bouteille d'eau-de-vie pour le tuer»*. Un autre, il a *«égorgé un chat en forêt de Montgeron pour manger son cœur, une sorte de messe noire»*. James Dindoyal, le pauvre «boucaque» échoué sur la plage «du bout du monde», a avalé leur breuvage mortel, un mélange de bière et de soude, ou d'acide, ou peut-être d'eau de Javel.

PATRICIA TOURANCHEAU

(1) Le meurtre d'Imad Bouhoud, noyé dans le port du Havre le 18 avril 1995 par David Beaune et Michaël Goncalves, deux skinheads du Havre.

(2) Serge Ayoub, Régis Kerhuel et Joël Giraud ont été condamnés ensemble pour l'agression de Karim Diallo à Paris en 1990 sous l'œil des caméras de la 5.

*

Venu soutenir les accusés Régis Kerhuel et Joël Giraud devant la cour d'assises de Rouen en octobre 2000, Serge Ayoub, alias « Batskin », prétend qu'ils n'ont pas le profil d'empoisonneurs, mais plutôt de criminels multicartes : *« Régis est un homme emporté, pas un raisonné. Pareil pour Giraud. Ils auraient tué d'un coup de marteau ou de canette, tout à fait d'accord. Mais jouer aux petits chimistes... »* Le légiste explique pourtant que le peroxydase, nettoyant pour pièces de moteur, ajouté à la bière que James Dindoyal a été forcé d'avaler a agi comme un poison. Selon le récit de *« Carmen de Normandie »*, compagne de Giraud, buveuse de whisky et auteure du fanzine *Bird's Band*, Giraud et Kerhuel, *« partisans du White Power »*, traversaient parfois Le Havre *« déguisés en grands chefs du Ku Klux Klan »*, tenaient des réunions secrètes pour monter un groupe KKK, organisaient *« les trajets sur Paris pour aller aux manifs du Front national, à la fête des Bleu-Blanc-Rouge ou au défilé de Jeanne d'Arc »* et participaient à des services d'ordre du FN au Havre et à Paris, *« contre rémunération »*. Lors de l'audience, Michel H. apprenti boule à zéro qui a tout balancé en 1997, confirme ses révélations. Le 18 juin 1990, il était au bistrot *La Bodega* avec ses petits camarades, quand Giraud avait lancé le top départ de la *« ratonnade »* : *« Allez, on bouge, pour aller casser du boucaque. »* Le boss interdit à Michel et à *« Cafard »*, qui n'ont que 15 ans, de sortir du bar, mais les jeunots observent le manège des leaders vers la digue, avisent le chef Giraud accompagné de son acolyte, Régis Kerhuel, qui reviennent chercher un produit dans la voiture puis l'entendent lancer au retour à *La Bodega* : « *On s'est bien marré. Il a bien picolé, celui-là, avant de faire trempette.* » Un autre a ajouté : « *Ce qu'il a bu, il va avoir du mal à le digérer.* » L'avocat général a stigmatisé « *ces sacs à bière néonazis coupables d'une surenchère délirante* ». Giraud et Kerhuel ont été condamnés à vingt ans de réclusion criminelle pour le meurtre du pauvre « *boucaque* » échoué sur la plage « *du bout du monde* » qui a dû avaler leur breuvage mortel.

6 juin 2013

6. « Ils nous ont encerclés, et se sont jetés sur nous »

Après la mort de Clément Méric, militant antifasciste de 18 ans, violemment agressé mercredi à Paris, sept skinheads ont été arrêtés.

« *Verbalement, c'est le groupe d'extrême gauche qui a été le plus vindicatif à l'intérieur de la salle des ventes mais, physiquement, c'est la bande d'extrême droite qui a été la plus virulente à l'extérieur.* » D'après la police judiciaire de Paris qui enquête sur « *l'homicide volontaire* » de Clément Méric, 18 ans, militant antifasciste et étudiant à Sciences Po, c'est Esteban Morillo, 20 ans, un balèze d'origine espagnole et militant des Jeunesses nationalistes révolutionnaires (JNR), qui a « *reconnu avoir porté un coup de poing* » à la victime : « *Plutôt chétif, le jeune homme est tombé à la renverse sur un obstacle, et sa tête a heurté un poteau métallique.* » Le médecin légiste va pratiquer l'autopsie ce matin pour déterminer si c'est le coup de poing ou la chute sur le plot qui a entraîné la mort.

Sept membres de la mouvance JNR et Troisième voie se trouvaient hier soir en garde à vue. Quatre ont été arrêtés ensemble vers 14 h 30 dans une rue de Saint-Ouen (Seine-Saint-Denis) par l'antigang de Paris : Esteban Morillo, Stéphane K., 25 ans, Katia V., 33 ans, et Cédric C., 37 ans. Selon une source judiciaire, les quatre ont dit qu'ils se « *rendaient à la police* ». Trois se sont « *constitués prisonniers* » au 1er district de la PJ, boulevard Bessières (XVIIe arr.) : Lydia, bientôt 20 ans, copine de l'un des protagonistes, accompagnée de Samuel, 23 ans, et d'Alexandre, 24 ans. Ces sept suspects ont expliqué aux policiers que « *ce sont les antifas qui les ont provoqués puis que la bagarre dehors a mal tourné* ».

Tout a commencé mercredi vers 18 h 40 dans un appartement de The Lifestyle Company, au 60 de la rue Caumartin à Paris (IXe arr.), qui organisait une vente privée de vêtements de marques Fred Perry, Barbour, Ben Sherman et American Vintage, « *sur invitation par mail* », dit un policier pour qui « *les deux petits groupes s'y retrouvent* a priori *par hasard* ». D'un côté, trois skinheads dont une fille en « *bombers, jeans, rangers* » qui arborent des « *tatouages évocateurs* » et des « *tee-shirts White Power et Blood and Honour* ». De l'autre, trois jeunes d'extrême gauche bientôt rejoints par Clément Méric qui, selon une source judiciaire, auraient « *commencé à chambrer* » les crânes rasés. Pour les enquêteurs qui ont entendu de nombreux clients, vigiles et organisateurs, c'est Clément Méric, pourtant freluquet, qui aurait été « *le plus provocateur et insultant* » à l'égard des « *fachos* » ainsi traités, se « *moquant ouvertement de leurs tatouages* ». Pour le reste, la PJ n'a pas encore établi qui, « *de l'extrême droite ou de l'extrême gauche, propose aux autres de régler ça dans la rue* ». En tout cas, les trois skins « *appellent des renforts* ». Dans un mail révélé par Libération.fr, le surnommé Mathieu, membre d'Alternative libertaire ayant assisté à la scène, explique qu'il n'était pas question d'en découdre : « *Un des vigiles est venu nous voir pour nous demander de ne pas déclencher de bagarre devant le magasin. Nous lui avons promis que nous ne comptions pas nous battre.* » Mais, à la sortie, à côté du magasin Citadium, « *cinq skins se sont dirigés vers nous. Ils nous ont encerclés, ont sorti des coups-de-poing américains et se sont jetés sur nous. Nous ne nous attendions pas à un tel affrontement.* […] *Clément a été touché au visage par un coup-de-poing américain. Nous avons finalement réussi à les faire fuir, mais trop tard, Clément est mort sur le coup* ».

Une femme témoin direct de la fin de la bagarre a raconté à l'AFP que « *les jeunes au crâne rasé* [qui] *semblaient partir, sont revenus et soudain un coup de poing est parti et le jeune a valsé contre le poteau* ». Les agresseurs portaient « *des vestes en cuir et des tatouages dans le cou* » : « *Après, je me suis occupée de la victime qui avait du sang sortant de l'oreille et du nez.* » Un autre témoin entendu par la PJ évoque « *deux coups de poing* » assénés à Clément Méric. Naéma, étudiante de 22 ans, a vu les cinq crânes rasés s'échapper : « *Quand ils ont vu qu'ils n'étaient pas suivis, ils ont arrêté de courir. Ils se sont serré la main comme on serre la main d'un ami qui vient d'obtenir un diplôme. Ils étaient essoufflés. Ce qui m'a marqué, c'est qu'ils étaient souriants.* » Si les caméras de vidéosurveillance n'ont « *pas filmé la scène de violence* », selon une source judiciaire, d'autres images recoupées par des témoignages attestent que trois skinheads étaient « *armés* » : « *deux de poings américains, et un autre qui enlève sa ceinture et l'enroule autour de son poing* » pour frapper.

Mis en cause, le groupuscule néonazi des JNR a démenti à l'AFP toute implication *via* son leader, Serge Ayoub, alias « Batskin », qui soutient que ses costauds à la boule à zéro « *ont été pris à partie par cinq militants d'extrême gauche qui leur ont promis de les massacrer à la sortie* ». C'est l'inverse qui s'est produit, les skinheads laissant sur le macadam un jeune antifasciste.

*

L'autopsie de Clément Méric, tué le 5 juin 2013, établit rapidement que « *sa mort a été causée par plusieurs coups* » portés au visage et non pas par sa chute en arrière sur un poteau en fer qui a laissé une simple trace d'ecchymose. La police judiciaire suspecte alors deux des cinq skinheads gardés à vue, Esteban Morillo, 20 ans, et Samuel Dufour, 23 ans, d'avoir utilisé « *un instrument en acier dangereux, un poing américain* », mais les deux auteurs présumés de ces violences mortelles prétendent avoir « *frappé la victime à mains nues* » et invoquent *« la légitime défense »* pour répondre aux *« provocations et insultes »* du petit groupe d'antifas, et notamment de Clément Méric. Or une vidéo de surveillance montre clairement que c'est la bande de skinheads, Dufour et Morillo en tête, qui s'avance sur Clément Méric et ses potes qui, eux, ne bougent pas. Comme ces dangereux bastonneurs en *« godillots »* et équipés de poings américains gravitent dans la mouvance d'ultradroite, le ministre de l'Intérieur notifie dès le 11 juin à Serge Ayoub, alias « Batskin », leader des Jeunesses nationalistes révolutionnaires (JNR) et président de l'association Troisième voie, *« la procédure de dissolution de ces deux mouvements »*, en vertu de la loi du 10 janvier 1936 sur les *« groupes de combat et les milices privées »*. Car Troisième voie comptait *« parmi ses membres, et c'est prouvé »*, les cinq suspects des *« violences volontaires »* sur Clément Méric, à commencer par le principal, Esteban Morillo, venu deux ans plus tôt de son village de l'Aisne à Paris, où il s'est radicalisé au contact de militants nationalistes des JNR et de leur leader, Batskin. Le 10 juillet, le Conseil des ministres vote la dissolution de ces deux organisations extrémistes qui s'apparentent à *« une milice privée »*. En septembre 2018, la cour d'assises de Paris a condamné Esteban Morillo et Samuel Dufour respectivement à onze ans et sept ans de prison ferme pour *« violences volontaires en réunion et avec arme ayant entraîné la mort sans intention de la donner »*. Mais, en 2021, le procès en appel à Évry a réduit leurs peines à huit ans et cinq ans de prison ferme.

Partie 4

Escrocs en tous genres

Moins dangereux que les voleurs à main armée, les filous, par essence rusés, sont souvent des types charmants et flamboyants qui nous en mettent plein la vue et nous bluffent carrément. Les escrocs sont des gars à part à l'imagination débordante, capables d'inventer des trucs pas possibles pour rouler les banques et les sociétés du CAC 40, comme « le beau Gilbert » Chikli qui endosse le costard passe-muraille d'un agent secret de la DGSE lancé sur la piste de terroristes blanchisseurs d'argent sale ou enfile le masque en silicone du ministre de la Défense Jean-Yves Le Drian pour récupérer de prétendues rançons afin de libérer des otages français ; du grand art, même si des employées crédules « sous l'emprise de sa voix » ont plongé dans la dépression, culpabilisées d'avoir été pigeonnées. Ou comme Christophe Rocancourt, dit « Roc », le « petit chose » de Normandie parti à Los Angeles arnaquer des producteurs et acteurs de Hollywood, qui a revendu les villas de ses amis français, puis à New York pour dépouiller des agents de Wall Street, sous l'alias de Christopher Rockefeller, avec un aplomb phénoménal. Mais, au fond, ces aigrefins professionnels, certes non violents, qui attirent la sympathie, ont parfois une « sale mentale » comme le souligne un braqueur, prêts à tout pour gagner de l'oseille, même à vendre père et mère ou à gruger leur meilleur pote, à dénoncer voire liquider un concurrent pour rafler la mise, avides de pognon et de belles bagnoles, de luxe et de clinquant, toujours plus et encore pour rembourrer leurs matelas financiers, lancés dans une course effrénée derrière l'argent... jusqu'à la chute. Ainsi, la dégringolade vertigineuse de « Roc » nous l'a montré descendu bien bas à son procès à Paris en 2012 pour « abus de faiblesse » contre la cinéaste Catherine Breillat. De tous les escrocs que j'aie connus, seul le maçon anarchiste espagnol Lucio Urtubia sort du lot, lui qui a plombé la plus grande banque américaine avec un énorme trafic de faux traveller's chèques pour redistribuer l'argent aux pauvres et aux opprimés, un rarissime Robin des Bois.

28 juillet 2008

1. Téléphone prose

Gilbert Chikli, le faux espion qui multipliait les arnaques au virement bancaire.

Beau brun ténébreux aux airs d'Antonio Banderas, flambeur invétéré et joueur de poker, Gilbert Chikli, 43 ans, n'a pas son pareil pour monter des arnaques par téléphone. « *Ce type-là, vous lui filez un appareil et il est capable de vendre n'importe quoi ou de couler n'importe quelle société* », dit un flic, admiratif. À ses débuts à Paris, l'escroc en herbe a fourgué des encarts de pub qui ne paraissent jamais dans les journaux. Passé le 11 Septembre, Gilbert Chikli décide de surfer sur la psychose des attentats d'Al-Qaeda pour gagner des millions. Il élabore son scénario et se met à l'abri en Israël. Il y endosse le costume passe-muraille d'agent des services secrets (DGSE) lancé sur la piste de terroristes. Il se renseigne d'abord sur les noms de directeurs de banques puis téléphone à des chefs d'agence. Il jongle avec sept lignes téléphoniques. Et passe à l'action dès l'explosion des bombes en série à Londres.

Le 25 juillet 2005, Gilbert Chikli ferre ainsi une directrice d'agence postale à Paris, par un coup de fil censé émaner de son PDG : « *La DGSE nous a demandé de collaborer. Des terroristes préparent un attentat dans Paris et vont effectuer un retrait dans votre agence. Un agent de la DGSE va vous appeler. Faites tout ce qu'il vous dit.* » Une heure plus tard, « *Jean-Paul, des services français* », téléphone à la dame et lui attribue le nom de code de « Martine ». Il exige la plus « *stricte confidentialité* » et l'envoie sur sa première mission : « *Votre ligne n'est pas sécurisée. Allez acheter un portable qui ne servira qu'à nos échanges et voici le numéro que vous rappellerez pour me donner le vôtre.* » Martine fonce chez France Télécom, se paie un mobile et contacte l'agent qui donne ses instructions : « *Quoi qu'il arrive, vous devez garder ce portable ouvert jour et nuit.* » Dès lors, le faux espion ne la lâche plus, l'appelle plus de quarante fois en quarante-huit heures. « *Toutes les heures, même la nuit, il l'inonde d'infos sur le travail de la DGSE pour déjouer cet attentat imminent, l'embrouille et la harcèle. Elle n'en dort plus*, raconte un enquêteur. *Si elle ne répond pas dans les dix secondes, il l'engueule. S'il la sent hésitante, il la pourrit. Il la met sous pression. Elle ne se sent pas à la hauteur, n'ose en parler à personne car Jean-Paul le lui a interdit. Elle est catastrophée.* »

Voilà Martine bien « *conditionnée* », prête à obéir à tout et n'importe quoi, persuadée qu'elle œuvre « *pour la nation* ». Le troisième jour, Gilbert Chikli, à des milliers de kilomètres de Paris, joue son va-tout : « *Branchez-vous sur votre ordinateur et donnez-moi les noms des cinq plus gros clients de votre agence.* » Martine s'exécute sans hésitation. Selon un enquêteur, « *l'escroc en désigne un au hasard comme étant le financier de ce futur attentat. Il précise qu'un complice de ce terroriste va venir débiter l'après-midi même 500 000 euros sur son compte et qu'elle doit préparer ces fonds* ». La cheffe d'agence postale se sent très mal parce qu'elle n'a pas une telle somme en caisse. Elle n'a que 350 000 euros. Elle se prend aussitôt un sacré savon : « *Vraiment, on ne peut pas compter sur vous, vous n'êtes pas opérationnelle, le pays est en danger et vous êtes incapable de nous aider.* » Martine panique, pleure, « *tourne en rond dans sa Poste* », « *gratte les fonds de tiroir* », vide tous les coffres et dégote 8 000 euros de plus. Ce n'est pas lourd. Mais Jean-Paul accepte d'en rester à 358 000 euros : « *Allez acheter une valise maintenant. On vous recontacte.* » Martine part acheter une mallette. Jean-Paul la relance : « *Avant que vous remettiez ces billets au client, nous devons les magnétiser afin de suivre tout le circuit de financement du terrorisme et remonter tout le réseau. Rangez vos billets dans la valise, prenez un taxi et allez vers le centre de Paris.* » Toujours depuis son refuge à Ashdod en Israël, Gilbert Chikli la sonne dans le taxi et la pilote à distance : « *Est-ce que vous êtes suivie ?* » Elle regarde partout, affolée, traquée, sans détecter de filature. « *OK. Allez dans le XIIe arrondissement.* » Il la fait stopper devant la brasserie des *Canons de la Nation*. « *Voyez-vous mes agents ?* » Elle ne voit rien, évidemment. « *C'est qu'ils travaillent bien. Asseyez-vous en terrasse.* » Aux cent coups, Martine s'accroche à sa mallette et attend la marche à suivre : « *Descendez dans les toilettes et enfermez-vous* », ordonne Jean-Paul. Martine se barricade dans les W.-C. Dernier coup de fil : « *Un agent va cogner trois coups contre la porte, remettez-lui la valise, retournez en terrasse et attendez dix minutes qu'on vous la remonte.* » Toc-toc-toc. « *Martine, donnez-moi la valise* », exige l'agent Shirley, maîtresse et Mata Hari de Chikli, qui attrape le bagage lesté des 358 000 euros. Attablée en terrasse, Martine attend longtemps, très longtemps, plus de trois heures, avant de se rendre à l'évidence et à la police.

La 1re division de police judiciaire de Paris finit par remonter jusqu'au baratineur grâce « *au numéro donné à la banquière qui aboutit en Angleterre puis rebascule en Israël* ». Le 3 octobre 2005, sa complice Shirley, âgée de 28 ans, dame pipi éphémère des *Canons de la Nation*, et sa mère, suspectée d'avoir recelé la commission de la Mata Hari, sont interpellées à Levallois (Hauts-de-Seine). Les enquêteurs laissent chez un frère Chikli une convocation pour Gilbert, assortie d'un nom et d'un numéro. Averti, le faux espion contacte aussitôt la PJ « *en usurpant l'identité du collègue qui a laissé son nom sur le document et demande à parler à Shirley* », dit un enquêteur qui démasque d'entrée de jeu Chikli. Le policier parlemente, l'escroc aussi. Il refuse de rentrer en France et tente de corrompre le flic : « *Viens, je t'invite à Eilat une semaine, on va discuter de tout ça.* »

La PJ ayant alerté, depuis l'été 2005, la Fédération française des banques, Chikli invente une variante moins risquée et plus lucrative que la remise d'argent. Il tape les grosses sociétés françaises comme Thomson, qui ont des services financiers privés, se fait passer pour le PDG puis pour l'espion qui « *traque les flux financiers et le blanchiment d'argent du terrorisme* ». Grâce à son bagout phénoménal et à son art de la persuasion, le faux agent de la DGSE obtient ainsi « *des virements internationaux* » sur les comptes de sociétés écrans qu'il a montées avec des hommes de paille : 2,5 millions de dollars en Suisse ; 2,72 millions à Hong Kong ou 7,25 millions en Estonie. La juge parisienne Sylvie Gagnard, qui l'a mis en examen pour « *escroqueries en bande organisée* », le suspecte d'avoir tenté ou réussi quarante-deux arnaques en France et raflé quelque 20 millions d'euros. Finalement rattrapé à Ashdod par les Israéliens, Gilbert Chikli a été extradé à Paris voilà six mois. À la Santé, le flamboyant imposteur se morfond. Sans téléphone.

*

Remis en liberté provisoire dans l'attente de son procès pour ces arnaques *« au faux président »* de société voire agent secret français censé lutter contre le blanchiment d'argent du terrorisme, Gilbert Chikli prend la tangente en Israël en 2009, et sera jugé par défaut en 2015 par le tribunal correctionnel de Paris et condamné à sept ans de prison pour ces escroqueries de trente-trois banques et entreprises comme Alstom, le Crédit lyonnais, la Banque postale ou Thomson Technicolor, ayant viré quelque 8 millions d'euros sur ses comptes offshore. Mais, l'été suivant, le *« roi de la déballe »* se lance dans une nouvelle arnaque. Le bonimenteur hors pair se fait passer pour le ministre de la Défense Jean-Yves Le Drian ou l'un de ses collaborateurs pour convaincre des chefs d'État africains ou de grandes fortunes « d'avancer » des rançons faramineuses en échange de la libération des otages français, qu'il s'engage à rembourser, bien entendu, au plus vite. Pour convaincre les plus récalcitrants, il organise une visio par Skype avec un sosie de Le Drian grâce à un masque en silicone dans un bureau qui paraît ministériel. Sur les 150 cibles contactées, au minimum trois vont tomber dans le panneau. Ainsi, l'homme d'affaires turc Inan Kıraç versera 38 millions d'euros, le chef spirituel des ismaéliens, l'Aga Khan, 8,7 millions et la propriétaire de Château Margaux 3 millions. Comme les appels et mails remontent vers Israël, et que sa voix est reconnue sur des enregistrements, un mandat d'arrêt international est délivré contre Gilbert Chikli. Coincé en Ukraine l'été 2017 en compagnie de son complice Anthony Lasarevitch, le « beau Gilbert », qui n'est pas beau joueur, injurie la France dans une vidéo tournée en prison : *« J'emmerde la justice française, je vous baise et je ne viendrai pas ici. »* Relâché à Kiev, il sera repris puis extradé en France. Jugé en 2020 à Paris, Gilbert Chikli sera condamné à dix ans de prison pour *« escroquerie en bande organisée et en état de récidive légale, blanchiment et association de malfaiteurs »*, et à payer 55 millions d'euros.

17 juin 2000

2. Arnaquo-libertaire

Lucio Urtubia, 69 ans, maçon mais surtout faussaire et braqueur de banques pour la cause anarchiste espagnole.

Au creux d'une boucle de la rue des Cascades, celle de la Commune de Paris et de *Casque d'Or*, se niche l'espace culturel Louise-Michel, propre et convivial, édifié sur une ruine par Lucio Urtubia. Artisan de la révolution espagnole et ouvrier du bâtiment français, ce petit monsieur de 69 ans aux mains crevassées aime le bel ouvrage. Sur les murs lisses et blancs, des photographies de Cartier-Bresson. Sur la table en bois, des piles de journaux du syndicat libertaire importé d'Espagne, la CNT, et une bouteille de pacharán, l'alcool de prunelle sauvage du Pays basque. Avec son accent rocailleux, le rebelle en chemise pied-de-poule colporte en vrac sa vie d'antifranquiste navarrais, prolétaire anarchiste, faussaire clandestin : « *La révolution, ce n'est pas détruire et puis plus rien, c'est construire.* » Lucio est un bâtisseur, pas un bulldozer.

Il a monté une entreprise de faux en tous genres, papiers d'identité, billets de banque, traveller's chèques, une tirelire internationale pour les causes des peuples : anarchistes espagnols, révolutionnaires cubains, boliviens, uruguayens… Vingt-cinq années de labeur illégal, la nuit ou le week-end, sans se mettre un sou en poche. Et tous les jours de la semaine, à 7 heures sur les chantiers, en tenue blanche de maçon, à trimer pour un salaire de smicard. Voilà comment l'immigré a berné la police, qui jamais n'a détecté en lui le patron du trafic. Lucio, qui a payé ses « *activités politiques* » de onze petits mois de prison, a livré ses secrets au journaliste écrivain Bernard Thomas, qui raconte fort bien Lucio, l'irréductible[1].

Un père républicain, maire-adjoint socialiste du village de Cascante, et une mère miséreuse, pourchassés par les suppôts de Franco. Et Lucio, élevé aux patates et aux œufs durs, l'école des Carmélites jusqu'à 11 ans, le travail aux champs, qui se prend « *une espèce de haine* » : « *Me cago en Dios* [Je chie sur Dieu], *qu'est-ce qu'on était pauvres !* » Et « *tout le temps insultés, "Rouges, Rouges !"* ». Lucio défie l'ennemi par la force : « *Soulever 150 kg de gravier, jouer à la pelote, braver les taureaux* » lâchés dans les rues de Pampelune. « *J'étais fier de moi, je savais que je pouvais affronter n'importe qui physiquement.* » À 19 ans, pour la première fois, le rebelle entend de la bouche de son père le mot interdit : « *Si c'était à recommencer, je serais anarchiste !* » Contrebandier dans les Pyrénées, pilleur d'uniformes à l'armée, Lucio déserte et passe en France. Le Basque, qui se dit communiste par haine de Franco, réentend le mot dans la bouche d'un ouvrier catalan : « *Tu es anarchiste.* » « El Quico », une légende de l'anarchisme, va l'initier en 1957 à l'action et aux « *expropriations* » (les hold-up). Avec la mitrailleuse Thomson léguée par El Quico, Lucio braque sa première banque en Andalousie avec un jeune intellectuel espagnol, qui deviendra plus tard

1. Bernard Thomas, *Lucio, l'irréductible*, Paris, Flammarion, 2000.

ministre à Madrid. La peur au ventre : « *Ça me donnait des coliques et des pipis dans le pantalon.* » Lucio amasse sous ses draps des dizaines de millions de centimes, apporte tracts et billets aux clandestins à Barcelone, Madrid, Pampelune. Il attaque les banques en Belgique, Angleterre et France. Chef des carreleurs, il combat les mauvais payeurs et les cégétistes complices, en traçant au plâtre sur le ciment de la future piscine d'Ivry « *CGT. ESTALINIANS [*sic*]. ENNEMIS DES TRAVAILLEURS* ».

En 1960, il s'acoquine avec des photograveurs et typographes libertaires qui savent reproduire des billets de banque, façon de récupérer « *à la pacifique* » le nerf de la guerre. Pour aider Cuba, le maçon faussaire veut « *inonder le monde de milliers de faux dollars pour financer la révolution et ruiner l'Amérique* ». Dans un salon d'Orly, Lucio finit par expliquer son plan au ministre de l'Industrie, Che Guevara : « *Je l'ai trouvé gentil mais très froid. Il a embarqué mes échantillons de billets. Le Che, il s'y connaissait en économie. La réponse a été que, même avec des faux dollars, les États-Unis continueront à s'enrichir. J'ai eu du respect et de l'admiration pour lui, mais pas plus.* »

Mai 1968, c'est l'amour et la révolution à Paris. Lucio monte et chante *Las Barricadas*, avec la douce et distinguée Anne, biologiste et militante. Parents, ils ne cachent rien à Juliette de leur clandestinité : Papa imprime les faux papiers ; Maman coud à la main les passeports espagnols. Lucio cloisonne les opérations et partage les gains : un tiers pour les compagnons complices, un tiers pour la cause, un tiers pour « *l'infrastructure* ». Combien de faux papiers délivrés par « *la préfecture libertaire* » de Lucio ? « *Oh, 150 kg !* » À 1 000 francs la panoplie de papiers français ou espagnols, 300 pour les suisses ou italiens, il écrase les prix, cinq fois moins cher que les truands. Filé par la police, Lucio Urtubia se retrouve en prison pour l'enlèvement le 3 mai 1974 de Balthazar Suarez, directeur du Banco de Bilbao à Paris, séquestré treize jours dans un appartement inoccupé dont le maçon détient la clé, « *juste pour bricoler la salle de bains* ».

Actif mais pacifique, Lucio ne bat pas en retraite. *Via* sa boîte de BTP anarcho-syndicaliste et son carrefour des cultures libertaires, le héros éduque les fils et filles du drapeau rouge et noir par son histoire. Les faux documents, il en a refusé aux ravisseurs du baron Empain : « *des sadiques, ces gars-là* ». Mais il en a donné au pitchoun Jean-Marc Rouillan et à Régis Schleicher en 1982 pour kidnapper à La Paz le nazi Klaus Barbie. Avant le voyage en Bolivie, les deux futurs leaders d'Action directe ont été arrêtés. Partisan d'« *une violence morale* » Lucio se démarque des actions terroristes d'ETA militaire et d'Action directe : « *Pendant une dictature, les bombes, c'est normal. S'en prendre à des ministres salopards et fautifs, c'est justifié. Mais je suis en désaccord si on tue des flics ou des journalistes, même pourris.* » La parole de Lucio a du poids, lui qui a arnaqué une grande banque américaine pour financer des projets subversifs. Arrêté en flagrant délit en 1980 pour la reproduction à grande échelle de traveller's de la First National City Bank, l'ouvrier carreleur a joué au parfait benêt. Et son « *trésor* », 8 000 grandes feuilles de vingt-cinq chèques de 100 dollars, soit 120 millions de francs, est resté caché sous la dalle de sa cheminée. Lucio à l'ombre, l'échange a continué. À tel point que la banque américaine a envoyé un ponte négocier la remise des faux avec… le maçon espagnol. Traité de « *malhonnête* », Lucio a rétorqué : « *La banque, c'est du vol organisé. On essaie juste de rétablir un peu l'équilibre !* » Avant de déposer, dans une consigne de la gare d'Austerlitz, films, plaques et stock de faux traveller's, « *pour solde de tout compte* ». Pour son biographe Bernard Thomas, le faussaire anarchiste a représenté « *un véritable État dans l'État, puisqu'il frappait la monnaie et délivrait les identités* » : « *Les flics ont toujours cherché le cerveau, mais au-dessus de Lucio il n'y avait ni Dieu ni maître.* »

Lucio Urtubia, 69 ans, maçon mais surtout faussaire et braqueur de banques pour la cause anarchiste espagnole.

Arnaquo-libertaire

LUCIO URTUBIA EN 10 DATES.

- **1931** Naissance à Cascante, en Espagne.
- **1954** Arrivée en France, maçon au noir.
- **1961** Carreleur spécialisé, et faussaire (papiers, billets). Propose un marché à Che Guevara.
- **1974** Enlèvement de Suarez, directeur du Banco de Bilbao à Paris. Quatre mois de prison.
- **1975** Mort de Franco.
- **1980** Six mois à l'ombre pour les faux traveller's de la City Bank.
- **1981** Acquitté du rapt de Suarez.
- **1982** Condamné à treize mois fermes pour de faux passeports.
- **1996** Crée l'espace culturel Louise-Michel.
- **2000** Parution de sa biographie.

Au creux d'une boucle de la rue des Cascades, celle de la Commune de Paris et de *Casque d'Or*, se niche l'espace culturel Louise-Michel, propre et convivial, édifié sur une ruine par Lucio Urtubia. Artisan de la révolution espagnole et ouvrier du bâtiment français, ce petit monsieur de 69 ans aux mains crevassées aime le bel ouvrage. Sur les murs lisses et blancs, des photographies de Cartier-Bresson. Sur la table en bois, des piles de journaux du syndicat libertaire importé d'Espagne, la CNT, et une bouteille de *pacharán*, l'alcool de prunelle sauvage du Pays basque. Avec son accent rocailleux, le rebelle en chemise pied-de-poule colporte en vrac sa vie d'antifranquiste navarrais, prolétaire-anarchiste, faussaire clandestin: *«La révolution, ce n'est pas détruire et puis plus rien, c'est construire.»* Lucio est un bâtisseur, pas un bulldozer.

Il a monté une entreprise de faux en tous genres, papiers d'identité, billets de banque, traveller's chèques, une tirelire internationale pour les causes des peuples: anarchistes espagnols, révolutionnaires cubains, boliviens, uruguayens... Vingt-cinq années de labeur illégal, la nuit ou le week-end, sans se mettre un sou en poche. Et tous les jours de la semaine, à 7 heures sur les chantiers, en tenue blanche de maçon, à trimer pour un salaire de smicard. Voilà comment l'immigré a berné la police qui, jamais, n'a détecté en lui le patron du trafic. Lucio, qui a payé ses *«activités politiques»* de onze petits mois de prison, a livré ses secrets au journaliste-écrivain Bernard Thomas, qui raconte fort bien *Lucio, l'irréductible* (1).

Un père républicain, maire-adjoint socialiste du village de Cascante, et une mère miséreuse, pourchassés par les suppôts de Franco. Et Lucio, élevé aux patates et aux œufs durs, l'école des Carmélites jusqu'à 11 ans, le travail aux champs, qui se prend *«une espèce de haine»* ; *«Me cago en Dios* [je chie sur Dieu], *qu'est-ce qu'on était pauvres!»* Et *«tout le temps insultés: "Rouges, Rouges!"»*. Lucio défie l'ennemi par la force: *«Soulever 150 kilos de gravier, jouer à la pelote, braver les taureaux»* lâchés dans les rues de Pampelune. *«J'étais fier de moi, . je savais que je pouvais affronter n'importe qui physiquement.»* A 19 ans, pour la première fois, le rebelle entend de la bouche de son père le mot interdit: *«Si c'était à recommencer, je serais anarchiste!»* Contrebandier dans les Pyrénées, pilleur d'uniformes à l'armée, Lucio déserte et passe en France. Le Basque, qui se dit *«communiste»* par haine de Franco, réentend le mot dans la bouche d'un ouvrier catalan: *«Tu es anarchiste.»* «El Quico», une légende de l'anarchisme, va l'initier en 1957 à l'action et aux *«expropriations»* (les hold-up). Avec la mitrailleuse Thomson léguée par «El Quico», Lucio braque sa première banque en Andalousie avec un jeune intellectuel espagnol, qui deviendra plus tard ministre à Madrid. La peur au ventre: *«Ça me donnait des coliques et des pipis dans le pantalon.»* Lucio amasse sous ses draps des dizaines de millions de centimes, apporte tracts et billets aux clandestins à Barcelone, Madrid, Pampelune. Il attaque les banques en Belgique, Angleterre et France. Chef des carreleurs, il combat les mauvais payeurs et les cégétistes complices, en traçant au plâtre sur le ciment de la future piscine d'Ivry *«CGT. ESTALINIANS* [sic]. *ENNEMIS DES TRAVAILLEURS»*.

«La banque, c'est du vol organisé. On essaie juste de rétablir un peu l'équilibre!»

En 1960, il s'acoquine avec des photograveurs et typographes libertaires qui savent reproduire des billets de banque, façon de récupérer *«à la pacifique»* le nerf de la guerre. Pour aider Cuba, le maçon-faussaire veut *«inonder le monde de milliers de faux dollars pour financer la révolution et ruiner l'Amérique»*. Dans un salon d'Orly, Lucio finit par expliquer son plan au ministre de l'Industrie, Che Guevara. *«Je l'ai trouvé gentil mais très froid. Il a embarqué mes échantillons de billets. Le Che, il s'y connaissait en économie. La réponse a été que, même avec des faux dollars, les Etats-Unis continueront à s'enrichir. J'ai eu du respect et de l'admiration pour lui, mais pas plus.»*

Mai 1968, c'est l'amour et la révolution à Paris. Lucio monte et chante *Las Barricadas*, avec la douce et distinguée Anne, biologiste et militante. Parents, ils ne cachent rien à Juliette de leur clandestinité: Papa imprime les faux papiers; Maman coud à la main les passeports espagnols. Lucio «cloisonne» les opérations et partage les gains: un tiers pour les compagnons-complices, un tiers pour la cause, un tiers pour «l'infrastructure». Combien de faux papiers délivrés par *«la préfecture libertaire»* de Lucio? *«Oh, 150 kilos!»* A 1000 francs la panoplie de papiers français ou espagnols, 300 pour les suisses ou italiens, il écrase les prix, cinq fois moins cher que les truands. Filé par la police, Lucio Urtubia se retrouve en prison pour l'enlèvement le 3 mai 1974 de Balthazar Suarez, directeur du Banco de Bibao à Paris, séquestré treize jours dans un appartement inoccupé dont le maçon détient la clé, *«juste pour bricoler la salle de bains»*.

Actif mais pacifique, Lucio ne bat pas en retraite. *Via* sa boîte de BTP anarcho-syndicaliste et son carrefour des cultures libertaires, le héros éduque les fils et filles du drapeau rouge et noir par son histoire. Les faux documents, il en a refusés aux ravisseurs du baron Empain: *«des sadiques, ces gars-là»*. Mais il en a donnés au *pitchoun* Jean-Marc Rouillan et à Régis Schleicher en 1982 pour kidnapper à La Paz le nazi Klaus Barbie. Avant le voyage en Bolivie, les deux futurs leaders d'Action directe ont été arrêtés. Partisan d'*«une violence morale»*, Lucio se démarque des actions terroristes d'ETA militaire et d'Action directe: *«Pendant une dictature, les bombes, c'est normal. S'en prendre à des ministres salopards et fautifs, c'est justifié. Mais je suis en désaccord si on tue des flics ou des journalistes, mêmes pourris.»* La parole de Lucio a du poids, lui qui a arnaqué une grande banque américaine pour financer des projets subversifs. Arrêté en flagrant délit en 1980 pour la reproduction à grande échelle de traveller's de la First National City Bank, l'ouvrier carreleur a joué au parfait benêt. Et son «trésor», 8000 grandes feuilles de vingt-cinq chèques de 100 dollars, soit 120 millions de francs, est resté caché sous la dalle de sa cheminée. Lucio à l'ombre, l'échange a continué. A tel point que la banque américaine a envoyé un ponte négocier la remise des faux avec... le maçon espagnol. Traité de *«malhonnête»*, Lucio a rétorqué : *«La banque, c'est du vol organisé. On essaie juste de rétablir un peu l'équilibre!»* Avant de déposer dans une consigne de la gare d'Austerlitz films, plaques et stock de faux traveller's, *«pour solde de tout compte»*. Pour son biographe, Bernard Thomas, le faussaire anarchiste a représenté *«un véritable Etat dans l'Etat, puisqu'il frappait la monnaie et délivrait les identités»*: *«Les flics ont toujours cherché le cerveau, mais au-dessus de Lucio il n'y avait ni Dieu, ni maître.»*

PATRICIA TOURANCHEAU
photo DENIS DAILLEUX

(1) *Lucio, l'irréductible*, Bernard Thomas, éd. Flammarion.

*

La rencontre avec Lucio pour ce portrait a scellé notre amitié durant vingt ans, jusqu'à sa mort le 18 juillet 2020, à l'âge de 89 ans, chez lui à l'espace Louise-Michel, 42 *ter*, rue des Cascades à Paris. Ce héros de l'antifranquisme et de la lutte pour les peuples opprimés est le seul véritable Robin des Bois que j'aie jamais connu. Le dernier des *« bandidos buenos »* selon ses mots pratiquait *« l'expropriacion »* sans coup de feu pour redistribuer les richesses. Quand, en 1979, le militant anarchiste a pigé que le braquage n'était pas son truc, et que la fausse monnaie est un crime relevant de la cour d'assises, Lucio a l'idée de génie de contrefaire des traveller's chèques, simple délit d'escroquerie. Alors, le voilà parti en Belgique acheter 30 000 francs de ces chèques voyages de 200 dollars et le matériel pour les reproduire dans les imprimeries libertaires de Belleville, avec ses potes faussaires à la manœuvre. Puis ce leader de l'ombre recrute des binômes parmi différents mouvements pour aller les échanger le même jour à la même heure dans les banques des capitales européennes. Un tiers du butin récupéré revient dans la poche du duo, un tiers intègre la caisse collective et un tiers finance *« des bonnes causes »*. Mais, attrapé à Saint-Germain-des-Prés avec une mallette remplie de faux en 1980, Lucio se retrouve emprisonné à la Santé. Sauf que ses amis continuent à faire tourner les rotatives et à inonder l'Europe. Du coup, la First National City Bank, que ce trafic à grande échelle a déjà plombée de 20 millions de dollars, est bien obligée de négocier avec ce maçon rustre aux mains calleuses qui les méprise et exige un pactole *« pour le manque à gagner des compagnons »* avant de restituer les matrices. C'est le coup d'éclat de Lucio qui écrira en 2005 *Ma morale anarchiste* (Éditions libertaires), témoignera en 2007 dans un beau documentaire espagnol, portera sa parole à travers le monde et continuera jusqu'au bout à aider pauvres et prisonniers, le béret basque vissé sur le crâne, et la gouaille solidaire intacte.

4 septembre 1996

3. Parasite de haut vol

Il dit avoir escroqué le président du Congo, fourni une planque pour Yves Chalier au Brésil, trafiqué des armes pour François de Grossouvre. Mais, depuis l'affaire des *Muses*, il est en cavale et son magot fond au soleil.

Le 23 mai 1996, lorsque s'ouvre le procès du « réseau des *Muses* », il n'est pas là. Libéré de prison, il se déclare empêché. Fait dire à son avocat qu'il a peur. Dans le box, pourtant, vingt personnes sont présentes, dont treize détenues, toutes accusées de trafic de drogue. Il y a là Roland Plégat, patron du restaurant *Les Muses*, un commissaire du quai des Orfèvres, soupçonné d'avoir renseigné les trafiquants. Mais Dominique Mélikian[1], lui, est ailleurs. « *Le milieu des voyous, c'est comme un tas de fumier, il y a parfois de belles fleurs qui poussent dessus*[2] », affirme-t-il.

1. Le patronyme a été changé, ainsi que le nom du commissaire.
2. *Libération* a interviewé Dominique Mélikian deux fois avant sa fuite.

En fuite, un mandat d'arrêt international contre lui, il se prend justement pour la fleur dont il parle. Il faut dire que sa mamie arménienne vendait des bouquets dans le métro, ses parents des fleurs dans une boutique. Sans se douter que le minot, bac de lettres du lycée Montaigne en poche, était une petite graine d'arnaqueur.

En 1975, à 20 ans, Dominique Mélikian oublie la fac de droit qui se profile et décide de « *prendre un raccourci dans la vie* » : « *J'ai fait gangster.* » Le bandit en col blanc s'acoquine avec des gars du milieu, les frères D. de la banlieue nord, ou « *Jacky des Halles* ». Beau parleur, toujours bien mis, costume noir ou anthracite, il noue aussi des relations haut placées avec des politiques et des policiers : « *J'ai levé* [enflé] *la moitié des poulets de France pour connaître leurs objectifs du mois et éviter les endroits chauds.* » Un temps caché derrière un commerce de « *linge de maison* », Mélikian, 41 ans, s'est longtemps cru intouchable. Juste six mois de prison en 1982 pour des voitures maquillées à grande échelle. Jusqu'à la terrible poisse de 1993. « Le Grand », producteur de cinéma pour la galerie, fou de turf et de casinos pour justifier les liasses de billets dans sa poche revolver, tombe. Le voilà désigné comme l'un des « *financiers* » d'une entreprise d'import-export. Cocaïne brésilienne, cannabis marocain avec, pour pivot, *Les Muses*, rue Saint-Honoré à Paris, sa « *cantine* » favorite, et pour chef son truculent maître d'hôtel, Roland Plégat. Un fils de maquignon de l'Aveyron qui a bossé dur. Paysan, maçon, ouvrier d'abattoir, braqueur emprisonné sept ans et enfin bistrotier. « *C'est un mytho, Roro* », méprise après coup Mélikian, « *levé dès potron-minet, couché à l'aube, un mégalo, un illuminé, un bidon. J'ai rien à voir avec son business* ». Les deux hommes se fréquentent depuis 1983. À l'époque, ils sont tenanciers de brasserie. L'Aveyronnais au zinc des *Muses*, Ier arrondissement, l'Arménien au *Tintouin*, rue Thouin dans le Ve (de 1981 à 1986). « *Moi, ça m'a jamais réussi, les affaires honnêtes* », avoue pourtant « Mélik » qui, dans l'arrière-salle de son restaurant, n'a pu s'empêcher de « *monter un trafic de machines à sous avec la Yougoslavie* ».

« *Dans les années 1980, j'ai surtout pris mes sous dans l'arnaque. En Afrique, on traitait directement avec les gouvernements blacks.* » Ainsi, « Le Grand » dit participer à un coup au Congo : « *Le président Sassou N'Guesso avait mis un contrat sur la tête du chef de l'opposition, Séraphin Bakouma. On s'est engagés à l'exécuter, on a pris les thunes. Et puis, on est allés trouver le mort en sursis, Bakouma. On l'a affranchi. Et épargné moyennant finances, en lui conseillant de disparaître pour six mois. Avant, on a monté une jolie mise en scène. On a photographié Bakouma, étendu pour mort dans un caniveau avec du Mercurochrome sur le corps. Et on a montré la photo au général Gouonlondélé, de la sécurité militaire congolaise. Mission accomplie, on a reçu le reste du pactole. En tout, on a arnaqué un million de dollars pour un contrat non exécuté. Moi, j'ai touché 400 bâtons.* » Mélikian et son associé, Jacques Renaudat, alias « Jacky des Halles », fiché au grand banditisme, fréquentent aussi un haut fonctionnaire du ministère de l'Intérieur, Jacques Delebois, patron en 1986-1987 du Service de coopération technique internationale de police, qui « *couvre* » le continent noir et seconde Charles Pasqua dans les missions délicates. Mélikian se vante d'avoir, avec le Corse Jules Filippedu et le « *pote Rocca Serra* », trouvé une planque au Brésil pour Yves Chalier, ancien directeur de cabinet du ministre socialiste de la Coopération Christian Nucci. C'est Delebois, sur ordre de Pasqua, qui a remis à Chalier un « *vrai-faux* » passeport pour filer en Amérique du Sud, en échange de sa dénonciation du scandale du Carrefour du développement. « *Pasqua n'a pas renvoyé l'ascenseur, il est mon débiteur* », assure aujourd'hui Mélikian, qui a changé de camp en 1988 pour « *se mettre en affaires* » avec un ami de François de Grossouvre, intime de Mitterrand, conseiller occulte à l'Élysée et businessman avec l'Afrique.

« *En 1989, avec Jacky, on est sur un super plan. Acheter aux Tchadiens un gros stock d'armes qu'ils ont saisies aux Libyens, pour les livrer aux chrétiens du Liban du général Aoun. Une affaire de 20 millions de dollars* », rapporte encore « Mélik » qui, avec Renaudat, dit jouer les négociants pour le compte de Quipesa France, la société de « *commerce international* » de Jacques Thônier, collaborateur du chargé de mission élyséen : « *L'opération s'effectuait sous couvert du gouvernement français, c'est Grossouvre qui supervisait.* » Mais le coup capote, à cause de l'explosion en vol du DC 10 d'UTA, le 19 septembre 1989. « Jacky des Halles », passager du vol, y laisse sa peau. La piste du trafic d'armes avec le Tchad est éventée dans *Libération*. Du coup, Mélikian n'a pas pu conclure le contrat : « *Quel gâchis. Votre canard m'a fait perdre 10 millions de dollars.* » Il se reconvertit alors dans le cinéma. Son premier projet de film sur la bataille de Camerone avorte. En 1992, il crée la société Mondioprodis pour produire, avec un cousin de Plégat, Serge Gracieux, « *qui travaille dans le porno* », un long métrage sur la vie de l'anarchiste Louise Michel, avec Isabelle Huppert : « *Pas un film de gangster, un truc culturel. Cette femme est passionnante, une héroïne, la Commune, l'histoire de France.* » Là encore, la réalisation a capoté. « *Encore une idée à la Mélik pour arnaquer les pouvoirs publics* », suppute un inspecteur. « *Ou un plan pour blanchir de l'argent sale* », subodore un spécialiste de la lutte antidrogue. « *Pas du tout, j'ai mangé de l'argent dans le cinéma,* rétorque Mélikian. *C'est la faute à Gracieux qui a promis les financements, mais est aussi menteur que son cousin.* »

Entre deux voyages d'affaires et un séjour dans sa villa à Cannes, Mélikian, qui habite alors un superbe appartement rue de la Pompe (XVIe), écume les beaux quartiers, entre la porte Maillot et le rond-point des Champs-Élysées, car, « *ailleurs, c'est la province* ». Pilier de *Chez Edgar*, rue Marbeuf, il n'a pas son pareil, à l'heure du digestif, pour approcher la table d'un ministre, d'un avocat ou d'un policier. Celle de l'atypique commissaire, numéro deux de la Brigade de répression du banditisme. « *Philippe, c'est un frimeur sympa, le roi de la pénétration du milieu, mais surtout pas un flic véreux*, estime l'escroc. *Dieu sait que je m'y connais en ripoux. Il a fait plonger des tas de voyous, mais a toujours joué loyal.* » Quand le réseau de Plégat est démantelé en juin 1993, « Le Grand » prend la tangente. Trois mois plus tard, il est repéré par hasard à Paris et se laisse passer les menottes sans problème : « *Je suis pas du genre à me trimbaler avec un balourd* [une arme] *et je n'ai rien à me reprocher.* » Après six mois de prison à la Santé, Mélikian conclut un marché avec le juge Ricard. Le détenu donne un témoignage à charge contre le commissaire en échange de sa remise en liberté. Quatre jours avant le procès des *Muses*, deux inconnus à moto tirent sur l'Arménien, légèrement blessé par balles. « *Ces faits sont peut-être liés au procès. L'arme de l'agression a été déclarée volée à un membre de la police municipale de Cannes* », souligne à l'audience son avocat, Me Metzner, qui essaie en vain d'obtenir le report du jugement pour Mélikian, surtout inquiet d'apparaître comme « *le parrain* » de cette affaire. Plégat ne s'est pas privé de charger l'absent : « *Il a dû se l'organiser lui-même, ce guet-apens, un prétexte pour ne pas venir au tribunal.* » Le patron des *Muses* est condamné à la peine maximale, vingt ans de prison ; le commissaire à quatre ans ferme, et écroué sur-le-champ ; mais Dominique Mélikian, qui écope, lui, de huit ans, est déjà loin. « *En réalité, je voulais juste leur prendre des sous, aux zozos des* Muses. *Comme d'habitude, me greffer, me tenir au courant, et enfin, les tordre.* » En cavale, son magot fond au soleil. « *C'est pas la peine de mettre ma frime en photo dans le journal, les poulets la connaissent assez comme ça. Bon, allez, faut que je me refasse. Heureusement que, partout, y a des voyous à arnaquer.* »

*

À 70 ans, Dominique rebaptisé Mélikian à sa demande n'a « *aucune envie de se retrouver dans la lumière* » à cause « *des cloportes, des forbans et des fripouilles* » et ne veut plus parler « *de tout ce folklore qui est derrière* [lui] ». Il se moque de la clique à laquelle il appartenait à l'époque de cet article qu'il m'avait autorisée à publier : « *On se prenait pour*

Johnny Hallyday alors qu'on était des baltringues. » Depuis, Dominique a coupé les ponts avec le milieu dans lequel il grenouillait, et passe son temps entre la France et l'étranger à gérer *« des affaires légales »* : *« Disons que je dépense honnêtement l'argent que j'ai gagné malhonnêtement. »*

11-12 octobre 2014

4. Le jeu du gendarme et de l'arnaqueur

Christophe Rocancourt, l'escroc des stars, ex-enfant de chœur orphelin, a été incarcéré dans une nouvelle affaire, entraînant avec lui le fondateur du GIGN.

L'arnaqueur des stars de Hollywood Christophe Rocancourt, 47 ans, acoquiné à l'ex-super-gendarme de l'Élysée Christian Prouteau qu'il vient d'entraîner dans sa chute pour une nouvelle escroquerie. Cet attelage improbable était pisté et écouté depuis un an par la Brigade de recherches et d'investigations financières (BRIF). La PJ de Paris a ainsi suivi les micmacs supposés de Rocancourt, ses allers-retours entre sa maison à Rouen et ses rendez-vous à Paris. Ce baratineur au physique d'adolescent et aux yeux clairs, à qui on donnerait le bon Dieu sans confession, se serait targué de relations haut placées à la préfecture de police de Paris pour obtenir des titres de séjour à deux Marocaines sans papier contre 2 500 euros. Les juges financiers Roger Le Loire et Charlotte Bilger l'ont donc mis en examen jeudi pour « *escroquerie* » aux dépens d'un notaire de Pontoise, « *trafic d'influence actif* » lié à Christian Prouteau, mais également pour « *fraude fiscale et exercice illégal de la profession de banquier* ». Voilà Rocancourt reparti au trou.

À 70 ans, son grand ami préfet hors cadre Christian Prouteau, fondateur en 1974 du GIGN, le groupe d'élite de la gendarmerie, puis en 1982 de la sécurité rapprochée de François Mitterrand à l'Élysée, a été mis en examen pour « *dissimulation d'activité et trafic d'influence passif* ». Les magistrats lui reprochent des interventions auprès du préfet de police de Paris, cette année, pour régulariser les deux clandestines. Mais le duo dépareillé conteste en chœur. À les en croire, les 2 500 euros remis par Rocancourt à Prouteau n'ont rien à voir avec un don ou un cadeau en échange de services, mais correspondent « *à l'achat d'une montre* » au préfet… La jeune compagne de l'escroc, l'un de ses avocats – Marcel Ceccaldi, qui eut les deux étrangères pour clientes grâce à Rocancourt – et un notaire parisien ont également été épinglés dans ce dossier « *ridicule* », aux yeux de Me Jérôme Boursican. L'avocat de l'aigrefin déplore « *encore une fois que la légende de Christophe Rocancourt aboutisse au fait que sur cinq mises en examen, il soit le seul placé en détention pour des raisons qui* [lui] *semblent davantage liées à l'acrimonie qui lui est portée qu'à la réalité du dossier judiciaire, bien mince* ».

C'est autour de Karim Maloum, ce braqueur de fourgons blindés de la « Dream Team » ressorti de prison en 2010, que l'ex-compagnon de cellule Rocancourt et le préfet Prouteau ont pactisé. Alors embauché par la Fédération française des sports de contact, Maloum, libéré en conditionnelle au bout de dix ans de placard, essayait de se racheter, de « *tendre la main à d'anciens condamnés* » *via* son association « Alternative et avenir ». Il cherchait un local pour cette entreprise de réinsertion fondée avec Prouteau et Rocancourt. L'arnaqueur et le braqueur, qui mettent de temps en temps des cierges à la basilique de Lisieux, envisageaient de créer une ligne de vêtements, Dreamroc, et voulaient se lancer dans le cinéma. Maloum, qui adore « *les gueules comme Gabin et Ventura* », conseillait le producteur Emmanuel Prévost pour un film sur « *l'équipe de rêve* » et veillait aux intérêts de la « Dream Team ». Lors d'un déjeuner avec l'ex-pilier de rugby et bandit de l'équipe, Maloum, dans un restaurant italien très chic à Paris mi-décembre 2010, on a ainsi surpris le tandem dépareillé Prouteau-Rocancourt attablé en tête-à-tête. Le préfet essayait de se renseigner par téléphone sur le motif d'écoutes de son protégé, énervé par cet « *acharnement* » des flics à son encontre. On ne pouvait s'empêcher de penser que le super-gendarme de la cellule dite antiterroriste de l'Élysée, ayant déjà été piégé par son adjoint, le sulfureux capitaine Paul Barril, à cause de son « *indécrottable naïveté* » – selon les mots de Prouteau à *Libération*[1] –, risquait de se faire avoir encore une fois. Le beau parleur Rocancourt n'a pas son pareil pour embobiner les gens et rafler la mise depuis son enfance rugueuse.

C'est à l'orphelinat de Saint-Germain-Village (Eure) que ce petit Normand, abandonné par sa mère prostituée et son père alcoolique, se découvre « *ce don de raconter*

1. *Libération*, 24 juin 1999.

et d'être cru ». Attiré par Dieu, l'adolescent devient enfant de chœur, mais vole l'argent de la quête pour la redistribuer en friandises à ses copains de la DDASS : « *Ma carrière ecclésiastique s'arrête donc là. Dommage !* » déplorait Rocancourt, persuadé qu'il aurait pu devenir « *un cardinal convenable, peut-être même un pape* ». Lors de notre entretien en juillet 2008 pour une série d'été sur les imposteurs, Rocancourt, qui tentait plutôt de négocier une page Portrait de *Libé* à sa gloire, se montrait pieux. L'arnaqueur croit en Dieu, ne se sépare jamais d'une bible et porte alors trois médailles : une de saint Christophe, une de sainte Thérèse de Lisieux et une main de Fatma.

Échappé à 17 ans d'une famille d'accueil, Rocancourt quitte la Normandie pour Paris. Selon ses dires, un fils de bonne famille l'arrache à son banc du métro des Halles puis le propulse dans la jet-set. Inculte et sans manières, le « *petit chose* » apprend chaque jour les codes de la haute société, comme allumer une cigarette avec élégance, tenir une coupe de champagne, séduire une fille de riches. Il rencontre Alain Pacadis, l'ancien « *critique mondain* » de *Libération*, qui, dit-il, l'a tiré du caniveau et trimballé dans les soirées parisiennes : « *J'avais 20 ans et pas une thune, "Paca" m'emmenait chez Castel, au Rex, au Virgin, aux Bains Douches et chez la princesse Anne de Bavière.* » Il passe ses nuits à faire « *la bumba* » – soirées branchées et dîners mondains – puis monte sa première arnaque à 19 ans. Il vend un immeuble du XVIe qui appartient au père de sa petite amie, préfet de Guyane française, avec une reproduction des actes notariés sous un faux nom, pour plus de 1 million de francs. Il flambe, plonge pour des faux dollars, puis prend le large : « *Le billet vert est bien plus fort, je décide de m'attaquer à l'oncle Sam.* »

Il débarque en 1990 dans un motel de Los Angeles, en jean et baskets, sans un mot d'anglais : « *Je prends deux bibles, en français et en anglais, et je commence à apprendre.* » Il se fond dans le paysage. À sec, Rocancourt déleste de 50 000 dollars (40 000 euros) le patron asiatique d'une chaîne de laveries sous prétexte de blanchir son pognon sale. Il loue une luxueuse villa de Bel Air et acquiert une Porsche. Il s'acoquine avec « *une vedette qui a ses entrées au Barfly* », la boîte top de la jet-set californienne, et se fait passer pour un champion de boxe poids léger. Pour donner le change, Rocancourt s'entraîne sous les yeux de ses nouveaux amis de Hollywood, sur un ring aménagé dans sa prétendue villa. Il vend à prix d'or ce bien qui ne lui appartient pas, achète un petit palais, puis une Rolls. Il collectionne les *playmates,* les bagnoles et les stars. Il approche Michael Jackson, Elton John, Johnny Depp, Meryl Streep, Jodie Foster, se lie d'amitié avec Mickey Rourke et Jean-Claude Van Damme. Il nous jure qu'il n'a « *jamais pris 1 dollar à ces amis. Acteur moi-même dans ma vie, je n'allais pas m'en prendre à des confrères* ». Par contre, Rocancourt arnaque des « *financiers du milieu du cinéma en recherche de fonds* » : « *OK, je vais te trouver tes 300 000 dollars si tu me verses 10 % en espèces, tu prends ou tu laisses.* » Les gogos pas très nets allongent les biffetons, qui tombent dans la *pocket* de Rocancourt, planqué sous un alias. Pour donner encore plus de crédit à son personnage de type plein aux as, pote des stars qui roule en Bentley ou en Ferrari, l'escroc se métamorphose en Christopher De Laurentiis, le fils caché du producteur de *Dune, King Kong* et *Conan le Barbare.* Il se montre « *aussi réservé et avare de confidences* » que son prétendu père : « *Tout le monde n'y voit que du feu.* »

Rattrapé par le FBI pour un casse de bijouterie à Genève en 1991, Rocancourt se retrouve en prison six mois en France, avant d'être blanchi. Retour aux USA. Nouvelles arnaques à L.A. Trahi par les siens, Rocancourt plonge fin 1997 pour « *fraude et faux passeport* », repasse six mois en taule et verse 175 000 dollars de caution pour sortir. Il prend la tangente à New York, sous l'alias de Christopher Rockefeller, acquiert des véhicules de milliardaire « *en corporate* » pour en mettre plein la vue à ses futures cibles, des agents de Wall Street : bateau de rêve, grosses cylindrées, et même un jet, « *un Gulfstream IV à 48 millions de dollars, comme Bill Gates, car l'argent appelle l'argent* ». Il finit par chuter en 2000, pour « *avoir escroqué des escrocs* », dit-il, à hauteur de 43 millions de dollars (34 millions d'euros). Il ressort fin 2005, « *toute sa vie tatouée dans le dos : le jeu, les femmes et l'argent* ». Le producteur Thomas Langmann, qui s'est entiché de l'escroc et l'a vu dans sa prison américaine, a racheté 1 million de dollars (790 000 euros) les droits d'adaptation de son autobiographie *Moi, Christophe Rocancourt, orphelin, play-boy et taulard* (Michel Lafon, 2002). Pour un film sans lendemain…

Rocancourt, qui se prend pour un acteur-né, séduit ensuite la réalisatrice Catherine Breillat, et accepte d'incarner le héros de son prochain film, *Bad Love*, aux côtés de la top model Naomi Campbell : « *Ce n'est pas moi qui vais au cinéma, c'est le cinéma qui vient à moi* », se vante ce faiseur dans le jardin de sa maison parisienne, avenue Junot, qui reçoit le Tout-Paris du 7e art. La fin de son idylle avec Sonia Rolland – miss France 2000 –, qui lui a donné une petite fille, Tess, occupe alors les couvertures de *Gala*, *Vanity fair* et *Voici*. Mais Rocancourt crache sur la presse people et le *star system* : « *Quand on existe vraiment, on n'a pas besoin de ça.* » Fragilisée par une crise d'épilepsie puis une fracture du bras droit, la cinéaste Catherine Breillat se retrouve sous la coupe de Rocancourt, qui s'occupe d'elle, l'héberge chez lui et lui réclame des avances sur le film. Le flambeur qui court après l'argent récupère 703 000 euros en treize chèques. Catherine Breillat finit par porter plainte pour « *abus de faiblesse* ». À son procès à Paris en février 2012, l'escroc s'avoue « *mauvais gestionnaire et grand dépensier* » et justifie ainsi son compte HSBC à Hongkong : « *J'y allais pour jouer au poker, je n'ai pas caché cet argent dans un paradis fiscal.* » Il dément avoir abusé de la dame diminuée par un accident cardio-vasculaire, chancelante sur sa canne. Il n'empêche qu'il a été condamné pour abus de faiblesse à seize mois de prison, dont huit fermes, sans compter 578 000 euros de dommages et intérêts. L'incorrigible escroc portait encore un bracelet électronique lorsqu'il a rechuté.

*

Huit ans plus tard, Christophe Rocancourt est jugé à Paris pour cette affaire minable qui, selon *Le Monde*, « *révèle une réalité sordide, celle d'un homme de 47 ans qui tente de profiter de sa petite notoriété pour gratter ici ou là un billet pour vivre* ». « *L'escroc des stars* » qui a perdu de sa superbe est condamné, le 6 décembre 2022, à dix-huit mois de prison à purger sous bracelet électronique, ainsi que 30 000 euros d'amende, pour avoir usé et abusé de ses relations afin d'obtenir la régularisation (payante) de deux Marocaines en demandant l'intervention rémunérée de deux hommes : l'avocat Marcel Ceccaldi s'est vu infliger dix-huit mois de prison avec sursis et une interdiction d'exercer pendant cinq ans ; l'ancien secrétaire d'État Kofi Yamgnane a été sanctionné de dix-huit mois avec sursis et 5 000 euros d'amende, avec une inéligibilité de cinq ans. En revanche, le fondateur du GIGN Christian Prouteau a été relaxé des faits de trafic d'influence et condamné seulement pour travail dissimulé, à 30 000 euros d'amende. Rocancourt qui ne déclare aucun revenu depuis 2012 a par ailleurs été condamné pour des comptes détenus à l'étranger, des prêts octroyés à des taux allant jusqu'à 30 %, et une tentative d'escroquerie. Sa précédente tentative d'arnaque n'avait pas été plus brillante. Emprisonné à côté du policier de la brigade des stups Jonathan Guyot qui avait volé cinquante kilos de cocaïne au sein du 36, quai des Orfèvres en juillet 2014, « Roc » l'a aidé à récupérer une partie de l'argent, 50 000 euros que son frère Donovan policier avait caché au fond du lac de Créteil, pour le blanchir ou l'escroquer. Si le dénégateur Jonathan Guyot a écopé du maximum, dix ans de prison, au procès en correctionnelle à Paris, en mars 2017, Rocancourt s'en est tiré avec une broutille, une peine de cent cinquante jours-amendes à 100 euros. Retraité en Normandie à 57 ans, « Roc » gère à distance ses comptes à l'étranger. Au bout de plusieurs ventes juteuses des droits audiovisuels de ses deux livres autobiographiques dont *Mes vies* (Michel Lafon, 2006) pour une fiction destinée au cinéma, l'escroc a finalement sorti en salles un documentaire en avril 2024 réalisé par David Serero et sobrement titré *Rocancourt, le film – « qui n'a pas connu un grand succès ».*

9 juillet 2013

5. Marc Bertoldi, pilote de grosses caisses poursuivi pour un gros casse

L'escroc français est accusé d'avoir braqué un fourgon lesté de 39 millions d'euros de diamants à l'aéroport de Bruxelles.

Ancien pilote de rallye automobile et cerveau d'une escroquerie aux voitures de luxe, le géant Marc Bertoldi qui frôle les 2 mètres a-t-il organisé le braquage de diamants sur l'aéroport de Bruxelles, le 18 février ? Pour la justice belge, cela ne fait pas un pli. Mais, pour ce bandit français, il y a méprise. Coffré à la prison de Metz pendant deux mois, sur ses terres d'origine, Marc Bertoldi a été extradé jeudi vers la Belgique pour s'expliquer sur ce coup fumant : « *On me considère déjà comme coupable alors que je nie toute participation* », a prévenu le suspect numéro un. Selon son avocat messin Olivier Rondu, qui le connaît de longue date et le tutoie en ami, les magistrats belges chargent un peu trop la barque. À en croire la demande d'extradition de Bruxelles, des écoutes téléphoniques antérieures au braquage et des localisations par GPS « *laissent largement penser que Marc Bertoldi était présent sur le tarmac pour le vol à main armée et qu'il a sûrement commandité le braquage des diamants mais aussi écoulé le butin entre la Suisse et le Luxembourg* », rapporte Me Rondu, pour qui « *c'est exagéré* ».

Le 18 février, à 20 heures, deux véhicules noirs équipés de gyrophares bleus, comme la police, enfoncent la clôture d'un chantier, pénètrent sur le tarmac de l'aéroport de Bruxelles, roulent à toute blinde et pilent devant un fourgon de transport de fonds, au pied d'un avion de la compagnie Swiss qui s'apprête à décoller pour Zurich. Huit hommes armés de fusils-mitrailleurs, cagoulés et vêtus d'uniformes de policier, jaillissent des voitures, braquent les pilotes de l'avion et les convoyeurs de la Brink's, sans tirer un coup de feu. Bien renseignées, ces armoires à glace forcent les portes de la soute et font main basse sur 125 colis remplis de diamants bruts et taillés d'Anvers. Ils repartent en trombe par le même chemin. En cinq minutes, le commando audacieux a raflé pour 50 millions de dollars en pierres précieuses (près de 39 millions d'euros) selon l'estimation du Centre mondial des diamants d'Anvers. Du travail net et précis. Ce n'est peut-être pas le casse du siècle, mais presque. Le record reste le fric-frac commis en février 2003 au Diamond Center d'Anvers par le Sicilien Leonardo Notarbartolo, introduit dans la place en louant un bureau comme prétendu diamantaire suivant la technique du « cheval de Troie », qui a fini par vider 123 coffres un week-end pour 100 millions d'euros de butin.

Officiellement « *rangé des voitures* », Marc Bertoldi, flambeur de 43 ans aux airs de Quentin Tarantino, aligne sept condamnations sur son casier judiciaire pour escroqueries, « *délinquance astucieuse* » et faux. Fils de bonne famille, « *Marc a un lourd passé* » d'escroc mais pas de caïd, comme dit sa mère au *Républicain lorrain* : « *Il a eu un mauvais exemple avec son père.* » En effet, son paternel, Jean-Claude Bertoldi, poids lourd du BTP, a trempé dans plusieurs affaires politico-financières, notamment des pots-de-vin au Luxembourg. Le fiston a la réputation dans le milieu français d'avoir fait équipe au moins comme chauffeur avec feu Serge Lepage (assassiné en 2009), chef du « gang de la banlieue sud » de Paris. D'après Frédéric Ploquin, auteur de *La Prison des caïds* (Plon) et qui a rencontré Marc Bertoldi en détention à Nice, cet ancien pilote de course aurait tenu « *neuf ans en cavale* » grâce à son « *adresse au volant* » pour semer ses poursuivants, et dépensé « *pas loin de 45 000 euros par mois en hôtels, voitures, papiers* ». Souvent sur la Côte d'Azur à l'époque, Marc Bertoldi plonge en 2002 comme « cerveau » d'un vaste trafic de voitures de luxe. D'après son procès en correctionnelle à Grasse en 2007, ce fan de bolides commandait à ses « garçons » de voler des Porsche, BMW, Audi et Mercedes (avec les clés) dans les résidences secondaires et les réimmatriculait avec de fausses cartes grises luxembourgeoises qu'il fabriquait sur son ordinateur. Ayant reconnu être l'organisateur, Bertoldi a écopé de six ans de prison. Et, comme par hasard dans le coup, son mentor Serge Lepage a été condamné *a minima* à trente mois de détention pour avoir écoulé des berlines en région parisienne.

À sa libération en 2010, le « grand Marco », qui a des propriétés à Metz, Antibes et Cannes, s'installe avec sa compagne au Maroc. Officiellement, il tient le restaurant chic *Le Key West*, « *décor marin, objets d'art, bois d'acajou et cuisine raffinée espagnole* » selon sa publicité. Il gère aussi deux sociétés de vente de véhicules de luxe. La légende racontée par *La Tribune de Genève* veut que l'homme d'affaires suisse Pascal Pont soit tombé en panne avec sa Ferrari à Casablanca en 2011 et qu'il ait rencontré le concessionnaire Bertoldi. Ces deux-là se retrouvent aujourd'hui au cœur du trafic de pierres. Au fil des investigations sur l'attaque de Bruxelles, la police belge qui surveille ses truands voit apparaître, à leur contact, un membre supposé du grand banditisme français : Marc Bertoldi. Pourtant, il n'est « *pas dans le radar* » des flics français de l'Office central de lutte contre la criminalité organisée, avoue un commissaire : « *Il faut rester humble. Il nous a échappé. Bertoldi ne vit plus en France mais au Maroc, et c'est une enquête belge.* » Il a de surcroît un casier blanc comme neige côté vol à main armée. Début mars, les policiers belges demandent à leurs homologues suisses de pister Marc Bertoldi, parti à Genève, où il aurait contacté des joailliers et l'homme d'affaires Pascal Pont. Le 7 mai, le coup de filet est déclenché en Belgique, en Suisse et en France. Venu passer quelques jours chez sa mère près de Metz, Bertoldi est arrêté au volant de sa Porsche Panamera. Dans ses poches, « *un passeport français, 3 452 euros en billets de 500, de 100, de 50, quelques pièces, un téléphone Nokia, une batterie et une montre* », selon son avocat. De plus, 60 000 euros en espèces sont découverts dans la maison maternelle. Marc Bertoldi se plaint de ne pas avoir été convié à la perquisition et soutient que cet argent n'est pas le sien.

À Genève, derrière la porte blindée de la cave de Pascal Pont, la police découvre 25 sacs de diamants, soit un cinquième du butin du braquage de Bruxelles, ainsi que 100 000 francs suisses (80 000 euros). Prévenu, selon le parquet suisse, de « *recel et d'entrave à la justice* » de même qu'un « *avocat de la place* », Pascal Pont dit qu'il n'y est pour rien. D'après son défenseur Me Shahram Dini, il « *n'est pas un bandit mais a fait preuve d'une grande imprudence en rendant ce service* » à Marc Bertoldi, qui lui aurait demandé de stocker les pierres. Le géant s'érige en faux d'après Me Rondu et voit « *la remise en liberté de Pascal Pont comme une récompense* » pour l'avoir « *donné* ». L'as du volant ne comprend pas plus les dénonciations à la police belge d'un autre ami. Selon ce témoin, Bertoldi l'aurait prévenu qu'il ne serait pas joignable le 18 février, jour du braquage des diamants, puis se serait vanté deux jours plus tard d'y avoir participé en lui lançant : « *Regarde la télé.* » Le géant, tout droit sorti de *Reservoir Dogs*, « *ne s'explique pas* » toutes ces accusations évidemment « *gratuites* ».

*

Au procès en Belgique en mai 2018 de dix-huit prévenus suspectés de ce braquage de diamants, tous ont fini acquittés faute de preuves mais le « cerveau » supposé de ce « *casse du siècle* », Marc Bertoldi, n'a pas pu se présenter pour des raisons indépendantes de sa volonté. Il croupit alors dans une geôle en France pour l'enlèvement, le 29 juin 2014, de la femme du milliardaire luxembourgeois Gérard Lopez, propriétaire du club de football de Lille, contre une rançon de

300 000 euros qui lui vaut huit ans de prison. C'est donc à part et plus tard que l'arnaqueur, *« le grand Marco »*, qui paraît avoir pris du galon dans le banditisme, est jugé. Il nie toute participation au vol à main armée contre ce fourgon de diamants mais reconnaît qu'il devait revendre un cinquième du butin. En écho, son avocat, Dimitri de Beco, ajuste le costume démesuré que la justice belge entend lui faire endosser : *« Regardez son casier judiciaire : des escroqueries, des faux en écritures, et je vous le donne en mille, des recels ! Quand je vous dis qu'il n'a pas le profil du braqueur. »* À l'en croire, ce sosie de Tarentino a même toutes les qualités d'un excellent fourgue : *« Il sait écouler les choses volées, ça oui. Il a les connaissances, les réseaux... Il a la discrétion. »* C'est pour cela que le Lorrain n'a jamais balancé le nom du contact qui lui a livré les pierres. Finalement, le 27 juin 2019, Marc Bertoldi a été condamné à cinq ans de prison ferme pour *« recel »* et, toujours impassible, a salué poliment la présidente : *« Merci, au revoir. »*

Partie 5

Crimes au féminin

Le plus souvent victimes, elles ne signent que 10 % des homicides sur un millier en France chaque année, mais les meurtrières sont érigées en madones du mal, voire en sorcières ou « ogresses ». Bien avant de découvrir, à l'été 2004, la géante du crime Monique Olivier, la fausse soumise en attelage avec le perversissime tueur en série des Ardennes Michel Fourniret, qu'elle a aidé à capturer et à violer des enfants ou des adolescentes, la jeunesse de certaines criminelles m'a marquée.

Lorsque, le 5 octobre 1994, la préfecture de police de Paris me fournit les photos anthropométriques de la coauteure de fusillades place de la Nation ayant fait cinq morts – trois policiers, un chauffeur de taxi et son compagnon –, le regard vide et buté de cette fille de 19 ans, cheveux châtains coupés à la sauvageonne et balafre sous un œil, qui défie l'objectif, me bouleverse. Ces yeux noirs, cette mine fermée et cette attitude, les bras croisés, face aux policiers qui la shootent, signifient-ils : *« Cause toujours, tu m'intéresses »* ou : *« Je veux juste mourir »* ? Un enquêteur de la Crim' me dit qu'elle a gardé cet air-là et un silence obstiné toute la nuit de garde à vue et n'a consenti à lâcher son nom qu'au petit matin : Rey, Florence, 19 ans. Même si elle dira plus tard : *« Je ne veux pas d'autre visage que celui des faits »*, on comprendra que cette jeune rebelle ayant suivi son amoureux Audry Maupin, jusqu'au-boutiste lancé dans cette équipée meurtrière avant de tomber à son tour sous les balles, est simplement dans un état de sidération totale et n'a pas le profil d'une sanguinaire. J'ai consacré une vingtaine d'articles de *Libération* à son affaire, à sa personnalité, ses regrets, sa psychologie et son procès.

D'autres filles de 18 ans se sont embringuées dans des actions criminelles, comme Valérie Subra, 18 ans, l'appât, ayant séduit des messieurs argentés fin 1984 et ouvert leurs portes à ses copains qui les ont dépouillés et tués, ou encore la très tourmentée Véronique de Gournay-sur-Marne qui a voulu rejouer *Tueurs nés*, le film d'Oliver Stone, avec son flirt, Sébastien, sur le pauvre Abdel qui a pris trente-neuf coups de couteau. Son journal témoigne de son angoisse existentielle à l'approche de sa majorité et de cette obsession de tuer qui l'envahit après son anniversaire.

On évoque souvent le poison, arme du crime typiquement féminine, mais je ne crois pas avoir traité d'empoisonneuses. Sauf l'infirmière Christine Malèvre, la prétendue bienfaitrice de l'euthanasie, qui a abrégé des vies à la demande de patients de l'hôpital de Mantes-la-Jolie mais a surtout tué en série des gens à coups de surdoses de morphine et de chlorure de potassium. On sait en revanche que les infanticides sont bel et bien une spécialité des mères qui ont donné la vie et la reprennent, comme Véronique Courjault, l'expatriée en Corée du Nord, qui a étouffé trois de ses bébés à la naissance et en a congelé deux à Séoul. Et, parfois, des femmes frappées par une malédiction familiale vengent l'honneur de leur fille ou de leur sœur, à l'instar de la lignée des Benakli, véritable tragédie grecque.

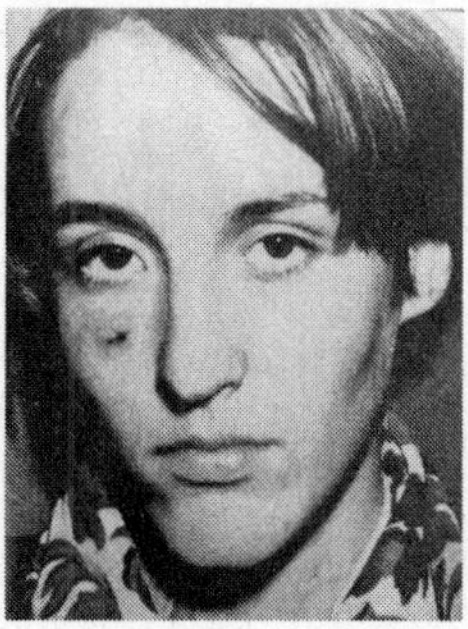

20 septembre 1996

1. Florence Rey, les regrets d'une dérive meurtrière

À six ou huit mois de son procès, elle juge « stupide » la folle équipée d'octobre 1994 qui a fait cinq morts dont son ami, Audry Maupin. C'est « par amour » pour lui qu'elle y a pris part, pour qu'il « ne risque pas sa vie » sans elle.

Florence Rey, cette jeune fille qui n'aimait pas la guerre, regrette tout de la folle équipée du 4 octobre 1994 avec son compagnon Audry Maupin : le « *stupide* » braquage de la préfourrière de Pantin à Paris (XIXe) pour réquisitionner les armes des gardiens de la paix sur place ; la prise en otage d'un taxi « *dans l'affolement* » pour s'échapper ; la fusillade carabinée place de la Nation « *pour se protéger* » ; la fuite improvisée vers Vincennes ;

1. Tous les propos de Florence Rey entre guillemets sont extraits de ses déclarations au juge d'instruction Hervé Stéphan, le 25 novembre 1994, et les 22 février et 21 juin 1996.

le chauffeur de taxi guinéen et les trois gardiens de la paix tombés sous les balles de son ami qui, à son tour, est mort sur le champ de bataille.

Elle avait 19 ans. Elle a « *perdu Audry* ». En prison, elle a mis une année à l'enterrer, elle a voulu mourir, elle a passé les faits sous silence. « *Parce que c'était inutile de parler* », explique-t-elle aujourd'hui en pleurs au juge Hervé Stéphan qui boucle son instruction. À 21 ans, elle « *se fait des reproches* ».

À 22 ans, en 1997, Florence Rey comparaîtra devant la cour d'assises comme coauteur pour « *vols à main armée, enlèvements et séquestrations, meurtres et tentatives* ». Voilà deux ans, elle a suivi Audry « *pour ne pas rester en dehors* », comme elle a grimpé en cordée derrière lui les montagnes des Pyrénées : « *Je ne voulais pas qu'il risque sa vie sans moi.* » Elle tient alors à prendre la place d'un autre, Toumi[1], qui a préparé le coup avec Audry. L'étudiant en philo anticapitaliste n'a « *pas envie de vivre comme un clochard* » dans le squatt de Nanterre « *sans eau, sans électricité, sans chauffage* ». Audry veut « *chercher des armes de poing sur des policiers pour faire par la suite des vols à main armée, afin de se procurer de l'argent* ». Florence : « *C'est moi qui ai voulu venir à la préfourrière, parce que j'aime Audry et que je n'ai pas voulu le laisser partir.* » En bonne élève, elle achète un fusil de chasse 2 000 francs à La Samaritaine

1. Abdelhakim Dekhar, 31 ans, surnommé « Toumi », conteste être le « troisième homme ». Il s'affiche comme agent de la sécurité militaire algérienne chargé d'infiltrer les milieux d'extrême gauche pour vérifier leurs liens avec les islamistes. C'est sur ordre de ses supérieurs, avance Dekhar, qu'il a acheté le fusil retrouvé entre les mains d'Audry Maupin, mais, dit-il, pour le compte d'un autonome.

avec ses économies, deux cagoules noires dans un magasin de motos, et, juste avant de partir en RER à Pantin, « *manipule* » le riot-gun au canon scié dans le « *pavillon* » : « *Un coup est parti dans la porte en haut, j'avais jamais tiré auparavant avec une arme à feu.* » Toumi, finalement, jouera le rôle du guetteur, du « *troisième homme* ».

À 21 h 30, Florence escalade la première la grille d'enceinte, Audry derrière elle. Fusils au poing. Mais les gardiens de la paix – désarmés sous la menace – n'ont pas de menottes, et ne peuvent donc être attachés au radiateur selon le plan d'Audry. « *C'était pas prévu de les gazer avec la bombe lacrymogène.* » À la sortie, la fille panique : « *J'ai eu peur. Pour rentrer, on devait prendre le métro. Mais c'est moi qui ai couru au milieu de la rue, j'étais devant, et je suis allée vers un taxi. Je voulais partir le plus vite possible.* » Florence dit ne pas se souvenir d'avoir « *pris le chauffeur par l'oreille droite* » et dit : « *Tu donnes ta carte d'identité ou je te coupe l'oreille !* », comme le rapporte le médecin client du taxi, ni du « *Pas de psychologie, docteur !* » lancé à ce dernier : « *J'ai pas vraiment parlé au passager, peut-être qu'à un moment je lui ai pris son chapeau.* » Troisième grain de sable. À l'arrivée à Nation, le conducteur Amadou Diallo fonce sur un véhicule de police. Engrenage. Fusillade. « *Audry tire par la vitre ouverte du taxi en direction des policiers qui ripostent, puis par la lunette arrière. Moi aussi j'ai tiré pour me protéger, ou plutôt mon ami. À un moment, je suis accroupie devant une voiture, je vois Audry boiter et appeler le docteur. J'ai aussi appelé le médecin et tiré quelques coups de feu vers lui, pas pour le tuer, ni le toucher, mais pour le presser de venir. Il a refusé, j'ai abandonné.* »

Le chauffeur africain et trois gardiens de la paix sont tués. Florence ne « *comprend pas la mort du chauffeur de taxi* ». Elle ne voit pas du tout Audry, lui l'antiraciste qui a aidé les Maliens de Vincennes, lui le militant des Sections carrément anti-Le Pen (SCALP), tirer sur un Noir. Son copain a utilisé un revolver Manurhin volé à la préfourrière. En face, les policiers ont usé d'armes de service similaires. Florence doute : « *À Nation, je n'ai pas tout vu, mais je n'aurais jamais cru qu'Audry pouvait faire ça. J'ai été choquée de lire dans les déclarations qu'il avait tiré de très près. Je me dis qu'il y avait de la folie à ce moment-là.* » Il y a aussi de la folie dans l'échappée Nation-Vincennes, à bord d'une R25 saisie d'office avec son occupant, Jacky Bensimon, qui a rapporté au juge des dialogues, plutôt « *flous* » dans la mémoire de Florence. Elle : « *Roule, roule, vite !* » Audry : « *C'est ça, prends le périph ! Je viens de buter deux flics, tu vas nous sortir de là !* » Avant de bifurquer sur le bois de Vincennes, le chauffeur prévient : « *Il y a un motard qui nous suit.* » Florence passe le fusil, qui s'est « *bloqué* », à Audry qui le manœuvre, tire par la lunette arrière puis le lui redonne. Elle n'est pas du tout sûre d'avoir lancé : « *Descends-le, descends-le !* » Lui : « *Putain, on va se faire serrer.* » Elle : « *Est-ce que tu sais faire des demi-tours comme dans les films ?* » Route de Gravelle, le conducteur s'affole : « *Putain, il y a un barrage* » de police. Il prête à la fille ces paroles : « *T'arrête pas, continue, fonce.* » Florence se souvient des derniers mots d'Audry : « *Stop, on se rend.* » « *Alors, j'ai lâché mon arme par terre. Audry a posé le fusil sur la banquette. Cela a duré plusieurs secondes. Puis un des policiers a tiré. Audry s'est écroulé. Je me suis approchée de lui, je ne sais pas si je l'ai embrassé. Ils m'ont attrapée.* »

Interrogée le 21 juin 1996, Florence Rey culpabilise d'avoir adhéré à « *l'idée irréfléchie* » d'Audry Maupin : « *Je regrette que cela se soit passé parce que cela a fait souffrir beaucoup de gens et que c'était stupide. Sur le moment, je n'ai pas réfléchi pour suivre Audry. J'étais dans des conditions pas très stables. J'avais du mal à m'opposer et à m'affirmer par rapport à Audry. Je me fais des reproches là-dessus. J'avais besoin de me sentir utile et qu'il me reconnaisse, ce qui n'était pas souvent le cas.* » « *Je me suis sentie perdue.* »

Les parents[1] du garçon décédé, qui visitent Florence chaque semaine à la maison d'arrêt, positionnent de la même manière la jeune fille dans le couple formé quinze mois plus tôt. Pour le père : « *Audry devait être quelqu'un de très attirant mais qui, en même temps, pouvait être dur. Si Florence ne suivait pas ce que souhaitait Audry, il devait sûrement le lui reprocher et faire des remontrances. En dehors de ça, ils donnaient vraiment l'impression de bien s'entendre et de devoir durer. Le 4 octobre, si Audry avait décidé d'aller à la préfourrière, je pense vraiment que Florence l'a suivi par amour, pour le protéger.* »

Pour la mère : « *Audry paraissait très amoureux. Florence semblait l'admirer beaucoup et était un peu subjuguée par lui. Discuter avec Audry était difficile parce qu'il était têtu, intransigeant, voulant avoir raison. J'avais*

1. Extraits des témoignages des parents Maupin au magistrat, le 13 juin 1996.

l'impression qu'elle préférait ne pas discuter plutôt que de risquer un affrontement avec lui [...]. *Je suis étonnée du 4 octobre. Il y a un décalage avec sa personnalité. Audry n'aimait pas les armes, était en désaccord avec un oncle chasseur et opposé au service militaire. Il s'est fait réformer P4. Florence, douce, discrète, réservée, calme, ne semblait pas aimer la violence en général. Ils ne supportaient pas la guerre et l'injustice. Audry disait : "Je ne veux pas vendre ma force de travail pour n'importe qui." Je crois que des braquages ne lui auraient pas fait peur pour avoir de l'argent. Florence a été entraînée dans cette affaire. Audry, lui, n'a pas dû avoir peur. Des risques, il en a toujours pris, en escalade, et il en a fait prendre à Florence. Au cours de cette soirée, il n'a pas mesuré non plus les risques qu'il lui faisait prendre à elle.* »

À six ou huit mois de son procès, Florence Rey apparaît à la fois hantée par la mort passée non loin d'elle et par les années de prison à l'horizon de sa jeunesse : « *Je suis désolée pour les familles des victimes, et je suis désolée pour moi. Cela me fait beaucoup souffrir, je me suis sentie perdue après ça. Je ne pense pas qu'Audry ait eu conscience de ce qui s'est passé, car c'est allé très vite. Moi non plus, je n'ai pas compris. Audry a peut-être eu peur d'aller en prison. Il n'a pas regardé les choses en face, ni pour sa propre vie, ni pour les gens qui étaient là et avaient autant le droit de vivre que lui. Il a été égoïste. Je crois que, par rapport à moi, il a fait son chemin tout seul dans le sens où je me suis retrouvée là-dedans. Audry ne s'est pas demandé si j'avais envie de mourir à 19 ans.* »

FRANCE

Les trop beaux comptes de Chirac et Balladur

Sans oser déclarer inexacts les comptes de la campagne présidentielle de Balladur et Chirac, le Conseil constitutionnel a réévalué les bilans présentés par les deux candidats pour les amener juste en dessous du plafond légal. Page **16**

Caisse noire du CDS: Méhaignerie pourrait être entendu

L'ancien garde des Sceaux (dernier à droite sur la photo) devrait être entendu par le juge d'instruction chargé de l'affaire du financement du CDS. Deux personnes déjà mises en examen dans cette affaire l'ont en effet cité. Page **14**

La loi contre Sylvia et Anselme

Pour la première fois, un tribunal correctionnel, celui de Nanterre, a prononcé une peine de prison avec sursis pour vie en commun avec un immigré en situation irrégulière. Sylvia a écopé de trois mois avec sursis, son compagnon Anselme de trois mois ferme et trois ans d'interdiction de territoire. Page **14**

Le «casse» raté du couple Rey-Maupin

Florence Rey a raconté l'engrenage qui a mené à la fusillade de la Nation.

Bonne élève, Florence Rey décroche son bac du premier coup en 1993, au moment où elle rencontre Audry Maupin. C'est avec lui qu'elle apprendra l'escalade.

Pantin, Nation, Vincennes. Le *«plan»* d'Audry Maupin, 22 ans et de Florence Rey, 19 ans, a complètement déraillé. Le 4 octobre 1994, le vol à main armée a tourné en fusillade carabinée. Trois policiers et un chauffeur de taxi ont été tués. Les balles mortelles ont toutes été tirées par le jeune homme. Qui y a laissé sa peau. En prison, Florence parle toujours d'Audry au présent. Et de l'équipée de l'an passé comme d'une série de grains de sable qui ont enrayé la machine à *«piquer»* des armes. Prendre des *«flingues»* là où il y en a pour, un jour, prendre le fric là où il y en a.

A l'époque, Audry et Florence tirent le diable par la queue. Ils sont «scotchés» l'un à l'autre depuis quinze mois. En juin 1993, la veille des épreuves du bac, Florence est allée *«réviser»* chez sa copine de lycée, Lysiane. Son frère, Audry, lui *«plaisait déjà»*. Une *«bataille de polochons»* s'est finie sur l'oreiller. Pour Florence, c'est la première fois.

ENQUÊTE

En brillante élève, elle décroche son bac du premier coup. Et profite du succès pour en finir avec les vacances en famille dans le Gers. Puis elle s'installe chez les Maupin à Bezons. Pendant ce temps, Audry, passionné d'escalade, part dans le massif du Mont-Blanc. Florence travaille comme aide-soignante à l'hôpital Saint-Louis. Puis prend un mois avec Lysiane à Saint-Malo.

En septembre, Florence revoit Audry. Ils partent à trois, avec sa sœur, grimper les montagnes dans les Pyrénées et les calanques à Marseille. Florence apprend vite. Au retour, chacun rentre chez soi et continue ses études. Audry en deuxième année de philo à Nanterre, Florence en première année de médecine à Paris.

Pour elle, Lysiane devient l'alibi lui permettant de s'échapper à Bezons. A Argenteuil, Florence étouffe entre une mère institutrice et un père électricien-chauffagiste, *«trop fermés»* qui ne voient pas d'un bon œil ces *«fréquentations»* et préféreraient pour leur fille *«des amis qui croient en Dieu, enfin de ce genre-là»*. Elevée avec des *«principes»*, la messe le dimanche, le travail à l'école et *«pas de sortie»* –comme une *«p'tite bourgeoise»*– Florence découvre un autre style de vie dans le foyer d'Audry.

En janvier 1994, les deux étudiants décident de goûter la liberté à deux, entre quatre murs d'une piaule en cité U à Nanterre. Florence, qui a changé de matière, et s'est inscrite en Lettres à Jussieu, a bien *«du mal à se concentrer»*. Ils ont chacun un boulot d'animateur à la Ville de Paris. Mais Audry est viré de *«l'initiation à l'escalade»* après une dispute. Florence continue mais *«n'a pas d'autorité»* sur les gosses.

En avril, Audry plaque ses cours à la fac, mais *«planche encore la philo, à la bibliothèque»*. En mai, les voilà en amoureux à escalader les gorges du Verdon et les calanques: *«extraordinaire»*. En juin, la chambre universitaire, c'est fini. Audry et Florence s'installent dans un *«pavillon»* voué aux bulldozers en bordure du chantier de l'A86 à Nanterre.

Ils partent à Chamonix pour trois semaines, mais reviennent au bout de huit jours parce qu'ils *«n'ont pas de bonnes chaussures»*. Ils font des sorties **suite page 14**

*

Jugée en septembre 1998 sans son compagnon et coéquipier Audry Maupin, qui a tué quatre hommes, Florence Rey a payé seule. Accusée introvertie et dépassée, la jeune femme en blouson de jean et queue-de-cheval comme une gamine, perd pied face aux veuves et collègues des policiers, bredouille des regrets, terrée derrière le box, puis répète à Me Henri Leclerc et Me Olivia Cligman : *« Ils me regardent comme une bête curieuse, c'est trop dur. Qu'ils me mettent ce qu'ils veulent, je veux mourir. »* Ses avocats ont plaidé en vain la *« passion amoureuse adolescente »* de Florence Rey pour le charismatique Audry Maupin qu'elle a suivi dans le pire *« pour être à la hauteur »*. La cour d'assises de Paris l'a reconnue coupable de complicité dans les meurtres des trois policiers et du chauffeur de taxi abattus place de la Nation, et l'a condamnée à la lourde peine de vingt ans de réclusion criminelle. En prison, Florence Rey n'a jamais protesté, a étudié la philo, l'histoire et la géographie, a lu des centaines de livres et obtenu un BTS d'assistante de gestion. Elle a aussi travaillé au service général du centre de détention des femmes de Rennes qui compte 210 condamnées, distribuant les repas à ses codétenues, solidaire de ces femmes qui sont passées de l'autre côté, comme elle. Elle cesse de voir la famille Maupin en 2001 pour enfin enterrer Audry et repartir de zéro. Puis elle noue une relation épistolaire et bientôt amoureuse avec un autre homme. Une fois libérée, le 2 mai 2009, au bout de quinze ans à l'ombre, elle apparaît comme figurante et assistante régie du film *L'Orpheline avec en plus un bras en moins*, sorti en 2012, du réalisateur et producteur Jacques Richard, son compagnon d'alors. Lorsque son visage et son nom sont ressortis fin 2013 après qu'Abdelhakim Dekhar alias « Toumi » a pété les plombs et est venu tirer au hasard dans le hall d'accueil de *Libération*, blessant gravement un photographe, Florence Rey a publié un communiqué *via* Me Leclerc : *« N'ayant plus aucun lien avec le dénommé Abdelhakim Dekhar depuis 1994 et ayant payé ma dette à la société, je m'étonne que, pour illustrer les récents événements tragiques, ma photo se soit retrouvée en bonne place dans les médias, avec les conséquences graves que ça représente forcément pour qui cherche à retrouver une vie normale. »* Au bout d'une vingtaine d'articles que j'ai signés sur elle dans *Libération*, la discrète Florence Rey tient à se faire oublier.

9 août 2002

2. Aux bons soins de l'infirmière mortifère

Christine Malèvre, qui reste en liberté, sera jugée pour sept assassinats par la cour d'assises de Versailles en 2003.

Elle a 5 ans. Dès la maternelle, Christine Malèvre, fille d'un contremaître de Renault à Flins et d'une nourrice, se rêve en blouse blanche, à l'image de l'infirmière « *si douce et si attentionnée* » qui soigne les otites de sa petite sœur. À 28 ans, la voilà noircie par la mise à mort de patients incurables de l'hôpital de Mantes-la-Jolie

(Yvelines), accusée de meurtres en série. Aux policiers, le 7 juillet 1998, elle avoue « *une trentaine de décès, dix à la demande de patients et vingt d'initiative* », provoqués à coups de surdoses de morphine et d'injections de chlorure de potassium. Elle a gardé les faire-part de sept familles de défunts. Au juge de Versailles, elle explique : « *Je n'ai pas agi dans le sens de tuer et dans le sens du crime, je voulais libérer les patients de leurs souffrances.* » Mise en examen pour « *homicides volontaires* », elle n'a plus le droit d'exercer, mais reste en liberté. Le 22 octobre 1998, elle conteste les trente meurtres, « *c'était pour complaire à l'inspecteur* », et admet quatre euthanasies.

Christine Malèvre devient le porte-drapeau de « *l'Association du droit de mourir dans la dignité* ». Elle s'identifie à mère Teresa, publie un livre, *Mes aveux* (Fixot), et défend sa cause à l'émission *La Marche du siècle*. Même le ministre de la Santé d'alors, Bernard Kouchner, vole à son secours. Jusqu'au jour où les experts psychiatres décèlent chez l'infirmière une « *fascination morbide* » mais « *pas de véritable compassion* », plutôt un syndrome de « *toute-puissance* ». Alors, Me Olivier Morice, avocat de quatre familles, pose le débat autrement : « *Christine Malèvre, érigée en madone de l'euthanasie, s'apparente plus à une tueuse en série. Elle s'en est prise à des malades pour assouvir une pulsion morbide.* » Au grand dam de son défenseur, Me Charles Libman : « *Ce sont des formules ignobles, attention aux mots.* » Dans moins de six mois[1],

1. Christine Malèvre comparaîtra devant la cour d'assises de Versailles du 20 au 31 janvier 2003 pour sept assassinats entre février 1997 et mai 1998.

la cour d'assises de Versailles va chercher le mobile des sept assassinats imputés à Christine Malèvre.

Jalouse des enfants élevés par sa mère, « *peu maternante, froide* », et de sa sœur cadette fragile, Christine Malèvre décide, petite, de « *devenir infirmière pour s'occuper des gens* ». Elle redouble deux fois sa terminale, décroche le bac puis entre à l'école d'infirmières. En trois ans d'études, elle prend du poids, trente kilos, mais reste sourde à « *ce message de son corps* », le « *signe que peut-être quelque chose de paradoxal se joue dans ce qu'elle appelle sa vocation* », selon les docteurs Gueguen et Peyron, qui l'ont examinée[1]. Elle angoisse sur la mort qui jalonne ses stages : « *Le tout premier décès, la patiente était très jeune, elle est partie sans s'en rendre compte. Après, elle continuait à bouger sur le matelas à eau. J'ai eu très peur*[2]. » « *Révoltée et paniquée* » par les décès de jeunes, elle se force à « *accepter la mort, inévitable* ». Par chance, à 24 ans, elle commence son métier à la maternité. Pourtant, Christine Malèvre s'éloigne vite des nouveau-nés à cause du « *travail de nuit* » et opte pour les malades en fin de vie.

L'été 1995, la voilà volontaire au service de neurologie et de pneumologie de l'hôpital de Mantes-la-Jolie, au chevet de comateux ou de cancéreux, souvent en soins palliatifs. Bonne infirmière « *dévouée* » à ses malades et aux familles, Christine Malèvre en fait beaucoup, jusqu'aux toilettes mortuaires (en principe dévolues aux

1. Expertise médico-psychologique du 16 novembre 1998 par le docteur Jean-Philippe Gueguen et le professeur Marc Peyron.

2. Expertise psychiatrique et médico-psychologique du 15 décembre 2001 par les docteurs Frantz Prosper et Roland Coutanceau.

aides-soignantes) et aux enterrements. En mars 1996, le suicide d'un couple de patients la ronge : « *La femme, une Alzheimer, devait aller en institution, mais son mari voulait s'en occuper, on allait les séparer. Ils s'étaient longuement embrassés. Il y avait eu trois coups de feu, en plein hôpital où on est censé aider les gens à vivre. Pour l'accepter, j'ai pensé que c'était un geste d'amour.* » La même année, Christine Malèvre se met en ménage avec un patient du service atteint de sclérose en plaques, « *le coup de foudre* », un chimiste de 36 ans paralysé en fauteuil roulant. Son handicap empêche toute relation sexuelle : « *Ça ne m'a jamais vraiment posé de problèmes* », rétorque l'infirmière qui oppose la « *tendresse* » au plaisir, le travail à la sexualité : « *J'ai toujours vécu pour mon boulot.* » Aux yeux des médecins[1], « *sa vocation d'infirmière semble avoir été son principal investissement libidinal* ».

En 1997, elle commence en catimini à donner la mort. Pour le premier, le 21 février, elle parle d'un pacte passé avec Raymond B., 64 ans, atteint d'un cancer du poumon : « *Promettez-moi que le jour où tout est fini, vous m'aiderez...* » Alors, elle a anticipé. Pour un autre, Hubert B., 75 ans, en « *phase de rémission* », elle « *accélère le débit* » des produits palliatifs. C'était le 6 novembre. « *J'ai pensé : "C'est bien, il souffre plus", et après : "T'as fait quelque chose que t'as pas le droit." Au fond de moi, j'avais peur que quelqu'un s'en aperçoive*[2]. » Pourtant, « *les médecins prescrivent volontiers* » morphine ou Tranxène,

1. Expertise médico-psychologique du 16 novembre 1998.
2. Expertise psychiatrique et médico-psychologique du 15 décembre 2001.

pour soulager la douleur, selon ses propos, mais « *on n'écoute pas assez l'envie du patient, ce que lui a décidé…* ». L'infirmière trouve qu'il faut en finir plus vite, mais n'ose pas en parler aux médecins : « *Je ne me voyais pas aller dire : "Faudrait pas qu'il traîne…"* » à mourir, le malade. « *J'avais peur que ça soit pas compris, peur qu'après le patient n'ait plus qu'à attendre* » son dernier souffle. Donc, elle garde le secret et décide seule d'envoyer les mourants *ad patres* : « *Si je le dis pas, je suis libre de le faire si je le sens.* » Le 9 novembre, Christine Malèvre exige une seringue « *avec une agressivité inhabituelle* » et se rend seule dans la chambre d'une comateuse de 48 ans qui vient déjà de recevoir 10 mg de Valium : « *Moins d'une demi-heure plus tard, la patiente était morte.* » Ce décès fulgurant dû à « *une surdose de potassium* » intrigue les médecins qui donnaient six mois d'espérance de vie à la malade. Le 17 novembre, Christine Malèvre se précipite pour prodiguer des soins à un patient de 47 ans en thérapie palliative. Une seringue de 80 mg de morphine a été posée à 6 heures pour les douze heures suivantes. À 7 h 30, la seringue se révèle déjà vide après le passage de Christine Malèvre. Sa collègue s'en inquiète. « *Je ne sais pas*, bredouille-t-elle, *c'est une erreur.* » L'épouse du défunt se plaint d'une « *manipulation incorrecte* ». Sa consœur reproche par écrit à la fautive « *de voler leur mort aux malades. De quel pouvoir te sens-tu investie ?* ». Christine Malèvre continue en secret. Le 3 mai 1998, l'infirmière veut encore injecter du Tranxène à un accidenté cardiaque, mais essuie le refus du médecin. Ce jour-là, elle lance aux aides-soignantes : « *Vous allez voir, les filles, ça va être pour nous* », pour parler du décès de ce patient qui ne paraît pourtant « *pas imminent* ». Sa mort survient, une fois de plus, après sa visite. Le docteur Ille a de gros doutes et l'interroge le 5 mai. Elle nie. Il prévient le procureur. Le lendemain, Christine Malèvre rentre chez elle et avale deux boîtes de Lexomil. Son compagnon la découvre inconsciente dans la baignoire, mais la tête hors de l'eau. Sauvée, elle envoie une lettre à ses collègues : « *Je préfère partir de ce monde où l'on protège les salopes et l'on accuse les innocents.* »

Une expertise statistique démontre que les morts se multiplient dangereusement les jours où Christine Malèvre officie dans le service : « *En 1997, son temps de travail a été de 13,5 % et elle a assisté à 60 % des décès. En 1998, elle a été présente dans le service durant 20 % du temps et a assisté à 54 % des morts.* » Le taux de décès chute en son absence. « *Les malades ont trois fois plus de risque de mourir quand elle est là et ce n'est pas un hasard* », calcule Me Morice. « *Il n'y a pas de lien de causalité entre les décès et la présence de Christine Malèvre,* contre-attaque Me Libman. *Il faut revenir sur Terre. Tous les morts de son service sur deux ans, soit 198, ont à un moment été imputés à Christine Malèvre, c'est une plaisanterie... Il y en a eu trente, puis onze, on a obtenu quatre non-lieux, nous voilà aujourd'hui à sept assassinats.* »

Euthanasies ou pas, « *les mobiles qui ont animé l'auteur, fussent-ils respectables voire altruistes, sont indifférents pour la constitution du crime* », au regard de la loi. Mais pour juger Christine Malèvre, la cour d'assises va essayer de comprendre le processus intime de ses passages à l'acte. L'infirmière a-t-elle abrégé la souffrance de ses victimes par charité pure ? Ou a-t-elle donné la mort à la façon des tueurs à répétition « *pseudo-utilitaires* » mus par un mobile particulier (vol, cambriolage, euthanasie, etc.) qui « *s'estompe au fur et à mesure des homicides, au profit de gains psychiques plus obscurs* »[1] ? Les premiers psychiatres, Jean-Philippe Gueguen et Marc Peyron, qui ont examiné Christine Malèvre en 1998[2], ont décelé des « *troubles de la personnalité* », des « *carences affectives* », un « *Moi hypertrophié à la limite de la mégalomanie* », et surtout « *une fascination morbide* » pour les malades et les souffrants : « *Il n'y a pas chez elle de véritable compassion, mais une sorte de mécanisme projectif et d'emprise où elle tenterait de capter l'Autre plutôt que d'aller à sa rencontre.* » Ces deux experts s'interrogent à propos de la relation entretenue par l'infirmière avec son compagnon paralysé : « *incapable d'aborder l'Autre autrement qu'à travers les soins* » afin de se trouver « *en situation de pouvoir* ». La solitaire boulimique s'identifie à fond à la souffrance des patients, et « *n'a pas d'autre voie de survie narcissique que dans cet investissement démesuré de l'Autre qui* [...] *satisfait sa toute-puissance* ».

Trois ans plus tard, l'infirmière a évolué en bien, grâce à une psychothérapie et aux antidépresseurs. Elle travaille à la chaîne dans une usine à Laval et habite chez sa sœur. Elle se plaint du premier rapport psychiatrique, « *Un expert ne m'a pas comprise et m'a lancé : "Vous vous êtes prise pour Dieu"* », et conteste toute « *fascination morbide* ». Un deuxième examen mené par deux psychiatres,

1. Cf. définition dans *Libération* du 5 août 2002.
2. Expertise médico-psychologique du 16 novembre 1998.

Frantz Prosper et Roland Coutanceau[1], atténue les premières conclusions. Ils ne décèlent ni « *profil psychopathique* » ni « *caractère dysharmonique franc* », mais « *une dimension immature et névrotique* ». La dynamique de ses actes tient à son « *hyper-identification à la souffrance d'autrui* », à un « *surinvestissement passionnel* » de son propre rôle et à un processus « *d'auto-leurre* ». Elle a interprété des gestes de malades et imaginé des demandes informulées. « *Elle a cru que des victimes lui demandaient de les aider à mourir. Elle reconnaît qu'elle s'est trompée,* explique Me Morice pour les familles. *Christine Malèvre a donné la mort plusieurs fois et s'apparente donc à une tueuse en série.* » À condition de correspondre à la définition descriptive : « *Un criminel est qualifié de tueur en série à partir de trois homicides, commis sans mobile apparent.* » L'avocat de l'infirmière, Me Libman, s'insurge contre « *ce genre de théorie, c'est du sophisme* ». Selon les critères de la psychiatrie clinique, un praticien décèle « *un petit noyau de perversion narcissique chez Christine Malèvre, besoin d'emprise, fascination morbide, toute-puissance sur la mort de l'autre, mais rien de profondément pervers et ancré. Ce n'est pas une infirmière démoniaque, ni un monstre froid, ni Hannibal le cannibale en jupette*[2] ». L'avocat de la défense tord le cou à la thèse de la partie adverse : « *Christine Malèvre n'est pas une madone de l'euthanasie, et surtout pas une tueuse en série. Elle n'a quand même rien à voir avec le docteur Shipman !* », ce médecin de la

1. Expertise psychiatrique et médico-psychologique du 15 décembre 2001.

2. Référence au docteur Hannibal Lecter, le psychiatre anthropophage du *Silence des agneaux*.

banlieue de Manchester, suspecté de 215 assassinats de patientes en vingt-trois ans par des injections de surdoses mortelles de morphine. Ni *pasionaria* du droit à l'euthanasie ni incarnation du mal absolu, Christine Malèvre a glissé dans une mission mortifère.

*

Condamnée à dix ans de prison par la cour d'assises de Versailles, en janvier 2003, pour l'assassinat de six malades en fin de vie dont elle n'a reconnu que deux *« aides de patients à mourir »*, Christine Malèvre a écopé de douze ans de détention soit deux de plus en appel à Paris mi-octobre 2003. À ce second procès, l'accusée, *« autocentrée »* selon les experts psychiatres, a évoqué sa *« culpabilité »* et esquissé des regrets : *« Lorsque j'ai aidé ces patients, j'étais dans une relation entre le patient et moi. Je n'ai pas pensé à la douleur de sa famille. Avec le recul, je comprends, et je m'en veux que cette aide ne se soit pas faite avec eux. »* Mais elle persiste à considérer ses actes comme des gestes altruistes et pas comme des homicides volontaires : *« C'est difficile de s'entendre dire que l'on est une criminelle, un assassin. Ce n'est pas ça. Je comprends la sanction, mais criminelle, j'ai du mal avec ce terme. »* Denis Baudet, le fils de l'une des victimes, déverse sa colère : *« On a souffert plus qu'elle. C'est une personne indescriptible, macabre, méchante. »* Entre la description de l'avocat général, d'une infirmière enfermée dans sa *« mégalomanie, ses mensonges et ses secrets »*, et le profil dessiné par la défense, d'une toute jeune infirmière isolée et fragile qui n'a pas su résister au trop-plein de souffrances, la cour d'assises de Paris a tranché en faveur de la première hypothèse.

16 mars 1999

3. Le gage de la geôlière émue par la détenue

Corinne M. avait fourni un portable à Valérie Subra. Le tribunal a été clément.

Rennes, envoyée spéciale

À la barre du tribunal correctionnel de Rennes, la prisonnière et la geôlière de la centrale des femmes de la ville sont vissées par l'amitié. La première a reçu de la seconde un téléphone portable, interdit en détention, même pour rompre l'isolement de nuit. Toutes deux sont habillées de noir. Après quatorze années d'enfermement, Valérie Subra, 32 ans, n'a rien perdu de ses rondeurs enfantines et de ses moues charmeuses. Aujourd'hui, manteau et pantalon de coupe élégante, elle a souligné ses yeux d'un trait de khôl. Corinne M., 36 ans, ouvrière en bijouterie licenciée, devenue surveillante de prison pour élever en mère célibataire son enfant de 11 ans, cheveux courts, visage dur aux traits marqués, porte un jean mal taillé et une ample veste en similicuir fermée à double tour par des passements de métal. Le téléphone mobile et son chargeur ont été découverts dans la cellule de la condamnée à perpétuité le 23 novembre 1998, dissimulés dans une enceinte de chaîne hi-fi.

En 1984, Valérie Subra, fille de parents plusieurs fois divorcés, élevée strictement en institution religieuse, a croqué ses 18 ans tout neufs dans les boîtes de nuit parisiennes, le *Martin's*, *L'Apocalypse*, *Les Jardins de la Boétie*, à séduire des hommes argentés et à collectionner les cartes de visite pour devenir mannequin. La petite vendeuse de fringues du Sentier a servi de « *chèvre* » à son amoureux en titre et à un troisième couteau, pour entrer chez un avocat parisien et un commerçant juif. « *Afin de les dépouiller* », a rappelé son avocat, Me Jean-Louis Pelletier, mais les deux garçons les ont « *trucidés* ». Pour aller en Amérique, le trio voulait amasser 10 millions de francs.

Traitée de « *diabolique* » en 1988 lors de son procès, Valérie Subra qui a inspiré *L'Appât*, livre de Morgan Sportes et film de Bertrand Tavernier, n'arrive pas à se débarrasser d'une fausse image de sorcière. Au mois de juin, la « *restriction de sa période de sûreté* » de seize ans lui a été refusée. « *Je lui ai prêté un portable pour la soutenir parce qu'elle était démoralisée, renfermée, elle n'allait même plus au sport, elle refusait de parler avec nous, elle ne voyait plus l'avenir, quoi* », explique au tribunal Corinne M., la surveillante. « *C'est vrai qu'après ce refus, j'étais mal, stressée, angoissée, je ne voyais aucune porte de sortie*, renchérit la prisonnière. *Alors, je lui ai demandé un portable. Pour moi, c'est une façon d'exister.* » Elle se sent « *en confiance* » avec cette gardienne, qui « *comprend ses tracas* » parce qu'elle aussi, « *seule le soir avec sa fille, souffre de solitude* ». La surveillante a attendu six mois avant de prêter le téléphone « *par amitié, sans demander d'argent, parce que c'est humain* ». En vingt-trois jours, Valérie Subra a passé 173 coups de fil, dont 42, souvent le soir, à Corinne M., « *vraie déracinée* », sans famille à Rennes. Le président Bruno Crépin à la gardienne : « *Avez-vous agi en pleine connaissance des risques encourus ou sur persuasion de Valérie Subra ?* » « *Comme quand on roule à 150 sur l'autoroute. Oui, on risque, mais lui apporter une aide m'a semblé plus important que l'interdit* », assume la femme aux allures masculines qui tremble d'émotion. La condamnée vole à son secours : « *Sans date de sortie, pour moi, c'était le trou noir, elle a dû ressentir cette détresse et a eu peur que je mette fin à mes jours.* » Déjà, sur procès-verbal, la détenue l'a remerciée : « *Grâce à elle, je n'ai jamais commis l'irréparable.* » Le président insiste : « *Sans contact extérieur, auriez-vous attenté à vos jours ?* » La mine grave, elle dit : « *Oui.* » Puis ajoute : « *La condamnation devrait plus porter sur moi, car je n'oublierai jamais ce qu'elle a fait quand j'étais au plus mal.* » La gardienne hoche la tête, le président lui demande pourquoi : « *Je pense qu'on est deux adultes, donc deux responsables.* »

Le procureur Jean-Yves Kerbœuf accorde « *crédit à l'une et à l'autre* », entend bien qu'il n'y a « *ni évasion ni corruption* », « *pas de machiavélisme ou de manipulation* », mais « *une histoire d'amitié entre femmes* » dans le « *huis clos des surveillantes de la pénitentiaire et des longues peines* ». Au moment des réquisitions, Valérie Subra est inquiète. Son recel est passible de cinq ans de prison. « *Deux ou trois mois* », réclame le procureur, et « *interdiction d'exercer* » contre la surveillante pour sa « *remise illicite d'un objet à une détenue* », acte puni de trois ans de prison maximum et 300 000 francs d'amende. Plus humain encore, le tribunal a finalement condamné Corinne M. à un mois avec sursis et Valérie Subra à deux mois avec sursis. À l'énoncé de la décision, dans la salle, d'ex-taulardes déchaînées ont applaudi à tout rompre. En retour, ravie, Valérie Subra leur a envoyé quelques baisers.

*

Après cette histoire de portable interdit, Valérie Subra est transférée à la maison d'arrêt des femmes de Nantes. Incarcérée depuis fin 1984, elle qui avait arrêté ses études en classe de quatrième a passé son baccalauréat, puis un BTS en communication des entreprises et un diplôme d'anglais. Elle n'est plus la jeune fille incrédule et éthérée qui, en décembre 1984, a séduit l'avocat Gérard Le Laidier, 50 ans, et le directeur d'une maison de prêt-à-porter, Laurent Zarade, 29 ans, puis ouvert la porte à son compagnon, Laurent Hattab, *« fils à papa »* confectionneur du Sentier de 19 ans, et son pote cabossé, Jean-Rémy Sarraud, 21 ans, qui les ont tués pour des sommes dérisoires. La petite vendeuse de fringues appliquait le plan conçu par son copain Hattab pour gagner 10 millions de francs et partir vivre en Amérique. Inconsciente de ses actes et des conséquences, Valérie Subra qui avoue en garde à vue son rôle de *« simple complice »* de deux assassinats demande aussitôt aux policiers de la brigade criminelle si elle pourra passer Noël en famille. La fille appât et les deux meurtriers seront condamnés à la réclusion à perpétuité assortie de seize ans de sûreté pour elle, et dix-huit pour eux. Son avocat, Me Jean-Louis Pelletier, se battra en vain pour réduire cette peine de sûreté qui la plombe jusqu'à fin 2000. Il lui rend visite régulièrement et témoigne alors de sa transformation morale. Mais

Valérie Subra est finalement ressortie l'été 2001 en secret, pour éviter les médias. Ses deux complices ont été libérés en 2003. Jean-Rémy Sarraud, abandonné enfant dans un caddie de supermarché, a témoigné en 2010, dans l'émission *Faites entrer l'accusé*, de sa reconstruction grâce à un ami aumônier, des études suivies en prison qui lui ont permis de devenir informaticien, de sa vie de couple avec un enfant, puis il est décédé l'été 2022 dans le Morbihan. Laurent Hattab, lui, est mort en janvier 2020 à Nice. Valérie Subra, elle, s'est mariée, a eu deux enfants et s'est rangée dans la société quelque part en France.

24 juin 1996

4. « Le faire disparaître comme par enchantement »

Les aveux de Véronique, 18 ans, et de son ami Sébastien, 17 ans, qui ont tué Abdel à Gournay.

Le 3 mars 1996, à Gournay, sur les bords de Marne, Abdeladim est tué de trente-neuf coups de couteau. Véronique et Sébastien, deux jeunes de ce village de Seine-Saint-Denis, sont recherchés. Sur la photo diffusée dans toute la France, le garçon, cheveux en brosse et torse nu, pose devant l'affiche du film *Tueurs nés*[1]. C'est Véronique,

1. Dans ce film d'Oliver Stone (1994), deux serial killers, Mickey et Mallory, sèment 52 morts sur leur route en trois semaines.

élève de terminale au lycée Pablo-Picasso, qui l'a prise trois mois plus tôt pour un devoir d'arts plastiques. La séance a tourné au flirt. La fusion de la photographe et de son modèle remonte à ce 1er décembre 1995. L'idée de tuer Abdel, à trois jours plus tard. Le crime se produit trois mois après.

Sébastien, 17 ans, apprenti laveur de carreaux, habite chez ses parents, aime frimer sur son scooter Booster, pratiquer la boxe et supporter les footballeurs du PSG.

Véronique, tout juste 18 ans, est douée pour la peinture, le dessin, la poésie, l'écriture. Son père, éleveur de loups, fasciné par les Indiens, la prend pour un « *génie* » et la rêve « *célèbre* ».

Abdel, 16 ans, beau garçon tunisien, amateur de basket, de billard et de filles, se trouve dans la classe de la sœur cadette de Véronique et croise Sébastien de temps à autre à Gournay.

Les deux garçons ont une « *embrouille* » le 4 décembre 1995. Le soir, Sébastien dit à Véronique : « *Tu veux tuer quelqu'un avec moi ? – Qui ça ? – Abdel. – Ouais, d'accord* », rapporte la fille dans son journal (lire ci-dessous). Le pacte scellé autour de la mort d'Abdel prend corps petit à petit. Véronique en parle à des ami(e)s du lycée mais « *préfère le faire avec Sébastien* » : « *Je voulais que ce soit notre truc, notre affaire à nous deux seulement.* » Tous deux sont aujourd'hui à la maison d'arrêt de Fleury-Mérogis pour « *meurtre avec préméditation* ». À 12 ans, dans son poème « Soldat », Véronique a écrit ces mots : « *Dans les villes où le sang a coulé, les enfants ne rejoueront plus jamais. C'étaient les villes de lumière où les prisons ne servaient pas.* » Morceaux choisis des aveux sur procès-verbal de Véronique et Sébastien :

Véronique : « *On sortait depuis trois jours ensemble, Sébastien m'a parlé le premier de tuer Abdel. J'étais d'accord. Mon envie de tuer ne date pas d'hier. On en est arrivés à franchir le pas à cause de l'incident du scooter. Pour rire, Sébastien a foncé en direction d'Abdel avec son Booster et l'a évité au dernier moment, et ça n'a pas plu à Abdel.* » Sébastien : « *Abdel m'a parlé méchamment, et a sorti une grosse chaîne de vélo en criant : "Si je te vois, je te tue." Je suis parti. Quelques jours après, je l'ai croisé et il m'a mal parlé de Véronique, il voulait savoir si j'avais couché avec. Là, j'ai commencé à le haïr.* » Les deux jeunes parlent plusieurs fois du projet, « *sans déterminer la date, le lieu ni les moyens* ».

Véronique : « *À la fin, Abdel devenait une obsession pour moi. Je ne l'aimais pas, mais je me sentais attirée par lui, je souhaitais avoir un contact physique avec lui sans aller jusqu'au bout. Cela nous a sûrement aidés à vouloir le tuer.* » Sébastien : « *Véronique croisait Abdel dans le bus le mercredi. Il devenait son obsession. Elle voulait s'amuser avec, peut-être pas faire l'amour.* [...] *L'idée ne me plaisait pas vraiment mais j'ai accepté. Je crois que je suis follement amoureux de Véronique.* [...] *Moi, j'aurais préféré le tuer pendant les grandes vacances pour faire quelque chose de mieux. De mieux préparé, pas ce carnage. Quelque chose de net. Véronique voulait absolument le toucher et ne pouvait pas attendre cet été, ça devenait grave.* » Véronique : « *Le meurtre d'Abdel s'est fait un peu à l'improviste. Finalement, j'ai voulu que ça se fasse plus rapidement car l'idée de tuer m'a envahie peu de temps après mon anniversaire le 10 février 1996* [ses 18 ans]. *Il fallait que je passe à l'acte.* » Le 29 février, Sébastien achète à Castorama une scie à métaux et des sacs poubelle pour « *découper Abdel et le mettre dans les sacs* » : « *Quand j'en parle à Véronique, elle dit que ça lui plaît quand je passe à l'acte, ça me fait plaisir qu'elle soit contente.* » Véronique : « *S'il a fait ces achats, c'est qu'il se sentait prêt.* »

Samedi 2 mars, Véronique et Sébastien ont passé l'après-midi chez lui. Ils ont fait l'amour. Ils pensent aller à la Plage, la discothèque de Gournay. Vers 20 h 30, ils se promènent dans les rues et tombent par hasard sur « *Abdel, dans une cabine téléphonique* ». Véronique : « *C'est là qu'on a décidé d'en finir. Car il fallait un moment où Abdel serait seul, et c'était l'opportunité. On l'a attendu pour lui parler, pour l'attirer chez Sébastien. Quand Abdel est sorti de la cabine, je lui ai dit que j'aimerais bien le toucher et que j'étais attirée physiquement par lui. Il a regardé Sébastien pour voir ce qu'il en pensait. Mais Sébastien lui a dit que je lui prenais tellement la tête avec ça que cela ne le gênait pas.* » Abdel passe chez lui et confie à sa mère : « *Une fille, devant son copain, vient de me dire : "T'es très beau, viens chez moi."* » La mère : « *Faut pas jouer avec ces choses-là, tu risques d'avoir des problèmes avec son copain.* » Son fils : « *T'inquiète pas, j'y vais, juste pour une demi-heure.* » Pour la première fois, Abdel s'habille tout en noir, bombers, jean, tee-shirt, se regarde dans la glace : « *Maman, tu me trouves beau ?* »

Les trois vont dans la chambre de Sébastien qui tamise la lumière avec « *une ampoule violette* ». Abdel met un disque de NTM (Nique ta mère) et demande à Sébastien de sortir. Le garçon refuse : « *Je voulais voir, et Véronique aussi.* » Véronique : « *Je voulais que Sébastien reste pour tuer Abdel.* » Assis sur une chaise, Sébastien regarde son rival et sa nana se déshabiller : « *Ils se sont retrouvés nus tous les deux, sous les draps, ils s'embrassaient et se touchaient mais je ne savais pas exactement ce qu'ils faisaient. Puis, Abdel dit : "Je peux te niquer ?" et Véronique répond : "Non, non, c'est pas toi mon mec."* » Véronique : « *J'ai été choquée quand Abdel m'a dit : "Je veux te baiser", j'étais dégoûtée déjà qu'il m'ait embrassée.* »

Sébastien : « *J'ai ouvert les deux couteaux, un papillon et un style de chasse et je les ai cachés dans mon pantalon. J'attendais. Je me posais la question, je le fais, je le fais pas ? Après, j'avais pas le choix. Je voulais pas qu'il raconte tout. Je me suis levé, je suis allé vers le lit. Véronique me regardait, j'ai ressenti dans son regard que tout se passait comme prévu.* [...] *Je lui ai planté la lame dans le cou. Abdel s'est débattu. J'ai tapé plusieurs fois. À un moment, j'ai perdu le couteau.* »

Véronique : « *Moi, je pensais pas avoir à le frapper aussi, mais Sébastien m'a appelée à l'aide, m'a montré un couteau et m'a dit de continuer. J'ai frappé Abdel mais lentement. Je ne voyais pas très bien à quoi ça servait car il était en train de mourir.* » Sébastien : « *Nous n'avons pas pleuré, nous étions embêtés car Véronique avait été blessée pendant la bagarre, au visage.* [...] *Je me sentais bizarre, surtout qu'à un moment, quand je le tenais, je sentais son corps qui respirait par les trous. On a décidé d'enterrer le corps dans mon jardin.* ».

Sébastien : « *La mort d'Abdel, c'est un truc que je devais faire pour moi, peut-être une vengeance. Véronique, je crois qu'elle en avait juste envie. Moi, j'en voulais à Abdel. Véronique aime bien détruire. De toute façon, elle voulait participer à la mort d'Abdel. En fait, au début, j'aurais aimé lui mettre une correction. […] Honnêtement, je pensais qu'Abdel n'allait pas venir chez moi, et ensuite que l'un des deux allait reculer. J'en ai voulu à Abdel, mais pas à Véronique car elle en avait envie, elle m'a dit que ça allait la calmer et moi, j'ai accepté parce que je l'aime. Quand je l'ai vu sur elle, ça m'a énervé un peu. Si je respecte quelqu'un, je fais pas ça avec sa meuf, surtout devant l'autre. Je pouvais plus reculer.* »

Véronique : « *Depuis l'âge de 15 ans, j'ai des envies de suicide, en même temps que des envies de tuer. […] Plusieurs fois, j'ai voulu parler de mes problèmes à des professeurs, mais je ne l'ai pas fait, ou à ma mère, mais je craignais qu'elle réponde toujours la même rengaine, que j'étais inconsciente et irresponsable. […] À partir du moment où j'ai rencontré Sébastien qui a su m'écouter notamment quand je parlais de violence, j'ai été libérée de tout ce que j'avais enfoui en moi. […] Je savais pas ce que j'allais faire de ma vie. Alors, c'est vrai que j'ai poussé un peu les choses, de façon à avoir une ligne toute tracée. Ce qui me gêne, c'est surtout pour Sébastien, car on n'a pas les mêmes motivations. […] Sérieusement, à part Abdel, je ne voulais tuer personne, à part dans mes rêves et mon imagination. […] Je ne voulais pas forcément faire du mal à Abdel, mais l'éliminer, essayer de le faire disparaître comme par enchantement. Ce qui m'intéressait le plus, c'est ce qui allait se passer avant le meurtre – c'est-à-dire le fait d'en parler, toute la mise en scène –, et après, qu'il ne soit plus là. Sébastien n'était pas du tout branché meurtre, il n'y avait qu'Abdel qui l'intéressait, il en avait vraiment contre lui. Je suis certaine que la mort d'Abdel a mis fin à nos problèmes, même si on a été arrêtés.* »

Prémonitoire. Les experts psychiatres ont analysé des écrits de Véronique qui révèlent sa dégringolade mentale, « *une véritable graphorée* » mortifère qui véhicule « *son désir de mourir avant 30 ans mais aussi de meurtre* ».

Le 2 novembre 1995, Véronique se défoule au stylo sur sa rivale : « *Je crache sur Virginie, je l'assassine, comment ose-t-elle penser à lui ? Je tuerai toutes celles qui essaieront de l'enlever. Oui, je suis folle.* »

Le 30 novembre, Véronique évoque « Sébastien » qu'elle veut prendre en photo et rêve d'un certain « Abdel ». Le lendemain, elle fait l'amour avec son « *modèle* », Sébastien. Elle a envie de tuer quelqu'un, ou du moins de « *monter une mise en scène* ».

Le 4 décembre : « *Sébastien et moi, on se ressemble terriblement. On est tarés tous les deux. Moi, je voulais descendre Stéphanie* » (sa déléguée de classe). Le 13 décembre : « *Maintenant, il faut le flinguer, y a intérêt.* »

Le 4 janvier 1996, la petite fille prodige se confie à son cahier : « *Je ne suis bonne à rien. Artiste ou criminelle, c'est ce que font les gens bons à rien. Rien d'autre ne me passionne.* »

Et le 8 janvier, liée à Sébastien par le projet de « *faire disparaître Abdel, comme par enchantement* », Véronique prévient : « *Nous refusons de passer pour des petits cons, sans cervelle, télécommandés par les médias et les fictions ou par la perversité. Nous ne pouvons pas tuer quelqu'un qui n'a rien fait. Nous tuerons quelqu'un que nous détestons, même pour une chose qui nous paraît futile. Nous pensons à* Bonnie and Clyde, *c'est obligé. Nous pensons qu'après un meurtre c'est difficile de revenir dans le monde des autres.* [...] *Je ne sais pas si j'ai conscience que les prochains événements vont bouleverser ma vie et sûrement l'abréger.* »

Les deux mois avant le crime, Véronique est minée par son désir pour Abdel qu'elle veut absolument « *toucher* », et supprimer après, « *parce qu'il fallait éliminer la preuve, qu'il meure pour que Sébastien comprenne qu'Abdel ne comptait pas pour moi* ». L'angoisse monte à l'approche de ses 18 ans, « *l'idée de tuer l'envahit après son anniversaire* », le 10 février 1996. Elle pleure tous les soirs, se sent alors « *vulnérable* », elle a besoin d'un acte « *pour recommencer, changer vraiment* », elle « *n'arrive pas à se sentir à sa place dans le monde réel* ». Le 2 mars 1996, Véronique concrétise sa folle obsession.

«Le faire disparaître comme par enchantement»

Les aveux de Véronique, 18 ans, et de son ami Sébastien, 17 ans, qui ont tué Abdel à Gournay.

Le 3 mars 1996, à Gournay, sur les bords de Marne, Abdeladim Gahbiche est tué de 39 coups de couteau. Véronique et Sébastien, deux jeunes de ce village de Seine-Saint-Denis, sont recherchés. Sur la photo diffusée dans toute la France, le garçon, cheveux en brosse et torse nu, pose devant l'affiche du film *Tueurs Nés* (1). C'est Véronique, élève de terminale au lycée Pablo-Picasso, qui l'a prise trois mois plus tôt pour un devoir d'arts plastiques. La séance a tourné au flirt. La fusion de la photographie et de son modèle remonte à ce 1er décembre 1995. L'idée de tuer Abdel, trois jours plus tard. Le crime, trois mois après.

Sébastien, 17 ans, apprenti-laveur de carreaux, habite chez ses parents, aime frimer sur son scooter Booster, pratiquer la boxe et supporter les footballeurs du PSG.

Véronique, tout juste 18 ans, est douée pour la peinture, le dessin, la poésie, l'écriture. Son père, éleveur de loups, fasciné par les Indiens, la prend pour un *«génie»* et la rêve *«célèbre»*.

Abdel, 16 ans, beau garçon tunisien, amateur de basket, de billard et de filles, se trouve dans la classe de la sœur cadette de Véronique, et croise Sébastien de temps à autre à Gournay. Les deux garçons ont une *«embrouille»* le 4 décembre 1995. Le soir, Sébastien dit à Véronique: *«Tu veux tuer quelqu'un avec moi ?» «Qui ça ?» «Abdel» «Ouais, d'accord»*, rapporte la fille dans son journal (lire ci-dessous). Le pacte scellé autour de la mort d'Abdel prend corps petit à petit. Véronique en parle à des ami(e)s du lycée mais *«préfère le faire avec Sébastien»*: *«Je voulais que ce soit notre truc, notre affaire à nous deux seulement.»* Tous deux sont aujourd'hui à la maison d'arrêt de Fleury-Mérogis pour «meurtre avec préméditation». A 12 ans, dans son poème *Soleil*, Véronique a écrit ces mots : *«Dans les villes où le sang a coulé les enfants ne rejoueront plus jamais. C'étaient les villes de lumière où les prisons ne servaient pas.»*

Morceaux choisis des aveux sur procès-verbal de Véronique et Sébastien.

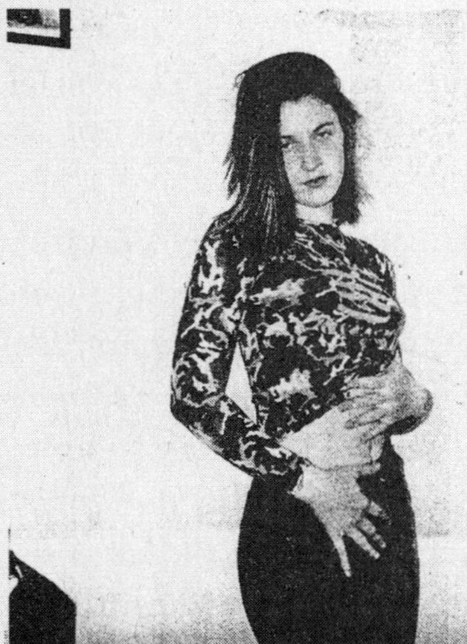

Véronique: «Sébastien m'a appelée à l'aide, m'a montré un couteau (...) J'ai frappé Abdel mais lentement.»

Le scooter. Véronique: *«On sortait depuis trois jours ensemble. Sébastien m'a parlé le premier de tuer Abdel. J'étais d'accord. Mon envie de tuer ne date pas d'hier. On en est arrivé à franchir le pas à cause de l'incident du scooter. Pour rire, Sébastien a foncé en direction d'Abdel avec son Booster et l'a évité au dernier moment, et ça n'a pas plu à Abdel.»*

Sébastien: *«Abdel m'a parlé méchamment, et a sorti une grosse chaîne de vélo en criant* "si je te vois, je te tue"*. Je suis parti. Quelques jours après, je l'ai croisé et il m'a mal parlé de Véronique, il voulait savoir si j'avais couché avec. Là, j'ai commencé à le haïr.»*

Les deux jeunes parlent plusieurs fois du projet, *«sans déterminer la date, le lieu ni les moyens»*.

L'obsession. Véronique: *«A la fin, Abdel devenait une obsession pour moi. Je ne l'aimais pas, mais je me sentais attirée par lui, je souhaitais avoir un contact physique avec lui sans aller jusqu'au bout. Cela nous a sûrement aidés à vouloir le tuer.»*

«La mort d'Abdel, c'est un truc que je devais faire pour moi, peut-être une vengeance. Véronique, je crois qu'elle en avait juste envie.» Sébastien

Sébastien : *«Véronique croisait Abdel dans le bus le mercredi. Il devenait son obsession. Elle voulait s'amuser avec, peut-être pas faire l'amour (...) L'idée ne me plaisait pas vraiment mais j'ai accepté. Je crois que je suis follement amoureux de Véronique (...) Moi, j'aurais préféré le tuer pendant les grandes vacances pour faire quelque chose de mieux. De mieux préparé, pas ce carnage. Quelque chose de net. Véronique voulait absolument le toucher et ne pouvait pas attendre cet été, ça devenait grave.»*

Véronique : *«Le meurtre d'Abdel s'est fait un peu à l'improviste. Finalement, j'ai voulu que ça se fasse plus rapidement car l'idée de tuer m'a envahie peu de temps après mon anniversaire le 10 février 1996* (ses 18 ans). *Il fallait que je passe à l'acte.»*

Le 29 février, Sébastien achète à Castorama une scie à métaux et des sacs poubelle pour *«découper Abdel et le mettre dans les sacs»*: *«Quand j'en parle à Véronique, elle dit que ça lui plaît quand je passe à l'acte, ça me fait plaisir qu'elle soit contente.»* Véronique: *«S'il a fait ces achats, c'est qu'il se sentait prêt.»*

Journal intime

Extraits du journal de Véronique. 4/12/95. « Sébastien [et moi] On se ressemble terriblement. On est tarés tous les deux. Moi, je voulais descendre Stéphanie (sa déléguée de classe, ndr). » 13/12/95. «Maintenant, il faut le flinguer, y a intérêt. ». 4/01/96. «Je ne suis bonne à rien. Artiste ou criminelle, c'est ce que font les gens bons à rien.». 8/01/96. «Nous refusons de passer pour des petits cons, sans cervelle, télécommandés par les médias et les fictions ou par la perversité. Nous tuerons quelqu'un que nous détestons même pour une chose (...) futile. Nous pensons à Bonnie and Clyde, c'est obligé. Après un meurtre, c'est difficile de revenir dans le monde des autres.»

RECIT

La cabine téléphonique. Samedi 2 mars, Véronique et Sébastien ont passé l'après-midi chez lui. Ils ont fait l'amour. Ils pensent aller à la Plage, la discothèque de Gournay. Vers 20h30, ils se promènent dans les rues et tombent par hasard sur *«Abdel, dans une cabine téléphonique»*.

Véronique: *«C'est là qu'on a décidé d'en finir. Car il fallait un moment où Abdel serait seul, et c'était l'opportunité. On l'a attendu pour lui parler, pour l'attirer chez Sébastien. Quand Abdel est sorti de la cabine, je lui ai dit que j'aimerais bien le toucher et que j'étais attirée physiquement par lui. Il a regardé Sébastien pour voir ce qu'il en pensait. Mais Sébastien lui a dit que je lui prenais tellement la tête avec ça que cela ne le gênait pas.»* Abdel passe chez lui et confie à sa mère: *«Une fille, devant son copain, vient de me dire:* "t'es très beau, viens chez moi."*»* La mère: *«Faut pas jouer avec ces choses-là, tu risques d'avoir des problèmes avec son copain.»* Son fils: *«T'inquiète pas, j'y vais, juste pour une demi-heure.»* Pour la *«première fois»*, Abdel *«s'habille tout en noir»* – bombers, jean, tee-shirt –, *«se regarde dans la glace»*: *«Maman, tu me trouves beau ?»*

La chambre. Les trois vont dans la chambre de Sébastien qui tamise la lumière avec *«une ampoule violette»*. Abdel met un disque de NTM (Nique ta mère), et demande à Sébastien de sortir. Le garçon refuse: *«Je voulais voir, et Véronique aussi.»* Véronique: *«Je voulais que Sébastien reste pour tuer Abdel.»* Assis sur une chaise, Sébastien regarde son rival et sa nana se déshabiller: *«Ils se sont retrouvés nus tous les deux, sous les draps, ils s'embrassaient et se touchaient mais je ne savais pas exactement ce qu'ils faisaient. Puis, Abdel dit:* "Je peux te niquer?" *et Véronique répond* "Non, non, c'est pas toi mon mec."*»*

Véronique: *«J'ai été choquée quand Abdel m'a dit* "je veux te baiser"*, j'étais dégoûtée déjà dès qu'il m'ait embrassée.»*

Sébastien: *«J'ai ouvert les deux couteaux, un papillon et un style de chasse et je les ai cachés dans mon pantalon. J'attendais. Je me posais la question, je le fais, je le fais pas. Après, j'avais pas le choix. Je voulais pas qu'il raconte tout. Je me suis levé, je suis allé vers le lit. Véronique me regardait, j'ai ressenti dans son regard que tout se passait comme prévu (...) Je lui ai planté la lame dans le cou. Abdel s'est débattu. J'ai tapé plusieurs fois. A un moment, j'ai perdu le couteau.»*

Véronique: *«Moi, je pensais pas avoir à le frapper aussi, mais Sébastien m'a appelée à l'aide, m'a montré un couteau et m'a dit de continuer. J'ai frappé Abdel mais lentement. Je ne voyais pas très bien à quoi ça servait car il était en train de mourir.»*

Sébastien: *«Nous n'avons pas pleuré, nous étions embêtés car Véronique avait été blessée pendant la bagarre, au visage [illegible] Je me sentais bizarre, surtout qu'il [illegible] quand je le tuais, je [illegible] qui respirait par les trous. On a décidé d'enterrer le corps dans mon jardin.»*

L'envie de tuer. Sébastien: *«La mort d'Abdel, c'est un truc que je devais faire pour moi, peut-être une vengeance. Véronique, je crois qu'elle en avait juste envie. Moi, j'en voulais à Abdel. Véronique aime bien détruire. De toute façon, elle voulait participer à la mort d'Abdel. En fait, au début, j'aurais aimé lui mettre une correction (...) Honnêtement, je pensais qu'Abdel n'allait pas venir chez moi, et ensuite que l'un des deux allait reculer. J'en ai voulu à Abdel, mais pas à Véronique car elle en avait envie, elle m'a dit que ça allait la calmer et moi, j'ai accepté parce que je l'aime. Quand je l'ai vu sur elle, ça m'a énervé un peu. Si je respecte quelqu'un, je fais pas ça avec sa meuf, surtout devant l'autre. Je pouvais plus reculer.»*

Véronique: *«Depuis l'âge de 15 ans, j'ai des envies de suicide, en même temps que des envies de tuer (...) Plusieurs fois, j'ai voulu parler de mes problèmes à des professeurs, mais je ne l'ai pas fait, ou à ma mère, mais je craignais qu'elle réponde toujours la même rengaine, que j'étais inconsciente et irresponsable. (...) A partir du moment où j'ai rencontré Sébastien qui a su m'écouter notamment quand je parlais de violence, j'ai été libérée de tout ce que j'avais enfoui en moi. (...) Je savais pas ce que j'allais faire de ma vie. Alors, c'est vrai que j'ai poussé un peu les choses, de façon à avoir une ligne toute tracée. Ce qui me gêne, c'est surtout pour Sébastien, car on n'a pas les mêmes motivations (...) Sérieusement, à part Abdel, je ne voulais tuer personne, à part dans mes rêves et mon imagination (...) Je ne voulais pas forcément faire du mal à Abdel, mais l'éliminer, essayer de le faire disparaître comme par enchantement. Ce qui m'intéressait le plus, c'est ce qui allait se passer avant le meurtre – c'est à dire le fait d'en parler, toute la mise en scène – et après, qu'il ne soit plus là. Sébastien n'était pas du tout branché meurtre, il n'y avait qu'Abdel qui l'intéressait, il en avait vraiment contre lui. Je suis certaine que la mort d'Abdel a mis fin à nos problèmes, même si on a été arrêtés.»* ●

PATRICIA TOURANCHEAU

(1) Dans ce film d'Oliver Stone (1994), deux serial killers, Mickey et Mallory, sèment 52 morts sur leur route en trois semaines.

*

Véronique et Sébastien, les deux amants de Gournay-sur-Marne qui ont échafaudé un *« piège »* diabolique pour éliminer Abdel, ont été condamnés le 10 octobre 1998 par la cour d'assises des mineurs de Bobigny à quinze ans et douze ans de réclusion criminelle. L'avocat général avait réclamé contre l'instigatrice malade, Véronique, dix-huit ans de prison qui tiennent compte d'une atténuation de sa responsabilité pénale, et contre l'exécuteur influençable, Sébastien, une peine de quinze ans en raison de l'*« excuse de minorité »*. Dans le huis clos de ce procès, Véronique, 20 ans, visage écrasé par une lourde frange et de longs cheveux, mini-blouson de ski sur un pull gris, et Sébastien, 19 ans, ne se sont pas jeté un regard, chacun dans un coin du box des accusés, et n'ont rien expliqué des trente-neuf coups de couteau du meurtre. Véronique n'a pas trouvé un mot d'excuse ou de regret pour la mère d'Abdel. À Fleury-Mérogis, elle a suivi une psychothérapie, a décroché son bac, obtenu une licence d'arts plastiques et peint les décors du club de théâtre. Ses toiles rouge et noir, autoportraits torturés, se sont métamorphosées en filles couleur pastel en position fœtale sur fond bleu. Depuis, elle a été libérée et ne fait plus parler d'elle.

9 juin 2009

5. L'affaire des bébés congelés de Séoul à la cour d'assises de Tours : la hantise meurtrière d'une mère de famille

Les experts parlent de « déni de réalité » chez Véronique Courjault.

Avec Véronique Courjault, les psychiatres se trouvent « *face à un cas assez exceptionnel* » qui relève plutôt d'un « *refus de maternité* » ou d'un « *déni de réalité* » que d'un « *déni de grossesse* ». Aux yeux des quatre experts, elle a « *toujours eu la conscience, la connaissance ou l'intuition de son état de femme enceinte mais l'a occulté* ». Fille de viticulteurs, Véronique Fièvre, analyste-programmateur, a épousé en 1994 Jean-Louis Courjault, un ingénieur rencontré à la fac, parce qu'elle attendait Jules. Elle se retrouve vite enceinte, mais ne l'annonce à son époux qu'au bout de cinq mois et demi : « *J'avais peur que tu te mettes en colère* », lui dit-elle. Pourtant, son mari voulait une famille nombreuse. Après la naissance de Nicolas en 1996, elle ne veut plus d'enfants. « *Timide et réservée* », elle se révèle selon les siens une « *excellente mère, affectueuse avec ses deux fils* » mais se néglige. Elle ne consulte jamais de médecin, prend du poids, revêt des habits amples, entretient avec son mari des relations sexuelles épisodiques et furtives sans jamais éprouver de plaisir.

À nouveau enceinte, Véronique Courjault dissimule son ventre à son époux, se refuse à lui les trois derniers mois, accouche d'un garçon en juillet 1999 dans leur maison en Touraine, l'étouffe puis le réduit en cendres dans la cheminée. Son mari avait eu un doute sur son état lors de vacances au Maroc et lui avait posé la question. Elle avait nié. Il l'avait crue. Il lui « *fait confiance* » et, dit-il, « *respecte son intimité* ». Elle avait pris un temps la pilule, mais elle a arrêté, sans savoir pourquoi. Comme par « *magie* », elle croit impossible de tomber enceinte : « *Je me comportais comme si ça ne pouvait pas arriver, comme si le problème n'existait pas.* » Pour les psychiatres Paul Bensussan et Serge Brion, ces propos sont « *le fidèle reflet de son fonctionnement psychologique, relevant du déni de réalité devant tout ce qui peut perturber son psychisme* ». À la question sur la répétition de ces actes, les experts remarquent « *l'hébétude* » de Véronique Courjault, ses longs silences et son « *vide intérieur* » : « *C'est quelque chose que je ne peux expliquer* », lâche-t-elle. Ils soulignent qu'elle « *ne s'est jamais posé la question de la contraception ou de l'interruption volontaire de grossesse* » et que le « *premier geste infanticide lui-même n'a pas suffi à déclencher une prise de conscience* ».

Expatriée en août 2002 en Corée du Sud, avec son mari qui travaille pour un équipementier automobile américain et s'absente souvent pour des missions, Véronique Courjault devient femme au foyer, s'occupe de ses garçons de 6 et 7 ans, pratique le yoga et attend encore en secret un enfant non désiré. Elle dit qu'elle « *ne sent pas le bébé bouger* » et ne « *lui parle pas comme à Jules et Nicolas dans son ventre* ». Son mari ne remarque rien, atteint de

« *cécité psychique* » selon les experts, « *d'aveuglement et de naïveté mêlés* ». Elle met au monde ce quatrième bébé fin 2002, « *l'étouffe avec la main* », l'emmaillote dans une serviette puis le met au congélateur. Elle éprouve « *du dégoût vis-à-vis d'elle-même* » mais ne se sent pas meurtrière car « *ce n'étaient pas des êtres... Donc, je n'étais pas en train de tuer quelqu'un. Je ne les considérais pas comme mes bébés mais comme un bout de moi-même* ». Quantité négligeable donc.

En novembre 2003, elle accouche encore seule dans la salle de bains, empêche le bébé de respirer, l'enveloppe dans un sac et le met dans la glace. Elle les conserve, dit-elle, parce qu'elle ne peut pas les jeter à la poubelle à cause de la vidéosurveillance. Ce troisième accouchement clandestin tourne à l'infection généralisée. Elle subit le 13 décembre 2003 une ablation de l'utérus. Stérile à 35 ans, la femme se sent « *soulagée* » de ne plus pouvoir enfanter, se coiffe et s'habille mieux, s'épanouit un peu plus avec son mari. Lorsqu'elle emménage en juin 2005 dans le quartier résidentiel de Sorae Village, Véronique Courjault transporte les corps des deux bébés et les remet dans la glace. Elle lance froidement aux psychiatres : « *Je n'y pensais pas chaque fois que j'ouvrais le congélateur.* » De temps à autre, elle vérifie si les cadavres des bébés y sont toujours.

Les quatre psychiatres qui l'ont examinée n'ont pas détecté chez elle de maladie mentale. Les docteurs Masson et Puel-Métivier ne la trouvent ni psychotique ni schizophrène, mais insistent sur « *son pouvoir de dissimulation, conscient et inconscient, extrêmement fort, au point d'être parvenue à tromper son entourage immédiat* ». Ils évoquent l'hypothèse que cette « *femme effacée mais non soumise* » ait éprouvé « *un secret plaisir de pouvoir donner la vie et la mort* ». Le docteur Bensussan et le professeur Brion, eux, « *excluent toute perversion* » et décèlent un « *clivage mental* » chez Véronique Courjault, une « *personnalité franchement pathologique avec des mécanismes de type psychotique* » qui ont pu altérer son discernement. Ils mettent en lumière son « *incapacité à anticiper l'avenir* », que ce soit pour remplir des papiers administratifs ou pour envisager un risque de fécondation, qui trahit « *son déni de réalité* », à savoir « *sa capacité à s'occulter à elle-même la réalité, poussée ici au point d'espérer faire mentir les preuves scientifiques elles-mêmes* » sur l'ADN des bébés congelés. Selon des psychologues, Véronique Courjault, sixième d'une fratrie de sept, a limité la taille de sa famille « *par besoin avant tout d'être une bonne mère* » avec ses deux premiers fils. La meurtrière dit avoir fui la ressemblance avec sa mère : « *Je ne voulais pas devenir cette femme qui pleure et qui râle tout le temps.* » Pour ces experts, « *se débarrasser de ses trois derniers enfants pouvait, dans le système de pensée de Mme Courjault, lui permettre de mieux s'occuper de ses deux fils aînés, sans crier après eux et sans se plaindre d'eux comme le faisait sa mère* ».

*

À la fin du procès, l'accusée se lève et s'adresse pour la dernière fois à la cour, la voix cassée, les larmes aux yeux, les mots hachés : « *J'ai essayé de m'expliquer comme j'ai pu. J'ai conscience d'avoir tué nos enfants. C'est quelque chose qui me restera tout le temps.* » Véronique Courjault,

41 ans, a été condamnée le 18 juin 2009 à huit ans d'emprisonnement pour le triple homicide de ses bébés. La cour d'assises d'Indre-et-Loire et son jury populaire plutôt masculin (sept hommes et deux femmes) ont retenu contre la mère infanticide la préméditation pour le meurtre des deux bébés congelés à Séoul en 2002 et 2003, mais pas pour celui du premier incinéré en 1999. Elle a donc été reconnue coupable de deux assassinats et d'un meurtre. Les contre-experts psychiatres Bensussan et Brion qui avaient détecté chez cette femme meurtrière une personnalité *borderline*, *« un clivage aux confins de la psychose »*, concluaient à *« une altération de son discernement »* de nature à atténuer sa responsabilité pénale. L'avocat général Philippe Varin lui-même en avait tenu compte dans son réquisitoire et avait réclamé la peine modérée de dix ans de prison contre Véronique Courjault. Le verdict reste nuancé à l'égard de cette mère criminelle fissurée.

Détenue à la maison d'arrêt d'Orléans, Véronique Courjault, qui avait déjà purgé trois ans de prison, a effectué une année supplémentaire puis a été libérée en conditionnelle en mai 2010. *« Ayant interdiction de communiquer avec la presse, elle respectera ses obligations notamment de se soigner »*, a assuré son avocate, *« elle souhaite vivre au calme »*.

J'ai interviewé Jean-Louis Courjault en 2010 à l'occasion de la parution de son livre aux éditions Michel Lafon sur leur triste affaire, *Je ne pouvais pas l'abandonner*. Les deux bébés nés en Corée, initialement appelés cadavres sans nom « 461 » et « 462 » portent aujourd'hui les prénoms d'Alexandre et Thomas choisis par leurs grands frères, ont un état civil complet et une sépulture.

6 mars 2003

6. « Une affaire de femmes frappées par le malheur »

Pour sauver l'honneur de Louisa, sa mère et sa sœur ont tué Abdelmalek Benbara, l'homme aux vies multiples.

« *L'histoire de la famille Benakli, c'est le drame antique, la tragédie grecque* », s'embrume un commissaire de la brigade criminelle que « *tant de malheur* » a retourné. Même avec les preuves sous les yeux de l'implication des femmes Benakli dans le massacre du député algérien – Abdelmalek Benbara, disparu à 41 ans le 9 janvier et retrouvé le 29 dans le coffre de sa voiture, le crâne fendu, le visage bleui, le cœur percé et le corps exsangue –, les policiers ont eu du mal à le croire : « *Comment une frêle jeune femme et une vieille dame de 80 ans ont-elles pu tuer avec une telle force et transporter le cadavre ?* » Pourtant, un ultime coup de fil de la victime reçu villa des Marronniers et un long cheveu noir de Ouardia Benakli enroulé autour du pouce du cadavre les ont aiguillés sur la famille Benakli. Au bout de l'impasse, au 11, la mère, Sekoura Benakli, 79 ans, habite avec sa benjamine Ouardia, 37 ans, sa cadette Malika, 40 ans, son petit-fils Stéphane, 21 ans (orphelin de son aînée Dahlia). Et sa petite-fille Yasmine, 4 ans à peine, enfant sacrée de feu sa deuxième fille Louisa – tombée à 41 ans sous les balles démentes du tueur du conseil municipal de Nanterre – et du beau parleur Abdelmalek Benbara.

La double vie privée cloisonnée de Benbara, déjà chef de famille avec une épouse officielle et quatre enfants à Saint-Chamond (Loire), mise au jour par les enquêteurs, les incitait à pencher pour une « *vendetta des frères* » Benakli afin de réhabiliter l'honneur posthume de Louisa. En réalité, « *c'était une affaire de femmes frappées par le malheur qui ignoraient l'existence de la première famille de Saint-Chamond et qui ont tué sous le coup d'une fureur* », réalise aujourd'hui le commissaire. Au 36, quai des Orfèvres, voilà une semaine, la famille Benakli, unie par un silence intenable intimé par la « matriarche », a fini par se fissurer et livrer la vérité.

Née à Mechtras dans la wilaya de Tizi Ouzou en 1924, la mère kabyle et indépendantiste du FLN a fui son pays durant la « *sale guerre* ». « *Torturée par les militaires français de Massu, rapatriée d'Algérie, réfugiée dans les bidonvilles* », Sekoura a mis au monde cinq filles et deux garçons à Nanterre (Hauts-de-Seine) dans les années 1960, et a perdu au début des années 1980 son mari, ouvrier dans une fonderie à Puteaux. Louisa, sa deuxième fille, née en 1961, devient alors « *le ciment de la famille* », souligne Me Mourad Falek qui l'a côtoyée au collège à Nanterre et au tribunal : « *Avocate, Louisa aidait les cas les plus désespérés, femmes battues, expulsés de logements, toutes les âmes en difficulté. On peut parler d'un sacerdoce. C'était naturel pour Louisa, elle s'épanouissait ainsi dans son métier et ses fonctions d'adjointe au maire chargée de l'enfance.* »

En 1997, la bien-aimée Louisa, héroïne de sa famille, encore célibataire à 36 ans, tombe amoureuse d'un bel homme, Abdelmalek Benbara, informaticien de la société

Cap Gemini à Puteaux, « *pas une passade* ». Benbara demande sa main et dépose un dossier à la mairie de Nanterre. Le couple organise une « *fête de mariage familial, comme des présentations* », avant le mariage civil et religieux. Qui n'a jamais eu lieu. Il « *a été annulé trois fois* », rapporte le commissaire : « *Benbara a prétexté la mort de son propre père qui se portait comme un diamantaire. Il leur a fait porter le deuil alors que la sœur aînée, Dahlia, se mourait d'un cancer.* » Dahlia a été enterrée dans sa belle robe de témoin de mariage toute neuve. Voilà Louisa tutrice de ses deux neveux. Et bientôt mère de Yasmine en 1999. Le père, Benbara, habite en pointillé au 12, villa des Marronniers avec Louisa, juste en face de la maison des Benakli, et multiplie les voyages on ne sait où. « *Ils menaient des vies de plus en plus parallèles* », observe Me Cohen-Sabban, défenseur des sœurs.

Le 27 mars 2002, un tireur fou armé de Glock (Richard Durn) sème la mort dans huit familles d'élus de Nanterre. À son tour, Louisa se retrouve dans un cercueil. Sa mère, Sekoura, continue « *à marcher droit, la tête haute* », malgré le poids du malheur, sans haine et sans plainte, fataliste. À la cérémonie de commémoration, Benbara, qui tient Yasmine dans ses bras, « *pleure le plus fort du monde* », rapporte Me Cohen-Sabban, puis il ne vient plus que « *de loin en loin* » voir sa fille, réfugiée dans les jupes de ses tantes. Il accepte de partager la garde avec Ouardia, mais fournit à l'avocat « *une déclaration fiscale maquillée* ». Pour effacer sa famille cachée. Il traîne à inscrire Yasmine sur sa carte de Sécurité sociale. Le commissaire s'indigne : « *Jamais Benbara n'a donné un liard pour sa fille.* »

Élu député FLN (Front de libération nationale) depuis mai pour représenter les Algériens de la zone nord de la France, Benbara noue une idylle avec une députée algérienne de Tizi Ouzou lors d'un congrès à Rome à Noël 2002. Beau parleur et hâbleur, Benbara se rajeunit de sept ans auprès de sa nouvelle dulcinée, demande sa main et passe sa lune de miel avec elle entre les festivités pour « *l'Année de l'Algérie* » à Paris et... le 12, villa des Marronniers à Nanterre. De la Saint-Sylvestre au 6 janvier. En cachette de sa fille et de sa « belle-famille », sise en face. Mais pas de la femme de ménage qui, selon Me Cohen-Sabban, « *découvre la présence d'une femme, et toutes les photos de Louisa et de Yasmine retournées* ». C'est elle qui rapporte ce « *sacrilège* » à Mme Benakli : « *Là, on avait touché au cercueil.* »

La mère et les sœurs de Louisa attendent la visite de Benbara pour exiger des explications sur sa liaison. Le 9 janvier, Benbara arrive, embrasse sa fille qui regarde une vidéo de bébé avec sa tante Malika à l'étage puis redescend. Au salon, il essuie les reproches de Sekoura et de Ouardia : « *Tu n'as pas le droit d'amener une femme dans le lit et la maison de Louisa* », attaque la mère. Benbara ment encore, puis salit Louisa : « *Quand je l'ai rencontrée, Louisa n'était pas propre.* » C'est-à-dire impure, déflorée. Sekoura et Ouardia haussent le ton. Benbara oppose à Louisa sa dernière rencontre, « *une femme très bien, une fille de famille, je vais me marier avec elle et partir en Algérie avec Yasmine* ». Sekoura empoigne son gendre par la cravate pour le sortir de sa maison, mais il la fait tomber par terre. Alors, Ouardia attrape le manche d'une sauteuse en fonte et frappe de toutes ses forces l'homme à la tête, au visage, au cou. Sekoura plante un couteau trois fois dans le cœur de Benbara. Qui se vide de son sang sur le linoléum du salon.

Stéphane descend aider sa tante Ouardia, « *prostrée, hébétée, couverte de sang* », et sa grand-mère, « *droite comme un I, pas impressionnée* », à nettoyer le sol, « *sans un mot* ». Pour Malika, sa mère est « *fière* » d'avoir vengé la mémoire de Louisa. Rétive aux aveux, Sekoura a juste expliqué aux policiers attristés de l'expédier à la justice : « *C'est Kamel* (Benbara) *qui apporte le malheur. Il est arrivé, Dahlia est morte, Louisa est morte…* »

*

Quinze jours après cet article, Malika Benakli, 40 ans, la tutrice de Yasmine, a accepté de me recevoir dans la maison familiale pour défendre Sekoura, qu'elle visite à la maison d'arrêt de Versailles, et sa sœur cadette Ouardia, à Fleury-Mérogis. *« J'aurais aimé qu'ils classent l'affaire "diplomatique" car ma mère n'a pas à être enfermée dans une prison à 80 ans, même si un crime ne peut rester impuni »*, me dit-elle. Unies par le secret, ces femmes pressentaient l'arrivée de la police *« parce qu'on n'est pas des Sopranos »* et Ouardia s'inquiétait *« pour son âme »* car *« c'est pas rien d'ôter la vie à quelqu'un, même si c'est un pourri et un salopard »*. Pour Malika, Louisa a été *« victime deux fois, de Durn et de Benbara »*. En octobre 2004, aux assises à Nanterre, la « matriarche » Sekoura, droite comme un I, strict chignon, toque algérienne, qui a été libérée au bout de huit mois, comparaît libre pour tentative d'homicide. Dans le box des accusés, Ouardia, 39 ans, visage de madone, enveloppée d'un châle rose, raconte la tragédie de la famille Benakli qui l'a poussée à tuer Benbara : *« Je n'avais pas de haine contre lui, mais contre la vie. »* Et ce soir où il *« salit trois choses auxquelles je tiens le plus au monde, la mémoire de Louisa, Yasmine et ma mère »*, elle attrape la poêle en fonte et frappe de toutes ses forces, *« trente coups peut-être, tellement j'avais de colère et de rage »*. Il est déjà mort lorsque Sekoura plante un couteau trois fois dans sa poitrine : *« Tu as saigné mon cœur, je saigne le tien. »* Le verdict a été sévère pour Ouardia, douze ans de réclusion, et pour Sekoura, cinq ans de prison dont deux fermes, avec mandat de dépôt à l'audience. Les policiers ont donc envahi la salle pour s'emparer de la vieille dame. Ainsi, Sekoura qui habite *« un immense cercueil »*, selon les mots de Me Françoise Cotta, n'a pas pu retourner chez elle *« parler aux morts »* et attendre *« le jour du jugement dernier, convaincue qu'au-delà des flots de sang c'est à la droite de Louisa qu'elle se placera »*. En appel à Versailles en 2005, leurs peines ont été réduites à neuf ans pour Ouardia et cinq ans assortis d'un sursis de trois ans et demi – couvrant sa détention provisoire – pour Sekoura, qui a marché vers les juges pour leur serrer la main.

Partie 6

Tueries de masse

Le *mass shooting*, concept anglais utilisé pour évoquer l'action meurtrière commise sans mobile apparent par un type isolé, passionné par les *guns*, sur une foule et souvent dans des lieux publics (école, université, lieu de culte, plage, zone militaire), se pratique plus aux États-Unis où la législation sur les armes à feu est très libérale. En France, les « tueurs de masse » sont rares mais se caractérisent également par des *« traits rigides obsessionnels et narcissiques »*, avec parfois une double tendance à l'homicide et au suicide – certains psychologues l'appellent *« homicide-suicide »*. Ces hommes qui se sentent étrangers à ce monde, mais tout-puissants avec des armes à feu, cherchent par ces assassinats fulgurants une sorte de célébrité posthume et laissent souvent des écrits pour motiver leurs actes. Richard Durn qui, en cinquante-cinq secondes, a tué huit élus au conseil municipal de Nanterre, le 27 mars 2002, répond à toutes ces caractéristiques. Équipé de deux pistolets automatiques Glock pour ses « cibles » prises au hasard dans l'assemblée, ce tireur sportif suivi en psychiatrie qui voulait *« tuer des gens avant de mourir »*, disposait aussi d'un revolver Smith & Wesson pour se suicider après son carnage. Mais, maîtrisé par des élus courageux puis emmené au 36, quai des Orfèvres, Richard Durn s'est jeté par un vasistas entrouvert le lendemain matin. Ses aveux oraux à la Crim' et ses nombreuses lettres témoignent d'une longue maturation de ce projet funeste. Un an plus tard, l'État durcira sa législation sur les armes à feu et le tir sportif.

Un peu à part, Jean-Claude Bonnal dit « le Chinois », braqueur à l'origine mais tellement porté sur les coups de feu et la violence qu'il a du mal à trouver des complices, présente certaines caractéristiques du tueur de masse lorsqu'il se retrouve impliqué sur des lieux de cambriolage, dans quatre meurtres au même bar-tabac puis dans deux homicides de policiers ailleurs, à dix jours d'intervalle en octobre 2001. À la même période, Jean-Pierre Roux-Durraffourt, cheminot passionné de tir, père de trois enfants, divorcé et isolé, en veste de chasse et cagoule, sa carabine 22 long rifle au poing, a tiré au hasard sur les passants dans les rues de Tours, tuant quatre personnes en une demi-heure pour des motifs futiles, une dispute avec son fils et un harcèlement à son travail. Enfin, le 5 septembre 2012, sur un parking forestier en Haute-Savoie, à Chevaline, un tireur fou a liquidé en quatre-vingt-dix secondes trois membres de la famille al-Hilli, des Britanniques d'origine irakienne en vacances, et un cycliste des environs, Sylvain Mollier, sans que l'on connaisse à ce jour l'identité de ce tueur de masse ayant visiblement décidé de faire un carton sur les gens qui déboucheraient dans ce coin perdu.

18 janvier 2008

1. Tueur d'élites

Chômeur malgré ses diplômes et dépressif, à 33 ans, Richard Durn vit toujours chez sa mère. Militant écœuré par les politiques, il part, un soir de mars 2002, armé comme à la guerre, au conseil municipal de Nanterre.

À 1 h 11, le mercredi 27 mars 2002, un habitant de Nanterre ouvre le feu à la fin du conseil municipal. Richard Durn a hésité toute la soirée à se servir de ses armes : « *Durant tout ce temps, je me suis demandé si j'allais passer à l'action ou pas. Dans les dernières minutes du conseil, j'ai compris que je ne pouvais plus reculer, c'était maintenant ou jamais* », expliquera-t-il plus tard aux policiers. Il attend plus de cinq heures avant de dégainer un pistolet automatique Glock et puis un second : « *J'ai commencé par viser la mairesse, Mme Fraysse, droit devant moi. J'ai agi comme un robot. Je n'avais pas défini d'ordre précis dans mon exécution, je voulais tuer le plus de personnes possible puis me tuer.* » Il a tiré trente-huit balles en cinquante-cinq secondes, a abattu huit élus de sa ville et en a blessé dix-neuf autres.

Ceinturé puis désarmé par trois conseillers municipaux, Richard Durn, qui se réserve une balle de revolver, rate son suicide : « *J'ai été maîtrisé. Ils m'ont pris mon Smith & Wesson dans la poche intérieure gauche. C'est à ce moment-là que j'ai crié : "Tuez-moi, tuez-moi !"* » En vain. Le voilà neutralisé. Puis menotté par les officiers de la brigade criminelle qui le trouvent « *terriblement excité* ». À l'hôpital de l'Hôtel-Dieu à Paris, un médecin juge son état de santé mentale compatible avec une garde à vue. Au 36, quai des Orfèvres, bureau 414 de la Crim', Richard Durn livre les clés de son mécanisme de désintégration sociale et de sa « *folie destructrice* ».

Né le 3 décembre 1968 à Nanterre de père inconnu et d'une mère slovène, Richard Durn a toujours buté sur le mystère de ses origines et le silence obstiné de sa mère. Stéfania, employée de la biscotterie Heudebert, puis chez Citroën, eut en 1968 « *une relation sans amour avec un homme de passage* » qu'elle a « *enterré* » dans « *son jardin secret* ». Enceinte et sans argent pour avorter, Stéfania sort de la maternité avec son bébé un vendredi 13 : « *Je savais que ça me porterait malheur* », pressent-elle. Elle a du mal à materner ce « *petit garçon renfermé, timide, contemplatif et câlin* », qui apprend pourtant bien à l'école. « *On ne peut pas se forcer à aimer quelqu'un qu'on n'a pas voulu,* dit Stéfania. *Je l'ai aimé petit à petit quand il a commencé à grandir.* » Adolescent, Richard Durn pose des questions sur son géniteur. Sa mère lui explique juste qu'il est un enfant non désiré, « *un accident* », qu'elle a été « *obligée de le garder* ». Il réclame un nom, une image : « *Montre-moi quelque chose de lui.* » Elle ne lâche rien. « *Mais je n'avais pas de photo, rien,* prétextera Stéfania. *Richard le vivait comme un drame.* »

À 18 ans, le garçon consulte un psychiatre, qui lui prescrit des médicaments. En 1990, il avale soixante comprimés pour en finir. Deux ans plus tard, il récidive, atterrit à l'hôpital Sainte-Anne. S'ensuivent dix ans de suivi psychiatrique en pointillé et de missions humanitaires dans les pays en guerre : « *Si je vais là-bas,* dit-il à sa mère, *c'est dans l'espoir qu'on me bute ou que je saute sur une mine.* » Étudiant à l'université de Nanterre, il est surveillant dans un lycée des Hauts-de-Seine. Depuis 1988, ce pion rigide et taciturne surnommé « Robocop » séduit néanmoins un élève, Gaël K. Ce dernier le trouve « *très cultivé et super intéressant quand il parlait des conflits dans le monde* ». Il devient son unique ami. En 1993, Richard Durn, qui parle quatre langues, accompagne un premier convoi en Bosnie et renoue avec ses racines dans les Balkans : « *C'est la seule aventure de ma vie.* » Il obtient sa licence d'histoire en 1995, suit une maîtrise de sciences politiques, prend sa carte au Parti socialiste.

En 1997, Durn se rend en Israël avec Gaël : « *C'est l'une des rares fois où j'aie vu Richard épanoui, détendu, sans noirceur dans le regard. Il avait un visage d'enfant.* » Après une semaine à l'auberge de jeunesse de Jérusalem, Durn veut se recueillir dans la colonie juive de Kyriat Arba sur la tombe de l'extrémiste sioniste Barush Goldstein qui a assassiné vingt-neuf Palestiniens en 1994. « *Richard trouvait ça abject mais courageux qu'un type puisse aller dans une mosquée avec une arme et tirer* », témoigne Gaël. De même, Durn se rend à la forteresse de Massada où, en 74 apr. J.-C., les résistants juifs encerclés par les Romains se sont suicidés plutôt que de se rendre. Sur place, Durn se met en rage pour une broutille et menace de mort son ami qui, terrorisé, rentre en France. « *J'ai cru que tu allais me tuer* », lui dira plus tard Gaël. Mais, quand Richard dit de lui-même qu'il est « *fou* », son ami ne le croit pas.

De retour à Nanterre, Richard Durn prend des cours de théâtre, insiste « *pour travailler des textes à caractère politique* », selon son professeur qui lui propose de jouer

Le Baladin du monde occidental, de l'Irlandais John Millington Synge. Le rôle de Durn commence par ces mots : « *Avant le jour où j'ai tué mon père.* » Depuis 1996, Durn s'entraîne en secret au tir, a un permis pour ses deux Glock et un Smith & Wesson. Il les trimbale dans un sac. Un jour de 1998, il exhibe une arme à feu face à la psychiatre du bureau d'aide psychologique universitaire de Paris : « *Je pourrais tuer des gens.* » Le médecin informe la DDASS des Hauts-de-Seine, qui classe l'affaire. Pas de placement d'office ni d'obligation de soins. Richard Durn prend de temps en temps des antidépresseurs, du Prozac, et continue à s'enfoncer. « *Il se dévalorisait continuellement, "je ne vaux rien", "tout ce que je fais tombe à l'eau, ça marche pas", "à quoi me servent mes diplômes ?", "qu'est-ce que je vais devenir ?"* » rapporte Gaël.

Trop âgé pour rester pion, Durn devient chômeur, et bientôt RMiste. Célibataire à presque 30 ans, il vit aux crochets de sa mère, qui fait des ménages. S'il emménage dans un logement trouvé par Gaël, il retourne vite chez sa mère, « *incapable de vivre tout seul* ». En 1998, il encadre des missions humanitaires au Monténégro, en Bosnie, au Kosovo, en Albanie. Joël Le Tensorer, président de cette association d'aide aux Balkans, ne voit pas en Richard Durn une tête brûlée ou *borderline*, mais un « *homme solide* », préparant les convois avec « *sérieux et énormément de rigueur* ». Mais, là encore, Richard Durn encaisse un échec majeur qu'il souligne dans son journal intime : « *Le 9 octobre 1999 a été une date importante dans ma vie de lâche et de crétin. Voyant que je n'ai pas été accepté dans l'école Bioforce pour devenir logisticien humanitaire, que je n'avais ni logement ni petite amie (je n'avais pas fait l'amour depuis des années, ni pendant les grandes vacances), j'ai renoncé à la vie, j'ai baissé les bras.* » Un ligament sectionné au genou l'angoisse au-delà du raisonnable. « *Je ne veux pas finir comme un boiteux, comme un malade. Je suis de plus en plus déglingué physiquement,* écrit-il en 2001. *Je n'ai jamais su me battre ni apprendre à m'aimer un peu. Je tends toujours des perches et des bâtons pour me faire flageller. J'en ai marre d'être le dépressif et le type qui fait pitié. J'en ai marre d'avoir dans la tête cette phrase qui revient perpétuellement : je n'ai pas vécu, je n'ai rien vécu à 30 ans.* »

Il essaie de provoquer des « *rencontres déterminantes* » pour « *sauver* » sa peau. Milite à la section locale de la Ligue des droits de l'homme et avec les candidats de la liste des Verts « Réinventons Nanterre » aux municipales, mais il a l'impression « *qu'on le prend pour un con* ». La mairie de Nanterre lui propose un logement social qu'il refuse, selon Gaël, à cause « *des murs moisis, des cafards* ». « *Ça l'énervait. Il disait : "Je fais des trucs pour ma ville, j'essaie de m'investir, et eux tout ce qu'ils trouvent pour m'aider, c'est un truc pourri où je finirai par me tuer, parce que de toute façon je ne peux pas vivre dedans."* » Il revient du sommet antimondialisation de Gênes, en juillet 2001, plus écœuré que jamais par les « *politiques* », qui « *nous manipulent et s'en mettent plein les poches* », persuadé que « *la seule solution, c'est la violence* ». Claquemuré dans sa chambre, le « *bâtard* » – selon ses mots – réclame encore à sa mère des renseignements sur son père inconnu. Comme en témoigne sa lettre à une amie, fin 2001, Richard Durn a dû attendre l'âge de 33 ans pour en savoir un peu plus : « *Ma mère m'a enfin révélé la probabilité pour ma paternité. Il semblerait que ce fut un Algérien. Ma mère connaissait plusieurs hommes. La contraception n'était pas répandue. Je ne porte aucun jugement sur ma mère. Elle a toujours été courageuse et seule. Personne ne l'a jamais conseillée ni aidée. Seulement, les choses qu'elle m'a dites, c'est vraiment con qu'elle ne les ait pas dites plus tôt. J'aurais su d'où je venais. C'est peut-être important.* » Il se sent « *un mort-vivant* », envahi par des « *idées de carnage* » et de suicide. « *Je suis fou, je suis devenu un clochard* », écrit-il encore dans son journal intime. « *J'ai mal et je suis plein de haine, mais elle est refoulée.* » Il n'a pas renouvelé son autorisation de détention d'armes fin 2000, mais les a gardées sans que nul ne s'en soucie.

Le 26 mars 2002, Richard Durn écrit une dernière lettre à sa mère : « *Maman, il y a longtemps que je devrais être mort. Je ne sais rien faire dans la vie, même pas mourir sans faire de mal. Maintenant, la lâcheté, c'est fini. Je dois crever au moins en me sentant libre et en prenant mon pied. C'est pour cela que je dois tuer des gens. Une fois dans ma vie, j'éprouverai un orgasme.* » Le soir, il part armé comme à la guerre à la mairie de Nanterre. Il expliquera aux enquêteurs qu'il a tiré « *au hasard sans regarder la personne ni l'étiquette* » politique des élus, sauf pour la maire communiste, Jacqueline Fraysse : « *Je l'ai visée intentionnellement pour sa qualité de maire et comme incarnation d'un* apparatchik *inamovible, créant un système de clientélisme et représentant typique de la grande bourgeoisie rouge hypocrite.* » En garde à vue, Durn dévide sa folie antisociale et termine le procès-verbal par ces mots : « *Je veux mourir car je suis une chose, un déchet.* » Le lendemain matin, Richard Durn a bondi « *comme une fusée* » à travers un vasistas pour chuter de quatre étages dans la cour du 36, quai des Orfèvres. Sans un cri.

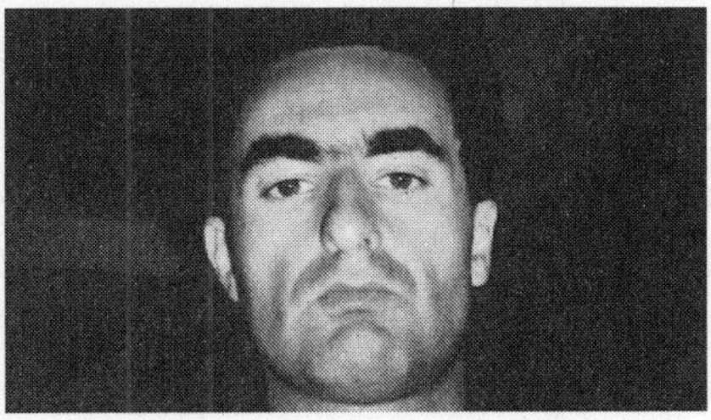

*

Après le suicide de ce tueur de masse, la polémique éclate, attisée par le ministre de l'Intérieur Daniel Vaillant qui dénonce, à chaud, « *un grave dysfonctionnement, inacceptable* ». Or la brigade criminelle m'explique alors pour *Libération* que, pour obtenir des aveux de tels meurtriers, on leur enlève les menottes et on joue sur la psychologie : « *On n'est pas à Guantanamo ici, on ne met pas des chaînes aux pieds des criminels.* » Le psychiatre qui avait examiné Richard Durn avait déclaré son état de santé « *compatible avec la garde à vue* ». Toutefois, une femme de ménage avait laissé entrouvert le vasistas du bureau. Bien décidé à en finir, Durn s'est engouffré dans la faille, le 28 mars 2002 à 10 h 15. L'enquête de l'Inspection générale des services (IGS) démontrera qu'il n'y a « *pas eu de fautes pénales* ». Mais le décès de l'assassin a éteint les poursuites à son encontre et empêché tout procès d'assises pour les proches des huit morts et les dix-neuf blessés. Désolés eux-mêmes de n'avoir pu livrer Durn vivant à la justice, les policiers de la Crim' ont reçu les familles pour leur expliquer ce qui s'est passé et leur restituer les affaires des défunts. Le 2 avril, un hommage officiel est rendu aux victimes en présence du président de la République Jacques Chirac, qui décore de la Légion d'honneur les huit élus tués, à titre posthume, mais également les neuf hommes ayant maîtrisé Richard Durn. À la mairie ce jour-là pour la cérémonie, Malika Benakli avait emmené la petite Yasmine, 4 ans, fille de feu Louisa, avocate déléguée à l'enfance, tombée sous les balles de ce fou furieux qui a décidé de faire *« un carnage »* avant de mourir. Trois jours avant le premier tour de l'élection présidentielle de 2002, le Premier ministre Lionel Jospin propose neuf mesures visant à durcir la législation sur les armes à feu et le tir sportif qui seront votées un an plus tard. Dorénavant, un certificat médical est exigé pour obtenir une détention d'armes, les antécédents psychiatriques sont vérifiés, les carabines de tir de calibre 22 long rifle classées en 7e catégorie cessent d'être en vente libre.

22 octobre 2001

2. Athis-Mons : la bande du « Chinois » écrouée

Trois hommes mis en examen pour les meurtres du bar-tabac.

Jean-Claude Bonnal, 48 ans, né à Saïgon, alias « le Chinois », ainsi que Brahim Titi, Algérien de 33 ans, et Akim Bouhassoune, Parisien de 33 ans, ont été mis en examen hier par la juge Sylvie Nérot d'Évry pour « *séquestrations en bande organisée, homicides volontaires et vols avec violences ayant entraîné la mort* » dans le quadruple meurtre d'Athis-Mons (Essonne) et écroués. Jean-Michel Durand, procureur de la République d'Évry, a indiqué hier qu'Akim Bouhassoune, voleur à main armée, a passé des aveux en garde à vue et « *a mis en cause ses deux comparses qui n'ont rien reconnu* ».

Samedi 6 octobre, entre 20 h 45 et 22 heures, trois hommes ont attaqué le bar-tabac *Le Fontenoy*, ont vidé les caisses puis ont tué quatre personnes avec un pistolet qui n'a pas été retrouvé. Les corps de Gildo, 38 ans, et de Marie-Louisa, 34 ans, propriétaires de l'établissement, de la serveuse Virginie, 23 ans, et de la femme de ménage Albertina, 34 ans, ont été retrouvés au bas de l'escalier qui mène à la cave. Sandra, 9 ans, l'enfant des patrons – son frère de 5 ans était chez les grands-parents –, a été « *oubliée* » ou « *épargnée* » par les agresseurs parce que « *sa maman l'a demandé* », suggère un enquêteur. Son père a été emmené tout de suite par les voleurs qui ont vidé l'argent du coffre-fort, ont vidé la caisse d'un flipper et ont exigé le code de sa carte bancaire. Les trois femmes et la fillette ont été ligotées et enfermées dans les toilettes. Puis les hommes sont venus les chercher et les ont abattues. Mais pas l'enfant.

« *Cinq balles ont été tirées, dont quatre dans la tête des victimes, une véritable exécution*, indiquait alors un enquêteur perplexe. *Ce n'est quand même pas un simple braquage qui peut dégénérer comme ça ?* » La police judiciaire de Versailles a écarté l'hypothèse d'un règlement de comptes pour des machines à sous clandestines qui ne cadrait pas non plus avec la personnalité des patrons du bar. Les clients du *Fontenoy* ont signalé la présence ce soir-là de deux gars inconnus qui se sont attardés au comptoir. Le témoignage de la fillette qui a vu le visage d'un agresseur – les deux autres étaient cagoulés – a été recoupé avec les descriptions des clients. Deux portraits-robots ont été esquissés. Les policiers ont aussi exploré la piste de la carte bleue débitée après les meurtres et les appels téléphoniques de portable passés par la borne relais à proximité du *Fontenoy*. Les recherches se sont ainsi concentrées sur un braqueur multirécidiviste du Val-de-Marne, Jean-Claude Bonnal, dit « le Chinois », interpellé vendredi à l'aube dans un hôtel minable de Villeneuve-le-Roi, et sur deux comparses moins chevronnés, et de quinze ans ses cadets, attrapés dans le département, à Créteil et à Orly. Les enquêteurs penchent aujourd'hui pour un vol à main armée qui a mal tourné. Gildo, le patron, a apparemment reconnu un des hommes, et peut-être cité son nom. Du coup, le trio a supprimé ces témoins gênants.

Le Chinois, qui a nié en bloc les quatre meurtres d'Athis-Mons, a opposé les mêmes dénégations aux policiers de la Brigade de répression du banditisme (BRB) de Paris qui sont venus le questionner sur la fusillade du Plessis-Trévise le 16 octobre, où les cambrioleurs d'un pavillon ont tué deux gardiens de la paix. Un témoin a signalé « *un Asiatique* » dans le commando. Et le guetteur de la bande, Djamel Bessaffi, 28 ans, interpellé avec une grenade, serait une relation de Jean-Claude Bonnal. La BRB attend les résultats d'expertises balistiques et génétiques. Ancien du « *gang de la banlieue sud* » de Paris, le Chinois a passé plus de vingt ans en prison, notamment pour le meurtre d'une personne âgée à Vitry (Val-de-Marne) en 1973 et pour une attaque de la banque Barclay's avenue Kléber à Paris en novembre 1988.

À la sortie, le Chinois a repris du service et a été arrêté trois semaines après le braquage au bureau de change du magasin Le Printemps, boulevard Haussmann à Paris (IXe arrondissement), le 24 novembre 1998, qui a fait dix blessés, dont un garagiste ayant pris une balle dans la tête. Les syndicats de police ont tempêté hier contre sa remise en liberté. « *C'est un dysfonctionnement majeur de nos institutions* », a souligné André-Michel Ventre, chef du syndicat des commissaires. « *Il a fallu quatre morts pour qu'on ait la preuve et qu'on prenne conscience de l'incurie de la justice* », a pesté Bruno Beschizza, leader de Synergie-officiers, qui a été mis en examen le 21 juillet pour « *diffamation* » envers le Chinois pour l'avoir traité d'« *individu dangereux* ».

*

Après les meurtres des deux gardiens de la paix signés par l'ADN de Jean-Claude Bonnal dans un gant, les syndicats de police protestent dans la rue contre la remise en liberté à Noël 2000 de cet « *individu dangereux* » qui attendait d'être jugé pour braquage et tentative d'homicide. Fin 1998, l'attaque du bureau de change du grand magasin Le Printemps

Haussmann avait été très violente, le pistolet retrouvé chez Bonnal ayant tiré deux balles, dont une dans la tête d'un témoin qui en a réchappé. Je chronique, en février 2003, son procès d'assises à Paris pour ce vol à main armée et découvre son parcours. Fils d'une Vietnamienne et d'un douanier français débarqué en pleine guerre d'Indochine dans un camp de réfugiés, le Chinois rejoint Vitry-sur-Seine et se bagarre. À 18 ans, il plonge : *« Je suis devenu marginal ou voleur, c'est pas la faute de mes parents, j'ai habité dans les cités et les bidonvilles ! »*
Déserteur de la marine à 20 ans, le voilà incarcéré pour vol qualifié, huit ans. S'ensuivent d'autres braquages, et coups de feu intempestifs. *« Sur un total de vingt-neuf ans de prison, j'en ai fait vingt-six, madame la présidente, j'ai rien à perdre »*, lance Bonnal qui conteste les tirs et le vol au Printemps, puis s'énerve contre ce procès : *« On m'a fait passer pour un dur. Je suis en train de jouer ma vie, mais pour moi, c'est une mascarade. Je sais ce qui m'attend derrière. Les syndicats de police ont critiqué ma sortie, y z'ont dit que la loi de Mme Guigou, c'était la loi des voyous, y z'ont manifesté dans Paris... »* L'avocat général rappelle qu'*« il y a eu Athis-Mons, le Plessis-Trévise »*. Et Le Chinois pète les plombs : *« On a fait de moi le bouc émissaire, j'suis plus le braqueur mais le serial killer. On m'a mis au pilori. »* Bonnal est condamné à dix-huit ans de réclusion criminelle mais sera acquitté en appel à Bobigny en 2004.
Aux assises de Créteil en 2006 pour le quadruple meurtre d'Athis-Mons et le double homicide des policiers au Plessis-Trévise, avec deux coaccusés, Jean-Claude Bonnal soutient qu'il n'était pas sur place. Le soir de la tuerie de masse au bar-tabac *Le Fontenoy*, dit-il, *« j'étais à l'hôtel à regarder le*

match France-Algérie, je vais pas fabuler, j'ai rien à dire... ». Il sera néanmoins condamné à la réclusion criminelle à perpétuité, assortie d'une période de sûreté de vingt-deux ans, son coauteur Brahim Titi à perpétuité et le troisième à vingt-cinq ans. En appel, la cour d'assises de Paris leur infligera exactement les mêmes peines, pour ces six crimes de sang en dix jours.

1er octobre 2012

3. Chevaline : la piste du « tireur fou » revient en force

Dans l'enquête sur les meurtres du 5 septembre, le procureur admet avoir « sous-estimé » l'hypothèse d'un crime pour un motif futile par un tueur « local ».

Embourbée, l'enquête sur la tuerie de Chevaline en Haute-Savoie tente de sortir de l'ornière en explorant à fond deux pistes. « *Sous-estimée* » au départ, de l'aveu même du procureur d'Annecy Éric Maillaud, l'hypothèse d'un « *tireur fou* » ayant pu massacrer au hasard quatre personnes pour un mobile futile est désormais « *sérieusement envisagée* ». En parallèle, les juges ont délivré une commission rogatoire internationale à l'Irak, pays natal de Saad al-Hilli, 50 ans, et de son épouse Iqbal, 47 ans, et de sa belle-mère Suhaila al-Allaf, 74 ans, abattus le 5 septembre sur ce parking forestier de la Combe-d'Ire, pour creuser l'origine du patrimoine familial.

Un fragment d'arme découvert sur les lieux indique qu'il s'agit d'un Luger P06, comme l'a révélé *Le Monde.* Ce pistolet automatique de calibre 7,65 mm est assez répandu en Haute-Savoie pour avoir équipé l'armée suisse pendant les années 1920-1930, puis servi à des résistants durant la Seconde Guerre mondiale. Le profil de cette arme, locale et ancienne, plus prisée des collectionneurs que des tueurs à gages, paraît fournir en creux des indications sur le tireur : un homme amateur d'armes et *a priori* de la région, qui se trouve à 40 kilomètres de la Suisse. « *À supposer que l'arme du crime soit locale, cela ne veut pas dire que le tueur l'est forcément* », nuance le procureur d'Annecy. Éric Maillaud n'écarte pas complètement l'hypothèse d'un « *professionnel envoyé par la famille ou par l'Irak* » pour liquider les al-Hilli, mais n'y croit pas vraiment : « *Si c'est un contrat, il est très mal exécuté. À moins qu'il ne s'agisse d'un tueur à gages* low cost *venu des Balkans ou de Macédoine, et qui se procure ou vole le pistolet sur place.* » Dans cette affaire « *où il n'y a rien de commun, de classique ou d'évident* », le magistrat n'est pas certain que « *le morceau d'arme* » retrouvé sur la scène de crime provienne de celle qui a tiré vingt balles sur les quatre victimes. Car, sur la terre battue de ce parking forestier, « *on a aussi trouvé plein de mégots et de cartouches de chasse n'ayant pas forcément de lien avec les crimes* » : « *On ne s'intéresse pas à une seule arme, mais à plusieurs qui peuvent tirer ce calibre* », 7,65 mm.

Évoquée au départ, l'hypothèse de crimes gratuits ou crapuleux commis par des « *locaux* » sur ces touristes anglais a paru écartée par le procureur d'Annecy lors de son déplacement en Grande-Bretagne, le 13 septembre :

« Nous sommes conscients qu'Annecy n'est que le lieu fortuit de ce drame et que, vraisemblablement, l'origine, les causes et les explications sont ici chez vous », avait-il déclaré aux policiers de Woking (Surrey), au sud de Londres. Il cible alors « *trois pistes essentielles* » : « *Le conflit familial entre les deux frères sur fond d'héritage, la piste de la formation d'ingénieur de M. al-Hilli et l'Irak, ses origines* ». Depuis, le différend entre Saad al-Hilli et son frère Zaïd au sujet de la succession du père a certes fourni « *un mobile intellectuellement envisageable* », mais « *il en faut davantage pour étayer une suspicion* », souligne le procureur. Quant à la piste de la profession de Saad, ingénieur dans l'aéronautique et la défense, elle « *ne donne rien, mais on continue à creuser* ». Le procureur Maillaud l'admet : « *J'ai sous-estimé l'hypothèse d'un tueur isolé, car ça paraissait inconcevable de tuer quatre personnes sur un coup de colère parce que des gens vous dérangent.* » Des tas de mégots, d'excréments et de cartouches de chasse ayant été retrouvés dans ce cul-de-sac en bordure du bois de la Combe-d'Ire, les enquêteurs se demandent ce que faisait cet homme lorsque la BMW de la famille britannique l'a surpris. Aujourd'hui, plusieurs éléments redonnent du crédit à cette piste, à commencer par le profil général du tueur établi par les psycho-criminologues de l'Institut de recherche criminelle de la gendarmerie nationale (IRCGN) : « *Nous* [les juges et les gendarmes] *avons l'impression, partagée par les analystes comportementaux de l'IRCGN, que nous avons manifestement affaire à quelqu'un qui a déjà tué avant et pour qui la vie humaine n'a aucune valeur. Nous cherchons un déséquilibré porté sur les armes et capable*

d'une violence extrême. » Des investigations sont menées dans les hôpitaux psychiatriques, associations tutélaires, clubs de tir, ciblant collectionneurs d'armes, chasseurs et braconniers de la région, repris de justice, meurtriers et agresseurs déjà condamnés : « *Nous cherchons dans une zone qui englobe la Suisse et le nord de l'Italie* », à une heure trente de route de Chevaline, si « *une personne déséquilibrée psychologiquement ou connue pour des violences n'a pas disparu au moment des faits* ». À défaut de l'ADN du tueur, une centaine de gendarmes explorent « *plus de mille dossiers* » selon Éric Maillaud : « *C'est une enquête qui aboutira vraisemblablement à l'ancienne.* »

La fulgurance des crimes et le nombre de coups de feu témoignent également de la folie meurtrière de cet inconnu. La petite rescapée de 7 ans, Zaïnab al-Hilli, qui a « *énormément de mal à parler des faits* », a pu néanmoins expliquer, « *malgré ses séquelles* », la rapidité des coups de feu. Dès que le break BMW de Saad al-Hilli s'est arrêté sur ce parking forestier, vers 15 h 30, Zaïnab qui se trouvait sur le siège enfant à l'avant en est descendue avec son père : « *Elle dit que cela s'est produit instantanément, dès leur arrivée là-haut. Elle est sortie de la voiture avec son papa et la scène a commencé et a duré un temps extrêmement court.* » Les enquêteurs savent que « *Saad al-Hilli est remonté tout de suite dans son véhicule et a essayé de faire un demi-tour pour repartir* », comme le montrent les traces de pneus. Pendant la manœuvre, « *le méchant* » continue à tirer. En reculant, Saad al-Hilli embourbe sa voiture dans le talus, les roues arrière tournent dans le vide. Un cycliste savoyard qui débouche à cet instant tombe lui aussi sous les balles. Le tireur vise à la tête les occupants de la BMW puis, probablement faute de munitions essaie d'achever Zaïnab, toujours dehors, à coups de crosse sur la tête. Pour le procureur, « *ces personnes sont mortes peut-être même pas en une minute pleine. Sinon comment expliquer que les femmes à l'arrière de la BMW, sauf à être complètement tétanisées et paralysées, n'aient pas essayé d'ouvrir les portières ?* ». La mère a eu le réflexe de protéger sa fille de 4 ans, Zeena, en la cachant sous ses jupes. La scène de crime a duré quatre minutes, selon les gendarmes, ou moins de soixante secondes, d'après le procureur : « *Quatre personnes ont été flinguées en un trait de temps.* » Ce mode opératoire s'apparente plus à l'acte « *d'un psychopathe isolé* » qu'à un tueur à gages, même *low cost* : « *Trop de coups de feu en plein après-midi dans un endroit où des gens peuvent venir.* »

Les gendarmes de la section de recherches de Chambéry n'ont « *aucune certitude sur l'itinéraire de fuite* » du suspect, et guère plus sur son engin motorisé : moto ou voiture ? Le cycliste britannique William Bret Martin, qui a découvert la scène de crime et prévenu les secours à 15 h 48, avait aperçu lorsqu'il grimpait la côte, tête baissée, « *un 4 × 4 de couleur sombre ou verte* » et « *une moto claire* » qui l'ont croisé en redescendant du parking de la Combe-d'Ire. Ce 4 × 4 vert appartiendrait à des agents de l'Office national des forêts (ONF). Une moto « *blanche ou de couleur claire* », qui a été vue dans le coin par plusieurs personnes, est activement recherchée. Mais les enquêteurs ne connaissent ni sa marque ni son modèle. Les témoignages divergent sur sa description, certains évoquant de grosses sacoches, d'autres un top-case. En tout cas, des agents de l'ONF ont « *chassé un type à moto vers 15 h 15, qui roulait dans la forêt de la Combe-d'Ire, interdite à la circulation, et l'ont reconduit dans le chemin* », souligne le procureur : « *Ils n'ont pas spécialement remarqué ce type. Il ne les a pas frappés. Il est reparti sans être verbalisé.* » Du coup, son identité reste inconnue. Et le conducteur de cette moto n'a jamais été retrouvé, malgré les appels à témoins. Le tueur s'est volatilisé. Soit par la route carrossable qui mène à Chevaline, soit par le chemin qui monte au col du Chéret « *puis redescend en Savoie par plusieurs sentiers différents, ce qui est possible avec une moto tout terrain* ».

Le cycliste français, Sylvain Mollier, découvert mort à côté de la voiture des al-Hilli, est considéré « *à 99 %* » comme une victime collatérale. Ce père de famille de 45 ans, en congé parental, travaillait dans un atelier de production chez Cezus, usine du groupe Areva, spécialisée dans la transformation de métaux destinés à la fabrication de combustibles nucléaires. Les enquêteurs ont cerné « *son environnement professionnel et familial* » et ont « *quasiment refermé cette porte* », selon un gendarme. Pour le procureur, « *il n'y avait aucune raison pour qu'on en veuille à cet homme* ». En plus, Sylvain Mollier qui s'était fait indiquer le chemin pour sa balade à vélo, s'est trompé de route et s'est aventuré par hasard dans ce lieu.

« *Est-ce qu'on peut faire un lien entre les meurtres et les origines irakiennes des victimes ?* » Pour tenter de répondre à cette interrogation, les juges d'instruction ont délivré jeudi une commission rogatoire internationale à l'Irak, avec une série de questions. Que la chancellerie doit envoyer à Bagdad. Ils savent que « *Saad al-Hilli est retourné à Bagdad en 2010 et que cela s'est mal passé* ».

Selon son comptable, il aurait tenté de récupérer la maison familiale et « *l'entreprise d'élevage de volailles de son père* », ayant fui l'Irak dans les années 1980, mais serait « *revenu déçu par la situation* ». Les juges d'Annecy veulent essayer de comprendre si un conflit, lié au rapt possible des biens de son père, a pu naître à l'occasion de ce voyage. Ils réclament à la justice irakienne un point précis sur les activités professionnelles du père, les conditions de son départ d'Irak et l'origine de son patrimoine. Le père de Saad al-Hilli était titulaire d'un compte en Suisse ouvert en 1984 créditeur d'environ 780 000 livres (968 000 euros). Des médias ont évoqué un lien possible entre ce compte et la fortune de l'ancien dictateur irakien Saddam Hussein. Mais selon le procureur, « a priori, *c'est de la fumisterie* ».

*

En septembre 2022, dix ans après cette tuerie de masse de Chevaline restée une énigme, le dossier a été confié au nouveau pôle judiciaire « Cold Cases » à Nanterre. L'expertise balistique a déterminé que le cycliste Sylvain Mollier a probablement été le premier visé par le *« tueur fou »* posté sur ce parking forestier, après quoi la famille al-Hilli à son tour a été décimée par cet homme *« expérimenté »* puisque dix-sept balles sur les vingt et une tirées ont atteint leur cible. La juge Sabine Khéris a relancé la piste du Luger P06 de calibre 7,65 mm, une arme très particulière. Un ancien légionnaire au profil intéressant, passionné d'armes à feu et propriétaire d'un revolver .357 Magnum, qui avait été entendu en 2012 et 2013, puis relâché, s'est senti humilié et s'est suicidé en 2014 en laissant ce mot : *« mon geste n'est pas un aveu, c'est une tragédie ».* La même année, le motard contrôlé sur un sentier interdit à la circulation a été retrouvé et interrogé en garde à vue. Mais cet ex-policier municipal âgé de 48 ans, collectionneur d'armes et résidant en Haute-Savoie, a été dédouané. Reste l'hypothèse prégnante d'un cinglé, psychotique ou paranoïaque *« du coin »*, ayant choisi cet endroit connu de lui pour faire un carton sur n'importe quelles personnes et sans mobile apparent. Ainsi, pour une psycho-criminologue britannique qui a établi un profil de ce meurtrier sur la base d'indices psychologiques déduits de la scène de crime et d'autres investigations, *« le scénario le plus plausible est que l'auteur n'avait aucun lien avec les victimes et qu'il ignorait leur arrivée sur le parking à ce moment-là ».*

Partie 7

Flic Story

Embauchée fin 1990 par *Libération* pour m'occuper de la police, des crimes et des bandits, je débarque à Paris avec un seul nom en poche fourni par un inspecteur de la PJ de Lyon : Frédéric Péchenard, alors numéro trois de la Crim', chef de la section antiterroriste. Ce fils de bourgeois et lecteur du *Figaro* s'avoue fort étonné que la presse de gauche s'intéresse à la police, autrement que pour dénoncer les bavures et les ripoux, mais accepte de me recevoir au 36, quai des Orfèvres, dans le mythique bureau 315 du commissaire des romans de Simenon, Jules Maigret. C'est ma première rencontre avec un poulet de la PJ parisienne, tout comme je suis la première journaliste à lui parler. Pour apaiser son inquiétude sur le *modus operandi* de nos rapports, je jure de ne pas le trahir, de ne pas citer son patronyme, mais d'attribuer ses propos à « une source policière », et de ne pas divulguer des infos données en *off* qui risquent de bousiller ses investigations. Dès ce rendez-vous, Péchenard capte ma passion pour les faits divers et les enquêtes policières, et m'ouvre les portes du 36, me guide dans ce labyrinthe de couloirs, de mansardes, d'escaliers dérobés, et même au « musée des horreurs » de la Mondaine qui recèle des objets saisis dans les maisons closes, pour une visite magique. Nos relations perdureront, malgré quelques brouilles liées à des divergences de vues sur certains dossiers, plutôt cordiales et loyales.

Quelques mois plus tard, en 1991, mes chroniques du procès d'assises à Paris des ripoux de la Brigade de répression du banditisme, la bande du groupe nuit de la BRB chapeauté par le mi-flic mi-voyou Pascal Jumel et du nouveau de l'antigang, « l'innocent » Dominique Loiseau soutenu à mort par les syndicats d'inspecteurs, ne faciliteront pas mes contacts avec les sportifs tendance cowboys et plutôt machos de la BRB et de la BRI (Brigade de recherche et d'intervention). Ce sera plus simple avec l'ex-figure de l'antigang Robert Broussard, déjà parti ailleurs, même si le sujet de la mort de Jacques Mesrine, abattu par la BRI, en 1979, restera tabou.

La seule femme commissaire que je rencontre au 36 dès 1991 est le « patron » (elle tient à ce titre masculin car, dit-elle, « patronne, ça fait tenancière de bordel ») de la Mondaine, la Brigade de répression du proxénétisme, Martine Monteil, qui va bientôt croiser le fer avec Madame Claude, la maquerelle inventrice du réseau de call-girls en ayant remonté un nouveau. Lorsque, au bout de huit ans de vaines demandes de reportage en immersion à la Crim', le big boss du 36 m'autorise enfin à y passer douze jours, en juin 1999, c'est Martine Monteil qui dirige la brigade et qui ne m'accueille pas à bras ouverts car elle ne voit pas d'un bon œil ma plongée ici, mais son adjoint jouera le jeu. Nous resterons malgré tout en contact étroit et Martine Monteil acceptera de dérouler les enquêtes criminelles sur Guy Georges dans mon film sur Netflix *Les Femmes et l'Assassin*.

Face à ces mastodontes du 36, je vais dénoncer dès 1995 les méthodes critiquables du tout-puissant patron de la division nationale antiterroriste Roger Marion, qui fait tout pour les écraser, comme les services régionaux de PJ et les agents des Renseignements généraux, afin de s'arroger les succès du démantèlement des filières corses, basques ou islamistes du GIA. Si mes articles au vitriol sur le surnommé « Eagle Four » (Y gueule fort) dans *Libération* me couperont de plusieurs sources majeures chez les magistrats antiterroristes, ils renforceront aussi les liens avec ses détracteurs. Au fil des faits divers, des remises du prix du Quai des Orfèvres, des vœux des syndicats et pots de brigade, j'ai rencontré des ribambelles de poulets du 36, huiles de la direction ou ripeurs de base, patrons ou chauffeurs, commissaires ou officiers, les « obscurs et sans gloire », selon leur expression, anonymes, dont les identités n'apparaissent que sur les procès-verbaux. Désolée pour eux si j'ai surtout retenu des têtes d'affiche dans ce livre. Ainsi que l'ex-flic devenu auteur de polars chez Rivages Hugues Pagan et l'atypique capitaine Barril, ancien numéro deux du GIGN puis de la cellule élyséenne, ayant quitté la gendarmerie en 1984 et qui m'a donné bien du fil à retordre.

14 mai 2003

1. Crimes et châtiments

Le patron de la brigade criminelle de Paris a l'étoffe d'un chef d'équipe de taille XXL, mais pas le nombrilisme d'un héros solitaire. La nuit, *« le Seigneur »* du 36, quai des Orfèvres enfile plus volontiers la parka à capuche que le costard-cravate pour rejoindre ses hommes sur les lieux du crime. Il ne s'agit pas de tremper les mains dans le sang ou de résoudre à lui seul l'enquête, mais de sentir l'atmosphère des meurtres, de *« tourner, respirer, emmagasiner une masse d'infos pour essayer de comprendre »*.

Sportif, svelte et musclé, Frédéric Péchenard, 46 ans, occupe le mythique bureau 315, avec ses fauteuils en cuir avachis et ses fenêtres qui donnent sur le Pont-Neuf. Une pièce dépouillée. Trois lithographies données par sa femme, son casque de scooter, ses médailles de l'antigang et de la BRB, mais pas de photo de ses deux chérubins.

De sa dunette au-dessus de la Seine, le commissaire Péchenard plonge dans les méandres du crime universel. Chez les bourgeois de la villa Montmorency à Paris, les SDF polonais de Montreuil ou les bandits de feu Francis le Belge. Entre 50 et 60 meurtres urbains échouent à la Crim' chaque année. Pour « *aller au fond des choses* », Péchenard insuffle un « *esprit d'équipe* » à une centaine d'enquêteurs : « *On est tous liés par les affaires dramatiques, on s'agrippe.* » Simple et direct malgré son rang, le chef se présente parfois aux criminels les mains dans les poches. Ainsi face à Richard Durn, le tireur du conseil municipal de Nanterre le 27 mars 2002, qui le fixe et lui lance : « *Ça vous humilierait de me serrer la main ?* » Face-à-face glacé. « *Je n'en avais aucune envie. Je venais de ramasser les corps à la mairie, une scène pire que celle d'un attentat, huit morts, dix-neuf blessés. Mais je lui ai tendu la main pour qu'il parle…* » Richard Durn s'est livré à un officier mais s'est jeté, le lendemain, par le vasistas de la mansarde du quatrième étage. Branle-bas de combat. Persuadé de « *sauter* » de son poste, Péchenard explique à tous les pontes de la police et de la justice les générations d'assassins et de terroristes non entravés, mis en confiance avant d'avouer sous les toits, « *sans menottes aux poignets, sans lampe dans les yeux* ». Ajoutant : « *On n'est pas à Guantanamo, ici.* »

En vingt-quatre ans de police judiciaire, le divisionnaire « *déplore ce seul suicide* » en garde à vue, mais se félicite d'« *aucun coup de feu* » en opération. Péchenard n'a rien d'un cow-boy, mais rien non plus d'un pacifiste. Flic jusqu'aux dents, il ne s'apitoie pas sur le sort des voyous ou des détenus, mais sur la destinée des victimes. Fils unique d'un grand avocat d'affaires parisien, « *gaulliste de la décolonisation et biographe de Proust* », Frédéric Péchenard, qui n'a « *pas dépassé la quarantième page de* La Recherche du temps perdu », a poussé dans un hôtel particulier, entre parties d'échecs, de billard et de tennis, et rencontré les ténors du barreau, tels Mes Vergès ou Varaut. Attiré par l'armée, « *le côté sportif et défense de la patrie* », l'étudiant en droit qui dévore Alexandre Dumas fait son service dans les parachutistes, mais ne rempile pas : « *Je n'étais pas fait pour la chose militaire.* » À 24 ans, avec son DEA de droit, il endosse le costume de commissaire de police judiciaire à Paris. Pour un magistrat, « *le fils de Me Péchenard a intégré la police par réaction* » et démontré, à ses débuts à la 2e division de la PJ de Paris, en 1984, « *une fougue impétueuse dans le saute-dessus* [interpellations en flag] *et une adhésion fusionnelle* » à la police. Attraper les voleurs et faire appliquer la loi, ça lui plaît.

Mais déjà « *l'envie du 36* » le tenaille. « *Tuer quelqu'un, c'est le plus grave. Chercher les assassins, c'est une mission sacrée. À la Crim', ce ne sont pas des flics à indics. Les gars ont de la classe, du panache.* » Il entre au Quai par la petite porte des stups en 1988, passe à la Crim' comme chef de section antiterroriste, puis devient numéro deux de l'antigang. En 1993, lors de la prise d'otages de la maternelle de Neuilly par Human Bomb, le maire Nicolas Sarkozy en a imposé à Frédéric Péchenard par « *son courage à sortir des enfants de la classe face à HB bardé d'explosifs* ». En 2002, il a été impressionné au carrousel du Louvre par son nouveau ministre de l'Intérieur, et « *sa capacité à piger les problèmes ; c'est un pragmatique, un réactif, qui va réussir à faire baisser la délinquance. Il n'a pas de position de principe impossible genre "immigration zéro" et il n'hésite pas à lancer la révision de la double peine* ». Militant du conservateur Syndicat des commissaires et chiraquien sur les bords, Péchenard n'exhibe que sa carte professionnelle. Il déteste les « *attaques systématiques* » contre les policiers et ne donne pas cher de la parole des voyous. Il a manifesté en octobre 2001 après la remise en liberté du braqueur Jean-Claude Bonnal, dit « le Chinois », qui a tué trois collègues : « *J'ai une notion très claire du bien et du mal.* » Solidaire et fidèle en amitié, Frédéric Péchenard a visité en prison pendant deux ans un commissaire de l'antigang condamné injustement à ses yeux pour complicité de trafic de stups. Les mésaventures de ce dernier ont inspiré à Péchenard son roman noir[1]. Piégé par un véreux, un flic innocent se retrouve à Fleury-Mérogis et enquête sur de faux suicides de détenus. Mais la surpopulation carcérale dépeinte dans sa fiction ne l'indigne pas : « *La place des voyous et des criminels, c'est en prison.* » Même s'il pense que « *les taulards devraient être mieux traités, mais les malades aussi dans les hôpitaux* ». Fan de polars américains, amateur de théâtre et d'opéra, le commissaire

1. Frédéric Péchenard, avec Luc Jacob-Duvernet, *Piège pour un flic*, Paris, Anne Carrière, 2003.

se plonge aussi dans des ouvrages sur la Seconde Guerre mondiale et le conflit en Algérie.

Adepte des nouvelles techniques – « *l'ADN et la téléphonie sont les deux mamelles de l'enquête moderne* » –, le commissaire a poussé ses hommes, parfois rétifs, à accepter une psychologue profileuse au 36 et a œuvré à la mise en place d'un logiciel d'analyse de crimes, afin de dépister les tueurs en série. Hanté par les « *gamines égorgées de manière aussi violente que gratuite* » par Guy Georges : « *C'est horrible quand on sait que le tueur va récidiver et qu'on a le temps contre nous.* » Au bout du compte, « *c'est un métier d'historien, consigner les faits, comprendre la psychologie et ramener la preuve* ». À ses yeux, « *l'enquête criminelle parfaite* » reste l'affaire du bagagiste de Roissy, piégé avec des explosifs dans sa voiture et « *mort d'avance à cause de la pression médiatique* ». Prudent, « *contrairement à des journalistes qui se sont engouffrés dans la piste terroriste* », le commissaire mit deux équipes pour explorer deux autres hypothèses : « *Nous avons démonté la machination de sa belle-famille en quinze jours.* » Avec « *méthode et sang-froid* », un abrégé du Péchenard en action.

*

Lorsqu'en 2002 le patron de la brigade criminelle Frédéric Péchenard reçoit le nouveau ministre de l'Intérieur, et que Nicolas Sarkozy l'appelle par son prénom, le tutoie et lui demande *« des nouvelles de Chantal »*, sa mère, les enquêteurs du 36 soupçonnent ces deux-là de complicité depuis l'enfance, ce qui est le cas. Les deux hommes, dont les mères juristes *« se voyaient souvent »*, ont grandi dans la même rue Fortuny. La promotion ne tarde pas. En 2003, il endosse le costume de sous-directeur des affaires financières, monte au grade de contrôleur général puis de patron du quai des Orfèvres, *« logique, vu mon ascension au 36 »*. En revanche, Péchenard avoue qu'il n'aurait *« jamais été DGPN »*, directeur général de la police nationale, en 2007 sans l'élection de Sarkozy comme président de la République. Le désormais préfet restera à ce haut poste jusqu'à fin mai 2012 où la gauche le reléguera à la sécurité routière. Lui qui roule en scooter n'entrevoit *« pas de perspective de carrière dans la préfectorale »*, ni dans le privé. L'ex-commissaire de police et grand bourgeois qui s'est longtemps targué de ne pas militer pour un parti politique – *« Je n'ai jamais eu que ma carte professionnelle en poche et n'ai jamais été franc-maçon »* – se lance alors en politique, aux municipales de 2014, sur la liste de Brigitte Kuster, la maire UMP du XVIIe arrondissement où il habite. Chef de campagne de Nicolas Sarkozy qui brigue la tête de l'UMP, le voilà après sa victoire directeur général de l'UMP bientôt rebaptisé Les Républicains. Conseiller de Paris depuis fin 2015, Frédéric Péchenard est vice-président du conseil régional d'Île-de-France chargé de la sécurité et de l'aide aux victimes. Mais continue à venir à la remise du prix du Quai des Orfèvres au 36, rue du Bastion, dans le XVIIe, comme à répondre gentiment aux interviews sur de vieilles affaires criminelles pour la série de France 2 *Insoupçonnable* adaptée de mon livre *Le Grêlé. Le tueur était un flic* en 2024 ou à côtoyer les poulets de ses belles années flic.

11 mai 1995

2. Marion, foudre de la guerre des polices

Protégé de Pasqua, le chef de la lutte antiterroriste est contesté par ses pairs.

Sous le règne de Charles Pasqua, place Beauvau, le commissaire divisionnaire Roger Marion, 48 ans, chef de la lutte antiterroriste, a habilement manœuvré pour se rendre indispensable, incontournable, voire indéboulonnable. Son côté franc-tireur, qui l'amène à emprunter des traverses politiques au lieu de se cantonner aux techniques policières, a insupporté ses supérieurs hiérarchiques, d'abord Jacques Genthial, qui l'a nommé en 1990 sous les socialistes, puis Jacques Franquet. Les services qui travaillent sur la même matière explosive l'accusent de « *vampiriser* » les affaires, et d'avoir contribué à l'éviction de trois collègues au Pays basque. En revanche, les conseillers du cabinet Pasqua et deux magistrates de l'antiterrorisme ne jurent que par « *ce grand professionnel et bon procédurier* ».

Patron de la 6e division de la Direction centrale de la police judiciaire (DCPJ), qui réprime « *les atteintes à la sûreté de l'État et les menées subversives* », Roger Marion joue ses dossiers sensibles comme des atouts : les bombes imputées à Carlos, l'explosion du DC10 d'UTA en Afrique, les attentats des nationalistes basques et corses, le détournement d'un Airbus d'Air France à Alger ou les réseaux islamistes en France. Ces affaires aux confins de la diplomatie ont suscité la convoitise de Charles Pasqua. C'est ainsi que le commissaire de « la 6 » a gagné ses entrées auprès de son conseiller en diplomatie, Bernard Guillet, et de son homme de l'ombre, l'ex-sous-brigadier Daniel Léandri, chargé de la Corse et de la police. Marion a été introduit au cabinet de Charles Pasqua à l'automne 1993 par la conseillère juridique du ministre, Annie Grenier, ancienne juge d'instruction très liée à la juge Laurence Le Vert et à Irène Stoller, substitute de la 14e section spécialisée du parquet de Paris. Pendant deux ans, la juge Le Vert et le commissaire Marion ont usé d'une poigne de fer pour les Basques et d'un gant de velours pour les Corses. Côté basque, Roger Marion revendique la paternité de « *belles affaires* », notamment la découverte – le 14 septembre 1994 – d'une fabrique d'explosifs à Mouguerre (Pyrénées-Atlantiques), et l'arrestation à Toulon (Var) – le 17 novembre – de « Mobutu », bras droit présumé du chef des commandos armés d'ETA. Dans un cas, il oublie l'initiative de la Police de l'air et des frontières (PAF, devenue depuis la DICCILEC) d'Hendaye, dans l'autre, les Renseignements généraux (RG). Compétent sur l'ensemble du territoire, le patron de « la 6 » travaille en général avec la PJ locale, qui s'accommode mal de son omniprésence.

Craint pour ses « *gueulantes* » légendaires, Marion en a piqué une à Toulon, le jour où « Mobutu » a été arrêté. Ses récriminations visaient les observateurs de la Guardia Civil, auxquels il a interdit l'accès à la photocopieuse de peur que « *les Espagnols ne fassent des doubles des procès-verbaux* ». À Paris, ses critiques ont été relayées par la juge Le Vert et la substitute Stoller.

Membres de la section antiterrorisme depuis sa création, en 1986, par le magistrat Alain Marsaud, actuel député RPR de Haute-Vienne, elles « *en ont marre de couvrir les agissements des gardes civils qui enquêtent sur le sol français* ». Si les Espagnols ont outrepassé leurs droits dans l'Hexagone, nul à Paris ne l'a dénoncé publiquement. Roger Marion sait pourtant que les polices françaises et espagnoles opèrent de concert (sous réserve pour les étrangers de n'assister ni aux perquisitions ni aux mises sous scellés). N'entretient-il pas des contacts étroits avec Angel Guerrero-Lucas, émissaire de Madrid pour les questions basques ? Après la bisbille liée à l'affaire de Toulon, trois commissaires PJ et RG de Bayonne et de Bordeaux ont été « *dégagés sur-le-champ* » par Charles Pasqua. Pour les policiers de l'antiterrorisme, ces mutations d'office sont le résultat de « *règlements de comptes personnels du collègue Marion* ».

Côté Corse, le commissaire Marion et la juge Le Vert ont été moins répressifs, en particulier dans le dossier de Spérone, où des membres présumés du FLNC-Canal historique s'apprêtaient à faire sauter un complexe touristique au sud de l'île. Le commando a ouvert « *un feu nourri* » sur les policiers du RAID et du SRPJ d'Ajaccio, avant de « *se rendre dans l'honneur* », le 27 mars 1994. Soixante bouteilles de gaz butane, cinquante kilos d'explosifs, dix fusils d'assaut et dix armes de poing ont été saisis dans leurs voitures. Quatorze personnes ont été écrouées pour, notamment, « *tentative de destruction de biens immobiliers en bande organisée, tentatives d'homicides volontaires, et reconstitution de ligue dissoute* ». Au cours d'une conférence de presse clandestine, le 14 novembre 1994, le FLNC-Canal historique a annoncé une trêve en échange d'un geste en faveur de ses prisonniers « *d'ici à la fin de l'année* ». Quelques semaines plus tard, la juge Le Vert, qui a l'habitude de laisser de longs mois « au trou » les Bretons ayant simplement hébergé des Basques, remet des Corses en liberté : deux le 6 décembre 1994, un le 23 décembre, un le 27 janvier 1995 et quatre le 14 avril. D'autres avaient été relâchés avant. Il en reste aujourd'hui deux en prison. Tant le commissaire Marion que la juge Le Vert n'ont eu de cesse de taxer de « *bâclée* » la procédure des commissaires Mireille Ballestrazzi, du SRPJ d'Ajaccio, et Ange Mancini, à l'époque sous-directeur des affaires criminelles à Paris.

La lutte d'influence que se livrent les différents services de lutte antiterroriste s'est accentuée depuis que Marion a l'oreille des deux magistrates et des trois conseillers de Pasqua. Surnommé « *le coucou – l'oiseau qui fait ses œufs dans le nid des autres* » par ses détracteurs, le commissaire Marion met sur le compte de « *jalousies dues à ses excellents résultats* » le front commun des RG, de la PJ, de l'UCLAT (Unité de coordination de la lutte antiterroriste) et de la DST (Direction de la surveillance du territoire) qui s'opposent « *à ses pratiques et à son comportement* ». « *Le propre des parallèles est de ne jamais se rencontrer* », rétorque-t-il à ceux qui lui reprochent de tirer la couverture à lui et de gripper la machine. Comment voit-il l'issue de cette guerre des polices ? « *Les vainqueurs seront ceux qui obtiennent des résultats.* » En attendant, le SRPJ de Marseille, qui enquête sur le détournement de l'Airbus d'Alger, et la brigade criminelle de Paris, qui a démantelé un réseau de soutien aux maquis algériens (78 mises en examen par le juge Jean-Louis Bruguière), sont furieux d'être traités de « *mauvais* » par Marion et ses proches, malgré leurs succès.

Avec seize ans de PJ, Marion est pourtant loin d'être irréprochable. Ses méthodes musclées, du temps où il dirigeait la Crim' de Marseille, ont été dénoncées par le docteur Jean Chouraqui, que la cour d'assises a acquitté lors du procès des cliniques. À l'audience du 3 décembre 1994, Chouraqui a raconté les « *coups de bottin reçus en silence* » pendant sa garde à vue : « *Le commissaire Marion voulait impérativement que j'avoue le meurtre de Léonce Mout* », directeur de la polyclinique Nord, pour lequel il comparaissait. Son ancien supérieur, Jacques Genthial, s'est lui-même senti « *trahi* » le 11 janvier 1993, quand Roger Marion l'a « *court-circuité* » en déjeunant avec le secrétaire d'État à la Sécurité espagnole Rafaël Vera, juste avant sa visite officielle au ministre socialiste de l'Intérieur Paul Quilès. Laurence Le Vert et Irène Stoller étaient à leur table. Ce manquement lui a valu quinze jours de congés forcés.

Lors de l'opération anti-islamiste « Chrysanthèmes », le 9 novembre 1993 en Île-de-France, le patron de « la 6 » a également mis des bâtons dans les roues à son subordonné Patrick Robert, qui avait constaté des irrégularités dans la perquisition menée chez Moussa Kraouche, ancien porte-parole du Front islamique du salut (FIS) en France. Patrick Robert a été convoqué chez le juge d'instruction Roger Le Loire, chargé du dossier, qui n'a pas apprécié que ses supérieurs – dont Marion – lui interdisent de répondre à ses questions. L'inspection générale de la police nationale a elle-même jugé « *regrettable que sa hiérarchie* [celle de Robert] *ne se soit pas livrée aux vérifications* » qui s'imposaient. Enfin, il y a les conditions de garde à vue dans les locaux de « la 6 ». Le 8 novembre 1994, Ali Besam, complice présumé d'activistes islamistes algériens, s'évade alors qu'il était attaché à un radiateur avec des menottes. Le parquet découvre que le service du commissaire Marion entrave ses suspects aux pieds des bureaux ou au chauffage. Du coup, des anneaux, réservés aux interpellés, sont fixés aux murs – « *un traitement dégradant* », selon la Cour de justice européenne. N'empêche, trois jours avant le second tour de la présidentielle augurant du départ de Charles Pasqua, le « *divisionnaire* » Roger Marion a été récompensé par un galon supplémentaire (« *échelon fonctionnel* »), pour ses bons et loyaux services.

*

Durant la campagne d'attentats du GIA – groupe islamique armé – en France, l'été 1995, Roger Marion, alias « Eagle Four » (y gueule fort), piétine à nouveau les terres de la brigade criminelle de Paris et de la police judiciaire de Lyon qui se voit rafler sur une voie de TGV un engin explosif intact qui révélera les empreintes digitales de Khaled Kelkal… au commissaire hégémonique. Si le démantèlement de cette équipe de terroristes a été le résultat d'un travail collectif des RG qui, en surveillance sur *« un réseau dormant »* à Lille, ont fourni un tuyau en or sur l'achat d'une bouteille de gaz, c'est Roger Marion qui s'arroge le succès et s'érige en vainqueur de la guerre contre les poseurs de bombes algériens. Le divisionnaire remporte du même coup la victoire dans la guerre des polices qui avait obligé le président de la République à menacer de *« couper des têtes »*. Après le dénouement, ce sont deux sommités de la PJ, Claude Cancès, patron du quai des Orfèvres, à Paris, et Ange Mancini, numéro trois de la PJ nationale, d'un rang bien supérieur au chef de la 6e division, qui sont décapitées. *« Roger Marion a eu la peau des meilleurs »*, accusent alors ses ennemis, encore plus nombreux. En interne, plus de la moitié de ses troupes qui se sentent *« tyrannisées »* par ce patron intraitable déposent, en janvier 1997, des demandes massives de mutation. Le ministère de l'Intérieur continue à le soutenir inexorablement. En mai 1999, Jean-Pierre Chevènement sable le champagne avec Marion, tombeur autoproclamé des membres du commando ayant assassiné le préfet Érignac à Ajaccio. Mais, pour se dédouaner d'un loupé de taille, son ratage du tireur désigné Yvan Colonna, l'incontrôlable « Eagle Four » accuse en vrac l'ex-directeur de la PJ d'Ajaccio et les RG d'avoir balancé des infos. Cette fois-ci, ses méthodes et ses médisances vont lui revenir comme en boomerang. Cible de deux rapports parlementaires sur la Corse, Roger Marion, patron de la rebaptisée Division nationale antiterroriste (DNAT), est mis à l'écart en 2002 par Nicolas Sarkozy arrivé place Beauvau et orienté vers une carrière préfectorale. Affecté en 2006 à l'Inspection générale de l'administration, Roger Marion est préfet honoraire depuis 2013.

25 novembre 1997

3. Ex-Flic Story

Hugues Pagan, 50 ans, ex-inspecteur divisionnaire, s'est reconverti dans le polar pour se guérir de ses années flic.

C'est un type déglingué, désespéré, cassé, échappé du monde des vivants que la police a essoré, blessé, fait enrager, envoyé dans l'antichambre de la mort. L'homme a plongé ses cauchemars dans l'encre noire « *pour éviter de se fumer* », de se tirer une balle dans la tête. L'écriture comme thérapeutique. Et le flic pour nourriture (du roman). À 50 ans, Hugues Pagan, ex-inspecteur divisionnaire (« *i.d.* »), publie son neuvième polar (*Dernière station avant l'autoroute*, éditions Rivages), fuit la poulaille comme la peste – « *J'ai tiré vingt-cinq ans ferme, ça suffit !* » –, et dépeint « *l'Usine* » en institution dévoyée. À la façon de James Ellroy avec le LAPD de Los Angeles, Hugues Pagan éclaire au néon des policiers corrompus qui « *font* du *gras* », des commissaires qui « *mangent* » et truquent les statistiques ou des « *tuniques bleues* » (gardiens de la paix en uniforme) qui traquent les malheureux étrangers en situation irrégulière (ESI) pour alimenter en « *crânes* » ou en « *bâtons* » les chiffres des « *tauliers* ».

Au bout d'une enfance en Algérie entre un père postier officier de réserve et une mère institutrice directrice d'école, le garçon décroche le bac à 16 ans, puis trois licences (socio, psycho, philo) et une maîtrise. Pour payer ses études, il joue au poker dans les tripots et tire les « *photos de cul* » de gens de Nancy. Hugues Pagan est professeur de philo à 20 ans. Inspecteur de police à 25. Il y entre en 1972 « *par conviction, pour se rendre utile, sauver la veuve et l'orphelin* », mais aussi « *pour "être au centre des choses", selon une réplique de l'un des justes de Camus* ». Il déchante dès le premier jour quand son patron l'accueille par un « *Vous avez acquis le droit de fermer votre gueule* ». Il passe quatre ans à la Criminelle de Dijon, autant aux RG de Belfort. Et, sous l'égide de Cioran qu'il cite sur la page de garde (« *Toute existence est, nécessairement, un processus de décomposition* »), il profite de son job d'enseignant à l'école des inspecteurs de Cannes-Écluse – « *une inanité* » – pour rédiger en 1980, sous Giscard d'Estaing, « *avec la machine Olympia et le papier pelure de l'Usine* » une *Mort dans une voiture solitaire* où il ne manifeste strictement aucune complaisance vis-à-vis de la police. En 1986, le passage du flic en exercice à *Apostrophes* fait tousser les patrons, « *les blaireaux* », et ravit les subalternes, les « *chaouches* ». Pour écrire le jour, Pagan devient chef de la nuit à la 4e division de police judiciaire de la rue de Charenton, avec pour territoire les XIe, XIIe et XXe arrondissements de Paris. Un univers obscur où « *on est "désheuré", où tout tend à la tragédie, où se passent des choses intimes, car si le jour il y a une espèce de quant-à-soi, la nuit les gens se déboutonnent* ». Toxicos et dealers, putes et voyous, misères et souffrances, le divisionnaire brûle l'argent des vendeurs de came de l'îlot Chalon pendant que d'autres « *prennent le pognon pour s'acheter des BMW et des motos* », règle mauresques et couscous « *chez Saïd* » quand beaucoup « *cantinent* » (« *paient 50 balles mais boivent pour 500* »), et ne se fait « *jamais tailler une lance en douce* » par les « *chandelles* » (prostituées) du cours de Vincennes. « *Comme prince de la Street, je me trouvais assez seigneur* », dit le héros loser de *Dernière station* taillé à son image. Pour un commissaire, l'inspecteur atypique n'a « *pas de mérite à être incorruptible* », lui qui peut « *sortir un bouquin s'il a besoin d'argent* ». Pour Pagan, c'est une question de principe : « *Flic ou voyou, pas les deux. Au fond, je souffrais d'une morale exubérante, c'est pour ça que j'ai pas fait carrière, j'étais trop orgueilleux pour me compromettre.* » Et puis, Pagan a perdu « *son âme* ». Confession de son narrateur : « *Je l'ai paumée à force de trop de morts, de nuits blanches et de café.* » Surtout, à cause de la catastrophe ferroviaire de la gare de Lyon. Treize heures passées à identifier quarante-cinq cadavres déchiquetés, le soir du 27 juin 1988, l'inspecteur a déjanté. Des années plus tard, Pagan a comblé le trou noir qui hantait ses nuits, a exorcisé les démons de la gare de Lyon sur 150 pages. Pour en conserver treize dans le chapitre 13, « *chiffre de la mort, dans les arcanes majeurs* ». Dans « *l'odeur du sang et celle des excréments, par-dessus les relents de la graisse à machine, du graphite et du métal chauffé à blanc* », le divisionnaire avec une poignée de gars a dû ouvrir les bâches, examiner les corps, fouiller les vêtements, enlever les bijoux, vider les poches, avant d'envoyer les dépouilles à l'Institut médico-légal, « *l'étage des morts* ». Le flic écrivain se rappelle la petite fille « *si blanche, si froide, si nue* » qui revient dans ses rêves glacés, « *certainement pas une gosse de riches* », et son extrême souffrance à lui « *en refermant cette bâche si légère* ». Dans

Dernière station, on lit : « *De toute mon existence, je garderai la conviction intime que si, à cet instant, j'avais pu ressentir tant de douleur impuissante, une telle intensité de chagrin et désolation, c'était bien là une preuve qu'il s'en était fallu de bien peu que je fusse quelqu'un de fréquentable.* » Pagan pète les plombs, arrache dans la folie le doigt d'une femme pour ôter sa bague. Et quand, « *penché sur un thorax éviscéré, sanguinolent et vide comme de la viande de boucherie* », à côté « *des pièces détachées livrées en vrac dans des grands sacs poubelle de cent litres* », un gardien de la paix lui demande « *la jambe à Hannoun* » pour l'hôpital Saint-Antoine, l'inspecteur enrage contre le malheureux, « *fourgonne à main nue* » dans le premier sac venu, et lui flanque dans les bras une jambe d'homme prise au hasard, « *comme un instructeur exaspéré remet une arme d'épaule à un subordonné subitement frappé de crétinisme* ». Le membre en bandoulière « *comme un fusil automatique* », le gardien pleure sans bruit. Et l'inspecteur finit « *son voyage au bout de sa sale nuit* » complètement zombie. Tentative de suicide. Congé longue maladie. À son retour, le « *prince de la nuit* » est envoyé en commissariat de jour, « *placardé à la Roquette comme si j'avais démérité* ». Après le choc de la gare de Lyon, l'inspecteur ne supporte pas la « *mutation sanction* ». Dix-huit mois sur le fil. Pagan, qui avait « *rêvé d'une police où les flics arrêteraient de tailler des pipes aux gros et aux riches, de latter les pauvres et les laissés-pour-compte, où les commissaires ne se sucreraient plus sur les expulsions et les vacations funéraires* », n'arrive plus à se retrancher derrière « *des menteries de flics* », à vivre « *de médiocres accommodements* ». Il conclut : « *Les énigmes avaient cessé de me fasciner, celles des autres aussi bien que les miennes.* » En « *baltringue* » que rien ne peut plus atteindre, le « *guignol au bout du rouleau* » travaille donc à Bastille au côté de « *Monseigneur* », un flic juge de paix et roi du bizness qui, malgré sa Jaguar bon marché et ses méthodes particulières, n'est pas tout à fait un salaud. En avril 1991, Pagan claque à jamais la porte de « *l'Usine* » pour broder du noir autour de personnages et d'histoires qui, sans cynisme, sont loin d'être nées dans le seul « *cerveau fertile et dérangé de l'auteur* ».

Hugues Pagan, 50 ans, ex-inspecteur divisionnaire, s'est reconverti dans le polar pour se guérir de ses années flic.

Ex-Flic Story

Hugues Pagan en 9 dates
1947 Naissance à Orléansville (Algérie).
1967 Prof de philo à Gérardmer (Vosges).
1972 Inspecteur de police (Nancy, Belfort, etc.).
1980 Premier polar: «la Mort dans une voiture solitaire».
1986 Chef de la nuit rue de Charenton à Paris XIIe Edition de «Last' Affair».
1988 Catastrophe gare de Lyon. Mutation d'office au commissariat de la Roquette.
1991 Départ de la police. Sortie de «l'Etage des morts».
1993 «Tarif de groupe», éditions Rivages/Thriller.
1997 «Dernière Station avant l'autoroute».

C'est un type déglingué, désespéré, cassé, échappé du monde des vivants que la police a essoré, blessé, fait enragé, envoyé dans l'antichambre de la mort. L'homme a plongé ses cauchemars dans l'encre noire *«pour éviter de se fumer»*, de se tirer une balle dans la tête. L'écriture comme thérapeutique. Et le flic pour nourriture (du roman). A 50 ans, Hugues Pagan, ex-inspecteur divisionnaire («i.d.»), publie son neuvième polar (*Dernière Station avant l'autoroute* éditions Rivages), fuit la poulaille comme la peste – *«j'ai tiré vingt-cinq ans ferme, ça suffit!»* –, et dépeint «l'Usine» en institution dévoyée. A la façon de James Ellroy avec le LAPD de Los Angeles, Hugues Pagan éclaire au néon des policiers corrompus qui *«font du gras»*, des commissaires qui *«mangent»* et truquent les statistiques ou des «tuniques bleues» (gardiens de la paix en uniforme) qui traquent les malheureux étrangers en situation irrégulière (ESI) pour alimenter en *«crânes»* ou en *«bâtons»* les chiffres des *«tauliers»*.

Au bout d'une enfance en Algérie entre un père postier-officier de réserve et une mère institutrice-directrice d'école, le garçon décroche le bac à 16 ans, puis trois licences (socio, psycho, philo) et une maîtrise. Pour payer ses études, il joue au poker dans les tripots et tire les «photos de cul» de gens de Nancy. Hugues Pagan est professeur de philo à 20 ans. Inspecteur de police à 25. Il y entre en 1972 *«par conviction, pour se rendre utile, sauver la veuve et l'orphelin»*, mais aussi *«pour "être au centre des choses" selon une réplique de l'un des justes de Camus»*. Il déchante dès le premier jour quand son patron l'accueille par un *«Vous avez acquis le droit de fermer votre gueule»*. Il passe quatre ans à la «criminelle» de Dijon, autant aux RG de Belfort. Et sous l'égide de Cioran qu'il cite sur la page de garde (*«Toute existence est, nécessairement, un processus de décomposition»*), il profite de son job d'enseignant à l'école des inspecteurs de Cannes-Ecluse – *«une inanité»* – pour rédiger en 1980, sous Giscard d'Estaing, *«avec la machine Olympia et le papier pelure de l'Usine»* une *Mort dans une voiture solitaire* où il ne manifeste strictement aucune complaisance vis-à-vis de la police. En 1986, le passage du flic en exercice à *Apostrophes* fait tousser les patrons, *«les blaireaux»*, et ravit les subalternes, les *«chaouches»*. Pour écrire le jour, Pagan devient chef de la nuit à la 4e division de police judiciaire de la rue de Charenton, avec pour territoire les XIe, XIIe et XXe arrondissements de Paris. Un univers obscur où *«on est "désheuré" où tout tend à la tragédie, où se passent des choses intimes, car si le jour il y a une espèce de quant-à-soi, la nuit les gens se déboutonnent»*. Toxicos et dealers, putes et voyous, misères et souffrances, le divisionnaire brûle l'argent des vendeurs de came de l'îlot Châlon pendant que d'autres *«prennent le pognon pour s'acheter des BMW et des motos»*, règle mauresques et couscous *«chez Saïd»* quand beaucoup *«cantinent»* (*«payent 50 balles mais boivent pour 500»*) et ne se fait *«jamais tailler une lance en douce»* par les *«chandelles»* (prostituées) du cours de Vincennes. *«Comme prince de la Street, je me trouvais assez seigneur»*, dit le héros looser de *Dernière Station* taillé à son image. Pour un commissaire, l'inspecteur atypique n'a *«pas de mérite à être incorruptible»*, lui qui peut *«sortir un bouquin s'il a besoin d'argent»*. Pour Pagan, c'est une question de principe : *«Flic ou voyou, pas les deux. Au fond, je souffrais d'une morale exubérante, c'est pour ça que j'ai pas fait carrière, j'étais trop orgueilleux pour me compromettre.»* Et puis, Pagan a perdu *«son âme»*. Confession de son narrateur : *«Je l'ai paumée à force de trop de morts, de nuits blanches et de café.»* Surtout, à cause de la catastrophe ferroviaire de la gare de Lyon. Treize heures passées à identifier quarante-cinq cadavres déchiquetés, le soir du 27 juin 1988, l'inspecteur a déjanté. Des années plus tard, Pagan a comblé le trou noir qui hantait ses nuits, a exorcisé les démons de la gare de Lyon sur 150 pages. Pour en conserver 13 dans le chapitre 13, *«chiffre de la mort, dans les arcanes majeures»*. Dans *«l'odeur du sang et celle des excréments, par-dessus les relents de la graisse à machine, du graphite et du métal chauffé à blanc»*, le divisionnaire avec une poignée de gars a dû ouvrir les bâches, examiner les corps, fouiller les vêtements, enlever les bijoux, vider les poches, avant d'envoyer les dépouilles à l'Institut médico-légal, *«l'étage des morts»*. Le flic-écrivain se rappelle de la petite fille *«si blanche, si froide, si nue»* qui revient dans ses rêves glacés, *«certainement pas une gosse de riches»* et de son extrême souffrance à lui *«en refermant cette bâche si légère»*. Dans *Dernière Station*, on lit : *«De toute mon existence, je garderai la conviction intime que si, à cet instant, j'avais pu ressentir tant de douleur impuissante, une telle intensité de chagrin et désolation, c'était bien là une preuve qu'il s'en était fallu de bien peu que je fusse quelqu'un de fréquentable...»* Pagan pète les plombs, arrache dans la folie le doigt d'une femme pour ôter sa bague. Et quand, *«penché sur un thorax éviscéré sanguinolent et vide comme de la viande de boucherie»*, à côté *«des pièces détachées livrées en vrac dans des grands sacs poubelles de cent litres»*, un gardien de la paix lui demande *«la jambe à Hannoun»* pour l'hôpital Saint-Antoine, l'inspecteur enrage contre ce malheureux, *«fourgonne à main nue»* dans le premier sac venu, et lui flanque dans les bras une jambe d'homme prise au hasard *«comme un instructeur exaspéré remet une arme d'épaule à un subordonné subitement frappé de crétinisme»*. Le membre en bandoulière *«comme un fusil automatique»*, le gardien pleure sans bruit. Et l'inspecteur finit *«son voyage au bout de la sale nuit»* complètement zombie. Tentative de suicide. Congé longue maladie. A son retour, le *«prince de la nuit»* est envoyé en commissariat de jour, *«placardé à la Roquette comme si j'avais démérité»*. Après le choc de la gare de Lyon, l'inspecteur ne supporte pas la *«mutation-sanction»*.

> **«Penché sur un thorax éviscéré, sanguinolent et vide comme de la viande de boucherie.»**

Dix-huit mois sur le fil. Pagan qui avait *«rêvé d'une police où les flics arrêteraient de tailler des pipes aux gros et aux riches, de latter les pauvres et les laissés-pour-compte, où les commissaires ne se sucreraient plus sur les expulsions et les vacations funéraires»*, n'arrive plus à se retrancher derrière *«des menteries de flics»*, à vivre *«de médiocres accommodements»*. Il conclut : *«Les énigmes avaient cessé de me fasciner, celles des autres aussi bien que les miennes.»*

En «baltringue» que rien ne peut plus atteindre, le *«guignol au bout du rouleau»* travaille donc à Bastille aux côtés de «Monseigneur», un flic juge de paix et roi du bizness qui, malgré sa Jaguar bon marché et ses méthodes particulières, n'est pas tout à fait un salaud. En avril 1991, Pagan claque à jamais la porte de «l'Usine» pour broder du noir autour de personnages et d'histoires qui, sans cynisme, sont loin d'être nées dans le seul *«cerveau fertile et dérangé de l'auteur»* ●

PATRICIA TOURANCHEAU
photo TINA MERANDON

*

Après *Dernière station avant l'autoroute* qui lui a valu le Grand Prix de littérature policière, le flic romancier nous a laissés en rade pour scénariser des séries policières télévisées (*Police District*, *Un flic*, *Mafiosa*, *Nicolas Le Floch*), puis revient aux origines vingt ans plus tard en 2017 avec *Profil perdu*, chez Rivages, son dixième livre : *« Il m'obsédait. Un matin de 2016, je me suis dit qu'il ne me restait peut-être plus beaucoup de temps pour l'écrire et pour dire la vérité. Il y avait urgence »*, confie au *Monde* l'écrivain sur ses vieux jours, à la fois noir et mélancolique. Ressurgit alors son alter ego et son miroir, l'inspecteur divisionnaire Schneider, *« mort le jour où la femme qu'il aimait l'a quitté. Pagan pareil. Après, il a survécu. Cela peut paraître romantique, idiot. Je ne veux pas faire de mélo. Le fait d'être mort ne me dérange pas »*. Son double, antihéros cabossé et désabusé, pianiste de blues, ancien para, le regard délavé par tant de souffrances vues et vécues, obsédé par des fantômes féminins, réapparaît en 2022 en chef de groupe de la Crim' dans *Le Carré des indigents* dans sa ville natale en 1973, l'année où l'alias Hugues Pagan a obtenu son concours d'inspecteur de police qu'il quittera avec fracas dix-huit ans plus tard pour replonger dans l'écriture. C'est ce qui lui va le mieux.

3 février 1996

4. La Dame du quai des Orfèvres

À 46 ans, Martine Monteil est la première femme à prendre en main la brigade criminelle, la fameuse Crim' du quai des Orfèvres. Itinéraire d'une femme flic au-dessus de tout soupçon.

« *Je n'ai pas envie de poser à cheval, comme des photographes ont osé me le demander. Je ne suis ni une star de cinéma ni une chanteuse de variété. Je suis flic.* » Martine Monteil est en pétard. Elle est commissaire divisionnaire, pas ballerine de l'Opéra. Mais son travail dans cette « *maison* » équipée de « *gommes à effacer le sourire* » (matraques) ne lui ôte pas pour autant le sien. Son charme reste une arme paradoxale dans sa chasse aux dealers, voyous, maquereaux et criminels. À 46 ans, la blonde pétulante et pète-sec, en tailleur et foulard griffés, est propulsée patronne de la brigade criminelle. Ce joyau du 36, quai des Orfèvres échoit à l'une des « *trois grâces* » de la première génération de femmes commissaires – avec Mireille Ballestrazzi et Danièle Thierry –, toutes trois starisées par leurs supérieurs, de gauche comme de droite, pour redorer l'image de la police. Le 1er février, Martine Monteil a posé sur le bois du prestigieux bureau 315 sa boussole, sa loupe et son inséparable lampe – cadeau de son cow-boy de père – qui a pour pied un Mauser. Elle a aussi emporté de la Brigade de répression du banditisme (BRB) un violon miniature, souvenir de son affaire des mille violons, kidnappés par un receleur et restitués aux victimes, lors d'une exposition à l'hôtel Drouot. Elle n'a pas oublié son narguilé, témoin de son septennat 1982-1989 aux stups à Paris, « *des années lourdes* ».

Fille d'un inspecteur de l'antigang qu'elle refuse d'évoquer et petite-fille d'un gardien de la paix, Martine Monteil est remarquée dès ses premiers pas dans la police judiciaire. On est en 1977. Elle vient de rencontrer son futur mari sur les bancs de l'école des commissaires, tout juste ouverte aux femmes. Elle se retrouve en stage dans un quartier de Paris. Trois femmes ont été violées et tuées dans des voitures garées en sous-sol. La flic en herbe s'escrime à remonter le fil, plutôt retors. Elle se retrouve face à « *l'étrangleur des parkings* » : « *Avec les collègues, il est resté muet, renfermé, agressif, muré. J'essaie de lui parler de sa famille, de sa vie, de tas de choses. Je lui montre des photos de son fils. En fait, je soliloque. Il ne me regarde jamais en face. Il ne dit pas un mot. Cela dure des heures. Puis, je réussis à déclencher un dialogue. Tout à coup, il se met à parler, tant et plus, comme une libération. L'homme me raconte ses pulsions, ses viols, ses meurtres, avec une foule de détails, pas du tout bloqué vis-à-vis d'une femme.* » L'inconditionnelle du professeur Yves Roumajon, expert psychiatre aux assises, venait d'entrer sans effraction dans la tête d'un criminel sexuel.

Après son stage, Martine Monteil fait ses classes comme commissaire de quartier à Saint-Thomas-d'Aquin (VIIe arrondissement), puis à Bel-Air (XIIe). La pionnière quitte cette fonction de « *juge de paix* » et endosse la tenue de chasseur de drogue : « *J'ai besoin de faire des affaires, lancée à fond, à 200 à l'heure.* » Sur le terrain de jour comme de nuit, Martine Monteil enchaîne planques et filoches. Pour remonter la filière tamoule, Monteil et ses hommes passent des journées entières dans les « sous-marins » (camions aménagés pour les surveillances avec des vitres sans tain) à observer « *des petites fourmis qui entrent et sortent d'immeubles par grappes avec des pochons plastique, et qui, à nos yeux, se ressemblent toutes* », et puis à attendre la « *grosse livraison* », quarante-huit heures, collée au cul d'une voiture, en banlieue. Enfin, « *en une demi-seconde, un gros colis jeté de la bagnole sur le toit d'une maison, dix kilos d'héroïne dans une boîte de couches-culottes* ». Après, il y a eu la remontée de l'argent sale des Tamouls vers le pays, pour payer la guerre. L'univers de la drogue est psychiquement éprouvant. Même pour les policiers : « *Au quotidien, c'est dur, les tox indics essaient de nous embarquer dans leur spirale. Et on cherche malgré tout à comprendre leur descente aux enfers. Pour l'une d'entre eux, Pascale, je suis restée un point d'ancrage et, sans qu'elle le sache, le trait d'union avec ses parents. Elle a accepté de se faire soigner. Elle, la loque sale, le squelette ambulant, est revenue de la cure, belle, en bonne santé. Vraiment un bonheur. Après un chagrin, elle a rechuté un jour, avec une superdose. Elle a fait le choix de la mort. Aux stups, on a beaucoup pris sur nous de ce mal-être des toxicos, sans bien nous en rendre compte.* »

Octobre 1989. Pour couper court aux suspicions récurrentes sur les patrons de la Mondaine, la Brigade de répression du proxénétisme, le préfet de police de

Paris en confie les rênes à Martine Monteil. « *Au moins avec une femme, il n'y aura plus ces rumeurs sur le racket des hôtels de passe, ces accusations de maquereaux ! En plus, elle a de la tenue et de la rigueur* », confie alors le préfet Verbrugghe. La nouvelle patronne commence par s'attaquer au propriétaire de vingt-cinq studios de prostitution rues Saint-Denis et Blondel. Elle fait plonger au passage, pour complicité de proxénétisme hôtelier, l'inspecteur P., numéro trois de la Mondaine, qui rencardait le caïd. En mars 1992, Martine Monteil croise le fer avec Madame Claude. À 69 ans, celle-ci a remonté un réseau de call-girls, comme dans le temps, « *elle était tombée fiscalement, jamais pénalement, c'était ça le défi* ». En garde à vue, ne perdant pas ses manières de maquignon, la mère maquerelle ne peut s'empêcher de déshabiller du regard la femme flic – « *Quelle classe, quelle élégance !* » jauge-t-elle avant d'être envoyée dans une maison très, très close. Le mythe de la « *vie rose* » des filles de Madame Claude, comparé à l'abattage des tapineuses, insupporte tellement Martine Monteil qu'elle dénonce alors à la presse « *cet esclavagisme de luxe* » : « *Ces filles sont modelées et drivées comme du cheptel. Et toutes ne deviennent pas actrices ou princesses.* » Sans rancune, Madame Claude vient d'applaudir à la promotion de Martine Monteil à la Crim' sur RTL : « *C'est quelqu'un de bien, cette femme, et pour que je dise cela d'un poulet, moi...* »

Il y a dix-huit mois, la commissaire divisionnaire est dépêchée à la BRB. Elle est, bien sûr, là pour lutter contre le grand banditisme, mais aussi pour remettre de l'ordre dans les rangs des 125 gars. La brigade est déstabilisée après la chute du commissaire Féval, numéro deux de la BRB, qui a tuyauté le tenancier de sa cantine préférée, *Les Muses*, par ailleurs trafiquant de cocaïne, sur l'enquête de l'Office des stups à son sujet. Aujourd'hui, voilà Martine Monteil chargée de redonner ses lettres de noblesse à la brigade criminelle. Si les limiers de la PP (préfecture de police) ne sont pas peu fiers de leur « *grande flic* » qui se « *mouille le chemisier* » et « *défend ses gars* », des jaloux du ministère de l'Intérieur mettent son ascension sur le compte de son « *côté RPR bon teint et femme carriériste* ». Mais, surtout, depuis la vague d'attentats de l'été 95, la Crim' n'est pas au mieux, vaincue dans la guerre des polices et soumise à un tir tendu de la justice. Maîtresse dans l'art d'arrondir les angles, mais aussi capable de « *mettre les choses d'équerre* », la commissaire Monteil a pour mission de retisser les liens distendus avec les magistrats antiterroristes et de relancer les enquêtes sur les bombes à Paris. Quitte à donner un coup de torchon dans sa nouvelle maison.

*

Élue « femme de l'année » par le magazine *Biba* en 1990, la commissaire divisionnaire atteint le *nec plus ultra*, la Crim', en 1996. De l'accident mortel de la princesse Lady Di – qui lui attire le surnom de « Mlle Maigret » dans le *Times* – à la traque des tueurs en série Guy Georges et Mamadou Traoré, Martine Monteil s'impose au 36 grâce à sa ténacité, son franc-parler, sa rigueur et son autorité naturelle, au point de devenir « patron » du quai des Orfèvres en 2002. Deux ans plus tard, la voilà directrice centrale de toute la PJ – police judiciaire – du pays jusqu'en 2008. Ayant souhaité *« bonne chance »* à Nicolas Sarkozy aux festivités pour les cent ans des Brigades du tigre (ancêtre de la PJ), Martine Monteil a fini sa carrière comme préfet de la zone de défense de Paris jusqu'à sa retraite en 2013. Son livre *Flic tout simplement*, sorti en 2008 aux éditions Michel Lafon, a été adapté par Yves Rénier dans un téléfilm qui fit un carton sur France 2 en 2016, avec Mathilde Seigner comme héroïne. Martine Monteil est également l'une des cinq témoins du film docu de Netflix sur Guy Georges *Les Femmes et l'Assassin* (2021) que j'ai coréalisé. Depuis 2019, elle est conseillère sécurité du groupe des casinos Partouche. Comme tous les anciens patrons du 36, elle participe au jury du prix du Quai des Orfèvres.

16 juin 1998

5. Poulet grillé

Pascal Jumel, 42 ans, flic passé du côté des voyous, se met à table dans ses Mémoires après treize ans de réclusion.

Pascal Jumel a été flic et voyou. Enquêteur à la BRB, Brigade de répression du banditisme, la nuit. Braqueur de banque ou de supermarché, le jour. Balancé par son propre indic, le policier félon s'est retrouvé du mauvais côté de la barre, aux « *Assiettes* » (assises) de Paris, en 1991. Chef de gang, il a été condamné à dix-sept ans de réclusion criminelle pour huit vols à main armée commis entre 1983 et 1985. Dehors à 42 ans, l'homme, taillé comme une armoire à glace, cheveux poivre et sel en brosse, chemise à carreaux prolo, énumère : « *Sept ans de police, dix de prison, mes repères actuels sont plus du côté des gens que j'ai connus en taule.* » Aujourd'hui, ses « *trois frères* » sont Sandro, Italien, 42 ans, escroc aux sociétés de financement. Ali, Algérien, 35 ans, spécialiste des « *casses et braquages sur tuyau avec saucissons à domicile* », lorsque les voleurs attachent les occupants des lieux, le temps de les dévaliser. Et Tony, Portugais, 39 ans, expert dans l'attaque de banques et de fourgons. « *Finalement, les bons braqueurs auraient fait de bons flics de terrain. Et* vice versa. *Je parle des grandes pointures. Il y a de vraies similitudes entre les deux, dans le rapport aux armes et à la violence, les sensations, les montées d'adrénaline.* »

Devant son caoua, au *Bouquet du Trône*, son QG du XIIe, Pascal Jumel, volubile et direct, se met à table. Il ne se cherche aucune excuse et ne rejette aucune faute sur l'institution. Son livre, *Le Cercle noir*[1], raconte l'histoire de son « *glissement* » de policier à braqueur. Un récit clinique, « *pour qu'il n'y ait pas le moindre soupçon d'alibi ou de justification* » : « *J'étais joueur, voilà tout.* » À 22 ans, Pascal Jumel entre dans la police, comme son père, gardien de la paix communiste, sa fiancée est enceinte. Après un bac technique, son service chez les parachutistes. « *Pour ne pas laisser aux suppôts du capitalisme*

1. Michel Naudy et Pascal Jumel, *Le Cercle noir. Confessions d'un policier braqueur*, Paris, Stock, 1998.

le maniement des armes et les techniques militaires », le vendeur de *L'Huma-Dimanche* de Nogent-sur-Marne se retrouve gardien de la paix. 1980, le voilà enquêteur, le grade le plus bas des policiers en civil, au commissariat de Bel-Air à Paris (XIIe). L'ordinaire, les plaintes pour chèques sans provision. Avec un traitement de faveur pour les commerçants qui récompensent les flics (enveloppes, pourboires, caisses de margaux, gevrey-chambertin, veuve-clicquot) et un non-suivi des procédures pour les victimes qui ne marchent pas dans la combine. Alléché, Pascal Jumel commence à « *franchir des petites barrières* » et, bientôt, « *à transgresser la loi* ». Un jour, il imite le collègue Dario, qui pique une jupe dans le sac de « *cuirs et peaux* » d'un casseur. Un autre, il dépanne « la Mouche », un voyou de son âge, « *casseur à deux balles* » empêtré dans un coup foireux. Jumel a décidé de miser sur la Mouche, son premier indic. Il croit au métier, et sa tactique paie. En 1982, il est propulsé enfin au 36, quai des Orfèvres, dans une grande brigade, « *pour pêcher le gros, pour jouer au gendarme et au voleur, côté gendarme s'entend* ». Mais au groupe nuit de la BRB, son coéquipier Jean le Ch'ti l'affranchit sur la « *gratte* », les ponctions discrètes sur les butins.

Grâce à un tuyau de la Mouche, le groupe de Jumel attrape sur le fait des arracheurs de coffre-fort. Belle affaire et échange de bons services. Une nuit, Jumel véhicule l'indic avec des blousons volés, ils font fifty-fifty. Et, bientôt, un premier casse ensemble, une bijouterie de Neuilly, avec le serrurier des commissariats pour complice. Au retour, Jumel sépare les bijoux en trois tas, « *dix bâtons chacun* ». Les coups s'enchaînent. Il y a des vrais hold-up, avec cagoules, comme au Crédit industriel et commercial d'Évry (« *100 plaques* »). Il y a les fausses arrestations et perquisitions pour « *voler les voleurs* », fourreurs yougoslaves en faillite frauduleuse ou transporteurs de fonds clandestins. « *Avec les trucs de flics* », menottes, armes de service et insignes de police dégainés comme des « *cartes d'impunité* ». Le gros de la bande est ripou : deux inspecteurs de la BRB, un de la Mondaine, un gardien de la paix de Marseille, et trois autres qui n'ont jamais été démasqués. La marchandise, magnétoscopes, hi-fi, est refourguée à bas prix aux flics du 36 et d'ailleurs. Pour Jumel, le « *carburant* » de ses complices, « *c'est la thune* » pour acheter des BMW et des pavillons. Lui, son argent est passé, jure-t-il, dans une autre passion, le bateau, la plongée, le « *club d'archéologie sous-marine* » qu'il avait monté avec des collègues au commissariat du XIIe. Le moteur de l'action pour Jumel, c'est « *l'intensité du plaisir* » : « *Le braquage le plus ludique, c'est le centre Leclerc de Dammarie, nul au plan de la rentabilité. On n'a pas eu le coffre-fort. Mais galoper la nuit avec des chariots dans le supermarché vide, sous la lumière bleutée des ampoules de sécurité, et se servir dans les rayons en fusils, perceuses, autoradios, limonade, c'est le pied !* »

Interpellé en juillet 1985, la Mouche craque devant la police des polices (IGS). À 29 ans, le flic Jumel qui, enfant, n'avait « *jamais volé un Carambar* », rejoint pour de bon les braqueurs. Fresnes, le placard. « *Pendant deux ans, j'avais vécu à 200 à l'heure, sans réfléchir. Je travaillais 60 heures par semaine à la BRB. Je préparais nos affaires l'après-midi. On terminait un braco, on partait en planque. On avait un permis d'initiative et un sentiment d'invulnérabilité incroyables. Il y a eu une griserie. Vers la fin, je sentais bien qu'on allait casquer.* » Le détenu numéro 819337 commence à remplir des cahiers entiers. Il dévore la littérature américaine, James Ellroy ou John Fante. Il s'entraîne « *à mort* » dans les salles de sport. Tout seul. À 39 ans, il décroche le brevet d'État d'éducateur sportif, puis forme au même examen, à la taule de Caen, « *huit gars des quartiers, des jeunes de 25 ans des cités de Rennes, du Havre, de Mantes. Que du braco, à qui j'ai enseigné l'anatomie, la physiologie, la péda-psycho. Faire tenir un groupe de rappeurs sur l'acromio-claviculaire, y me disaient : "Oh, reste poli, m'sieur !", c'est pas évident. Sept de mes élèves sur huit ont réussi le tronc commun, l'équivalent du bac. Deux sont au CREPS en ce moment* ». Jumel se bat pour ramener l'un d'eux sur le sol français : « *Jean, un Sénégalais de 27 ans, de Mantes-la-Jolie, expulsé alors qu'il était pris à Sochaux comme footballeur. Là, je suis dégoûté.* » À sa sortie en mars 1997, Pascal Jumel a exercé un an comme prof de musculation et de boxe entre Levallois-Perret et Clichy, dans « *un gymnase au milieu des HLM* ». L'ex-policier braqueur a dans l'idée de racheter, avec Tony, du « *gang de la banlieue sud* », une salle de musculation à Vigneux, au milieu des cités. En dix ans, le monde a bien changé. Divorcé, il vit avec une institutrice et ses trois enfants. Les biffetons n'ont plus « *la même tronche* ». Des escrocs ont récupéré son bateau, le *Flingot*. Et Pascal Jumel, client depuis toujours des chèques postaux, n'a plus remis les pieds dans une banque depuis 1985.

23 janvier 1997

6. Les aventures de Bob Broussard

Robert Broussard, superflic, tombeur de Mesrine et cow-boy sexagénaire, publie le premier tome de ses *Mémoires*. À suivre...

Les mythes ne laissent jamais à d'autres le soin de raconter leur légende. « *Superflic* » de France, Robert Broussard, 60 ans, quitte la police à reculons, mais sur un baroud d'honneur, la sortie habilement orchestrée de ses *Mémoires*[1] en deux volumes. À la retraite depuis le 1er janvier, le commissaire au gabarit de lutteur, blouson de cuir, traits burinés et collier de barbe, a su capter l'œil des médias tout au long de sa carrière. Il s'amuse encore aujourd'hui à les tenir en haleine en racontant ses années 1972-1982, mais « *surtout pas la suite* », réservée au futur tome II. Le préfet ne cille pas quand on lui demande s'il est difficile d'être un mythe : « *Ma notoriété m'a servi. Après la reddition de Mesrine, j'ai pu obtenir celle de Willoquet* [Jean-Charles, braqueur] *de la même manière.* » Elle lui a aussi valu des milliers de lettres d'admirateurs, et « *même des demandes en mariage* ». Pour arriver au sommet, le fils de cheminot de Charente a gravi une à une les 148 marches qui conduisent au dernier étage du 36, quai des Orfèvres.

1. Commissaire Broussard, *Mémoires*, Paris, Plon, 1997, t. I. Le second tome en préparation portera surtout sur la lutte antiterroriste en Corse dans les années 1980.

Élevé dans la « *rigueur garde champêtre* », porté sur le clairon, le rugby et l'ébénisterie, il a d'abord eu la vocation accidentelle. C'est en sauvant un bougre des eaux glacées du canal Saint-Martin qu'il fait la connaissance d'un vieux brigadier, et du même coup de la police parisienne. Il commence comme « *commis stagiaire* » aux écritures au commissariat d'Argenteuil. À force de « *potasser le droit tous les jours pendant un an, de 4 heures à 8 heures du matin, de 20 heures à minuit* », le voilà commissaire, bombardé en 1972 dans le saint des saints, comme numéro deux de la Brigade de recherche et d'intervention. Séduit par le « *côté commando* » de la BRI, celle-ci étant spécialisée dans le « *saute-dessus* » – les arrestations en flagrant délit –, pas dans les enquêtes, Broussard endosse le blouson de cuir du baroudeur et se transforme en « *chasseur* » : pister les caïds du milieu sur le pavé de Paris pour « *tenter de les coincer à la régulière, avec panache* ». Évidemment, même Zorro doit faire preuve d'un zeste de psychologie.

C'est Raymond Marcellin, ministre de l'Intérieur, qui, en août 1973, propulse pour la première fois le patron *bis* de l'antigang à la télévision pour vanter le dénouement d'une prise d'otage à Brest. Le commissaire vient de parlementer trente-six heures avec un Breton et un Sicilien braqueurs qui retiennent une vieille dame. « *Un corps à corps psychologique* », vante Broussard qui, dans ces moments graves, peut « *uriner un bon coup contre un mur pour décompresser* » avant de repartir à l'assaut verbal. Le grand patron de la place Beauvau le dépêche devant les caméras : « *Rendez-nous ce service, Broussard. La presse nous bassine avec Lip* [le conflit social de Besançon]. *Pendant qu'on parlera de Brest, on ne parlera plus des montres…* » La première pierre du mythe Broussard, sorte de shérif à la papa, sans peur et sans reproche, est posée. S'il avoue ses sueurs froides – « *Oui, j'ai eu la trouille, parfois* » –, c'est retranché derrière son livre comme derrière un procès-verbal. Il parle exactement avec les mots choisis pour écrire. « *Oui, j'ai perdu mon sang-froid quand j'ai attrapé Gilbert Zemour par le colback en plein tribunal en disant : "Alors, tu veux me faire descendre ?"* » Après la fusillade au bar *Le Thélème* en 1975, une grosse bavure commise par l'antigang qui a tué le chef du clan Z, William, son porte-flingue, et grièvement blessé Edgard, les frères rescapés avaient lancé un « *contrat* » sur la tête de Broussard. Mais c'est Jacques Mesrine, braqueur façon « *bandit d'honneur* » et familier des évasions de prison, qui parraine l'entrée de Robert Broussard dans la légende. Le 28 septembre 1973, le « grand », localisé dans un appartement parisien, refuse de sortir « *les mains sur la tête* ». De l'autre côté de la porte, Broussard palabre une heure – « *On est tous les deux de la classe 36, on aurait pu être ensemble en Algérie* » – et accepte de glisser sous la porte sa carte d'identité qui revient avec la mention : « *C'est bien toi, félicitations.* » Extraits de ses *Mémoires* : « *Eh Broussard, on dit que t'es un dur de dur ?*

– T'es pas mal non plus dans ton genre.

– J'aimerais vérifier que tu es aussi gonflé qu'on le dit. T'es capable de te présenter sans arme et sans gilet pare-balles ?

– Quand tu veux ! Et toi, t'es capable de sortir sans arme ?

– Je suis aussi courageux que toi ! Je voudrais que tu gagnes cette arrestation en prenant un risque personnel.

– D'accord... Quelles garanties tu me donnes ?

– *Ma parole. On va voir celui qui va se dégonfler.*

– *Il n'y en aura aucun.* »

Le flic relève le défi. Le truand sort, « *bombe le torse en fumant un cigare de nabab* », sourit, les poignets tendus, offerts aux menottes. Théâtral. « *Mesrinien. On se serre la main* », raconte le chef de l'antigang. Ils trinquent au champagne. Dans *L'Instinct de mort*, Mesrine – généreusement cité par Broussard – honore le « *geste gratuit* » du flic qui a offert « *sa vie contre la parole d'un tueur* ». En garde à vue, le « grand » réclame son tombeur : « *Salut beau crâne !* » (« gros voyou » en argot policier), dit Broussard. « *Salut beau flic* », rétorque Mesrine. Rapportés à la presse, ces mots font les titres. « *On s'est respectés l'un et l'autre, mais c'est Mesrine lui-même qui a fixé les règles du jeu, en privé, puis en public, en 1977, devant la cour d'assises* », se défend aujourd'hui le commissaire : « *Si Broussard se trouve une nouvelle fois devant moi, ce sera un combat d'hommes qui se passera dans la rue, sur le pavé, et le premier qui tirera aura raison.* » Le 8 mai 1978, Jacques Mesrine, condamné à vingt ans de prison, s'évade de la Santé. « *L'ennemi public numéro un* » échappe aux polices, mais donne des interviews aux journalistes. Broussard y voit une provocation en duel. « *Je tombe à mon tour dans le piège du mythe* », avoue-t-il dans son livre : « *De toute ma carrière, aucun malfaiteur ne m'a imposé un combat si personnalisé... Mesrine a tout fait pour que nous entrions ensemble dans la spirale du défi.* » Le 2 novembre 1979, porte de Clignancourt, Mesrine tombe sous les balles de l'antigang. « *Flingueur de Mesrine* », « *cow-boy* », « *assassin* », les accusations ont alors entaché le mythe. « *Cela fait dix-sept ans que j'attends mon heure pour répliquer, car je crois avoir mieux compris Mesrine que ses défenseurs en tout genre, qui en firent Robin des Bois et bouffèrent du flic* », confie l'homme, « *blessé par les injures* ». Broussard expose sa « *légitime défense* ». Il justifie les tirs mortels par le « *geste* » équivoque de Mesrine, qui « *a ouvert la portière de sa BMW et s'est penché comme pour prendre quelque chose sous le siège* ». On découvrira ensuite « *deux grenades dont une prête à l'emploi* » aux pieds de son adversaire. Le meilleur avocat de Broussard, à ses yeux, c'est Mesrine. Le commissaire s'appuie sur les paroles du voyou de grand chemin pour expliquer sa mort comme l'issue inéluctable d'un « *combat à la loyale* ».

Le superflic Robert Broussard, qui adore les « *distinctions* », sera ensuite décoré de l'ordre national du Mérite, fait chevalier sous Raymond Marcellin, officier sous Pierre Joxe et commandeur sous Charles Pasqua. Médailles et revers ont profité au « *héros* » sous tous les régimes.

*

L'instruction de la plainte pour « *assassinat* » déposée par la famille de Jacques Mesrine le 13 novembre 1979 obligera le commissaire Broussard à couvrir ses hommes de la BRI embusqués dans une camionnette bâchée qui ont tiré vingt et une balles sur Mesrine au volant de sa BMW et ont atteint leur « cible » dix-huit fois, blessant grièvement à l'épaule sa compagne Sylvia Jeanjacquot à ses côtés. Éloigné de la scène, à bord du véhicule de commandement des opérations, Robert Broussard a donné l'ordre de ne prendre aucun risque avec cet adversaire jusqu'au-boutiste et donc d'ouvrir le feu, mettant fin à ce qu'il nomme un *« combat à la loyale »*. Les enfants de Mesrine accusent alors ces policiers de ne pas avoir exécuté les sommations d'usage avant d'abattre leur père et d'avoir ainsi commis un assassinat. La polémique a duré vingt-six ans jusqu'au non-lieu prononcé le 1er décembre 2005 par la cour d'appel de Paris. Robert Broussard ne *« supporte plus de reparler de tout ça »* avec des journalistes, sujet tabou, mais évoque volontiers ses autres grandes affaires, comme l'enlèvement du baron Empain et la prise d'otages à l'ambassade d'Irak à Paris en 1978. Avec le concours de son fils Philippe, Robert Broussard a regroupé les deux tomes de ses *Mémoires* et les a réédités en 2005 chez Stock. Ce paternaliste qui appelait ses gars de la BRI *« mes enfants »* et les coachait comme *« un pack d'avants de rugby »*, a présidé le club de rugby de Suresnes puis s'est occupé de la sécurité des matchs à la Fédération française de rugby.

9 mars 1995

7. Paul Barril : capitaine multicarte

Ex-héros du GIGN, il a quitté la cellule de l'Élysée après l'affaire des Irlandais de Vincennes. Depuis, ce proche de Pasqua prospère dans la sécurité privée et les barbouzeries.

Côté vitrine, la vie de Paul Barril, 48 ans, n'est qu'une succession de missions secrètes, de manchettes de karaté, de sauts en parachute et de tirs de précision. On le trouve aux côtés de l'émir du Qatar à Cannes, en protection rapprochée lors de ses vacances sur la Côte d'Azur. On le croise en serviteur musclé de chefs d'État africains. On le voit voler au secours de Me Jacques Vergès, après le déballage d'archives de la Stasi est-allemande liées à Carlos, et jurer la main sur le cœur avoir été mandaté pour assassiner l'avocat. On le découvre en défenseur de la veuve du président rwandais Juvénal Habyarimana, partir à l'assaut des médias avec la « *boîte noire* » du Falcon 50, qui transportait le dictateur hutu lorsqu'il fut abattu en vol le 6 avril 1994 à Kigali. Une fausse « *crash box* » qui s'est avérée être un vulgaire instrument de navigation.

Les mensonges du capitaine passent, sans laisser de traces apparentes. Que voulez-vous dire à un gendarme aux yeux bleus qui, « *pour l'honneur de la France* », a tombé l'uniforme de numéro deux du GIGN pour se hisser au rang des héros nationaux ? Ses exploits remontent aux années 1970, au sauvetage des enfants dans un car détourné à Djibouti et à la « *libération* » de la grande mosquée de La Mecque occupée par des insurgés en 1979. Sur ordre du président Giscard d'Estaing, le capitaine Barril a dégagé du lieu saint de l'Islam les opposants à la famille royale saoudienne et les milliers d'otages. Un massacre pour sauver le trône de Riyad. En octobre 1981, il a bien commis une petite bavure en donnant à son copain de régiment Philippe Léonard, arrêté pour trafic d'armes, des détonateurs « *prélevés sur sa réserve personnelle de l'expédition de La Mecque* », a-t-il juré au juge antiterroriste Gilles Boulouque (aujourd'hui décédé), et « *destinés à creuser des trous pour une fosse de ball-trap* ». La justice a passé l'éponge.

Dans le sillage du « grand » commandant Prouteau, chef du GIGN, le « petit » Barril se retrouve en août 1982 à la cellule antiterroriste de l'Élysée, créée en catastrophe par François Mitterrand, qui n'a pas confiance dans la police, au lendemain de l'attentat de la rue des Rosiers (6 morts et 22 blessés). Toujours prompt à servir son pays, le capitaine s'illustre dès le 28 août avec l'arrestation de terroristes présumés, trois Irlandais habitant Vincennes. Mais « Popaul » pour ses amis veut tellement bien faire qu'il apporte lui-même au domicile de Michaël Plunkett les pièces à conviction, armes, explosifs et documents. Ce haut fait d'armes n'empêche pas Paul Barril d'être mandaté par l'Élysée pour mener des négociations secrètes avec Action directe et le Front de libération nationale de la Corse (FLNC). En juillet 1983, le voilà quand même contraint de quitter la cellule.

Il monte alors une société de sécurité privée au nom évocateur, « Secrets ». À jouer de ses relations avec l'Élysée – Christian Prouteau à la cellule et François de Grossouvre dans l'entourage direct du président –, il décroche de beaux contrats de gardiennage, avec la chaîne de distribution Casino et même la sécurité du centre informatique de Marcel Dassault à Saint-Cloud. Mais l'affaire étouffée des Irlandais de Vincennes se réveille en janvier 1985 : Bernard Jégat, l'indic à l'origine du tuyau sur les terroristes, en balance les dessous à la DST (le contre-espionnage), puis au juge Alain Verleene huit mois plus tard. Là encore, le parquet classe sans suite. Derrière l'invulnérabilité du capitaine, ses adversaires voient alors le tas de petits ou grands secrets qu'il a amassés dans sa musette au contact des hommes d'État. Finalement, le procès de la perquisition truquée chez les Irlandais aura lieu en juin 1991, sans Paul Barril. Mais Christian Prouteau, désormais préfet, et le lieutenant-colonel de gendarmerie Jean-Michel Beau seront condamnés pour « *subornation de témoins* », pour avoir « *couvert* » l'opération et « *menti* » à la justice. Prouteau sera finalement relaxé en appel.

Les affaires de « Popaul » dans le privé prospèrent en Afrique, au Proche-Orient et en France. Mais Paul Barril a un motif de grosse colère, voire de guerre. Il est furieux de la manière dont son associé Pierre-Yves Gilleron, ex-commissaire de la DST en poste cinq ans à la cellule élyséenne, prend ses cliques et ses claques en octobre 1988. Et parce que, dans la foulée, la société Yves Saint-Laurent, dirigé par Pierre Bergé, dénonce le contrat de gardiennage avec Secrets. Sa colère culmine quand Gilleron crée en janvier 1990 une entreprise concurrente, « Iris Analyse ». Et voilà que la vieille affaire des Irlandais, dont Barril se croyait désormais à l'abri, est brusquement exhumée le 3 août 1992 sur une plainte des Irlandais pour « *attentat à la liberté* ». Autre coup dur, le capitaine perd le 17 septembre suivant son procès en diffamation contre *Le Monde*, pour un article sur la manip' de Vincennes. Fait rarissime dans un jugement en diffamation, le tribunal de Paris estime alors que le journaliste a apporté la preuve de ses écrits et se prononce sur le fond en désignant le coupable : « *L'opération des Irlandais n'a été de bout en bout qu'un montage réalisé par le capitaine Barril.* »

Pendant ce temps, son ennemi juré, Pierre-Yves Gilleron, commence à chasser sur « *son* » terrain de chasse, au Congo, chez le président de la République Pascal Lissouba, dont il devient le conseiller en sécurité en janvier 1993. Un mois plus tard, Paul Barril « *distribue* » des documents confidentiels sur Edwy Plenel, des écoutes dont le nom de l'agent traitant sur le document est « PYVES » et se vante dans ses coups de fil captés par la DGSE : « *Le p'tit blond* [Gilleron], *j'ai de quoi le carboniser.* » À deux mois des législatives de 1993, qui salueront le retour de son ami Charles Pasqua au ministère de l'Intérieur, la bombe des écoutes de la cellule élyséenne explose. Depuis, Paul Barril a retrouvé ses entrées à l'Intérieur et des coups de pouce pour des marchés en Afrique, notamment en Centrafrique. Il n'hésite jamais à dire du bien des « *amis* » qu'il compte au gouvernement. Dans la dernière *Lettre de la sécurité* du capitaine Barril, il écrit au sujet de la prise d'otages de l'Airbus d'Air France : « *Le GIGN a réalisé, encore une fois, sous l'impulsion d'Édouard Balladur et de la poigne de fer de Charles Pasqua, un courageux exploit remplissant de fierté chaque Français.* »

Suite de la page 3

Vieux Comptoir, ou encore des Editions de l'Equerre. Contrairement à un listing similaire (publié par *Libération* le 12 mars 1993) déjà entre les mains du juge Valat, Hermès apporte – outre les dates de branchement et de radiation, les pseudo et nom de l'abonné et le motif d'écoute – un élément nouveau : l'identité du demandeur.

Ainsi, le commandant Christian Prouteau, chef de la cellule, aurait à l'origine demandé la surveillance téléphonique de 63 citoyens, le commissaire des Renseignements généraux Jean Orluc de 19 autres, le commissaire de la DST Pierre-Yves Gilleron et l'inspecteur des RG Michel Tissier de 9 chacun, le lieutenant-colonel Jean-Louis Esquivié de 5, l'inspecteur des RG Pierre-Marc Ulijos de 4, et Paul Barril de 2.

Pourtant, la procédure habituelle à l'époque exigeait que les écoutes administratives soient demandées par le seul chef de service, en l'occurrence Christian Prouteau, au ministre de la Défense, puis à Matignon. Hermès révèle que l'amie de Me Antoine Comte, avocat des Irlandais de Vincennes, a été écoutée trois mois en 1983 sous le code « Tentation » car *« l'intéressée serait proche des milieux terroristes »* et quatre mois en 1985 sous le pseudo « Vie » pour *« trafic d'armes »*.

Y figure aussi l'actrice Carole Bouquet, alias « Buche 2 », une semaine en janvier 1985, pour capter les propos de son compagnon, Jean-Pierre Rassam, producteur, à cause de ses amitiés. Un homme politique, François Froment-Meurice (CDS), a été piégé à son domicile et à sa société Adem en mai-juin 1985 lors de la création d'une Association pour les chrétiens du Liban.

1.021 numéros de téléphone répertoriés sous le sigle TPH

L'expert informaticien explique qu'il s'agit *« d'un annuaire téléphonique inversé, c'est-à-dire qu'on y accède non pas à partir du nom, mais à partir d'un numéro de téléphone »*. TPH est un magma complexe de noms de gens qui ont eu un contact téléphonique avec des « écoutés », ou de simples personnes apparues au fil de conservations interceptées. Certains s'accompagnent d'une notice de renseignement. On trouve aussi des administrations publiques comme la préfecture de Laval ou des commerces comme Tutti Frutti et la Boucherie Nivernaise, appelés par des secrétaires de l'Elysée. TPH ressemble à un répertoire fourre-tout de numéros utilisés par la cellule de l'Elysée.

Les 801 contacts de Jean-Edern Hallier, alias « Kid »

Les « branchements en étoile » autour de l'écrivain ont donné lieu à un énorme dossier baptisé « Kidnapping ». Dans ce fichier baptisé « PAT », sont consignées toutes les relations qui, à un moment donné, ont parlé avec Jean-Edern Hallier sur les lignes piégées, avec la date et l'heure de l'appel. Une étrange feuille s'est glissée dans ce catalogue *« Dossier : faux kidnapping ouaf ! ouaf ! »*, avec la mention : *« PYVES* (alias Pierre-Yves Gilleron : ndlr) *est UN homme douteux »*.

L'expertise informatique

Jean-Pierre Augendre, expert informaticien agréé par la Cour de cassation et la cour d'appel de Paris, conclut que *« la quasi-totalité des fichiers aurait été créée avant le 25 octobre 1985 et tous au plus tard le 21 mars 1986 »*. L'expert estime que la *« sauvegarde ayant donné lieu à la création des 5 disquettes a été effectuée sur un ordinateur dont la date-système* (Ndlr : l'horodateur interne au micro-ordinateur) *était le 15 février 1988 »*. Plusieurs « mousquetaires », dont Paul Barril et Pierre-Yves Gilleron, avaient déjà quitté la cellule élyséenne à l'époque. L'expert n'exclut pas la possibilité de manipulations ultérieures. *« Une réserve importante s'impose cependant : les dates et heures ainsi indiquées sont des "dates-système", c'est-à-dire qu'elles peuvent ne pas correspondre à la réalité »*. Par exemple si *« ultérieurement, l'utilisateur a modifié, dans un sens ou dans l'autre, la date et l'heure système, ce qui se fait très rapidement et très simplement »*.

En privé, les défenseurs des personnes mises en examen évoquent eux-mêmes de possibles *« rajouts »* d'initiales ou de noms de demandeurs, voire de documents extérieurs à la cellule. Me Olivier Metzner, avocat de Pierre-Yves Gilleron, imagine même que des personnes mal intentionnées aient pu remplacer par un tour de passe-passe informatique le contenu des cinq disquettes de la société SECRETS étiquetées « Back up » (pour sauvegarde) de la main de son client.

Le « Melting Pot »

De 1982 à 1986, la cellule élyséenne disposait de vingt lignes au GIC – l'organisme gérant les écoutes administratives – sur le *« contingent »* du ministère de la Défense. Mais les 23 écoutes et les 119 demandes qui lui sont attribuées en bloc, n'ont pas toutes été commanditées par Christian Prouteau et ses hommes. La seule pour laquelle il est précisé que le demandeur est autre est celle du docteur Razah Raad, branché au moment des négociations pour la libération des otages à cause de ses *« contacts avec le Jihad islamique »*. Sur le listing Hermès, à la rubrique du demandeur, il est noté que *« la surveillance a été confiée à la DST sur ordre de* (Louis) *Schweitzer, directeur de cabinet de Fabius »*, et actuel patron de Renault.

Trois comptes rendus d'écoutes ne figurent pas dans le journal de bord des demandes. Nous avons retrouvé les originaux des transcriptions de conversations de l'Iranien Assaad Heidar dit « Adary » avec l'ambassadeur de France à Tunis qui émanent, en réalité, de la DGSE. La lettre « T » apposée à côté du tampon *« Source secrète »* sur les pages est indéniablement le code GIC attribué en 1985-1986 au service de renseignement de l'armée. Or, la cellule élyséenne *« utilisait un autre système »*, selon une source habilitée au secret défense, à cette même période. Pourtant, la conversation d'« Adary » avec l'ambassadeur de France à Tunis du 23 janvier 1986 à 12h30, dont nous possédons le décryptage, se retrouve dans son intégralité dans les disquettes du juge Valat, avec un caractère et une présentation différents. Dans la transcription provenant de l'ordinateur de la cellule élyséenne, la *« mise à jour »* est *« du 28 janvier 1986 »* et le nom du traitant est *« Pyves »*.

Absentes du listing Hermès, les écoutes de « Guichet » pour Joël Galli-Papa, conseiller de Charles Pasqua, et de « Héron » pour Jean-Pierre Héraud, en lien avec l'armée au moment de Greenpeace, ont probablement été effectuées aussi par le ministère de la Défense. Le juge Valat est encore loin d'avoir démêler cet imbroglio.

P.T.

PAUL BARRIL. Ex-héros du GIGN, il a quitté la cellule de l'Elysée après l'affaire des Irlandais de Vincennes. Depuis, ce proche de Pasqua prospère dans la sécurité privée et les barbouzeries.

Capitaine multicarte

► CÔTÉ VITRINE, la vie de Paul Barril, 48 ans, n'est qu'une succession de missions secrètes, de manchettes de karaté, de sauts en parachute et de tirs de précision. On le trouve aux côtés de l'émir du Qatar à Cannes, en protection rapprochée lors de ses vacances sur la Côte d'Azur. On le croise en serviteur musclé de chefs d'Etat africains. On le voit voler au secours de Me Jacques Vergès, après le déballage d'archives de la Stasi est-allemande liées à Carlos, et jurer la main sur le cœur avoir été mandaté pour assassiner l'avocat. On le découvre en défenseur de la veuve du président rwandais Juvénal Habyarimana, partir à l'assaut des médias avec la *« boîte noire »* du Falcon 50, qui transportait le dictateur hutu lorsqu'il fut abattu en vol le 6 avril 1994 à Kigali. Une fausse *« crash box »* qui s'est avérée être un vulgaire instrument de navigation.

PORTRAIT
PATRICIA TOURANCHEAU

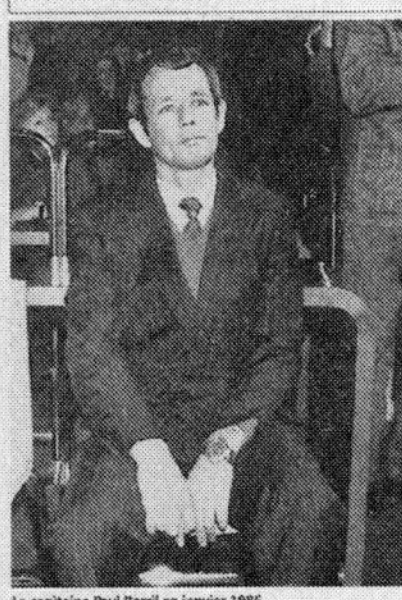

Le capitaine Paul Barril en janvier 1986.

Les mensonges du capitaine passent, sans laisser de traces apparentes. Que voulez-vous dire à un gendarme aux yeux bleus qui, *« pour l'honneur de la France »*, a tombé l'uniforme de numéro deux du GIGN pour se hisser au rang des héros nationaux ? Ses exploits remontent aux années 1970, au sauvetage des enfants dans un car détourné à Djibouti et à la « libération » de la grande mosquée de La Mecque occupée par des insurgés en 1979. Sur ordre du président Giscard d'Estaing, le capitaine Barril a dégagé du lieu saint de l'Islam les opposants à la famille royale saoudienne et les milliers d'otages. Un massacre pour sauver le trône de Riyad. En octobre 1981, il a bien commis une petite bavure en donnant à son copain de régiment Philippe Léonard, arrêté pour trafic d'armes, des détonateurs *« prélevés sur sa réserve personnelle de l'expédition de La Mecque »*, a-t-il juré au juge antiterroriste Gilles Boulouque (aujourd'hui décédé), et *« destinés à creuser des trous pour une fosse de ball-trap »*. La justice a passé l'éponge.

Dans le sillage du « grand » commandant Prouteau, chef du GIGN, le « petit » Barril se retrouve en août 1982 à la cellule antiterroriste de l'Elysée, créée en catastrophe par François Mitterrand, qui n'a pas confiance dans la police, au lendemain de l'attentat de la rue des Rosiers (six morts et 22 blessés). Toujours prompt à servir son pays, le capitaine s'illustre dès le 28 août avec l'arrestation de terroristes présumés, trois Irlandais habitant Vincennes. Mais « Popaul » – pour ses amis – veut tellement bien faire qu'il apporte lui-même au domicile de Michaël Plunkett les pièces à conviction, armes, explosifs et documents. Ce haut fait d'armes n'empêche pas Paul Barril d'être mandaté par l'Elysée pour mener des négociations secrètes avec Action directe et le Front de libération nationale de la Corse (FLNC). En juillet 1983, le voilà quand même contraint de quitter la cellule.

Il monte alors une société de sécurité privée au nom évocateur, Secrets. A jouer de ses relations avec l'Elysée -Christian Prouteau à la cellule et François de Grossouvre dans l'entourage direct du Président-, il décroche de beaux contrats de gardiennage, avec la chaîne de distribution Casino et même la sécurité du centre informatique de Marcel Dassault à Saint-Cloud. Mais l'affaire étouffée des Irlandais de Vincennes se réveille en janvier 1985. Bernard Jégat, l'indic à l'origine du tuyau sur les terroristes, en balance les dessous à la DST (le contre-espionnage), puis au juge Alain Verleene huit mois plus tard. Là encore, le parquet classe sans suite. Derrière l'invulnérabilité du capitaine, ses adversaires voient alors le tas de petits ou grands secrets qu'il a amassés dans sa musette au contact des hommes d'Etat.

Entre les mailles de la justice. Finalement, le procès de la perquisition truquée chez les Irlandais aura lieu en juin 1991, sans Paul Barril. Mais Christian Prouteau, désormais préfet, et le lieutenant-colonel de gendarmerie Jean-Michel Beau seront condamnés pour *« subornation de témoins »*, pour avoir *« couvert »* l'opération et *« menti »* à la justice. Prouteau sera finalement relaxé en appel.

Les affaires de « Popaul » dans le privé prospèrent en Afrique, au Proche-Orient et en France. Mais Paul Barril a un motif de grosse colère, voire de guerre. Il est furieux de la manière dont son associé Pierre-Yves Gilleron, ex-commissaire de la DST en poste cinq ans à la cellule élyséenne, prend ses cliques et ses claques en octobre 1988. Et parce que, dans la foulée, la société Yves Saint Laurent, dirigé par Pierre Bergé, dénonce le contrat de gardiennage avec Secrets. Sa colère culmine quand Gilleron crée en janvier 1990 une entreprise concurrente, Iris Analyse.

Et voilà que la vieille affaire des Irlandais, dont Barril se croyait désormais à l'abri, est brusquement exhumée le 3 août 1992 sur une plainte des Irlandais pour *« attentat à la liberté »*. Autre coup dur, le capitaine perd le 17 septembre suivant son procès en diffamation contre *le Monde*, pour un article sur la manip' de Vincennes. Fait rarissime dans un jugement en diffamation, le tribunal de Paris estime alors que le journaliste a apporté la preuve de ses écrits et se prononce sur le fond en désignant le coupable : *« L'opération des Irlandais n'a été de bout en bout qu'un montage réalisé par le capitaine Barril »*.

Pendant ce temps, son ennemi juré, Pierre-Yves Gilleron, commence à chasser sur « son » terrain de chasse, au Congo, chez le président de la République Pascal Lissouba, dont il devient le conseiller en sécurité en janvier 1993. Un mois plus tard, Paul Barril *« distribue »* des documents confidentiels sur Edwy, des écoutes dont le nom de l'agent-traitant sur le document est « PYVES » et se vante dans ses coups de fil captés par la DGSE : *« Le p'tit blond* (Gilleron, ndlr) *j'ai de quoi le carboniser. »*

A deux mois des législatives de 1993, qui salueront le retour de son ami Charles Pasqua au ministère de l'Intérieur, la bombe des écoutes de la cellule élyséenne explose. Depuis, Paul Barril a retrouvé ses entrées à l'Intérieur et des coups de pouce pour des marchés en Afrique, notamment en Centrafrique. Il n'hésite jamais à dire du bien des « amis » qu'il compte au gouvernement. Dans la dernière Lettre de la sécurité du capitaine Barril, il écrit au sujet de la prise d'otages de l'Airbus d'Air France : *« Le GIGN a réalisé, encore une fois, sous l'impulsion d'Edouard Balladur et de la poigne de fer de Charles Pasqua, un courageux exploit remplissant de fierté chaque Français. »* ◆

*

Dans son ouvrage *Guerres secrètes à l'Élysée*, paru chez Albin Michel en 1996, Paul Barril remet en cause le suicide de François de Grossouvre, l'éminence grise de Mitterrand, et évoque un gros complot. Mais Gilles Ménage, l'ex-directeur de cabinet de la présidence de la République de 1988 à 1992 qu'il accuse, le fait condamner pour *« diffamation envers une personne dépositaire de l'autorité publique »* à 70 000 francs d'amende, ainsi que 200 000 francs de dommages et intérêts.

En 2004, dans le procès des écoutes de la cellule antiterroriste de l'Élysée l'ayant également ciblé, Paul Barril, qui est partie civile, est poursuivi pour avoir détenu les transcriptions de conversations et les avoir divulguées. L'arroseur arrosé sera donc condamné pour le recel des fichiers informatiques contenant les données secrètes à six mois de prison avec sursis et 5 000 euros d'amende. Fin 2007, Paul Barril est mis en examen par deux juges marseillais pour *« association de malfaiteurs, en vue de la commission d'extorsion en bande organisée, en vue de la commission d'assassinat et de corruption »* dans l'affaire de blanchiment du cercle de jeux parisien Concorde, et écroué aux Baumettes pendant un mois. Libéré contre le paiement d'une caution, il sera relaxé en 2013. La même année, une instruction a été ouverte suite à la plainte déposée par des organisations de défense des droits de l'homme contre Paul Barril pour *« complicité de génocide »* au Rwanda. Il lui est reproché d'avoir signé *« un accord d'assistance de fourniture d'armes et de munitions, et de formation et d'encadrement »* avec les génocidaires hutus pour le compte d'une société privée, mais le dirigeant de Secrets qui grenouille en Afrique ne sera finalement pas poursuivi.

Amoindri depuis plus de quinze ans par une forme aiguë de la maladie de Parkinson, le baroudeur qui a survécu à un double cancer de la gorge a signé un livre en 2023 aux éditions Balland, *C'était pour la France*, afin de justifier toutes ses bonnes et mauvaises actions au nom de la patrie. Mais à 78 ans, reclus au Cap d'Antibes, l'ancien gendarme d'élite ne divulgue rien de ses secrets.

Partie 8

Écoutes et bretelles

Entre les « plombiers » de la DST venus poser des micros au *Canard enchaîné* en 1973 et le scandale des écoutes télépho-niques illégales placées par la « cellule élyséenne » sur les lignes de personnalités entre 1983 et 1986, les affaires de « bretelles », « pastilles » et « zonzons » abusives, en marge des écoutes judi-ciaires demandées par les magistrats, sont fréquentes. Fin 1990, je découvre que la ligne du pasteur disparu Joseph Doucé était branchée par les Renseignements généraux avec l'aval du préfet de police, des ministères de l'Intérieur et des PTT, et enfin du Premier ministre. Hors la loi, ces écoutes dites administratives ou du gouvernement se pratiquent donc à tout va, dans les sous-sols des Invalides, à Paris. Ce bunker secret de la République enterré qui s'appelle GIC, Groupement interministériel de contrôle, existe depuis 1960, sous l'autorité de Matignon et financé par les fonds secrets. C'est le Premier ministre gaulliste Michel Debré qui, sur l'impulsion de son conseiller en espionnage, Constantin Melnik, a créé dans l'ombre cet organisme « chargé d'assurer l'ensemble des écoutes et enregistrements téléphoniques et télégraphiques sur fils », pour le service du renseignement extérieur, le SDECE, qui deviendra la DGSE. Envoyée par *Libération*, je rencontre pour l'occasion le conseiller justice Louis Joinet, lequel m'assure que

Michel Rocard va mieux encadrer et légaliser ces « interceptions de sécurité ». Je lui demande alors de visiter ce fameux GIC où tournent les magnétos et où les transcripteurs décryptent. Contre toute attente, Joinet organise ce tour au GIC pour trois journalistes. C'est ainsi qu'au printemps 1991 j'ai eu le privilège de pénétrer ce souterrain hautement secret-défense, déserté certes, mais rempli d'armoires de magnétophones – plus d'un millier – surmontées de gyrophares dont la sirène se déclenche lorsqu'il faut changer une cassette arrivée au bout des vingt minutes d'enregistrement. La loi sur « le secret des correspondances émises par la voie des télécommunications », sera votée le 10 juillet 1991, pour ces quelque 5 000 « interceptions de sécurité » (IS) par an demandées par les services de renseignement, douaniers et policiers, soumises à la Commission nationale de contrôle des interceptions de sécurité (CNCIS) puis ordonnées par le Premier ministre. De quatre mois maximum renouvelables, ces branchements peuvent être autorisés pour cinq motifs : prévention du terrorisme, criminalité organisée, sécurité nationale, sauvegarde du patrimoine de la France et reconstitution de ligue dissoute.

Mais, dès 1997, le « contrôleur » général des interceptions de sécurité Paul Bouchet alerte sur la prolifération des écoutes sauvages qu'il évalue à 100 000 chaque année, quand le capitaine Paul Barril, qui sait de quoi il parle, les chiffre à 200 000 : les écoutes interdites de professions dites sensibles (avocats, magistrats, journalistes, responsables politiques et syndicaux) se multiplient hors du GIC. Ainsi, le 5 janvier 1995, le juge Éric Halphen de Créteil, qui instruit le dossier sur les fonds occultes du RPR et vient d'être victime d'une machination politico-policière (affaire Maréchal-Schuller), révèle au Conseil supérieur de la magistrature que ses conversations téléphoniques sont écoutées. En janvier 1995, l'amiral Lanxade, alors chef d'état-major des armées, son conseiller Afrique proche du RPR, et les chefs des trois armes, alors tous en bisbille avec le ministre de la Défense François Léotard, ont tous été branchés. Et depuis, à coup sûr, certains fonctionnaires du renseignement se livrent à des écoutes parallèles, *via* des barbouzes ou des privés, ou bien contournent la loi pour espionner des chargés ministériels d'affaires sensibles ou des journalistes d'investigation comme Gérard Davet.

15 novembre 2004

1. Les dérives d'une police parallèle

Sous prétexte de protéger l'État, la cellule espionnait avocats, journalistes...

En 1981, François Mitterrand confie sa sécurité personnelle à un militaire aux yeux clairs, Christian Prouteau, patron de l'unité d'élite de la gendarmerie (le GIGN) qui monte au feu dans les prises d'otages et s'exécute le doigt sur la couture du pantalon. Il l'invite à Latche puis le parachute à l'Élysée, car le nouveau chef d'État se méfie d'une police marquée à droite. Il le met dans le secret pour Mazarine, sa fille naturelle. Prouteau dépêche une garde rapprochée pour la « *petite demoiselle* ».

En août 1982, huit jours après l'attentat contre un restaurant juif de la rue des Rosiers, François Mitterrand annonce la création d'une « *mission de coordination, d'information et d'action contre le terrorisme* », confiée au chef d'escadron Prouteau. Ce dernier s'installe à demeure, entouré d'une poignée de gendarmes et de policiers issus des RG, de la DST, de la PJ. Mitterrand constitue ainsi – cas unique sous la Ve République – une sorte de police parallèle, en marge des services des ministères de l'Intérieur et de la Défense. Deux semaines après, la cellule interpelle sans tarder les auteurs présumés de l'attentat, trois Irlandais basés à Vincennes. L'Élysée se fend d'un communiqué victorieux, sans savoir que le capitaine Paul Barril, bras droit de Prouteau, a apporté lui-même les pièces à conviction (armes, explosifs, documents) lors de la perquisition, grugeant les gendarmes chargés de ficeler la procédure, tel Jean-Michel Beau. En 1983, les confidences de ce dernier, le rapport d'un général et les critiques de l'avocat des Irlandais, Me Antoine Comte, alimentent des articles dans la presse. Au grand dam de Gilles Ménage, directeur de cabinet adjoint de Mitterrand, chargé de la police et du renseignement, qui adresse une note à Prouteau : « *Il faut que nous parlions de cette campagne de presse au sujet des Irlandais qu'il ne faut pas laisser se développer.* [...] *Il faut que l'on s'occupe sérieusement de l'avocat Me Comte.* » En note, la main de Prouteau ajoute : « *46 ?!!* », le signe d'une écoute administrative. La cellule dispose de vingt lignes et se met à espionner les téléphones de journalistes, Edwy Plenel du *Monde* et Georges Marion du *Canard enchaîné*, de l'avocat Antoine Comte, du gendarme Jean-Michel Beau et, bientôt, de Bernard Jégat, l'informateur puis le dénonciateur du capitaine Barril.

Les membres de la cellule contournent les procédures d'interception téléphonique. Les écoutes d'avocats, de journalistes ou d'hommes politiques étant proscrites, les

« mousquetaires » de l'Élysée n'indiquent pas les véritables cibles et branchent les lignes au nom de leurs compagnes, inscrivent des motifs laconiques et mensongers comme « *trafic d'armes* » ou « *atteinte à la sûreté de l'État* ». En marge de branchements justifiés au nom de la lutte contre l'extrême droite, la recherche du terroriste Carlos ou du bandit Edgar Zemour, ou encore la libération des otages du Liban, la cellule dévoyée surveille surtout la presse, traque les auteurs de fuites – notamment dans l'affaire du *Rainbow Warrior* – et protège à outrance l'intimité de la vie privée du président, quitte à violer celle des citoyens.

L'écrivain Jean-Edern Hallier, qui menace alors de révéler l'existence de Mazarine dans son pamphlet *L'Honneur perdu de François Mitterrand*, devient « *l'homme le plus écouté de France* », selon ses mots, après la révélation de « *ce scandale de l'Élysée-Gate* » en mars 1993 par *Libération*. Le trublion a certes mis en scène son faux enlèvement et un attentat chez son ennemi Régis Debray (alors conseiller à l'Élysée), mais la cellule, qui le jugeait dangereux pour la sécurité du président, ne s'est pas contentée de surveiller ses deux lignes particulières. Sous les codes « *Kid* » pour *kidnapping* ou « *Fabulateur* », Prouteau et Ménage branchent sept numéros pour capter ses conversations (et piègent donc 83 interlocuteurs) : sa femme de ménage équatorienne, son bistrot de la place des Vosges, *Le Vieux Comptoir*, sa brasserie attitrée, *La Closerie des Lilas*, son éditeur potentiel et son conseiller financier. Même le général Fresnel, du bureau réservé au ministère de la Défense, émet alors « *des réserves* » sur les écoutes d'Hallier, qu'il trouve « *franchement ridicules* ». Il se fait rembarrer par Charles Hernu, alors ministre de la Défense, qui signe sans sourciller les autorisations. De même, le général Gervais, du cabinet militaire du Premier ministre, constate au moins « *trois tromperies* » de la cellule. Il prévient le directeur de cabinet Michel Delebarre, qui ne veut pas prendre le risque de « *brouiller* » l'Élysée et Matignon. En 1975, dans *La Paille et le Grain*, François Mitterrand affirmait pourtant : « *Je ne puis m'empêcher de penser que la dictature du micro est aussi celle des idiots. Que font-ils donc de tous ces mots volés ?* »

*

Cette affaire majeure des écoutes de l'Élysée qui, de 1983 à 1986, sous le premier septennat de François Mitterrand, a espionné les téléphones de personnalités françaises, a été révélée dans *Libération* le 4 mars 1993 par Alain Léauthier, sous la forme de la transcription du branchement illégal de l'investigateur du *Monde* Edwy Plenel, lequel dépose plainte aussitôt. Le juge Valat instruira ce dossier *« d'atteintes à l'intimité de la vie privée »* qui s'étoffera de nombreuses autres cibles victimes des agissements de la *« cellule »* : l'avocat des Irlandais de Vincennes Antoine Comte, le producteur Jean-Pierre Rassam et sa compagne l'actrice Carole Bouquet, le lieutenant-colonel Jean-Michel Beau, le journaliste du *Canard enchaîné* Georges Marion, mais aussi des « politiques » : le collaborateur de Pasqua Joël Gali-Papa et le numéro deux du Centre des démocrates sociaux, François Froment-Meurice, sans oublier bien sûr le principal espionné, le pamphlétaire Jean-Edern Hallier. Entre secret-défense, mensonges et dénégations, l'instruction du magistrat s'est éternisée et s'est finalement soldée en 2005 par la condamnation, au tribunal correctionnel de Paris, de sept anciens collaborateurs de l'Élysée. Quatre d'entre eux ont écopé de quelques mois de prison avec sursis et d'une amende : huit mois pour le chef de la cellule Christian Prouteau ; quatre pour son adjoint général de gendarmerie Jean-Louis Esquivié ; trois pour le commissaire de la DST Pierre-Yves Gilleron, *« souvent retranché au-delà du raisonnable »* derrière le secret-défense ; six mois, enfin, pour l'ex-directeur de cabinet de Mitterrand Gilles Ménage, chargé de superviser les activités de la « cellule ». Deux directeurs de cabinet du Premier ministre de l'époque ayant donné leur aval aux branchements de Jean-Edern Hallier, Michel Delebarre et Louis Schweitzer, ont été reconnus coupables mais dispensés de peine. Enfin, le capitaine Paul Barril qui a éventé le scandale a été condamné à six mois avec sursis pour le *« recel de fichiers informatiques »* des enregistrements illégaux.

11 février 1995

2. Les excès de zèle de la PJ

En aidant Didier Schuller à tendre un piège au beau-père du juge Halphen, les enquêteurs de la police judiciaire auraient-ils oublié le b.a.ba de leur métier, qui leur demande de constater une infraction et non de la provoquer ?

La machine policière s'est emballée dans la conduite de l'enquête Schuller/Maréchal au point non seulement de violer la loi sur les écoutes téléphoniques, mais surtout d'aider à commettre une infraction (arrêt de la chambre d'accusation du 8 février). Il n'y a rien d'ordinaire dans cette affaire. Les personnages d'abord : le plaignant, Didier Schuller, est un conseiller général RPR de Clichy (Hauts-de-Seine) suspecté dans l'affaire des fausses factures de son parti par le juge de Créteil, Éric Halphen ; l'auteur présumé de la « *tentative d'extorsion de fonds* » et du « *trafic d'influence* » est le beau-père du magistrat, le psychiatre-sexologue Jean-Pierre Maréchal.

La manière dont la PJ est saisie des faits est, elle aussi, hors du commun : Didier Schuller – selon ses propos – s'ouvre d'abord de son problème au ministre de l'Intérieur, son ami politique Charles Pasqua (président du conseil général des Hauts-de-Seine), puis, « *sur ses conseils* », téléphone directement, le 15 décembre 1994, à Jacques Franquet, à la tête de la Direction centrale de la police judiciaire (DCPJ). Ces interventions en haut lieu en font déjà « *une affaire réservée* ». La logique voudrait que le dossier soit confié à la PJ de Paris (PJPP). Schuller n'y tient pas car c'est la brigade financière – à ses yeux « *la main* » d'Éric Halphen dans ses investigations sur le financement du RPR en Île-de-France – qui a perquisitionné deux jours plus tôt sa propre permanence électorale de Clichy. Jacques Franquet veut à tout prix éviter qu'une fuite de ses services n'alerte le juge de Créteil sur les manœuvres de son beau-père. Il ne saisit pas non plus la brigade criminelle du 36, quai des Orfèvres, pourtant rompue aux affaires sensibles et aux extorsions de fonds. Il choisit de désigner un homme de confiance, qu'il a promu à la tête de l'Office des stups (OCRTIS) voilà un an, le commissaire Gilles Leclair, de permanence ce jour-là aux affaires criminelles de la DCPJ, dont le patron Ange Mancini est absent.

Dès lors, la « *souricière* » se met en place. À 18 h 05, Schuller, nom de code « *Docteur Oppenheimer* », qui se dit « *pris en main* » par une équipe des stups, cherche à joindre Maréchal, en vacances aux Antilles. À 18 h 30, Jacques Franquet informe Bruno Cotte, procureur de la République de Paris, de la dénonciation de Schuller. Une enquête préliminaire est ouverte. À 19 h 20, un premier coup de fil de Maréchal sur le portable de Schuller n'est pas enregistré, simplement retraduit sur procès-verbal par le plaignant. La PJ cherche un moyen juridique d'enregistrer les appels suivants, pour « *établir la matérialité des faits* », en potassant le code de procédure pénale et la jurisprudence sur les écoutes. Le parquet ne confie toujours pas l'affaire à un juge d'instruction qui, seul, peut ordonner une écoute. La PJ n'ignore pas que des moyens de coercition, tels que l'interpellation ou l'interception d'une conversation téléphonique, sont interdits en enquête préliminaire. Les procéduriers tombent enfin sur un arrêt de la chambre d'accusation du 15 janvier 1993, qui a validé l'enregistrement d'un coup de fil entre un racketteur et sa victime, « *dès lors qu'il a été réalisé avec l'accord exprès du destinataire* ». Mais ils laissent de côté un arrêt de la Cour européenne des droits de l'homme du 23 novembre 1993, qui a condamné la France pour une écoute du même type. Avec l'accord de Schuller, l'équipe du commissaire Leclair, « *sûr de son bon droit* », place une pastille sur son portable et enregistre les deux conversations avec Maréchal, les 17 et 18 décembre. « *C'est Schuller qui mène le jeu avec Maréchal,* confie un enquêteur, *on n'a pas le droit ni de parler à sa place, ni même de lui dresser une liste de questions, la jurisprudence l'interdit.* » Mais comme, selon les termes de la cour d'appel, Schuller « *a dirigé la conversation, abordé le premier la question financière, fixé le montant du biscuit* [un million de francs] *et provoqué un rendez-vous en vue de la remise de fonds, les fonctionnaires de police ont prêté de manière active leur assistance à une provocation organisée par le plaignant* [Didier Schuller], *qui était destinée non pas à constater un délit sur le point de se commettre mais à inciter un délinquant en puissance, inactif depuis deux mois, contre lequel il n'avait pas cru devoir à l'époque porter plainte, à commettre des faits pénalement répréhensibles et à organiser une souricière* ».

Obnubilés par la cible à atteindre, les policiers ont-ils oublié le b.a.ba de leur métier, qui exige qu'ils adoptent un rôle passif et constatent l'infraction (et ne l'incitent pas) ? Contrairement à d'autres histoires de kidnapping ou de racket, qui imposent de brancher d'urgence la ligne de la victime, la PJ n'agissait pas là en flagrant délit, puisque le marché proposé par le docteur Maréchal à l'élu RPR remontait au 10 octobre. Par ces coups de fil tardifs, Schuller réveille un projet émis par Maréchal d'intercéder auprès de son gendre, moyennant une somme d'argent, pour étouffer l'affaire des fausses factures du RPR, sans « *même un commencement d'exécution ou de tentative*, souligne un commissaire critique. *Moralement, les officiers de police judiciaire ont créé le délit* ». Or le seul domaine qui déroge à la règle est celui du trafic de stupéfiants, où la loi autorise les agents de la force publique, sous le contrôle du procureur, à commettre des infractions, comme « *acquérir, transporter, détenir de la drogue* » pour infiltrer un réseau ou créer une société écran pour traquer un circuit de blanchiment d'argent sale. S'il y a eu dérapage des policiers de l'Office des stups, coutumiers de ces livraisons surveillées qui les autorisent à jouer un rôle actif, c'est parce qu'ils ont utilisé grosso modo les mêmes méthodes pour monter de toutes pièces un flagrant délit – si l'on en croit l'arrêt qui les désavoue. Même la fourniture à Schuller du million de francs en billets de la Banque de France pour la remise des fonds à Maréchal s'apparente aux habituels coups d'achat montés par les limiers des stups pour arrêter les dealers et trafiquants. Si le parquet de Paris s'est dérobé en refusant d'ouvrir une information judiciaire, la direction centrale de la PJ a péché par excès de zèle. Le souci de plaire au ministre de l'Intérieur, quitte à devancer ses espérances, n'y est peut-être pas étranger. L'occasion de régler des comptes avec la justice non plus.

19 février 2014

3. Quand « le Squale » traquait les fuites

L'ex-patron du renseignement Bernard Squarcini était jugé hier dans l'affaire des fadettes du *Monde*.

Dans son éternel costume marine, Bernard Squarcini, alias « le Squale », attend son tour, pâle et anxieux, sur un banc de la XVIIe chambre correctionnelle de Paris. Avant d'entrer dans l'arène, l'ex-patron de la Direction centrale du renseignement intérieur (DCRI) serre la main, beau joueur, de son adversaire, Gérard Davet du *Monde*, qui a déposé plainte contre lui pour avoir exploré ses « fadettes ». « *Il s'agit de débusquer un traître dans un cabinet ministériel, cela fait partie de nos attributions de protection des institutions* », explique le prévenu qui a exécuté « *l'ordre donné par* [son] *autorité hiérarchique* ». C'est Frédéric Péchenard, à la tête de la Direction générale de la police nationale (DGPN), qui l'a appelé dans « *un petit village en Corse* », le samedi 17 juillet 2010, pour lui demander d'enquêter sur la « *fuite* » dans *Le Monde* du procès-verbal de Patrice de Maistre, gestionnaire de fortune des Bettencourt. PV qui montre ses « *liens consanguins avec Éric Woerth* », explique Davet au tribunal. Cet article qui « *affaiblit* » le ministre du Budget provoque « *un fort courroux à l'Élysée* ». Du coup, Péchenard demande « *en extrême urgence* » au patron de la DCRI « *des vérifications administratives* » pour identifier le détenteur du PV l'ayant divulgué dès le lendemain de la garde à vue. Seuls, la brigade financière, le procureur de Nanterre, Philippe Courroye, le procureur général de Versailles et la chancellerie ont pu l'avoir entre les mains.

Les « *soupçons* » de Squarcini se portent sur David Sénat, un conseiller spécial de la garde des Sceaux, Michèle Alliot-Marie : « *David Sénat gérait les affaires réservées et a eu des relations très particulières avec des journalistes*, balance le Squale. *Il a dit dans* Sarko m'a tuer [livre de Gérard Davet et Fabrice Lhomme] *qu'il a donné dans l'affaire Clearstream des PV à sa ministre pour nuire à des politiques.* » Si tel est son soupçon sur Sénat, pourquoi explorer les fadettes de Davet ? « *C'était une facilité, car il est l'auteur de l'article, et juste pendant quatre jours*, rétorque Squarcini sans se soucier de la loi sur la protection des sources. *Il m'est arrivé d'enquêter sur des journalistes liés à l'étranger et pratiquant l'espionnage.* » C'était rarissime, modère le délégué général de la Commission nationale de contrôle des interceptions de sécurité (CNCIS), Rémi Récio. La DCRI ne réclame les fadettes de Sénat « *sur six jours* » que dans un deuxième temps. À croire que ce sont les listings des communications de Davet qui ont permis de l'identifier. Le président du tribunal, Marc Bailly, signale que l'enquête préliminaire contre Sénat pour « *violation du secret professionnel* » – classée sans suite – a permis de recenser « *cinq contacts téléphoniques avec Gérard Davet dans la soirée du 16 juillet 2010, et cent en tout* ».

D'un débat technique nébuleux sur les procédures d'interception, il ressort que l'article 20 de la loi sur le secret des correspondances de 1991 permet dans certains cas aux services d'obtenir des fadettes avec un contrôle *a posteriori* de la CNCIS, mais, précise son président, Hervé Pelletier, « *pour les intérêts nationaux, ça ne peut pas concerner des transmissions individualisées* ». Ce témoin cité par le ministère public soulève « *un autre problème* » dans cette affaire : « *L'infraction de violation du secret professionnel relevait de l'autorité judiciaire.* » Mais ce n'est qu'une fois ces micmacs ébruités dans la presse et David Sénat exilé à Cayenne que le patron de la DCRI puis celui du DGPN ont dénoncé, début septembre, l'auteur supposé de la divulgation du PV au procureur de la République de Paris. Pourquoi l'autorité judiciaire n'a-t-elle pas été saisie dès la fin juillet ? « *C'est un choix personnel qui a été le sien* [à Péchenard] », dit Squarcini, qui rappelle un autre exemple d'enquête interne : « *Je me souviens d'une fuite de la DACG* [Direction des affaires criminelles et des grâces] *où la garde des Sceaux fit procéder à des vérifications techniques, là encore c'est l'autorité hiérarchique qui décide.* » L'exécutant de la DCRI maintient que la fuite de ce PV relevait de la défense des institutions : « *On est dans le fonctionnement d'un cabinet régalien, on n'est pas au ministère de la Culture, et des PV qui tombent comme les feuilles mortes à l'automne, c'est un dysfonctionnement des services judiciaires à un certain niveau de l'État.* » Pour le journaliste Gérard Davet, « *ils ont essayé de mettre fin aux fuites en faisant mes fadettes, de façon cachée. Ces méthodes typiquement barbouzardes me portent préjudice* ». Considérant ce procédé moins grave que les écoutes de l'Élysée, le procureur Jean Quintard n'a pas réclamé de peine de prison avec sursis contre Bernard Squarcini, mais une amende de 5 000 euros.

Partie 9

Taupes, espions et infiltrés

Fan des romans d'espionnage de John Le Carré mais arrivée à *Libération* un an après la chute du mur de Berlin, je n'ai connu que quelques résurgences de ces pratiques du temps de la guerre froide, alors j'ai exploré le passé, comme la trahison de Georges Pâques au profit du KGB soviétique, et constaté que certains agents secrets français encore en poste dans les années 1990-2000 restaient viscéralement suspicieux envers les pays du bloc de l'Est et leurs vieilles manies. Chargée de la police et donc des Renseignements généraux (RG) et de la DST (Direction de la surveillance du territoire), j'ai beaucoup fréquenté l'espion ou contre-espion hors pair Bernard Squarcini dit « le Squale » qui a œuvré dans le renseignement opérationnel corse, basque et islamiste de 1981 à 2004, sous des ministres de droite comme de gauche, avant de se griller au contact du président de la République Nicolas Sarkozy qui l'a bombardé en 2008 et jusqu'en 2012 à la tête de sa *« machine de guerre contre le terrorisme »*, la Direction centrale du renseignement intérieur (DCRI, fusion de la DST et des RG), qu'il a parfois utilisée pour ses intérêts politiques. Avant la dissolution des RG, certains agents m'ont retracé leur infiltration au sein de groupuscules d'extrême droite dans les années 1980. J'ai découvert aussi les manipulations des services de renseignement extérieur, le SDECE devenu DGSE pendant la guerre civile en Algérie, qui ont monté de toutes pièces une faction soi-disant contre-terroriste baptisée la « Main rouge » pour perpétrer sur le sol français des « opérations Homo » (homicides) strictement interdites par leur règlement contre des avocats du collectif de défense du Front de libération nationale (FLN). Un membre du service Action, Raymond Muelle, m'a ainsi raconté comment Me Ould Aoudia a été tué à Paris en 1959 et comment les cibles suivantes, Jacques Vergès et Mourad Oussédic, ont échappé à la mort. Les taupes, se complaisant dans l'obscurité, détestent la lumière et deviennent vulnérables quand leurs agissements souterrains apparaissent au grand jour. J'ai pénétré ce milieu des agents qui infiltrent des groupes, des filières ou des pays pour tuyauter les services secrets. Ainsi, j'ai suivi les mésaventures du baroudeur Marc Fiévet, devenu le plus grand « aviseur » des douanes françaises au sud de l'Espagne et à Gibraltar, agent sous couverture, armateur de cargos et tenancier d'un repaire de bandits européens, qui a infiltré les narco-trafiquants puis, lâché par son propre camp, a fini en prison comme un gros bonnet de la drogue. Les ressorts psychologiques de ces hommes – diplomate, routier, avocat... – oscillent entre l'orgueil, l'argent, l'idéologie, le patriotisme ou le sexe. Voici sept histoires d'espions au petit ou au grand pied.

14 février 2014

1. Bernard Squarcini : « J'ai bouffé froid, tous les jours »

Le fidèle de la sarkozie mis sur la touche par la gauche, désormais consultant en intelligence économique, a rencontré *Libération*.

Flic du Renseignement depuis 1981, Bernard Squarcini, qui a des contacts « *personnels* » avec les chefs espions du monde entier, Syrie, Algérie, Tunisie, Libye ou Égypte, croyait pouvoir encore « *servir la France* ». Mais l'État lui a claqué la porte au nez en mai 2012 : « *Je suis le seul à qui Manuel Valls n'a rien proposé,* dit-il dépité devant son café. *J'ai dit au ministre de l'Intérieur de m'appeler en cas de problèmes à l'étranger, mais il ne l'a jamais fait.* » Il a attendu, en vain, un coup de fil, un poste, une mission, puis a demandé sa disponibilité en janvier 2013. Il s'est mis « *hors cadre* » puis « *consultant* » : « *J'ai monté ma boîte, Kyrnos, je suis toujours fonctionnaire dans l'âme, je sers le drapeau français.* » « *Carbonisé* » aux yeux du gouvernement, qui le traite, selon les mots d'un ponte du PS, d'« *homme des basses œuvres de la sarkozie* », le Corse s'en défend avec vigueur : « *J'ai autant servi la gauche que la droite, mais pendant cette campagne présidentielle nauséabonde, sur le thème "tout sauf Sarkozy", on m'a ciblé comme un homme politique sauf que je n'ai pu me défendre qu'en technicien. On m'a tout mis sur la tronche, même une prétendue note sur Valérie Trierweiler* », alors compagne du candidat François Hollande.

Le patron de la DCRI a été l'objet de tous les soupçons : d'une enquête en mars 2010 sur l'origine de rumeurs attribuant un amant à la première dame Carla Bruni, puis, l'été 2010, sur la source « *haut placée dans l'appareil d'État* » ayant tuyauté un journaliste du *Monde*. Il lui a aussi été reproché d'avoir rencardé son ami Jean-Noël Guérini (PS), président du conseil général des Bouches-du-Rhône, mis en examen à Marseille dans une affaire de marchés publics douteux, et d'avoir réclamé une augmentation pour son fils embauché par la SEM 13 (société d'économie mixte) : « *J'ai même été entendu là-dessus par la section de recherches de gendarmerie. Mon fils, qui a un bac+ 6, a été pris comme stagiaire, comme grouillot à la SEM 13, puis payé comme agent de maîtrise au lieu de cadre, parce qu'un élu socialiste touchait un salaire fictif de 7 500 euros*, s'insurge Squarcini. *Quand j'ai révélé ça, l'enquête s'est arrêtée tout de suite.* » Son nom a aussi émergé autour du scandale du cercle de jeux corse Wagram, à Paris : « *J'ai bouffé froid, tous les jours* », nous dit-il, amer. Il a hésité à recevoir *Libération* à cause d'« *articles pourris* » sur lui à l'époque, puis a accepté, « *pas rancunier* ».

Désormais dans le privé, le patron de Kyrnos travaille pour Gallice, qui « *protège des expatriés du CAC 40 en Afrique* », et a intégré la société d'intelligence économique Arcanum à Londres, au côté « *de l'ex-chef du Mossad* [les services de renseignement israéliens] *Meir Dagan, et de l'ancien boss des forces spéciales américaines qui a "fait" Ben Laden* ». Il fait du consulting auprès de LVMH pour lutter contre les contrefaçons : « *Je retrouve les services russes pour traiter les contrefaçons d'alcool* », ironise le contre-espion.

À la fin de la guerre froide, ce fils de policier corse, né à Rabat (Maroc) en 1955, œuvrait aux Renseignements généraux, plutôt considérés comme une « *police politique* » intérieure, mais pas au service du contre-espionnage, la DST. C'est en 2007 que Nicolas Sarkozy, devenu président de la République, l'a bombardé patron de la DST, avant la fusion un an plus tard avec les deux tiers des RG, pour en faire la DCRI, machine de guerre contre le terrorisme : « *J'ai récupéré deux mémères, j'en ai fait une belle blonde. Que beaucoup, dans le monde, voudraient avoir dans leur plumard* », avait lancé Squarcini à Didier Hassoux, l'un des auteurs de *L'Espion du président* (Robert Laffont, 2012) invité à « sa » table au restaurant *La Villa corse*, dans le XVe arrondissement de Paris.

Considéré par ses pairs comme un « *as du renseignement, teigneux et patient* », selon ses proches, plein d'entregent et de savoir-faire, Squarcini, alias « le Squale » ou « Squarce », plutôt drôle et volubile pour un espion, a fait toute sa carrière dans les RG. À ses débuts, ce petit-fils de paysan corse a été adjoint au directeur régional des RG de l'île, à Ajaccio, de 1983 à 1988. Puis, ce grand connaisseur des « *natio* » de tout poil devint le numéro deux national des RG, avec pour « big boss » Yves Bertrand, qu'il appelait « *Tonton* ». C'est le Squale qui s'occupe de « *l'opérationnel* » en matière de terrorisme islamiste, basque et corse. Et, malgré la guerre des polices initiée par le commissaire Marion de la PJ antiterroriste, le RG Squarcini trouve les bons tuyaux pour démanteler les réseaux du GIA algérien (Groupe islamique armé), qui pose des bombes en France en 1995. Il est aussi le « tombeur », en 2003, d'Yvan Colonna, recherché depuis cinq ans pour l'assassinat du préfet Érignac, débusqué dans une bergerie perchée dans le maquis corse. Il ne s'en est pas vanté, soucieux de protéger ses informateurs : « *On me reproche aujourd'hui mes relations et mes amitiés. Mais, oui, je suis fidèle en amitié, je n'ai jamais lâché mes tontons et tatas*, revendique Squarcini. *On ne peut pas gommer toutes ces années dans le renseignement opérationnel, de 1981 à 2004.* »

Après avoir servi des ministres de l'Intérieur de gauche, comme Pierre Joxe ou Jean-Pierre Chevènement, et de droite, tels Charles Pasqua et Sarkozy, Squarcini se fait remarquer par ce dernier, qui l'utilisera pour sa course à l'Élysée. C'est alors que les choses se gâtent. Pressenti en 2004 pour remplacer Yves Bertrand à la tête des RG, le Squale se verra barrer la route par le nouveau ministre de l'Intérieur, Dominique de Villepin, le jugeant « *trop proche* » de Sarkozy, et par Chirac à l'Élysée, qui n'en veut pas non plus. Du coup, il devient préfet pour la sécurité à Marseille. En dépit d'un infarctus, Squarcini aurait – selon des observateurs – « *joué les démineurs* » pour le futur chef de l'État durant la campagne présidentielle et l'affaire Clearstream, « *parant les coups* ». Cité à tort comme détenteur d'un compte bancaire au Luxembourg, à l'instar de « *Nagy-Bosca* » (Sarkozy), Squarcini se constitue partie civile dans ce dossier, affecté par ce qu'il taxe de « *coup bas* », visant à demi-mot Villepin. Sitôt élu à l'Élysée, Sarkozy le rapatrie à Paris comme directeur de la DST, puis lui confie la sensible et stratégique DCRI.

Fier de sa « *belle blonde* » devenue phare dans la « *communauté internationale du renseignement* », Squarcini se félicite alors de déjouer deux attentats islamistes par an, se bat comme un diable contre les réseaux d'Al-Qaeda et d'AQMI (Al-Qaeda au Maghreb islamique), négocie avec le Hezbollah pour « *empêcher des attentats contre les intérêts français à cause de son implication dans la FINUL* » (la Force intérimaire des Nations unies au Liban) et actionne ses contacts au sein de la sécurité militaire algérienne pour aboutir, en février 2010, « *à la libération de Pierre Camatte, otage au Mali* ». Il nous avoue avoir été en ligne directe avec Ali Mamelouk, le chef de la sûreté générale de Bachar al-Assad en Syrie, « *pour faire interrompre trois fois les bombardements sur Homs afin d'évacuer la journaliste blessée* » Édith Bouvier, début 2012 : « *Je téléphonais à Mougeotte au* Figaro *: "Dis-lui de sortir et d'aller dans la voiture du Croissant rouge."* »

Dans un livre soi-disant « *technique* » sur le renseignement[1], Squarcini incendie la politique de la France à l'égard de la Syrie. « *Depuis l'arrivée de Laurent Fabius au Quai d'Orsay, tous les ponts ont été coupés avec Damas parce que Paris mise sur la chute du régime*, écrit-il. *Calcul hasardeux ! Non seulement Bachar al-Assad est toujours là, mais il est ressorti renforcé de la crise diplomatique internationale déclenchée par l'usage d'armes chimiques le 21 août 2013.* » Il doute par ailleurs de la réalité des attaques chimiques, et se demande si les services occidentaux n'ont pas été intoxiqués. Il nous répète ces critiques : « *On veut armer l'Armée syrienne libre alors qu'elle est infestée de jihadistes d'Al-Qaeda et qu'on lutte contre AQMI au Mali. Aujourd'hui, la Russie mène la danse et tous les jihadistes*

1. Bernard Squarcini et Étienne Pellot, *Renseignement français : nouveaux enjeux*, Paris, Ellipses, 2013.

français partent là-bas. Comment les arrêter s'il n'y a plus de contacts, plus de négociations ? Les services syriens répondent à la France : "Rouvrez une ambassade et parlez-nous autrement." » Au risque d'être traité de pro-Bachar, voire de pro-Ben Ali, Moubarak ou Kadhafi, Squarcini qualifie dans son livre les « *révolutions arabes* » de « *mal nommées* », et se justifie sur le cruel loupé du jihadiste toulousain Mohamed Merah, qu'il persiste à dépeindre comme « *un loup solitaire* » ayant échappé « *à vingt-cinq services de renseignement* ». L'ancien chef espion rêve que les agents secrets français soient « *des seigneurs* », comme au pays de John Le Carré en Grande-Bretagne, et non plus « *des barbouzes* ».

16 juillet 2001

2. Agent de la paix… et du KGB

Durant vingt ans, l'idéaliste Georges Pâques a livré les plans de l'OTAN aux Soviétiques, pour « jeter un pont entre l'Est et l'Ouest ».

L'hiver 1962, un transfuge soviétique passé à l'Ouest, Anatoli Golitsyne, révèle aux Américains de la CIA que des documents ultrasecrets de l'OTAN ont fuité de Paris à Moscou. Le commissaire Marcel Chalet, du contre-espionnage français (DST), essaie de remonter le trajet d'un rapport sur la « *guerre psychologique* » élaboré par l'OTAN à Washington et arrivé à la centrale du KGB à Moscou, *via* l'ambassade d'URSS à Paris : au moins 200 initiés ont pu y avoir accès. La DST finit par concentrer ses recherches sur l'état-major général de la Défense nationale, puis sur les quatre hommes du bureau qui archive ce document, trois militaires et un civil. Surveillances, écoutes, fouille du passé, incidents de carrière, ennuis financiers... les enquêteurs trouvent des « *éléments troublants* » dans la vie des trois officiers, mais rien de suspect dans le parcours du civil, Georges Pâques, ex-élève de Normale sup, professeur agrégé d'italien, chef de cabinets ministériels, marié à une ethnologue italienne, « *un nationaliste, partisan de l'Algérie française* », selon « *tous les gens questionnés discrètement sous des prétextes fallacieux* », explique Marcel Chalet, qui retrace toute l'affaire pour *Libération* : « *Rien ne laisse supposer des attaches soviétiques.* » Jusqu'à ce mardi 4 août 1963 où un « *interlocuteur de qualité* » lui assène le contraire : « *Ah non, Pâques, c'est certainement pas un homme de droite.* » Le commissaire ordonne à ses hommes de « *ne plus lâcher Pâques, jour et nuit* ».

Le samedi 8 août, Georges Pâques prend le train gare Saint-Lazare pour Versailles, puis un autobus de banlieue, descend au village de Feucherolles (Yvelines) : « *Pâques se promène sous la pluie avec son imper sur le bras. Insolite. Il regarde sa montre. Puis il surveille d'un café les passages dans la rue. Enfin, une voiture banalisée bien connue de nos services passe avec, à l'intérieur, ce vieux Khrenov, officier du KGB.* » La DST flaire le flagrant délit. Mais l'arrivée inopinée de policiers de Versailles fait tout capoter, pour une broutille de chèques sans provision. Persuadé d'un « *rendez-vous manqué* », la DST interpelle Pâques le lundi à la sortie de son bureau de l'OTAN, porte

Dauphine. Au siège de la DST, Chalet jauge l'adversaire : « *Pâques ne se montre pas conquérant, mais garde son petit sourire ironique. Je lui jette tout de suite à la figure ma certitude : c'est un agent du KGB. Je l'incite à me livrer des aveux spontanés qui l'aideront à se défendre ensuite. Au bout d'une demi-heure, Pâques émet le désir d'une confession : "Donnez-moi du papier et un stylo s'il vous plaît, je vais tout vous raconter, tout mettre par écrit."* » Le commissaire accepte : « *Je n'ai pas hésité à le laisser écrire. Georges Pâques, extrêmement intelligent et raffiné, a situé dès le départ l'affaire à une certaine hauteur, à tenir absolument. Nous étions dans une grande affaire d'espionnage, il fallait être exemplaire de A à Z.* » Georges Pâques écrivit « *dix pages d'une seule traite et sans une rature* » sur ses vingt ans de double jeu. Pas du tout par idéologie. Encore moins pour l'argent. Une « *trahison* » dictée par un « *idéal* » : « *préserver la paix* » dans le monde, « *jeter un pont entre l'Est et l'Ouest* ». Sa confession, unique dans les annales de l'histoire de l'espionnage, sert encore aujourd'hui de référence dans les écoles de renseignement et de contre-espionnage de l'Alliance atlantique[1].

Ainsi débute ce manuscrit : « *L'histoire a commencé à Alger en 1944. Depuis quatre ans, nous vivions dans une atmosphère tendue et nos esprits ne se proposaient plus que deux buts : abattre l'Allemagne et préparer un monde dans lequel la guerre serait impossible. Je pensais que l'URSS aurait un rôle capital à jouer après la victoire.* »

1. Thierry Wolton, *La France sous influence*, Paris, Grasset, 1997 ; voir aussi Charles Benfredj, *L'Affaire Georges Pâques*, Paris, Jean Picollec, 1993.

Chef de cabinet du ministre de la Marine, Georges Pâques est « *épouvanté* » par les amiraux qui évoquent « *les perspectives d'un conflit futur avec la Russie* ». C'est son docteur, Imek Bernstein, communiste rescapé de camps d'internement, qui organise sa rencontre avec un conseiller d'ambassade soviétique, M. Gouzovsky. « *Nous parlâmes, discutâmes, devînmes bons amis. Lorsque arriva le jour du Débarquement, Gouzovsky me donna rendez-vous à Paris et, en signe de bonne camaraderie, me prêta 200 dollars (une somme pour le petit lieutenant que j'étais) en me disant : "Vous les rendrez quand vous pourrez, ce sont des fonds secrets."* » Pâques continue à voir Gouzovsky clandestinement et déplore la « *tournure nettement antisoviétique* » que prend la politique française. L'officier du KGB commence à demander des documents « *pour connaître l'opinion de nos militaires, qu'il se représentait comme farouchement bellicistes, et leurs plans d'action* ».

Faute d'accès aux documents secret-défense, l'agent Pâques, chargé de la presse, élabore pour le KGB « *des notes manuscrites pour expliquer la position des militaires et du gouvernement sur les rapports Est-Ouest* ». En 1947, la rupture avec les communistes, sous le gouvernement Ramadier, marque un palier dans sa collaboration : « *J'en demeurai effondré. Je crus de mon devoir de communiquer aux Soviétiques tous les éléments d'information que je possédais sur la politique française, et surtout sur la politique américaine. Toutes les fois qu'une crise politique se dessinait, j'essayais de l'expliquer, d'en prévoir les conséquences.* » Gouzovsky parti, « *l'agent de Paris* » souffre du manque d'esprit d'une série « *d'attachés de presse de la résidence* » (l'ambassade), des « *subalternes* » qui se « *bornent à transmettre [ses] notes explicatives* ».

En 1951, Georges Pâques décide de se lancer en politique. Ce fils de coiffeur de Chalon-sur-Saône s'y présente aux législatives. C'est l'échec. « *De retour à Paris, un peu désappointé et démuni d'argent, mes amis soviétiques m'aidèrent modestement à me rétablir.* » L'agent monte en puissance en 1955. Au cabinet du secrétaire d'État au Budget, Georges Pâques devient directeur adjoint du BCDI (Bureau central de documentation et d'information) chargé, pour le compte du président du Conseil, Edgar Faure, d'harmoniser la politique française à l'égard des pays arabes. « *Largement ravitaillé en informations par la présidence, les Affaires étrangères et le SDECE* [Service de contre-espionnage extérieur], *j'en vins à la conclusion que nos principaux adversaires dans le monde arabe et en Afrique étaient les compagnies pétrolières américaines et le gouvernement des États-Unis qui se faisait leur instrument. Profondément écœuré de la duplicité anglo-saxonne, je n'hésitai pas alors à communiquer aux Soviétiques des documents en ma possession, des télégrammes de nos ambassadeurs et des synthèses élaborées par le SDECE. Comme correspondants soviétiques, je vis le plus souvent l'attaché de presse Alexandre Alexeiev.* » En 1958, la taupe du KGB intègre le très sensible Secrétariat général de la défense nationale (SGDN). « *Ce poste me* [...] *permettait bien sûr de continuer à tenir mes amis soviétiques au courant des intentions agressives des Américains. Mais aussi de travailler à la réalisation de la grande politique que je prêtais au général de Gaulle : reconstituer une Europe suffisamment forte pour servir de pont entre le monde américain et le monde soviétique. C'est pourquoi je n'hésitai pas à communiquer aux Soviétiques toutes les informations qui venaient en ma possession, documents de l'état-major général de la défense nationale, du SDECE, de l'OTAN et du SHAPE* [état-major de l'OTAN], *les programmes de guerre psychologique.* »

Excellent pour l'analyse politique, Pâques s'avère minable au plan technique. Intellectuel, mais pas manuel : « *Alexeiev et Trichine m'avaient souvent demandé de photographier moi-même les documents. Je suis un piètre photographe. J'essayai avec un Leica sans obtenir de bons résultats. Ils me remirent alors un appareil en forme d'étui à cigarettes, muni de roulettes, qu'il suffisait, paraît-il, de passer sur les papiers. Là encore, je ne réussis pas bien. On en revint donc à la méthode la plus simple. J'emportais à midi les documents dans une serviette. Je la remettais à celui qui m'attendait avenue de Breteuil et il me la rendait après déjeuner, après avoir photographié lui-même. Puis nous fixions alors un rendez-vous afin de discuter. Si nous venions à nous manquer, il était reporté au 10, 20 ou 30 du mois à la sortie du métro République, rue du Temple. En cas d'urgence, j'appelais à l'ambassade M. Vago, ou j'étais appelé par M. Gracu, pour nous retrouver le soir même.* » L'été 1962, Georges Pâques intègre l'OTAN, comme directeur adjoint de l'information. « *Mes correspondants s'en réjouirent fort. Vassili Vlassov me dit qu'il fallait redoubler de précautions, car si mes relations avec les Soviétiques étaient connues, je perdrais mon emploi. Il décida qu'il valait mieux éviter Paris et nous rencontrer à la campagne. Pour cela, il me conseilla de remplacer ma vieille Dauphine par une voiture en meilleur état, et il me remit*

300 000 francs pour payer la différence. » Un rendez-vous était fixé le 8 août devant l'église de Feucherolles.

Toujours penché sur le bureau de la DST, et sans jamais poser sa plume, Georges Pâques revient sur le mobile de sa trahison : « *J'ai cru, au début, qu'un échange d'informations entre les Soviétiques et moi pourrait servir la cause de la paix. En vieillissant, je suis devenu beaucoup plus humble, et je ne surestime plus la portée de mon action ni l'influence que je puis exercer. Ce n'est qu'une goutte d'eau. Il fallait toute la présomption du jeune chef de cabinet que j'étais pour s'imaginer peser sur les décisions gouvernementales. J'avais tout misé sur cette espérance de paix, tenant chaque jour un rôle hypocrite de plus en plus pesant. Il était bien évident que, dans une pareille position morale, je ne pouvais plus m'approcher des sacrements. Cet éloignement d'une Église que j'aime aurait pu, à la rigueur, être justifié par le triomphe de la politique de paix et d'entente à laquelle je m'étais consacré et, en un sens, sacrifié. Or, de plus en plus, dans mes conversations avec mes interlocuteurs soviétiques, je n'étais plus le camarade avec lequel on travaille pour édifier un monde meilleur, mais un simple agent de renseignement. Ils se dérobaient, il n'y avait plus de dialogue. Coupé donc de cette société future à laquelle j'avais aspiré, coupé de la société actuelle dans laquelle je ne me trouvais plus à l'aise puisque je lui mentais, il ne me restait plus que Dieu. Et dans mon état psychologique et moral, je ne pouvais plus m'approcher de lui. Peut-être maintenant vais-je le retrouver.* » Georges Pâques posa son stylo et réclama un prêtre pour se confesser. Avant de lire les dix pages sans fautes, Marcel Chalet envoya en urgence des inspecteurs chercher un abbé à la Madeleine : « *J'étais très ému. Pâques voulait soulager sa conscience jusqu'au bout, à travers une seconde confession, spirituelle.* » Puis, le gardé à vue fit une liste exhaustive des documents secret-défense remis au KGB, « *deux pages entières* ». Outre « *les programmes d'équipement des forces militaires occidentales des années 60, 61, 62, 63* », Georges Pâques a livré aux yeux de Marcel Chalet deux éléments majeurs : « *l'évaluation par l'OTAN du potentiel militaire et économique du pacte de Varsovie, pour y faire face* », et a même « *indiqué à l'Est la limite à ne pas franchir, notamment à Berlin, pour ne pas provoquer de riposte de l'Ouest* ». Sans hésitation, cet espion qui n'oublie rien a retrouvé les quelque 200 personnalités qui ont été l'objet de « *biographies* » et les a rangées par catégories, « *présidence de la République, Quai d'Orsay, ministère de la Défense, journalistes, etc., sans jamais se tromper. Il a même reproduit de mémoire des biographies. Prodigieux. Il avait d'énormes talents d'analyse psychologique, il excellait à déceler les ressorts secrets des gens, sachant que le KGB pouvait ainsi recruter d'autres agents* ».

Marcel Chalet ne doute pas de la « *sincérité* » de Georges Pâques, « *ces dix pages écrites d'un jet et sans fautes donnaient un sentiment d'authenticité et d'humilité. Sous l'angle humain, c'était très percutant, très impressionnant* ». Seulement, le commissaire pointe des « *ambiguïtés* » : « *Idéaliste, Pâques accepte l'argent et la voiture, et n'est donc pas totalement désintéressé, sans être mercenaire. Chrétien fervent, homme à scrupules, Pâques se savait infidèle à son engagement patriotique et en souffrait, justifiant son action par le pacifisme.* » Au fond, pour le commissaire qui fut patron de la DST de 1975 à 1982,

« Georges Pâques n'a jamais eu l'occasion d'être chef, mais souvent un brillant second. Faute de pouvoir jouer un rôle principal dans la lumière, on le joue dans l'ombre. Typique. Son ressort, comme pour beaucoup d'agents secrets, c'est l'orgueil. » À son procès, devant le tribunal militaire de Paris, le procureur requit la peine capitale[1]. Et Georges Pâques dit ces derniers mots : *« Les efforts pour tenter de sauver les hommes méritent autre chose que le peloton d'exécution. »*

17 juillet 2001

3. Douze RG chez les « nazes »

En 1981, pour contrer un hypothétique complot d'extrême droite, douze policiers des Renseignements généraux infiltrent groupuscules et partis.

10 mai 1981. Virage à gauche toute aux Renseignements généraux. Le nouveau ministre de l'Intérieur, Gaston Deferre, veut couper les écoutes téléphoniques et stopper les coups tordus, cambriolages et chantages[2], axer

1. Condamné à la prison à perpétuité, Georges Pâques vit sa peine ramenée à vingt ans par le général de Gaulle, puis fut gracié au bout de sept ans, en 1970, par un ancien camarade de Normale sup, le président Georges Pompidou. L'espion du KGB a vivoté, avant de mourir en 1993.

2. Voir Jacques Harstrich, avec Fabrizio Calvi, *RG. Vingt ans de police politique (1961-1981)*, Paris, Calmann-Lévy, 1991.

le travail des RG sur le terrorisme, et arrêter l'infiltration des partis politiques, en tout cas du PS et du PCF qui ont gagné la présidentielle avec « *le Programme commun* ». L'Élysée négocie en secret la paix avec l'ennemi d'hier, Action directe, en échange de la libération des chefs emprisonnés, Jean-Marc Rouillan et Nathalie Ménigon. Désormais, les RG ont pour ordre de contrer un hypothétique « *complot d'extrême droite* ». Bombardé grand patron des RG, Paul Roux, l'unique commissaire socialiste du service, dépêche un fidèle, Roland Vaillant, à la tête de la 2e section des RG de la préfecture de police de Paris (RGPP) pour surveiller l'extrême droite. Douze policiers infiltrent alors les « *nazes* » : le Front national, le GRECE[1], Ordre nouveau, les Faisceaux nationalistes européens (FNE), le Parti des forces nouvelles (PFN), l'Œuvre française, les royalistes de l'Action française, etc. Monter un tel dispositif « *avec les moyens du bord* » relève de la gageure : trouver douze faux papiers d'identité (par la préfecture), autant de permis de conduire et d'assurances, mais aussi de domiciles et « couvertures ». Roland Vaillant rameute les copains pour prêter des studios à ses hommes, inscrit les jeunes policiers comme étudiants et cherche des emplois fictifs pour les plus âgés. Coursiers ou livreurs, des jobs « *sans horaires fixes* », « *incontrôlables* », à condition qu'au bout du numéro professionnel donné par la taupe au groupe, le correspondant réponde bien : « *X n'est pas là, il est occupé en livraison* », et non pas « *X est de*

1. Le Groupement de recherche et d'études pour la civilisation européenne (GRECE), fondé en 1968, est au centre de la galaxie de la Nouvelle Droite.

permanence ». Et puis les douze enlèvent « *chaînes et gourmettes* », laissent au service la carte tricolore de police, apprennent à signer autrement, à répondre à un prénom différent, ouvrent un compte en banque, s'initient à l'idéologie du groupe et se créent un personnage.

Pour pénétrer le milieu, un dénommé Bertrand s'abonne à *Notre Europe*, le mensuel des FNE de Marc Frédriksen, qui reconstitue ainsi la FANE[1]. Pendant trois mois, rien ne se passe. Puis, le « *sympathisant* » reçoit une invitation pour fêter l'anniversaire de la naissance d'Adolf Hitler (le 20 avril 1889) dans un restaurant à Paris (XVIIe). Une équipe des RG se place en protection à l'extérieur, photographie les convives, relève les numéros d'immatriculation. Le collègue Bertrand se lance, s'immisce à l'intérieur parmi une cinquantaine d'admirateurs du Führer en uniformes de SS qui… se mettent à chanter des hymnes nazis : « *Je n'y connaissais rien, je faisais du play-back au fond de la salle, mal à l'aise.* » Là, Bertrand croise les uns et les autres, mais reste à l'écart, pour qu'on s'habitue petit à petit à sa présence et à sa « gueule ». Assidu, le militant se rend à toutes les réunions indiquées dans le bulletin des FNE, grenouille dans les milieux paganistes et druidistes, fréquente la maison du Cercle Ker Vreizh où passe le négationniste Faurisson et s'introduit même au Comité tricolore des Italiens de France, infesté de mussoliniens (MSI) : « *J'ai lu l'annonce sur la création du groupe dans* Notre Europe, *ça m'intéresse.* »

1. La Fédération d'action nationale et européenne (FANE), fondée en 1966 par Marc Frédriksen, a été dissoute en septembre 1980 après l'attentat contre la synagogue de la rue Copernic.

Le voilà doté d'une carte d'adhérents des « Italiens », parmi les quinze premières. La tactique de l'infiltré, c'est de multiplier les « *contacts latéraux* » avec d'autres groupes, de se borner au « *deuxième cercle* », de procéder « *par capillarité* » pour pénétrer la structure non verticale des FNE. Il s'agit de comprendre la culture générale, d'identifier les ultras, puis d'approcher les chefs. Ainsi, en 1985, dans les locaux de l'association Connaître l'Europe, le RG se trouve aux premières loges quand Michel Caignet (traducteur du *Mensonge d'Auschwitz* et ex-chef de la FANE) annonce en public son homosexualité, sous les huées des Italiens qui lancent une bagarre générale. Bertrand se planque au fond, ne se mêle surtout pas des guerres de chefs et ne pose pas de questions. Le RG s'insinue sans rien brusquer. Le patron de l'organisation, Frédriksen, l'a dit et répété : « *Aux Faisceaux, on accepte tout le monde, mais on se tait devant les nouveaux, pendant au moins deux ans. Si c'est un flic, il quitte le mouvement tout seul. Car la police n'a pas le temps d'attendre.* » Les RG ont relevé le défi. Bertrand a adopté l'attitude « *du militant qui partage les idées mais qui traîne des pieds, qu'il faut aller chercher, le mec sans prétention, surtout pas celle de prendre le pouvoir* ». C'est le secret de sa longévité. Cinq ans chez les « *nazes* ». Antifasciste « *sans haine* », mû par une espèce de curiosité d'ethnologue, Bertrand a exploré la nébuleuse. Au risque de se retrouver catalogué nazi par des anti et de s'exposer à des représailles. Filé à la sortie d'une réunion dite culturelle de Connaître l'Europe, le RG tourne dans le quartier pour semer ses suiveurs, redoutant une baston du Betar (groupe sioniste radical) ou une riposte du Mossad (services secrets israéliens). En réalité, le faux nazi était surveillé par la DST. Mais le Mossad a cherché à identifier ce visage sans nom sur des photos de fascistes, parfaitement repérés, eux.

Les risques du métier, Roland Vaillant qui dirige alors ses douze infiltrés les pointe aujourd'hui : « *Il n'y a pas eu trop de casse, mais des gars ont été piégés pour des bêtises.* » Au bout de dix-huit mois laborieux à pénétrer l'organisation quasi secrète de Pierre Sidos, l'Œuvre française, un fonctionnaire parvient à participer à un « *camp d'entraînement le week-end* ». Mais il enfreint l'interdiction de venir à la préfecture de police. Le lundi, l'agent se pointe au bureau et tombe dans la cour sur le frère du leader de l'Œuvre, Jacques Sidos, qui vient changer une carte grise à la préfecture : démasqué. « *Un an et demi de boulot foutu en l'air en deux secondes.* » Le commissaire Vaillant ne lui en tient pas rigueur, continue à se comporter en chef de famille, à rencontrer ses taupes au café-restaurant *Le Tibourg* : « *Il faut les écouter, les épauler, favoriser leur avancement. Ils ont besoin de se sentir soutenus, de savoir qu'ils ne seront pas jetés s'ils ont des pépins. Bref, faut les aimer. Vous avez intérêt à être bien avec vos gars, à être dans la confidence car parfois vous vous apercevez qu'ils sont d'accord avec ces idées. Mieux vaut le savoir et agir en conséquence.* » Il ne s'agit pas de former de nouvelles recrues de l'extrême droite aux RG. À l'époque, le syndicat brun de la police, la FPIP (Fédération professionnelle indépendante de la police) et les réactionnaires de l'USC-Police ont déjà montré au pouvoir socialiste leur capacité de nuisance avec une manif sauvage sous les fenêtres du garde des Sceaux

Robert Badinter, après la mort d'un collègue dans un attentat.

Entre les indicateurs rémunérés et les fonctionnaires infiltrés, le directeur des RG de l'époque, Paul Roux, souligne « *les inconvénients des deux côtés* » : « *Envoyer des inspecteurs militer, c'est toujours un peu scabreux. Vierge au départ, l'infiltré risque d'être influencé par les idées. Mais recruter des informateurs à l'intérieur, payer des gens comme François Duprat*[1] *qui touchait de l'argent de partout*[2]*, ce n'est pas non plus la panacée.* » En tout cas, les taupes RG dans les groupuscules nazis ou les partis politiques ont besoin d'un « *contrepoids* » idéologique, selon un anonyme qui a pratiqué ce « *sport* » : « *L'administration doit déprogrammer l'infiltré au fur et à mesure. Sinon, à force d'adopter le discours et les pratiques du milieu, le policier risque de sombrer. Déjà, à la base, mieux vaut des fonctionnaires qui ne soient pas marqués par l'idéologie du groupe et pas non plus viscéralement opposés. Les deux sont dangereux. Le premier parce qu'il va être fasciste ou RPR avant tout, et non plus flic d'abord ; le second parce qu'il va se faire repérer. L'idéal, c'est le fonctionnaire neutre.* » À pénétrer l'extrême droite, les RG du commissaire Vaillant ont

1. François Duprat, professeur d'histoire, négationniste et théoricien, fut l'un des principaux dirigeants de l'extrême droite des années 1960-1970, d'Occident à Ordre nouveau, puis dans une structure parallèle du FN, les Groupes nationalistes révolutionnaires (GNR) absorbés par la FANE, après sa mort en 1978 dans l'explosion de sa voiture.

2. Frédéric Charpier, *Les RG et le Parti communiste*, Paris, Plon, 2000 : « *François Duprat percevait 3 000 francs par mois des RG et, paraît-il, autant de la DST, qui l'utilisait également.* »

alimenté fiches et dossiers de néonazis, royalistes, skinheads, et d'activistes du Front national qui, plus tard, perceront en politique. À l'époque, deux RG « *militent* » à l'intérieur. Jean-Paul, alors jeune inspecteur, monte à vitesse grand V au sein de l'appareil, au risque de susciter des jalousies et donc des doutes. Fougueux et culotté, « *l'étudiant en droit* » en fait trop. Ainsi, à une fête « Bleu-blanc-rouge » du FN, au chapiteau de Bel-Air, Jean-Paul mène la farandole, et entraîne Jean-Marie Le Pen, resté sur son fauteuil. Ses supérieurs redoutent une photo dans la presse ou une image à la télé de l'inspecteur main dans la main avec le leader du FN. Un jour, fliqué et filé par des gros bras du FN, Jean-Paul a utilisé « *sa carte de transports gratuits de police* », par étourderie ou pour faire « *l'économie d'une carte orange de métro, payée par l'administration* », explique le commissaire Vaillant : « *Ainsi, les gens du FN l'ont coincé et lui ont donné une volée de coups à la réunion suivante. Le gars est resté tranquille chez lui, pendant six mois, à préparer le concours de commissaire.* » Le second RG au FN a reculé pour des raisons extraprofessionnelles qui ne manquent pas de sel : « *Un jour, ce gars s'est confié : "Chef, je veux lâcher le FN, s'il vous plaît. Je ne peux plus continuer, je suis amoureux fou d'une fille Le Pen. Elle va me mépriser si elle apprend ce que je fais." Je l'ai basculé ailleurs.* » Au RPR.

À Paris, sous la gauche, cinq RG infiltrent encore les partis de droite : RPR et UDF. En revanche, la « maison » lève le pied sur le PCF de 1981 à 1984, jusqu'au départ des quatre ministres communistes du gouvernement, puis recommence à surveiller les « Rouges » avec « *un trou de trois ans dans les fiches*[1] ». Donc, aux RGPP, au numéro 2 *bis*, quai du Marché-Neuf, dans l'île de la Cité, le bureau dit « *des militants de droite* » au deuxième étage tourne « *pareil qu'avant, sous Giscard* » : ils adhèrent et cotisent (avec les fonds du ministère de l'Intérieur), assistent aux réunions le soir, distribuent les tracts sur les marchés le week-end, et collent les affiches la nuit, en période électorale. Ils sont invités à des dîners chez des militants de base qui ne comprennent pas pourquoi eux ne les invitent jamais en retour. Ils redoutent de croiser des gens du parti en compagnie de leurs femmes qui ignorent tout de leur double jeu et pestent contre les horaires impossibles des flics de terrain. Pas de fausses identités pour espionner la droite, mais des « *couvertures spéciales* ». L'« *étudiant* » Michel, qui « *milite* » au RPR, récupère et analyse les discours de Jacques Chirac à l'avance, se ménage ses entrées rue de Lille, forme les jeunes encartés du XIIIe arrondissement, transporte le candidat aux législatives et finit « *balancé* » à Charles Pasqua par un collègue policier du RPR. L'« *étudiant* » Jacques qui « *milite* » à l'UDF rédige des articles sur les jeunes dans le bulletin du parti, se laisse filmer par FR3 Île-de-France dans un reportage sur « *la journée type d'un jeune militant de l'UDF* » et se trouve bien ennuyé quand on le sollicite pour se présenter aux municipales de 1983 à Paris. Son chef a donné son accord, « *à condition qu'il ne soit pas éligible* », se rappelle Paul Roux, « *en 83e position, le fonctionnaire n'a pas été élu à deux places près. Mais manque de chance, un conseiller municipal meurt,*

1. Voir *ibid.*

un second démissionne ». Le RG a donc révélé à l'UDF sa qualité de policier, puis a intégré le service des « *VO* » (voyages officiels), à la protection de… la femme du président, Danielle Mitterrand.

Selon nos témoins, l'infiltration a été stoppée aux RG « *fin 1985 ou début 1986* ». C'est l'époque où les RG font le distinguo entre le renseignement et donc les méthodes en « *milieu ouvert* » (syndicats, partis, associations, médias, etc.) et en « *milieu fermé* » (terrorisme, extrémisme, nationalismes et sectes). « *En matière économique, politique et sociale, on se présente sous notre nom, on décline notre fonction, et on élabore des analyses et synthèses* », explique un ancien infiltré qui aurait bien relevé le défi de pénétrer l'Église de scientologie. Mais, même en « *milieu fermé* », les RG n'infiltrent plus de policiers. « *Trop risqué, trop dangereux et trop long* », souligne un commissaire de section « *opérationnelle* » : « *Injecter un fonctionnaire au GIA, chez les nationalistes corses ou basques, ou encore dans une secte, signifierait que, pour gagner la confiance du groupe, le policier monte au créneau, donne des coups de main, et donc commette des infractions. C'est impossible. Et puis, gérer les doubles vies, les faux papiers, et* tutti quanti, *c'est infernal… Aujourd'hui, mieux vaut recruter dans les groupes.* » Des taupes déjà bien placées à l'intérieur et payées sur les fonds secrets.

Les prénoms des policiers infiltrés ont été modifiés.

18 juillet 2001

4. La « Main rouge » contre le FLN

En 1959, sur ordre de l'État, les services spéciaux français abattent à Paris l'un des avocats des Algériens du Front de libération nationale.

Ce 21 mai 1959, à Paris, Me Mourad Oussedik, 33 ans, doit se rendre avec son confrère Ould Aoudia à 20 heures à une réunion des avocats du collectif de défense du FLN, afin de préparer le procès pour « *atteinte à la sûreté extérieure de l'État* » des étudiants algériens. Il est 19 h 10. « *On sonne à mon bureau rue Guénégaud. C'est un responsable du FLN, Abderrahmane Bara, qui, dans tous ses états, me dit : "Il y a un bonhomme qui fait les cent pas sur le trottoir d'en face, les mains dans la gabardine. J'ai déjà eu une perquis' chez moi ce matin. Mais les flics n'ont pas trouvé les 75 000 francs du comité de soutien aux détenus et les directives envoyées par la fédération du FLN. C'est au-dessus de la chasse d'eau. Faut à tout prix que tu les dégages"* », rapporte Me Oussedik, qui flaire alors le guet-apens : « *T'as été suivi. – Non,* dit Bara, *le mec était déjà là quand je suis arrivé.* » Voilà une semaine, huit avocats du collectif[1] ont reçu des menaces, « TU VAS MOURIR » en lettres capitales et frappées d'une empreinte de main.

1. Le noyau dur du collectif : Mes Ould Aoudia, Michèle Beauvillard, Abdessamad ben Abdallah, Maurice et Janine Courrégé. Mourad Oussedik. Jacques Vergès. Michel Zavrian.

Il y a quatre jours, un agent de renseignement du FLN a signalé à Oussedik « *un Français qui arpentait le couloir de l'immeuble d'Ould Aoudia au 10, rue Saint-Marc* » : « *Son bureau était surveillé. J'y ai fait récupérer des documents, listes et éléments comptables du collectif que je lui avais confiés. Mais Ould, toujours distrait, m'a traité de paranoïaque : "T'as mis l'alerte rouge, là !"* » Oussedik ne tient pas à suivre Bara ce soir-là, inquiet de cet homme, sous ses fenêtres, qui peut être un « *Algérie française* » ou un « *flic de Papon* » (préfet de police) : « *On va se faire coxer tous les deux, et puis j'ai la réunion du collectif...* » Bara insiste : « *Priorité à l'organisation, tu annules.* » C'est un ordre. Oussedik téléphone à Ould Aoudia : « *Vas-y tout seul, j'ai un cousin, là, qui a besoin de moi.* » Oussedik et Bara partent récupérer les documents au 10, rue Guisarde, en essayant de semer l'homme en imper qui les suit, des quais de Seine à la rue Saint-Sulpice, « *toujours là derrière, j'ai pensé à un policier* ». « *Arrivés au niveau de l'église, le gars s'arrête pile, fait demi-tour et reprend le chemin inverse. Avec Bara, on en profite. Je monte chez lui quatre à quatre, j'enfourne tout dans ma serviette, je rentre chez moi boulevard Saint-Germain. J'ai une mission le lendemain : je dois dégager un militant du FLN caché chez Jean-Paul Sartre pour l'envoyer par la filière.* » Au lever, Mme Aoudia l'appelle, inquiète : « *Mon mari n'est pas rentré cette nuit.* » Oussedik fonce au cabinet d'Ould Aoudia, tombe sur la police : « *Votre confrère a été victime d'un infarctus.* » À la morgue, le légiste lui annonce : « *M. Aoudia a été tué d'une balle en plein cœur.* » Un meurtre de professionnel. Le 26 mai, les sept autres avocats reçoivent des lettres numérotées de 2 à 8 : « TOI AUSSI ». Me Jacques Vergès a été destinataire de la n° 2 : « *Il n'y avait pas de n° 1.* » Le collectif ignore à l'époque que le premier, Ould Aoudia, a été victime d'un crime d'État. Et que Mourad Oussedik et Ben Abdallah ont été aussi programmés, ce soir-là, par le service Action du SDECE (Service de documentation extérieur et de contre-espionnage).

« *Huit courriers annonciateurs de décès étaient partis du service,* affirme aujourd'hui à *Libération* Raymond Muelle, ex-capitaine au service Action, *mais la liste n'était pas close, tous les avocats du FLN étaient ciblés. Ils étaient vingt ou vingt-deux à l'époque dans le collectif de soutien au FLN.* » « *L'opération Homo* [pour "homicide"] *contre Ould Aoudia a été exécutée sur ordre de Matignon* », sous le Premier ministre Michel Debré, et « *avec le feu vert de l'Élysée* », car « *le vrai patron du SDECE était Jacques Foccart* », l'éminence grise du général de Gaulle à la présidence de la République. « *Réserviste du 11ᵉ choc* [le 11ᵉ régiment parachutiste de choc] », le conseiller Foccart avait une autorité politico-militaire sur les ex-parachutistes du 11ᵉ choc passés au service Action. À Matignon, Michel Debré pestait contre ce collectif d'avocats engagés avec le FLN, bientôt désigné comme l'ennemi à abattre. Selon son conseiller aux questions de « *renseignement et sécurité* » de l'époque Constantin Melnik, « *les RG, la DST et le SDECE signalaient les services rendus par ces avocats aux combattants d'une même cause. Des armes étaient introduites dans les parloirs des prisons. Des instructions étaient recueillies auprès des chefs emprisonnés (Ben Bella, Aït Ahmed et Khider à l'île d'Aix) pour continuer la lutte* ». Et les enquêtes internes

MERCREDI 18 JUILLET 2001

UN ETE 2001

Double jeu, histoires d'espions (3/6)

La main rouge contre le FLN

Les taupes se complaisent dans l'obscurité et détestent la lumière. Elles deviennent vulnérables si leurs agissements souterrains apparaissent au grand jour. «Libération» a pénétré ce milieu des agents qui infiltrent des groupes, des filières ou des pays pour renseigner les services secrets. Les ressorts psychologiques de ces hommes – diplomate, routier, avocat…– oscillent entre l'orgueil, l'argent, l'idéologie, le patriotisme ou le sexe. Au fil de la semaine, six histoires d'espions aux petits ou aux grands pieds.

En 1959, sur ordre de l'État, les services spéciaux français abattent à Paris l'un des avocats des Algériens du Front de libération nationale.

Ce 21 mai 1959, à Paris, Me Mourad Oussedik, 33 ans, doit se rendre avec son confrère Ould Aoudia à 20 heures à une réunion des avocats du Collectif de défense du FLN (Front de libération nationale), afin de préparer le procès pour *«atteinte à la sûreté extérieure de l'Etat»* des étudiants algériens. Il est 19h10. *«On sonne à mon bureau rue Guénégaud. C'est un responsable du FLN, Abderrahmane Bara, qui, dans tous ses états, me dit: "Il y a un bonhomme qui fait les cent pas sur le trottoir d'en face, les mains dans la gabardine. J'ai déjà eu une perquis' chez moi ce matin. Mais les flics n'ont pas trouvé les 75000 F du comité de soutien aux détenus et les directives envoyées par la fédération du FLN. C'est au-dessus de la chasse d'eau. Faut à tout prix que tu les dégages"»*, rapporte Me Oussedik, qui flaire alors le guet-apens: *«T'as été suivi.»* «*Non*, dit Bara, *le mec était déjà là quand je suis arrivé.*» Voilà une semaine, huit avocats du collectif (1) ont reçu des menaces, *«TU VAS MOURIR»* en lettres capitales et frappées d'une empreinte de main. Il y a quatre jours, un agent de renseignement FLN a signalé à Oussedik *«un Français qui arpentait le couloir de l'immeuble d'Ould Aoudia au 10, rue Saint-Marc»*: *«Son bureau était surveillé. J'y ai fait récupérer des documents, listes et éléments comptables du collectif que je lui avais confiés. Mais Ould, toujours distrait, m'a traité de paranoïaque: "T'as mis l'alerte rouge, là!"»* Oussedik ne tient pas à suivre Bara ce soir-là, inquiet de cet homme-là, sous ses fenêtres, qui peut être un *«Algérie française»* ou un *«flic de Papon»* (préfet de police): *«On va se faire coxer tous les deux, et puis j'ai la réunion du collectif…»* Bara insiste: *«Priorité à l'organisation, tu annules.»* C'est un ordre. Oussedik téléphone à Ould Aoudia: *«Vas-y tout seul, j'ai un cousin, là, qui a besoin de moi.»*

Meurtre de professionnel. Oussedik et Bara partent récupérer les documents au 10, rue Guisarde, en essayant de semer l'homme en imper qui les suit, des quais de Seine à la rue Saint-Sulpice, *«toujours là derrière, j'ai pensé à un policier»*. *«Arrivés au niveau de l'église, le gars s'arrête pile, fait demi-tour et reprend le chemin inverse. Avec Bara, on en profite. Je monte chez lui quatre à quatre, j'enfourne tout dans ma serviette, je rentre chez moi boulevard Saint-Germain. J'ai une mission le lendemain: je dois dégager un militant du FLN caché chez Jean-Paul Sartre pour l'envoyer par la filière.»* Au lever, Mme Aoudia l'appelle, inquiète: *«Mon mari n'est pas rentré cette nuit.»* Oussedik fonce au cabinet d'Ould Aoudia, tombe sur la police: *«Votre confrère a été victime d'un infarctus.»* A la morgue, le légiste lui annonce: *«M. Aoudia a été tué d'une balle en plein cœur.»* Un meurtre de professionnel. Le 26 mai, les sept autres avocats reçoivent des lettres numérotées de 2 à 8: *«TOI AUSSI»*. Me Jacques Vergès a été destinataire de la n°2: *«Il n'y avait pas de n°1.»* Le collectif ignore à l'époque que le premier, Ould Aoudia, a été victime d'un crime d'Etat. Et que Mourad Oussedik et Ben Abdallah ont été aussi programmés, ce soir-là, par le service Action du Sdece (Service de documentation extérieure et de contre-espionnage).

«Huit courriers annonciateurs de décès étaient partis du service», affirme aujourd'hui à *Libération* Raymond Muelle, ex-capitaine au service Action: *«Mais la liste n'était pas close, tous les avocats du FLN* ●●●

1er juin 1959, au cimetière Montparnasse. Les obsèques de Me Ould Aoudia, l'avocat abattu le 21 mai par le Sdece (Service de documentation extérieure et de contre-espionnage).

11 LIBERATION

au FLN déclenchées après chaque arrestation, *via* les confidences des interpellés aux avocats, « *menaçaient les agents doubles manipulés par le contre-espionnage* »[1]. Me Oussedik ne cache pas qu'il se renseignait auprès d'« *un haut fonctionnaire du ministère de l'Intérieur, nom de code Anjou 08.20, et de deux policiers d'origine algérienne à la préfecture* » pour débusquer les traîtres au sein du FLN : « *C'était la guerre.* »

Au nom de la guerre, Jacques Foccart accorde alors une « *dérogation* » au SDECE pour tuer des avocats du FLN sur le sol français. D'ordinaire, les opérations du service Action obéissent à deux règles : des « *cibles* » étrangères, jamais des citoyens français, et des lieux toujours extérieurs au territoire. En tout cas, le patron du SDECE, le général Grossin, établit une liste noire d'avocats du collectif du FLN à tuer en métropole. Selon Melnik, « *trois noms sont désignés : Aoudia, Oussedik et Ben Abdallah* ». Auxquels Foccart ajoute « *Mes Jacques Vergès*[2] *et Jacques Mercier* » afin de « *neutraliser en une seule frappe définitive* » les avocats du FLN. C'est le socialiste et franc-maçon Paul Grossin qui refuse tout net d'exécuter ces deux « *citoyens français* ». N'empêche, une triple opération « *Homo* » a été montée. Le commandant Muelle, bien placé au service Action, révèle aujourd'hui à *Libération* que « *les reconnaissances ont eu lieu pour ces trois*

1. Constantin Melnik, *Un espion dans le siècle*, Paris, Plon, 1994 ; voir aussi Id., *La mort était leur mission. Le service Action pendant la guerre d'Algérie*, Paris, Plon, 1996.

2. Pascal Krop, *Les Secrets de l'espionnage français de 1870 à nos jours*, Paris, JC Lattès, 1993. L'auteur y dévoile la volonté de Michel Debré de « *supprimer Jacques Vergès* ».

objectifs donnés par la hiérarchie », Aoudia, Oussedik, Ben Abdallah, « *emplois du temps, adresses, identification* » : « *Tout était prêt pour ce soir-là. Le jour même, les trois projets d'exécution ont été soumis aux autorités politiques qui, sans doute effrayées par les conséquences possibles, n'ont donné qu'un seul feu vert. Pour le service, trois opérations, ç'aurait été un coup formidable. Pas pour les politiques. Deux opérations ont donc été repoussées, puis annulées.* »

Avant de s'attaquer aux dirigeants du FLN en Europe puis aux avocats du FLN en métropole, le service Action avait commencé en 1956 par viser les trafiquants d'armes qui reçurent eux aussi des « *mots d'avertissements préparatoires* ». Les obstinés de la trempe de Georg Puchert qui continuent à approvisionner les « *fellaghas* » du FLN s'exposent à la destruction de leurs cargos. Selon le commandant Muelle, « *nos opérations "Arma" contre des bateaux, à Hambourg, à Tanger, ont systématiquement été revendiquées par la Main rouge, une couverture pour nos opérations* ». Il y a deux « Main rouge », précise le militaire : « *La vraie et la fausse.* » L'authentique Main rouge, c'est un « *groupe contre-terroriste monté par des colons européens en Afrique du Nord* » qui ont détourné la « *main de Fatma* », porte-bonheur des musulmans, pour liquider le grand dirigeant syndical arabe Fahrat Hached à Tunis en 1952. La « *fausse Main rouge* », appellation récupérée par le SDECE français, sert à « *couvrir des opérations inavouables à l'étranger* ». Par exemple, l'assassinat à Genève en 1957 du négociant en armes Marcel Léopold. Une « *pompe à vélo* » a été « *oubliée* » à côté du corps, se souvient le commandant Muelle : « *L'agent avait essayé une première fois mais avait dû abandonner, car, quand Léopold avait ouvert sa porte, quelqu'un se trouvait derrière. La deuxième fois, l'agent d'exécution qui s'était présenté chez Léopold a été surpris par quelqu'un dans l'escalier et a laissé sur le paillasson sa pompe à vélo. Certains se sont demandé qui pouvait se servir d'un tel engin équipé d'un ressort pour percuter une fléchette empoisonnée au curare.* » Afin d'accréditer l'idée d'une organisation indépendante « *contre-terroriste* », les cerveaux du SDECE fabriquent des communiqués de revendication et des interviews de prétendus « *membres actifs* » de la Main rouge. Selon le commandant Muelle, « *ces conférences de presse étaient montées par l'échelon de commandement du SDECE* », le général Grossin. Et d'honorables correspondants relaient ces boniments auprès des journalistes. Dans le *Daily Mail* britannique puis le *Spiegel* allemand Christian Durieux, jeune Corse et prof de maths, téléguidé par le SDECE, se plaint même d'un manque de reconnaissance de son organisation la Main rouge par les autorités – « *aucun officiel français n'a osé admettre notre existence* » – et se vante de ses « *exploits contre-terroristes* » qui ont « *mis fin à l'activité de certains trafiquants d'armes* ». Le SDECE pousse l'intox jusqu'à publier en 1960 un livre intitulé *La Main rouge* aux éditions Nord-Sud[1], montées pour l'occasion par « *l'honorable correspondant* » Jacques Latour. « *Ce bouquin a été rédigé par des gens du service pour camoufler les actions du moment* », raconte Muelle. Une fiction, un leurre. Qui a berné tout le monde. Même les avocats du collectif. Selon Jacques Vergès, « *la Main*

1. En 1985, dans *La Piscine. Les services secrets français, 1944-1984* (Paris, Éditions du Seuil), Roger Faligot et Pascal Krop ont été les premiers à révéler la supercherie (« *la Main rouge est uniquement une création du SDECE* »), avec le témoignage inédit du général Grossin.

rouge désignait pour nous les ultras, soldats perdus ou extrémistes pieds-noirs ». « *On a toujours pensé à des barbouzes de droite*, confirme Me Oussedik, *jamais à un service de renseignement organisé et dissimulé derrière ce sigle.* »

Pour tuer Me Ould Aoudia, le service Action n'a « *pas osé utiliser la couverture de la Main rouge* » qui, jusqu'à présent, a servi pour les opérations perpétrées à l'étranger. Là, « *c'est un gros morceau et ça se passe à Paris*, souligne Muelle, *c'est donc un officier traitant qui fait l'affaire* ». Qui tue. D'habitude, « *c'est un agent d'exécution qui se charge de ces corvées de nettoyage* », écrit Raymond Muelle dans son livre passé inaperçu sur les sept ans de guerre du FLN en France[1]. Ces professionnels de la mort qui exécutent les ordres sans états d'âme se sont « *posé des questions pour Aoudia* », selon l'ancien du service Action, « *quand nous avons appris, après coup, son pedigree, nationalité française et marié à une Française* ». Pour relater de l'intérieur l'opération « *Homo* » contre Aoudia, Muelle, qui dit se trouver « *alors à Alger, et non pas à Paris* », a « *beaucoup questionné le tireur, un lieutenant de l'armée française parlant parfaitement arabe, un bon camarade* ».

Ce 21 mai 1959, à 19 h 30, « *une Chambord bleu foncé* » dépose donc le « *bon camarade* » officier en « *gabardine bleue* » non loin du 10, rue Saint-Marc, dans le IIe arrondissement de Paris. Le tueur « *serre sous son bras droit un porte-documents noir de bazar* », monte au « *3e étage, bureau n° 180. Le nom est sur la porte : Me Moktar Ould Aoudia, avocat. Au-dessus, une ampoule tubulaire est*

1. Raymond Muelle, *7 ans de guerre en France*, Paris, Grancher, 1994 ; rééd. 2001.

allumée lorsque le "client" est là. Sur le palier, des W.-C. toujours ouverts. L'avocat quitte son bureau entre 19 h 30 et 20 heures ». L'homme se planque dans les W.-C., « *engage l'index droit dans un trou de la serviette de Skaï* », le doigt sur la détente d'un « *Beretta équipé d'un silencieux maintenu par un léger bâti en bois dans le porte-documents* » (une façon de récupérer les douilles). Il attend. « *L'ampoule s'éteint. L'avocat va quitter son bureau. Sa porte s'ouvre, il est seul. Il est jeune, séduisant* [...]. *Il y a deux détonations étouffées.* » Le tueur retourne sa gabardine, désormais marron avec une ceinture, met une casquette, ôte ses lunettes, s'engouffre dans une « *203 grise immatriculée en Seine-et-Oise* ». « *Il est pile 19 h 40*[1]. » « *Tout est OK, l'affaire est faite, le client était à l'heure au rendez-vous.* »

19 juillet 2001

5. NS 55, l'aviseur des douanes

Durant six ans, à Gibraltar, Marc Fiévet a infiltré, pour les douaniers français, les filières de cannabis. Mais, quand il plonge en 1994 pour trafic de stups, il tait son rôle de taupe. Et écope d'une lourde peine de prison qu'il purge toujours en France.

Gibraltar, 25 février 1988. Il est 8 heures. Marc Fiévet règle le cordage de la passerelle qui cogne sur

1. *Ibid.*

le quai de Marina Bay. Il pleut sur le Rocher. Il avale un café, grille une Benson & Hedges. À 45 ans, il en fume quatre paquets par jour et maudit les vertiges du tabac. Il enfile un jean, une chemise blanche et un pull bleu marine. Il quitte à reculons son yacht en bois de 52 pieds, acheté à un Anglais de la Royal Navy. Il tient peut-être la solution pour finir de le payer. Il a rendez-vous à 10 h 30 avec un monsieur des douanes françaises. « *Il m'a dit qu'il était grand, qu'il porterait un blazer bleu et un pantalon de flanelle grise. Le parfait stéréotype du fonctionnaire,* écrit Marc Fiévet dans un journal de bord inachevé. *Je tourne en rond, je suis inquiet. De toutes les manières, si ce mec a une sale gueule, je n'irai pas au contact.* »

Depuis deux ans déjà, Marc Fiévet a mis les bouts sur son voilier, longtemps amarré sur les quais de Seine à Paris. Fils d'un bourgeois de Cambrai (Nord), l'homme a toujours eu la bougeotte. Air, terre, mer, le globe-trotter se déplace sur toutes espèces d'engins : camions, voitures, bateaux, motos. Dans sa jeunesse, il a passé son brevet de pilote d'avion. Mais c'est à bord d'un 38 tonnes, un TIR (transport international routier) qu'il a bourlingué. Import-export de textile en Grèce, camping-caravaning dans la Drôme, école de danse à Dakar, avant un retour à son premier métier. En 1985, à Gennevilliers, le routier redémarre à son compte avec un camion, « *plante* » les banques « *d'un million cinq* » et s'éloigne « *des climats froids de Paris* ». Un tour du monde avec sa nouvelle compagne ne dépasse pas le Portugal. Et Gibraltar. Marc se pose et monte une compagnie off-shore. Mais, au retour des îles Baléares, une rupture de safran et une grosse tempête cassent son voilier, *L'Astéride*. Il « *tombe amoureux d'un Sylver 52 de la marine britannique* ». Il verse 26 000 livres (quelque 280 000 francs) et doit honorer la seconde moitié « *pour le 15 septembre 1988* ». Il faut trouver un créneau. Or ça grenouille à Gibraltar : familles de contrebandiers, trafiquants de drogue, compagnies off-shore, avocats marrons, banques blanchisseuses, policiers antistups et agents secrets. Plongé dans ces milieux interlopes, Marc Fiévet décide d'en tirer parti. Il contacte un policier des Renseignements généraux de Cambrai qui l'aiguille sur un fonctionnaire des douanes de Nantes (Loire-Atlantique).

Moins de quarante-huit heures après son coup de fil à Christian G., le voilà qui l'attend au bout de Gibraltar : « *J'allume cigarette sur cigarette. N'est-ce pas une erreur de rencontrer ce mec ? Est-ce vraiment raisonnable ? Pas trop dangereux ? Il faut choisir un camp, de toute façon.* » S'acoquiner avec les trafiquants ou renseigner le camp adverse. Marc Fiévet avise alors un « *blazer bleu* » au-dessus « *de grandes guibolles* » et décide de se lancer : « *Il a l'air franc, je pense qu'il est l'homme de la situation.* » Au bar *La Rotonde*, Marc Fiévet attaque bille en tête : « *J'ai découvert ici l'ampleur du trafic de stups. Je crois que vos services manquent d'informations pour agir et enrayer ce business.* » Il en vient à « *ses exigences financières* » : « *un million de francs d'avance et, en contrepartie, je m'engage à remonter la totalité des informations sur le narcotrafic de cannabis marocain* ». L'agent de la Direction nationale du renseignement et des enquêtes douanières explique les règles du jeu : pas d'argent tout de suite, mais après les saisies[1]. Marché conclu.

À compter de ce jour de 1988, Marc Fiévet devient « *aviseur* » (indicateur) des douanes françaises, sous le matricule « NS 55 ». Risque-tout et grande gueule, NS 55 a le profil de l'emploi, les faux papiers belges et la couverture adéquate : armateur de bateaux. En plus, les douanes lui achètent un restaurant, le *Saint-Georges*, au sud de l'Espagne, à Estepona. Un lieu stratégique entre Malaga et Gibraltar, non loin de Marbella, infesté de bandits européens. NS 55 infiltre les filières de cannabis marocain, mais les ennuis commencent en 1990. La taupe zélée s'immisce entre des exportateurs français basés à Tanger et des importateurs britanniques, installés aux Pays-Bas. Il doit convoyer la résine jusqu'à Lyon. Il prend donc livraison de la marchandise dans le détroit de Gibraltar et la transporte jusqu'au port de Sète. C'est un agent des douanes, Éric, qui réceptionne le haschich, le charge à bord d'un camion, l'achemine à Lyon et l'entrepose dans un hangar à côté de la gare de Perrache. Ce même Éric file en Espagne chercher le représentant du fournisseur de Tanger, le ramène à Paris à l'hôtel George-V et assiste à la transaction avec les acheteurs anglais : 850 000 francs changent de mains. Puis les Britanniques descendent à Lyon chercher la drogue et tombent dans le piège. Ce 6 juin 1990, les douanes de Lyon attrapent cinq trafiquants

1. Selon le Code des douanes, l'aviseur qui renseigne « *reçoit une part susceptible d'atteindre le tiers du produit disponible de l'affaire* », c'est-à-dire de l'argent ou de la valeur de la marchandise saisie, à savoir 20 000 francs au minimum ou un maximum décidé par le directeur général des douanes.

et une tonne de cannabis. Ce coup de filet a été présenté comme l'issue d'un « *banal contrôle de routine* ». Manière de protéger l'aviseur. Seulement, la fable ne résiste pas longtemps au juge d'instruction et à la police judiciaire de Lyon. Du coup, les journaux détaillent les méthodes illégales[1] des douanes, qui ont escorté les stupéfiants et loué l'entrepôt de Perrache. Et les trafiquants comprennent l'arnaque. Un inculpé anglais dépose plainte contre les douanes pour « *provocation* ». La sécurité de NS 55 en prend un coup. Sa situation empire avec la seconde prise de 535 kilos de résine au péage autoroutier de Pouilly-en-Auxois (Côte-d'Or) le 5 décembre 1990, qui conduit trois douaniers (dont Éric) en taule.

L'aviseur change de cap, « *s'associe avec des organisations criminelles anglaises, en accord avec les services britanniques* » et obtient une avance de son trésorier payeur, le ministère du Budget à Bercy, pour financer un nouveau voilier. Afin de charger vingt-sept tonnes de « *Black Bombay* » au large de Djibouti. NS 55 continue à donner aux douanes des filières de shit ou d'armes et démasque ainsi un leader clandestin de l'IRA (Armée républicaine irlandaise). Du coup, Marc Fiévet a plein d'ennemis à ses trousses. En 1993, les « *Français de Tanger* », qui remâchent « *l'affaire de Lyon* », débusquent la balance au

1. Depuis l'affaire de Lyon, la loi du 19 décembre 1991 autorise les « *livraisons contrôlées de stupéfiants* » par les services de lutte contre le trafic. À condition d'en informer au préalable le procureur ou le juge, les agents des douanes ou de police judiciaire ont le droit « *de procéder à la surveillance de l'acheminement de stupéfiants* », d'en acquérir, d'en détenir, d'en transporter ou d'en livrer, afin d'identifier les auteurs de ces infractions.

Saint-Georges. Opération de représailles. Sous la menace des armes, Marc Fiévet, sa compagne, ses deux fillettes de 5 et 7 ans, sont ligotés, frappés et dévalisés : « *La prochaine fois, on viendra pour te descendre.* » NS 55 se retrouve « *seul à payer pour les incompétences des douaniers de Lyon* », « *seul face au narcobusiness pour tenter de se justifier* ». Les Irlandais de l'IRA aussi sont lancés sur ses traces. Le convoyeur aviseur ne sait plus trop comment décrocher. L'Italien « Mario Locatelli », en réalité le mafieux Claudio Pasqual, vient de le contacter pour devenir son « *prestataire de services* ». Le narcotrafiquant veut importer dix tonnes de cocaïne colombienne. Avisées, les douanes ordonnent à NS 55 de « *rester collé à Locatelli* ». Un parrain d'envergure qui essaie de mouiller Marc Fiévet comme associé et l'entraîne dans une activité effrénée. Voyages à Port-Saïd, à Djibouti, à Rotterdam, à Bogota et à Saint-Martin : « *Le stress permanent, les propos sans cesse répétés de Locatelli sur le sort à réserver aux infiltrés, le fait de dormir avec un Skorpio* [pistolet-mitrailleur] *sous l'oreiller, trois changements de domicile en trois mois pour échapper aux recherches des Irlandais et des Français de Tanger* », relate NS 55 (en 1995) dans ses courriers à l'ambassade de France : « *À la suite de cela, Locatelli m'a offert à crédit une villa sécurisée avec personnel. Je devenais ainsi protégé et surveillé. Et coincé. Mes appels au secours aux douanes recevaient en réponse : "Fais-nous une belle affaire." Je n'avais pas les moyens de disparaître. Car Locatelli, bien que généreux, ne m'a jamais donné les possibilités financières de partir sans laisser d'adresse. Je rêvais d'une opération réussie pour vivre enfin libre et respirer.* »

Les douanes françaises, américaines et italiennes travaillent ensemble sur « *l'organisation Locatelli* ». NS 55 ne craint donc pas d'intervention policière, mais redoute « *la venue de sicaires* » (tueurs à gages) et reste « *sur le qui-vive avec Locatelli* ». NS 55 signale encore des chargements. De résine et de coke. Les Anglais arraisonnent ainsi au large des Açores son navire, le *Poséidon*, lesté de cannabis marocain. Locatelli s'étonne de la baraka de son associé armateur qui n'est pas inquiété. L'Italien sait déjà, par une confidence, que Marc renseigne les douanes et mise sur l'aviseur pour assurer sa protection, par ricochet. Et puis les Canadiens font tomber le cargo *El Pacifico* avec cinq tonnes de cocaïne colombienne. Mine de rien, le mafieux italien explique à son associé que les cartels de Cali et de Bogota ont des doutes à son sujet. Les fournisseurs flairent que le propriétaire-armateur a donné l'affaire du *Pacifico* pour se dédouaner de la précédente du *Poséidon*. À l'inverse, les douanes françaises supputent que NS 55 n'a pas balancé l'opération du *Pacifico* pour donner des gages à Locatelli ou « *rouler pour son propre compte* ». Et que les Canadiens manipulaient un autre informateur à l'intérieur du réseau. En tout cas, Locatelli tombe en Espagne. Et, deux semaines plus tard, le 24 septembre 1994, Marc Fiévet plonge aussi, lâché par les douanes. Frappé de deux mandats d'arrêt internationaux, l'un britannique pour « *conspiration dans le but de faire entrer six tonnes de cannabis sur le territoire anglais* », l'autre canadien pour « *complot d'importation de cinq tonnes de cocaïne* ». Extradé en Grande-Bretagne, puis au Canada, Marc Fiévet a été condamné en 1997 à la prison à perpétuité, comme un vulgaire trafiquant. Il n'a pas révélé au tribunal sa qualité d'aviseur et a plaidé coupable. Loyal, il a suivi les conseils appuyés des douanes françaises, qui ont conforté son silence avec 100 000 francs en liquide pour sa femme. Il a patienté, persuadé que « *tout allait s'arranger* » après son transfert en France. Là, en effet, les douanes ont volé à son secours. Trop tard. Aviseur ou pas, le tribunal de Bobigny (Seine-Saint-Denis) a refusé de se prononcer sur le fond de l'affaire et a juste ramené sa peine à... vingt ans de prison (à compter de 1997). Au grand dam de son avocat, Me Christophe Pech de Laclause, qui multiplie les recours. La demande de grâce de NS 55, appuyée par les douanes, a été rejetée voilà quatre mois par le président Jacques Chirac. Selon le calcul des douanes, entre 1988 et 1993, « *au total dans différents pays* », l'aviseur hors pair a permis « *d'appréhender 18 tonnes de cannabis et 150 kilos de cocaïne, de saisir 32 moyens de transport – 21 navires, 11 véhicules –, et d'arrêter 97 trafiquants* ». Sept ans de prison déjà, encore dix-sept à tirer, NS 55, 57 ans, ne supporte pas « *de payer si cher l'addition* ».

*

« Encaluminé » (emprisonné) exactement *« 3 888 jours, soit dix ans, huit mois et trois jours »*, l'aviseur déchaîné NS 55 proteste contre son sort, dénonce la trahison des douanes et l'ingratitude de l'ex-ministre du Budget Michel Charasse qui l'avait pourtant reçu *« cinq fois à Bercy »* et à Marbella, attaque l'État, multiplie les grèves de la faim, essuie deux refus de grâce du président de la République. Il se souvient encore des risques énormes qu'il a pris comme *« numéro*

deux » du réseau du mafieux italien Claudio Locatelli, importateur de cocaïne de Colombie, des nuits passées avec un Skorpio sous l'oreiller et des doutes sur le double jeu de son boss le mettant à l'épreuve : *« Locatelli m'envoie négocier à Bogota avec une famille de la drogue, j'ai eu la chiasse pendant quatre jours. Avant de partir, il m'a offert des cassettes vidéo dont* Scarface, *le film sur les cartels qui larguent un agent démasqué par hélicoptère. »* NS 55 continue malgré tout à envoyer des renseignements par télex jusqu'à sa chute. L'ennemi des trafiquants découvre, abasourdi, *« la drogue en vente libre en prison, 500 kilos par an à Val-de-Reuil »* : *« Des petits dealers m'appelaient "le flic dans la mafia" et ont voulu m'assassiner avec une boule de pétanque. »* De grands criminels ont alors assuré son escorte en promenade. Marc Fiévet est ressorti en conditionnelle de *« cet accident de travail »* en juin 2005, sans papiers d'identité ni carte Vitale, avec un pécule de 720 euros qu'il a investi dans des lunettes de vue. Il a dû subir encore jusqu'en 2013 le contrôle d'une juge d'application des peines qui ne voulait rien entendre : *« Monsieur, pour moi, vous êtes un criminel. Point. Vous avez été condamné, on ne reviendra pas là-dessus. »* Marc Fiévet déteste qu'on le confonde avec un indic ou une balance : *« L'indicateur gère son négoce répréhensible en renseignant les autorités régaliennes. Et la balance donne ses amis pour s'en sortir. Moi, je suis un agent infiltré chez les narco-trafiquants. »* Il tient un blog au vitriol sur les services antinarcos intitulé « Aviseur international ». À 80 ans, Marc Fiévet transporte de la viande à bord d'un camion frigorifique et continue à bourlinguer à travers l'Europe.

20 juillet 2001

6. La déchirure de l'avocat

Avocat du terroriste Georges Ibrahim Abdallah, Jean-Paul M. a trahi son client au profit de la DST. Après l'arrestation d'Abdallah en 1984, il devient le relais avec les Fractions armées révolutionnaires libanaises.

« *Je suis un franc-tireur tourmenté.* » Jean-Paul M., 46 ans, avocat déchu et taupe retraitée, tue le temps dans un bistrot obscur, cafés serrés, cigarettes blondes, journal du matin, et végète dans un trois pièces en piteux état hérité de sa grand-mère. Plus d'alcool. Plus de livres, pour ne pas brouiller sa pensée : « *J'écris.* » Même « *pas d'appareil à passer la musique* ». Spartiate. Tee-shirt blanc et blue-jean, visage d'éternel adolescent torturé, l'homme fragile et ambigu s'est « *retiré sous sa tente* », tel Achille dans la guerre de Troie. Son épopée sans gloire s'est arrêtée voilà quatorze ans. Alors avocat de Georges Ibrahim Abdallah, chef terroriste des Fractions armées révolutionnaires libanaises (FARL), Jean-Paul a trahi son client au profit du contre-espionnage français (DST).

Élevé « *dans l'idée de l'ascension sociale* », ce fils unique d'une institutrice et d'un employé du Gaz de France a grandi en HLM avec parents et grands-parents. Bac à 16 ans. Fac de médecine puis de droit. Avocat « *par hasard* » à 25 ans, Jean-Paul se met à son compte en 1981. Mais se lasse vite du métier : « *trop de souffrances, pas de gratification, je me défonçais pour les plaidoiries, mais je détestais la confrérie des avocats* ». Installé face à *La Closerie des Lilas* et domicilié place des Vosges, le pénaliste de 28 ans mène une vie de patachon, se soûle aux doubles whiskys et se défonce aux toxiques en tout genre. Il s'ennuie à mourir. Jusqu'au soir de mai 1982, où Georges Ibrahim Abdallah, alias « Alex », déboule sans rendez-vous à son cabinet et le prend à tort pour « *un avocat militant* ». Ce barbu inconnu se présente comme « *un révolutionnaire internationaliste arabe* », un adversaire d'Israël, qui occupe le Sud-Liban, et de l'Amérique, qui soutient les sionistes. Son groupe armé, les FARL, a déjà revendiqué deux assassinats de diplomates à Paris, un attaché militaire américain et un secrétaire de l'ambassade d'Israël.

Alex s'adresse à l'avocat comme à un allié objectif de sa cause. Certes, Jean-Paul défend Frédéric Oriach[1], précurseur d'Action directe (AD), « *qui a soutenu publiquement les FARL* », mais c'est seulement pour « *son divorce* ». Intrigué, Jean-Paul M. ne dissipe pas le « *malentendu* » et n'éconduit pas cet étrange client qui veut « *entrer en contact avec Oriach, et les leaders d'Action directe* ». L'avocat élude, mais accepte la troisième demande d'Alex : défendre un militant d'AD arrêté avec des armes. Captivé par Abdallah, « *racé, intelligent, cultivé* », Jean-Paul M. attend ses visites à l'improviste qui mettent du piquant dans sa « *misérable vie* » : « *J'ai agi en joueur, je voulais qu'il se découvre un peu plus.* » Le chef terroriste s'insinue, quémande des services. L'avocat esquive, puis tombe dans le piège. Abdallah lui confie un

1. Frédéric Oriach est alors le chef des Noyaux armés pour l'autonomie populaire (NAPAP).

texte de revendication d'un attentat ultérieur des FARL avec pour mission de remplir – le moment venu – la date, le lieu et la cible, laissés en blanc. « *J'étais effondré mais j'ai pris la lettre. Une fois Alex parti, je l'ai brûlée.* » L'été 1982, Jean-Paul croise Alex par hasard à un arrêt de bus, un « *sac de camping plein à ras bord sur le dos* », mais le Libanais le chasse « *d'un geste impératif de la main* ». Le 22 août, l'explosion de la voiture piégée d'un diplomate américain, avenue de La Bourdonnais, signée par les FARL, tue deux artificiers de la police : « *Pour moi, ç'a été l'élément déclencheur, décisif.* » De son futur job d'espion. Mais Alex ne donne plus de nouvelles, pendant deux ans.

Jean-Paul retombe dans la routine : « *Je me faisais chier. Vivre a toujours été pour moi un exercice difficile.* » Il ne supporte plus ce « *monde merdique* », peuplé « *de crétins et de sans-cœur* », et recherche un Eldorado. « *L'été 1984, je suis allé à l'ambassade du Canada pour émigrer. Puis au secrétariat d'État à la Sécurité, me proposer comme volontaire pour occuper un poste à l'ambassade du Liban ou je ne sais où.* » Démarches vaines. La réapparition inopinée du chef des FARL, en plein mois d'août, tombe à pic : « *Peut-on toujours compter sur toi ?* » L'avocat acquiesce. Il s'agit d'aller porter un message à un « *frère* », Mohammed el-Mansouri, interpellé en Italie avec sept kilos d'explosifs. « *Alex m'informe du changement de stratégie des FARL qui décident de commettre des attentats aveugles contre les Français.* » L'avocat accepte la mission « Italie », non sans arrière-pensées. Il fonce au bureau du juge antiterroriste Jean-Louis Bruguière, « *l'homme de la situation* », et lui met « *le marché en main* » : « *Je ne veux pas devenir indicateur de police mais renseigner les autorités pour prévenir des attentats. Je suis au courant de crimes à venir, je veux enrayer la mécanique, essayer d'influer sur le cours des choses. Je pars en Italie porter le message du chef des FARL. Si je ne suis pas contacté par la DGSE* [les services secrets extérieurs], *j'abandonne.* »

À son retour de Trieste, un certain « Monsieur Damien » a pris rendez-vous. Soulagé de rencontrer l'envoyé spécial des services spéciaux, Jean-Paul « *collabore* » tout de suite. Au matin, l'insomniaque file se confier au magistrat qui le tance pour son « *imprudence* » à « *se livrer ainsi à un inconnu* » : « *Et si c'était un membre des FARL venu vous éprouver ?* » L'avocat descend une bouteille de whisky, redoute le pire et attend la suite. C'est Abdallah qui vient le premier le complimenter et l'affranchir sur « *une opération d'envergure, libérer Mansouri, Oriach et d'autres camarades* ». Puis « Damien » vient à son tour s'installer dans le même fauteuil. L'avocat pactise avec l'officier de la DGSE qui, bientôt, cède la place à un nouveau « *traitant* », « Antoine ». Un policier de la DST, le contre-espionnage intérieur. Ballottée et manipulée, la taupe croit jusqu'au bout renseigner la DGSE[1]. Désormais, Jean-Paul rapporte au « *Service* »

1. Selon les *Mémoires* d'Yves Bonnet, patron de la DST (novembre 1982 à juillet 1985), c'est le chef de la division B3 antiterroriste, Jean-François Clair, qui a « *recruté, grâce au contrôleur général Bergeret, directeur adjoint des RG, une source de la meilleure qualité en la personne de Jean-Paul M., avocat* » de Georges Ibrahim Abdallah. Cf. Yves Bonnet, *Contre-Espionnage. Mémoires d'un patron de la DST*, Paris, Calmann-Lévy, 2000.

les confidences d'Abdallah en échange de « *6 000 francs par mois* » hors frais de mission : « *J'aurais pu demander dix fois plus. Ce n'était pas exorbitant par rapport à mes revenus. Je fais des allées et venues, je perds des clients... Je n'ai pas renseigné par goût du pouvoir ou de l'argent. Pour l'aventure peut-être.* » Écartelé, l'avocat doit donner des gages aux deux parties. « Antoine » ne comprend pas comment l'auxiliaire de justice a pu ainsi gagner la confiance d'Abdallah et le soupçonne d'avoir aidé les FARL. De son côté, Abdallah le somme de s'expliquer, « *je ne connais rien de ton passé* », avant de l'utiliser pour déménager une cache d'armes.

Le 24 octobre 1984, Abdallah tombe à Lyon, attrapé avec un faux passeport algérien. Son défenseur attitré, qui seul a le droit de le visiter en maison d'arrêt, devient l'unique interlocuteur du chef des FARL et le commissionnaire obligé. Jean-Paul joue l'agent de liaison entre le chef emprisonné et les complices des FARL. Dépêché en Italie, à Belgrade, à Paris et même à Damas, l'avocat agent apporte messages sibyllins et lettres codées, d'abord au « *Service* », ensuite aux terroristes. Le sens des missives lui échappe. Abdallah se garde bien de les lui traduire. « Antoine » les décrypte, sans mot dire. « *C'est frustrant, mais je n'ai jamais eu la tentation de chercher à savoir. Je devais me contenter des éléments que Georges Ibrahim me donnait, pour ne pas me couper.* » Le « *facteur* » se pique au jeu des « *missions à l'étranger* », « *sans se prendre pour James Bond, c'est quand même le plus excitant* ». Mais l'agent double improvisé est loin d'être un professionnel du terrorisme ou de l'espionnage. Il se fait tancer des deux côtés : « *Abdallah me reprochait d'être imprévisible et de ne pas respecter les consignes minimum de sécurité, rentrer le premier dans l'avion et en sortir le dernier ; le Service s'énervait de mes imprudences, comme ne pas fermer ma chambre d'hôtel, et de mes actes de désobéissance.* »

L'avocat apprend par Abdallah le « *projet d'enlèvement d'une personnalité française à l'étranger* ». Ce fut Sydney Peyrolles, directeur du centre culturel français de Tripoli (Nord-Liban), kidnappé le 23 mars 1985 par les FARL. En échange de sa libération, les ravisseurs des FARL réclament l'élargissement de Georges Ibrahim Abdallah. Voilà donc l'avocat parachuté à Damas, avec un visa de tourisme de l'ambassade de Syrie (qui veut le recruter comme « *honorable correspondant* »), afin d'approcher les ravisseurs. *Via* la famille Abdallah qui habite à Chtaura, village du Sud-Liban. Mais « *l'agent noir* » cumule les bourdes, ne téléphone pas à la DST à son arrivée au Méridien de Damas, « *par peur d'éveiller l'attention* », n'arrive pas à franchir la frontière, s'endort vingt-cinq heures d'affilée *(« on m'a empoisonné »)* et se rend au consulat – « *strictement interdit* » – afin de ne « *pas rentrer bredouille* » : « *Je voulais absolument aboutir, aller au Liban négocier avec les frères et parents d'Abdallah.* »

Le 2 avril, l'agent cafouilleux apprend que l'otage Peyrolles a été libéré. Sans son concours. Humiliation totale. À son retour à Paris, ses supérieurs de la DST qui ont reçu des télex de Syrie sur « *ce fou dangereux que vous nous avez envoyé* » l'engueulent vertement et le mettent derechef « *en vacances* ». *In fine*, Georges Ibrahim Abdallah n'a pas servi de monnaie d'échange, car son arsenal a été débusqué rue Lacroix à Paris : « *Pour ce dossier, j'ai demandé à Abdallah de prendre Me Vergès, afin de détourner l'attention.* » L'avocat ne supporte plus cet exercice schizophrène : « *Le plus grand danger que j'aie connu, c'est de me retrouver seul après une rencontre avec Abdallah, pas fier de moi. C'est affreux d'exploiter la conscience d'un homme, de berner l'autre. Cela me rendait malheureux, désespéré. Au retour de la prison de Fleury-Mérogis, j'étais pris d'une sorte de vertige en voiture, avec une envie irraisonnée de me jeter par la portière. Je n'avais personne à qui parler vraiment, j'étais tout seul. À force de coller mon oreille à la serrure, j'avais l'impression que ma cervelle allait être emportée par un courant d'air, ça rend pas intelligent, c'est pas ma nature.* »

L'année 1986, les bombes explosent en série dans les grands magasins à Paris, dont le Tati de la rue de Rennes (7 morts, 51 blessés). Échec amer pour « *l'agent noir* ». Persuadé (à tort) de la culpabilité des FARL, et de l'impuissance de son entreprise, Jean-Paul craque. En plus, son nom circule. Sa compagne qui travaille dans la presse tombe des nues : « *Ton petit ami n'est pas celui qu'on croit. C'est une taupe.* » « *Grillé* » et « *abandonné* », l'avocat décide de s'expliquer dans un livre « *pour sauver sa peau*[1] ». Le 6 mars 1987, six jours après la condamnation à perpétuité de Georges Ibrahim Abdallah pour « *complicité et tentatives d'attentats* », Me Jean-Paul s'autoflagelle sur le plateau d'*Apostrophes* : « *J'ai trahi, j'ai violé tous les devoirs de ma profession. Demain, je ne serai plus avocat.* » Mais l'ombre de lui-même.

1. Laurent Gally, *L'Agent noir*, Paris, Robert Laffont, 1987.

*

Si l'avocat déchu devenu taupe des services de renseignement français vivote encore dans la même maison familiale en banlieue parisienne, son ancien client Georges Ibrahim Abdallah croupit, lui, toujours en prison depuis son arrestation en octobre 1984, il y a donc… quarante ans. Condamné à la réclusion criminelle à perpétuité en 1987 pour complicité de l'assassinat de deux diplomates, un américain et un israélien en 1982 à Paris, « *Georges Ibrahim Abdallah est le plus vieux prisonnier au monde pour des faits liés au conflit israélo-palestinien* », selon son actuel conseil Me Jean-Louis Chalanset, qui dénonce des pressions diplomatiques des Américains et d'Israël pour l'empêcher de sortir. Il est libérable depuis 1999, mais toutes ses demandes en ce sens ont été retoquées au motif qu'il ne s'est jamais repenti de ses actes, qu'il n'indemnise pas les familles des victimes et que son retour au Liban constituerait un danger, sauf une fois en 2013, acceptée sous réserve qu'il fasse l'objet d'un arrêté d'expulsion. Mais comme le ministre de l'Intérieur d'alors, Manuel Valls, avait refusé de la mettre en œuvre, ce militant libanais pro-palestinien des FARL est resté derrière les barreaux à Lannemezan (Hautes-Pyrénées). Il a déposé sa vingtième demande de libération conditionnelle en octobre 2024, et la justice française a rendu sa décision le 15 novembre 2024. Mais, le tribunal d'application des peines ayant alors accepté la libération conditionnelle, le Parquet national antiterroriste (PNAT) a fait appel de cette décision.

21 juillet 2001

7. Avec Shi Peipu, la taupe était myope

En poste en Asie, un fonctionnaire français livre des renseignements aux services secrets chinois pour l'amour de Shi Peipu, un(e) agent(e) d'un genre particulier. La DST mettra vingt ans pour les repérer.

Noël 1964, à la réception de l'ambassade de France à Pékin, le comptable Bernard Boursicot rencontre Shi Peipu, artiste lyrique en costume mao, écrivain raffiné, librettiste d'opéra, virtuose de la langue française. À 26 ans, ce chanteur androgyne qui, d'un coup de crayon noir et d'un nuage de poudre de riz, se transforme en princesse à l'opéra de Pékin n'a pas son pareil pour tourner la tête des « *longs nez* » occidentaux. À 20 ans, le petit préposé aux chiffres de l'ambassade, Bernard Boursicot, de souche bretonne et paysanne, fils d'un comptable et d'une couturière de Vannes, recruté par le Quai d'Orsay avec son seul BEPC, brûle d'amour pour Shi Peipu. Mais le Français n'ose pas se lancer dans une relation « *contre-nature* » avec le Chinois. De dîners en balades à bicyclette, Shi Peipu lève l'obstacle : « *Je suis une femme, mais il faut garder le secret.* » Il raconte que, depuis sa naissance en 1938 dans une famille de mandarins de la province du Shandong, sa mère l'a élevée et habillée comme un garçon. Sinon, la belle-mère aux mœurs féodales allait imposer à son mari de prendre une troisième épouse, capable d'engendrer un mâle. « *Ces révélations ont changé toute ma vie, impossible désormais sans Peipu* », a confié Bernard Boursicot au Breton Roger Faligot, coauteur de *DST. Police secrète*[1]. Novice, Bernard découvre le plaisir sexuel avec l'artiste, vierge à ses yeux. Il croit l'avoir déflorée, à cause des gouttes de sang sur ses cuisses. En décembre 1965, une mutation intempestive l'éloigne à Djeddah (Arabie saoudite). Avant son départ, l'actrice d'opéra lui annonce en pleurs qu'elle est enceinte. Le futur papa s'envole, bien décidé à convoler un jour en Chine.

En septembre 1969, le voilà de retour, au poste subalterne d'archiviste et de préposé à la valise diplomatique. Entre-temps, les gardes de Mao Zedong ont déferlé sur Pékin, le *Petit Livre rouge* au poing. Victime de la Révolution culturelle, Shi Peipu, qui incarne l'art dégénéré de la Chine féodale, se terre dans la capitale. Bernard Boursicot la cherche à vélo et la retrouve. Peipu dit avoir accouché d'un garçon. Leur fils, Shi Dudu, se trouve au Xinjiang, « *élevé chez des paysans, mais c'est dangereux de le voir maintenant* ». Les Chinois n'ont plus le droit de frayer avec les « *diables au long nez* » : « *On se voyait tous les quinze jours. Mais, alors que j'étais chez lui, les masses populaires nous ont encerclés, et ont emmené Shi au poste*[2] », à cause de sa liaison interdite. C'est alors

1. Dans *DST. Police secrète* (Paris, Flammarion, 1999), Roger Faligot et Pascal Krop consacrent un chapitre à l'affaire, intitulé « La Mata-Hari chinoise était un homme », avec le témoignage inédit et unique de Bernard Boursicot, ainsi que le rapport secret du commissaire Raymond Nart de la DST.

2. Compte rendu du procès de Bernard Boursicot et de Shi Peipu, *Libération*, 6-7 mai 1986.

qu'un cadre du parti autorise Shi Peipu à fréquenter Bernard, « *à condition de lui enseigner les pensées du président Mao* ». Premier cours de « *rééducation* » avec sa dulcinée, l'exégèse de l'article « Comment servir le peuple ? ». Au printemps 1970, Peipu organise un dîner avec un « *ami de la municipalité de Pékin qui serait heureux de le rencontrer* ». Ce soir-là, l'archiviste de la chancellerie française, Bernard Boursicot, a apporté « *de sa propre initiative* » à ce M. Kang une « *enveloppe scellée prise au bureau d'ordre de l'ambassade* ». Afin de « *préserver sa relation avec Shi Peipu, d'assurer la sécurité de cette dernière et de leur enfant* », indique le rapport de la DST, « *ainsi commença sa collaboration avec un fonctionnaire du ministère de l'Intérieur chinois* ». Bientôt, les leçons particulières ne sont plus l'apanage de Shi Peipu, remplacée par MM. Kang et Zhao, des espions du Diaochabu, service de renseignement du comité central du Parti communiste, de « *la section spéciale pour compromettre et recruter des étrangers en poste en Chine*[1] ». Employé du bureau d'ordre, chargé de détruire le courrier, Bernard Boursicot n'a aucun souci pour s'emparer des documents et d'autant moins de scrupules que ses mentors chinois n'ont pas de visées sur la France. M. Kang s'intéresse en priorité à l'ennemi soviétique et aux pays du Sud-Est asiatique. L'archiviste français livre donc des dépêches qui viennent d'autres ambassades et du ministère des Relations extérieures. Un jour, le zélé fouille la valise diplomatique et y pique une lettre du prince Sihanouk du Cambodge. Un geste peu apprécié par Kang et Zhao :

1. Roger Faligot et Pascal Krop, *DST. Police secrète*, *op. cit.*

« *Le prince Sihanouk est un ami de la Chine, pas question de lire son courrier... C'est très impoli, remettez immédiatement ce pli à sa place, camarade*[1] *!* »

Au bout de deux ans, en mai 1972, Bernard Boursicot file le parfait amour avec Peipu, voit même son fils Dudu, mais il doit gagner Dublin (Irlande) puis revenir à Paris. Sept ans de séparation. En avril 1979, l'archiviste chiffreur du Quai d'Orsay retrouve enfin l'Asie, muté à Oulan-Bator. À l'ambassade de France de Mongolie, les secrets ne sont pas très bien gardés, comme l'a dépeint Boursicot[2] : « *On logeait dans une suite d'un hôtel touristique et, quand on sortait, on laissait la clé à la concierge. On avait bien un coffre-fort, mais on ne savait pas s'en servir. Pour ses synthèses, l'ambassadeur demandait son avis à l'interprète mongole qui travaillait aussi, à mi-temps, aux Affaires étrangères de son pays. C'était une ambassade à éclipse. Quand on se repliait sur Pékin à cause du froid, on mettait un scellé sur la porte, mais les Mongols pouvaient très bien entrer par la fenêtre...* » C'est donc de la passoire d'Oulan-Bator que fuitent des documents pour le Diaochabu. Bernard Boursicot se déplace à Pékin pour remettre les plis à M. Kang et surtout fricoter avec Shi Peipu. Ses livraisons sont éclectiques, documents sur la puissance militaire de l'URSS, le renouveau de l'armée japonaise, les élections indiennes, une revue de la presse soviétique sur le voyage à Pékin du président Nixon. Parfois, le préposé livre des éléments majeurs, sur la fourniture d'un seau à glace à l'ambassade, le rôle moteur du yack dans

1. *Ibid.*
2. Art. cit., *Libération*, 6-7 mai 1986.

l'économie mongole, même des articles du *Figaro* retapés à la machine et frappés du tampon « secret » de la chancellerie. Ses bons et loyaux services s'achèvent en mars 1981, avec son rapatriement en France, au Quai d'Orsay. En octobre 1982, Peipu se débrouille pour rejoindre Bernard à Paris avec leur fils Dudu.

Bientôt, les contre-espions de la DST qui surveillent l'ambassade de Chine, avenue George-V, ont « *l'attention attirée* » par les visites « *d'un ressortissant chinois identifié par la suite comme étant Shi Peipu* ». Les limiers le filent jusqu'à son domicile, « *un studio situé au 93, boulevard du Port-Royal à Paris XIII*e*, propriété de Boursicot Bernard* », fonctionnaire « *en poste extérieur* » Chine et Mongolie, il n'y a pas si longtemps. La DST « *subodore une collaboration de l'intéressé avec les services de renseignement chinois, par l'intermédiaire de Shi Peipu* », selon le rapport du commissaire Nart. Et flaire que la venue de Shi en France a pour seul but de « *réactiver Boursicot alors en train de devenir cadre B, c'est-à-dire diplomate* ». La DST interpelle l'agent présumé des Chinois le 30 juin 1983. En garde à vue, Bernard Boursicot déroule tout son roman d'amour et d'espionnage, dévoile la féminité cachée de Shi Peipu. Le lendemain, Shi Peipu se déclare de sexe masculin. Le contre-espionnage n'y comprend plus rien. Le juge les envoie tous les deux en prison pour « *intelligence avec une puissance étrangère* » et exige un examen de Shi Peipu. Pas de doute. Pour les médecins, « *il s'agit d'un sujet de sexe masculin avec des organes génitaux externes qui ne présentent aucune trace d'opération* ». Le 13 juillet, *France Inter* annonce la bouleversante nouvelle : « *La Mata-Hari chinoise est un homme.* » Bernard Boursicot n'en revient pas, n'y croit pas. Impossible. Lors de la confrontation avec Shi Peipu chez le magistrat, Boursicot exige des preuves : « *Je veux voir.* » À la sortie, dans les sous-sols du Palais de justice, Shi Peipu s'est déboutonné et lui a montré… l'évidence.

Une semaine plus tard, Bernard Boursicot a essayé de se trancher la gorge avec un rasoir. Il a échappé à la mort, pas au ridicule. Il lui faudra affronter les questions intimes, les paroles égrillardes et les sourires moqueurs au procès d'assises public à Paris. Le 5 mai 1986, dans le box des accusés, Shi Peipu, poudrée et perruquée (le premier jour), masque mal ses traits fatigués par des troubles cardiaques et Bernard Boursicot, taillé dans la masse et costumé en gris, flotte dans les vapeurs d'euphorisants administrés à Fresnes. Le président Versini veut tout savoir :

« *Au lit, ça se passait comment ?*

– On s'embrassait dans le noir, furtivement. Il me guidait pour le pénétrer… Quant à cette histoire d'enfant, je ne suis pas allé vérifier…

– Mais vous n'allez pas éluder comme ça. Vous avez dit que rien ne la distinguait d'une femme ordinaire.

– Je n'ai jamais vu son sexe complètement, avoue Bernard Boursicot. *Il était très pudique. J'ai cru que c'était une coutume chinoise. Quand il était morose, je lui disais : "Ça ne va pas bien, tu as tes règles ?" Il me répondait : "Mais comment le vois-tu ?"* »

Avant d'« *enfanter* », Shi Peipu a poussé la duplicité jusqu'à « *avorter* » : « *Elle avait grossi et puis elle a prétendu avoir jeté l'embryon dans les toilettes. Je n'y ai vu que du feu. C'est un coup machiavélique.* » Le chanteur lyrique a même acheté un enfant du Xinjiang, de l'ethnie ouïghoure, qui peut passer pour un métis d'Asiatique et d'Européen, l'a confié à une nourrice avant de l'adopter en 1973, Shi Dudu. À la barre, un médecin a rapporté le subterfuge mimé lors de l'examen par Shi Peipu qui « *a occulté sa verge avec les plis du scrotum, ce qui, à condition de serrer les cuisses et d'avoir un partenaire fort crédule, peut, à la faveur des pilosités, prêter à confusion* ». Les psychiatres ont tenté de cerner « *l'univers assez énigmatique* » de ce couple d'espions, l'idylle entre l'attaché d'ambassade à « *la personnalité mal identifiée, ambivalente, fascinée par l'imaginaire et la plasticité* », et l'amant chinois, « *immature et inhibé, sauf au théâtre* ». Le commissaire Raymond Nart, de la DST, a stigmatisé « *les inconscients* » du Quai d'Orsay qui ont « *envoyé ce personnage fragile, Boursicot, à Pékin* » et a démonté « *un magnifique montage des services spéciaux chinois* ». L'avocat général a embrayé sur le « *complot* » des maoïstes qui ont manipulé de A à Z Shi Peipu. Un « *acteur* » à la hauteur de ses maîtres pour embrigader Boursicot : « *Du grand théâtre, du Grand-Guignol, qui plus est de la part d'un homosexuel notoire.* » L'avocat de la défense, Henri Leclerc, a plaidé que Boursicot n'a jamais transmis de documents sur la France, pas même le compte rendu d'un entretien entre Mao Zedong et le ministre français des Affaires étrangères, « *pour ne pas nuire à son pays* » : « *Si intelligence avec l'ennemi il y a, c'est à un degré zéro. Et que m'importent les mirages de la sexualité chinoise, Boursicot croyait ferme que Shi Peipu était une femme et la mère de son enfant, et a été emporté en même temps dans un maelström révolutionnaire.* »

Impitoyable, la cour d'assises a infligé six ans de prison à Bernard Boursicot et à Shi Peipu. Depuis, l'histoire des deux amants de Pékin a fait le tour du monde avec le film *Mister Butterfly*[1], et le comptable humilié, réfugié sur ses terres bretonnes, se tait.

1. David Cronenberg, *Mister Butterfly*, 1993. Avec Jeremy Irons dans le rôle de Boursicot et John Lone en diva.

Partie 10

Rapts

En France, les enlèvements restent l'apanage des trafiquants de drogue et des gros voyous, pratiqués soit comme une punition pour régler une dette soit comme un moyen crapuleux d'obtenir des fonds. Au mitan des années 1970, des pointures du banditisme se lancent dans les rapts contre rançon de riches personnalités. À commencer par l'enlèvement à Lyon, le 9 décembre 1975, de Christophe Mérieux, 9 ans, le fils du patron des laboratoires Mérieux et de l'héritière des usines Berliet. Il est demandé à la famille de ne pas prévenir la police, et de préparer une rançon de 20 millions de francs. Le ministre de l'Intérieur ne parvient pas à convaincre les parents de ne pas obéir aux malfaiteurs. Ayant rassemblé la somme exigée, Alain Mérieux part la livrer à bord de sa BMW dans une ferme de l'Ain, puis le petit garçon est libéré. Sur les écoutes des appels aux Mérieux, un inspecteur reconnaît la voix d'un truand local, Louis Guillaud dit « la Carpe », qui sera attrapé à Paris en train d'acheter des lingots d'or avec les billets du crime. À Paris, le 31 décembre 1975, le PDG de la maison de disques Phonogram Louis Hazan est saisi par six hommes armés qui réclament 15 millions de francs. Les ravisseurs seront interpellés lors de la remise de l'argent, puis l'otage sera découvert enfermé dans un placard. En février 1976, kidnapping du jeune directeur de la société automobile Saab France et, en avril 1977, enlèvement du PDG de Fiat France à Paris qui ne sera relâché qu'au bout de 89 jours de séquestration et contre 2 millions de dollars payés à Genève. En janvier 1978, c'est le rapt du baron Empain, issu de la noblesse belge, riche héritier et PDG du groupe Empain-Schneider, qui va rester prisonnier deux mois dans une galerie souterraine, enchaîné à la cheville et mutilé d'une phalange, avant l'arrestation de ses ravisseurs, dont Alain Caillol. Depuis, le ministère de l'Intérieur a décidé de ne pas céder aux kidnappeurs et de ne pas verser de véritable rançon, ou de s'assurer de la proximité de l'otage avec les billets de banque pour un échange réel. Ce qui ne sera jamais le cas durant la captivité du jeune vendeur juif de téléphones Ilan Halimi en janvier 2006 car le « cerveau des barbares » Youssouf Fofana, exige des virements bancaires *via* la Western Union. La stratégie de ce redoutable kidnappeur déroute totalement la Crim'. Après avoir accepté de récupérer une mallette de cash des mains du père d'Ilan, Fofana l'entraîne dans un jeu de pistes insensé, change sans cesse les lieux de rendez-vous, fait échouer l'opération, et supprimera la victime au bout de trois semaines de tortures.

Il existe aussi de faux rapts comme celui fomenté par l'écrivain polémiste en mal de célébrité Jean-Edern Hallier, en 1982, et des « arrachages » pratiqués par certains policiers pour « secouer » quelqu'un ou le faire parler, comme celui du pasteur Doucé qui, surveillé par des flics tordus des Renseignements généraux, a disparu en juillet 1990 puis a été retrouvé mort en forêt de Rambouillet.

14 janvier 2012

1. Remords postbaron

Alain Caillol. À 70 ans, le cerveau de l'enlèvement d'Édouard Empain bat sa coulpe et obtient le pardon de son ex-otage.

Au bout d'un tiers de siècle dans l'ombre de son otage, le baron Empain, Alain Caillol sort « *des ténèbres* » de son passé, de ces soixante-trois jours de « *camping sauvage* » dans la noirceur de galeries souterraines, avec son livre *Lumière.* Taraudé, le séduisant gangster de 70 ans à la De Niro dans *Heat* chasse ses fantômes. Il a réservé la primeur de son manuscrit à Édouard Empain, de quatre ans son aîné, l'a rencontré dans le secret d'un grand hôtel : « *Je vous devais la vérité* », a-t-il dit à l'ancien PDG du groupe Empain-Schneider. « *À l'époque où j'étais leur prisonnier, M. Caillol me tutoyait et moi, je les vouvoyais. Là, c'était l'inverse… Il a eu une certaine gêne à me dire "tu"* », commente le baron, joint par *Libération.* Édouard Empain s'est senti « *réconforté* » de lire « *les mêmes détails de sa détention* » que les siens : « *On ne pourra pas m'accuser d'avoir raconté des histoires, alors que certains ont cru à un auto-enlèvement.* » En quête de reconnaissance par sa victime, Caillol ne triche pourtant pas sur les horreurs commises. Le petit doigt d'Empain coupé au massicot ? « *On a tiré à la courte paille qui le ferait.* » Le vote de son exécution, au bout d'un mois de tergiversations des associés de l'otage, comme au poker, avec des pièces de monnaie : « *Un franc, on le tue ; cinq francs, on l'épargne.* » Alain Caillol fit partie des trois – sur huit – qui ont jeté un franc dans le gobelet. Le baron l'apprend aujourd'hui, mais le lui pardonne : « *Il a un certain remords, en tout cas, un regret, et ne me considère pas comme un sale type.* » En écho, le bandit salue « *cet homme sans vice et d'un courage exceptionnel, qui ne méritait pas ça. On s'est trompés de cible* ».

D'entrée de jeu, il y a eu maldonne sur ce « *coup politico-gangster* ». C'est Serge Dassault ou Liliane Bettencourt qui étaient visés. Fils de bourgeois, mais marxiste, Caillol s'oppose au rapt du marchand d'avions parce qu'il s'agit « *d'un Juif déporté au camp de Buchenwald, c'est plus pareil* ». Puis, il se grille en repérage à Neuilly-sur-Seine chez la patronne de L'Oréal : « *La belle Lili a eu chaud aux fesses*, ironise-t-il. *Avec elle, on aurait touché l'argent sans problème. C'est le* fatum, *le destin. Le prescripteur de l'enlèvement d'Empain, c'est* Le Canard enchaîné, *qui tirait à boulets rouges sur lui.* » Le 23 janvier 1978, c'est donc l'homme d'affaires belge qui est enlevé avenue Foch dans le XVIe arrondissement de Paris : « *Descendre un patron du CAC 40 à la cave comme symbole, j'assume. Mais après, c'est un homme réel que vous avez face à vous. En dehors de l'appât du gain, les 80 millions de rançon qu'on demandait, plus ça dure, plus je me sens gêné de faire quelque chose de pas juste.* »

Alain Caillol règle sûrement des comptes avec son père en kidnappant le PDG. Mais c'est une sorte de frère qu'il découvre au fil de la séquestration : « *On a eu un peu la même enfance, solitaire, les mêmes collèges de gosses de riches.* » Rejeton d'un homme né à la fin du XIXe, qui fit fortune avant guerre comme publicitaire dans la presse de droite, Caillol n'a connu de son père que « *l'éducation* » et « *les bonnes manières* ». Il n'a pas plus senti d'amour chez sa mère, une jolie fille d'ouvriers de Lorraine épousée par obligation parce qu'elle était enceinte du frère aîné de Caillol. S'il tente, dans son livre qui oscille entre témoignage et autofiction, de s'inventer des origines héroïques à Stalingrad dans un bunker, c'est à Béziers « *comme un gros plouc, en zone libre* » que l'ex-bandit a vu le jour. Envoyé en pensionnat chic dès l'âge de 8 ans, il vole son premier 45 tours à 12 ans lors d'un voyage scolaire en Angleterre. L'adolescent se montre « *téméraire et aussi vicieux, une véritable petite racaille bien élevée* », se flagelle-t-il. Il ne verse pas une larme lorsque sa mère meurt l'année de son bac. Face au désintérêt de son père, devenu dans les années 1960 PDG de la Maison des bibliothèques, Caillol quitte la maison à 21 ans, zone en fac, cambriole « *avec des petites frappes* ». Devenu braqueur dans les années 1970, il fait équipe un temps avec Jacques Mesrine : « *Moi, pour l'argent ; lui, pour avoir sa photo dans le journal.* » Aujourd'hui, il traite l'ex-ennemi numéro un de « *sale con, capable de tuer sur le trottoir un mec qui l'a cherché au bar* ». Pourtant, avec Michel Ardouin, alias « Porte-avions », il a planqué des armes dans les toilettes du tribunal de Compiègne pour l'évasion (réussie) de Jacques Mesrine : « *On devait kidnapper Rothschild le jour du grand prix d'Amérique* », en 1973. Son arrestation en 1978 provoque la mort de son père, resté cloîtré chez lui six mois, ravagé par « *la honte* » : « Comme Empain, c'est un homme d'honneur. Je l'ai tué pour de vrai. » Le baron ignore s'il a incarné la figure paternelle lors du rapt, évoque plutôt une sorte de fraternité d'armes : « *Je comparerais nos relations actuelles à celles des gens qui ont fait la guerre ensemble, sauf qu'il a tendance à oublier qu'on n'était pas dans le même camp.* [...] *Il essaie d'être un bandit d'honneur.* »

Condamné à vingt ans, il en a passé onze à lire des ouvrages, à écouter France Culture et à étudier l'histoire. Pour sa thèse sur la correspondance de George Sand, le prisonnier écrit à Mireille Bonnelle, professeur de lettres à l'université de Paris, spécialiste des épistolaires. Les deux érudits échangent à leur tour des courriers amoureux que la bourgeoise mariée de province fera publier. Le gangster a donné son accord et touché la moitié des droits d'auteur, même si ce n'est pas son genre de « *conserver des lettres avec un ruban bleu* ». Mais, dès sa sortie de prison en 1989, la liaison fait long feu. Dix jours de vie commune à Montpellier, où il a toujours tenu une boutique de meubles héritée de son père, lui ont suffi : « *Les rideaux, le dessus-de-lit et les coussins à fleurs, c'était trop.* » Encore amoureuse de lui, Mireille Bonnelle dit avoir « *pris le risque* » d'une rupture précipitée : « *Il m'a plantée là, il ne voulait pas se ranger. S'il était resté avec moi, il n'aurait pas replongé.* » En 2001, Caillol a rechuté pour un trafic de quinze kilos de coke cachés dans des statues, « *un truc de hippies* » avec le Costa Rica. Mais, au procès en correctionnelle, « *trois connards qui ont essayé de se défaucher* [de trouver de l'argent], *ça devient l'empire du mal, quasiment un cartel colombien. J'ai pris huit ans* ». Il a un fils de 16 ans qu'il n'a pas vu grandir et un autre de 36 ans, pareil. Il aurait épousé leur mère « *par étourderie* » : « *Quand on est amoureux, on a le cœur qui tape presque aussi fort que lorsqu'on monte sur un braquage. Après le mariage, c'est de l'aménagement de peine* », écrit-il. Il vit seul désormais, entre Montpellier et un pied-à-terre en Seine-Saint-Denis. Mais c'est chez Mireille Bonnelle qu'il a écrit *Lumière* pour les éditions du Cherche midi, l'hiver dernier. De lui, elle dit : « *C'est l'homme de ma vie et, quoi qu'il en dise, il existe quelque chose de très fort entre nous.* » Il rectifie : « *Nous sommes deux vieux copains.* » De son côté, le baron Empain, malgré la complicité qui le lie à Caillol, souligne qu'ils ne seront « *jamais amis* ».

*

Le baron Édouard-Jean Empain dont l'affaire a inspiré le film de Lucas Belvaux *Rapt* en 2009, est mort le 20 juin 2018 à l'hôpital de Pontoise dans le Val-d'Oise et a été enterré au cimetière de la commune de Bouffémont, où il a vécu jusqu'à l'âge de 80 ans. De son côté, Alain Caillol, 82 ans, son ravisseur qui avait obtenu son pardon, continue à écrire, à lire et à jouer aux échecs, peine à respirer, navigue encore entre la région parisienne et le sud de la France, conscient de sa longévité à travers deux siècles : « Quand Brigitte Bardot mourra, mon époque sera finie », me confie-t-il.

19 juillet 1991

2. Dossier Doucé : un an d'enquête, zéro preuve

19 juillet 1990, le pasteur Doucé disparaît en plein Paris, alors qu'il était surveillé par des policiers des Renseignements généraux. Aujourd'hui, si justice et police n'écartent toujours pas la piste de « l'équipe à Dufourg », ex-inspecteur des RG, le dossier est vide de preuves et d'inculpations. Récit.

Dans un classeur métallique du 36, quai des Orfèvres, juste au-dessous du dossier « Cons-Boutboul », la brigade criminelle continue à entasser par centaines les procès-verbaux de l'affaire « Doucé ». Au palais de justice de Paris, la juge Catherine Courcol sort régulièrement de son armoire en bois sept épais volumes verts pour dresser l'inventaire de cette procédure pour « *arrestation et séquestration illégales et homicide volontaire* ». Il y a 365 jours que « *le pasteur des minorités sexuelles* » Joseph Doucé a suivi deux inconnus pour ne plus jamais revenir. Il y a 275 jours qu'un ramasseur de champignons a découvert son corps en forêt de Rambouillet.

Le jour de la disparition du pasteur Doucé, sa librairie, Autres Cultures, se trouve sous la haute surveillance d'une équipe des Renseignements généraux de la préfecture de police de Paris (RGPP) emmenée par l'inspecteur Jean-Marc Dufourg, un adepte des méthodes musclées. Très vite, celui qui se définit lui-même comme « *un sale flic* », ses jeunes collègues et son petit monde d'indics font l'objet de tous les soupçons. Mais, un an après, le dossier est vide de preuves et d'inculpations. Pourtant, la justice et la police n'écartent toujours pas la piste de « *l'équipe à Dufourg* »[1] : « *Nous avons écarté bien des hypothèses mais nos investigations nous ramènent toujours vers l'ex-inspecteur des RG. D'après l'autopsie, nous savons que le pasteur n'a été tué ni par balle, ni étranglé, ni empoisonné, ni victime de coups ayant entraîné des fractures. Ses kidnappeurs n'ont*

1. Jean-Marc Dufourg n'ayant jamais été mis en examen ni condamné dans cette affaire, il est toujours présumé innocent.

sûrement pas voulu l'assassiner. Le scénario le plus vraisemblable est un "arrachage" [enlèvement pour intimider, forcer à collaborer ou à parler] *qui a mal tourné.* »

Le 19 juillet 1990, vers 20 h 30, Joseph Doucé et un ami religieux, le séminariste Arnaud, viennent d'arriver au domicile du pasteur, au Centre du Christ libérateur (CCL), 3 *bis*, rue de Clairaut, dans le XVIIe, après une petite marche à pied depuis la librairie Autres Cultures qui se trouve à deux pas, 46, rue de Sauffroy. Guy Bondar, le compagnon du pasteur se souvient de la scène. « *Avancez* », dit Joseph Doucé à deux hommes « *bien mis et courtois* ». L'un, aux cheveux foncés, est resté en retrait près de la porte. L'autre, aux cheveux clairs et plein d'assurance, s'est approché du pasteur dans le couloir, a montré une carte ou un insigne de police et s'est exprimé avec politesse : « *Suivez-moi, oui, j'apprécierais beaucoup que vous me suiviez.* » Le pasteur a demandé : « *Vous m'emmenez au château ?* » L'homme a répondu « *non* ». Le « château », pour le pasteur, c'est la prison. Alors, le pasteur est rentré dans son bureau, a pris son portefeuille, ses clés et son peigne. Guy Bondar a demandé aux inconnus : « *Vous en avez pour longtemps ? Vingt minutes, une demiheure ?* » Le premier a répondu : « *Tout au plus.* » Puis Joseph Doucé a suivi les deux hommes, « *surpris mais confiant* ». Une fois la porte du CCL refermée, personne n'a plus jamais revu le pasteur.

Une minutieuse enquête de voisinage n'a rien donné. Pourtant, le pasteur baptiste et homosexuel qui accueille au CCL travestis, lesbiennes, transsexuels et pédophiles, est une figure du quartier, un homme qu'on remarque avec son habit de clergyman. Le pasteur est-il parti à pied ou en voiture ? Nul ne le sait. Pas même Guy Bondar : « *Je ne l'ai pas accompagné sur le pas de la porte. Car tout dans son attitude laissait entendre que c'était une simple formalité.* » En attendant, Guy Bondar et le séminariste finissent de dîner et commencent à s'inquiéter. Guy Bondar ne sait pas trop comment réagir. Comme le pasteur avait été interrogé une fois comme témoin au commissariat, son compagnon imagine une garde à vue qui se prolonge. Le lendemain, face aux employés du CCL et d'Autres Cultures, Guy Bondar élude les problèmes : « *On réglera ça quand le pasteur reviendra.* » Mais il se fait un sang d'encre. Il se renseigne au dépôt, téléphone aux commissariats, aux hôpitaux et même à la morgue. Le samedi, il contacte son avocat. Le lundi 23 juillet, une fois les bureaux ouverts, Guy Bondar déclare la disparition de Joseph Doucé et alerte l'IGS, la police des polices. Les limiers de la Crim' apprennent alors qu'une équipe des RG porte une attention particulière aux activités du pasteur. Tout est parti des RG chargés de la presse qui, en dépouillant les revues, se sont inquiétés de la tenue de réunions sur la pédophilie au CCL et de l'assiduité d'un inspecteur des PTT, Joël S., soupçonné d'attentats à la pudeur sur des mineurs. Planqués en face dans l'épicerie arabe, les RG Presse ont photographié les habitués du CCL. Puis, le 1er juin 1990, le patron des RG, qui aimerait bien épater la PJ en lui transmettant une affaire toute cuite, demande aux spécialistes du GER, le Groupe des enquêtes réservées, chargé de dossiers sensibles, de creuser.

La PJ découvre ainsi qu'une bande de quatre RG travaillent sans contrôle de magistrat sur un sujet qui n'entre pas dans leurs attributions. Le numéro un en est Jean-Marc Dufourg, un maître des coups tordus, flanqué de trois collègues fascinés par ses faits d'armes. Le chef de groupe est officiellement Gilles Azéma, un inspecteur qui sort de six ans d'ennui à collecter du renseignement traditionnel. Il est tellement subjugué par Dufourg qu'il lui abandonne les rênes d'un travail de terrain. Depuis 1990, l'ordre est tombé d'en haut, d'améliorer les performances et donc de recruter des indics tous azimuts. Dufourg s'est senti pousser des ailes. Avec le chef fantoche Azéma, deux « élèves », les jeunes inspecteurs Pascal Passamonti la baraque et Éric Didier « *l'intellectuel* », plus un trio d'indics qui jouent les barbouzes auxiliaires, sa bande est fin prête.

La Crim', plongée dans l'énigme du pasteur disparu, s'aperçoit qu'un mois plus tôt ces RG ont fait du tapage au CCL où vivent Joseph Doucé et Guy Bondar. Le 19 juin, à 1 h 30 du matin, Dufourg et deux « *élèves* » frappent violemment en hurlant à la porte. Guy Bondar se souvient de sa peur : « *Police, ouvrez !* criait-il en menaçant. *Je vous préviens, si vous n'ouvrez pas, on reviendra vous chercher.* » Affolé, le pasteur compose le 17. Les gardiens de la paix tombent nez à nez avec des RG qui dégainent des cartes de police et repartent sans être inquiétés. Alors Guy Bondar s'insurge et s'entend répondre par Police-secours : « *On ne peut rien dire, police secrète.* » « *Avec le pasteur, on s'est même fait la réflexion : "Eh bien pour des agents secrets, ils ont plutôt l'air de piliers de bistrots !"* »

Coïncidence, les RG drivés par Dufourg sont aussi dans les parages de la librairie Autres Cultures le 19 juillet. Garde à vue pour tout le monde au quai des Orfèvres, l'équipe de RG et les proches du pasteur, le 27 juillet. Un enquêteur : « *Nos recherches innocentent Guy Bondar. Comment aurait-il pu manigancer l'enlèvement du pasteur avec le séminariste qui débarque à l'improviste ? De plus, Guy Bondar ne possède ni voiture ni permis de conduire. Sans compter l'absence de mobile. Pas de problèmes de vie privée ou d'argent. Guy Bondar a un comportement tout à fait normal après la disparition de son ami. Ses coups de fil, ses démarches, nous avons vérifié tout cela.* »

Les enquêteurs s'enquièrent des activités de Dufourg, Azéma et Passamonti ce 19 juillet et n'obtiennent que des réponses évasives. Dufourg n'a pas son précieux agenda. À l'époque, la PJ ignore encore que l'inspecteur peut proférer de gros mensonges, tirer un coup de feu dans une porte pour intimider un indic de Sèvres récalcitrant à... infiltrer la librairie Autres Cultures.

Néanmoins, aujourd'hui, la Crim' a reconstitué une partie de l'emploi du temps de l'équipe de RG ce 19 juillet. À 11 h 30, Dufourg, Passamonti et Azéma déjeunent avec un ami responsable de l'Union funéraire régionale. À 15 h 30, les trois RG jouent au flipper dans une brasserie en face de l'hôpital Lariboisière. Vers 18 heures-18 h 30, direction le XVIIe arrondissement, surveillance de la librairie Autres Cultures. Azéma et Passamonti entrent, examinent les « *revues sensibles* », ramassent des publications gratuites puis s'en vont.

À 19 h 10, les trois équipiers se retrouvent au *Voltigeur*, un bar-tabac du quartier où Dufourg a rendez-vous avec Jean-Pierre Binse, un des trois auxiliaires de l'équipe qui habite à deux pas, rue des Apennins, pour « *réactiver ses contacts libanais avec Binse qui a ses entrées à l'ambassade* ». 19 h 45, du café, Binse téléphone à Péroncel, un autre homme de main pour « *discuter d'un pique-nique prévu chez Péroncel à Conflans-Sainte-Honorine le 26 juillet* ». Sur son agenda, Péroncel a même noté : « *19 h 45 : Appel J.P.* » Aux environs de 20 heures-20 h 15, sur ordre de Dufourg, Azéma et Passamonti vont « *jeter un œil* » à Autres Cultures et constatent que la librairie est fermée. À 20 h 30, le pasteur qui vient juste de rentrer chez lui au CCL, est « *interpellé* » par des inconnus.

Que fait donc l'équipe de Dufourg au moment de la disparition ? Selon eux, vers 20 h 10-20 h 15, Dufourg, Azéma et Passamonti partent à Saint-Maur-des-Fossés pour une planque devant le domicile d'un dealer. Or l'indic « Phobos » qui a fourni le tuyau aux RG, déclare avoir précisé : « *C'est au plus tard à 20 h 30 chaque soir que le dealer sort sa BMW du garage et part.* » Quel intérêt d'arriver à 21 heures ? Les trois policiers persistent : ils sont restés en surveillance jusqu'à 23 heures, personne ne s'est absenté. Les RG ont dû être d'une discrétion exemplaire puisque aucun témoin ne les a vus. De plus, le 23 juillet, « Phobos » voit arriver le trio à Saint-Maur pour « *reconnaître les lieux* ». Explication de Dufourg : « *Comme on a planqué quatre jours plus tôt pour des prunes, on se demande si on a bien compris l'endroit où le dealer vend sa came. Mais il ne faut jamais donner l'impression aux indics qu'on doute de leur parole. Si on lui dit qu'on est venus jeudi, il va croire qu'on n'a pas confiance en lui. Alors, on a fait comme si on n'y était jamais allés.* »

Ensuite, cette nuit du 19 au 20 juillet, jusqu'à 4 heures du matin, le trio écume ostensiblement des bars de

Pigalle, le *Liberty's*, le *Parret's*. Le 20 juillet, sans prévenir leurs supérieurs, aucun des trois RG ne se rend au travail. Dufourg a décrété quartier libre.

À l'heure où le pasteur est interpellé le 19 juillet, Jean-Pierre Binse a lui aussi un alibi. Selon ses déclarations, il quitte les RG au *Voltigeur*, puis rentre à pied chez lui rue des Apennins. Il assure être arrivé entre la fin des informations et le début du feuilleton *Orages d'été, avis de tempête*, « *cinq minutes après avoir quitté les policiers* », soit – programmes télé à l'appui – entre 20 h 35 et 20 h 47. Donc, les quatre hommes se seraient séparés au plus tôt à 20 h 30. Les RG, eux, parlent de 20 h 15 au plus tard. Un quart d'heure de décalage. Puis Binse aurait regardé le feuilleton. Sa compagne Muriel confirme à plusieurs reprises.

De son côté, Christian Péroncel, fraîchement opéré des hémorroïdes – c'est son alibi – pense avoir passé la soirée seul dans sa maison à Conflans-Sainte-Honorine. Sur son agenda et son pense-bête, le méticuleux « agent » a pourtant inscrit à la date du 19 juillet : « *20 h 45, John* » (surnom de Jean-Marc Dufourg). Mais Péroncel est incapable de se souvenir si « John » l'a appelé, lui a rendu visite ou s'ils se sont rencontrés. Les enquêteurs ne peuvent même pas vérifier si Péroncel a passé des coups de fil qui attesteraient de sa présence. « *Techniquement impossible*, répondent les PTT, *car ce numéro ne fait pas l'objet d'une facturation détaillée et cette ligne est régie par un mode électromécanique, non pas électronique.* »

Ces alibis ne sont pas sans faille au regard de la PJ : la fameuse planque chez le dealer de Saint-Maur n'est corroborée que par les seuls témoignages de Dufourg,

Azéma et Passamonti ; l'informateur Binse est désormais dédouané par sa fidèle compagne qui accrédite la soirée télé et l'agent Péroncel par l'impuissance des PTT.

Quand, au quai des Orfèvres, Dufourg, Passamonti, Azéma, Binse et Péroncel sont présentés derrière une vitre sans tain, Guy Bondar ne reconnaît à 100 % aucun des deux hommes qui ont emmené le pasteur Doucé. Mais marque une longue hésitation sur Jean-Pierre Binse avant de dire : « *Je le reconnais.* » Guy Bondar est « *certain d'avoir vu cet homme entre trois et cinq fois dans la rue vers l'avenue de Clichy après la disparition du pasteur. Ce beau garçon costaud au visage d'ange blond me regardait fixement et m'a même suivi* ». Témoignage faussé. Car Jean-Pierre Binse, 29 ans, habite et circule effectivement dans le XVIIe. En revanche, Guy Bondar ne l'identifie pas formellement comme le premier homme venu chercher le pasteur. Si Guy Bondar a juste entraperçu le deuxième inconnu « *aux cheveux foncés assez courts* » resté en retrait, sa description du premier a permis de dresser un portrait-robot : « *Âge, entre 40 et 50 ans. Taille, environ 1,75 m* [un peu plus grand que le pasteur qui mesure 1,70 m]. *Corpulence, buste et bassin larges. Cheveux clairs, châtains ou blonds, mi-longs, un peu ondulés.* »

Les enquêteurs s'emploient donc à cerner les acteurs du monde de Dufourg, avec un handicap de taille : le rusé RG a fait disparaître son répertoire de contacts et n'a laissé que vingt numéros de téléphone soigneusement répertoriés sur une carte de visite de Me Jacques Vergès. La Crim' cherche un hypothétique homme de main qui aurait pu rendre service à Dufourg pour « *arracher* » le pasteur. Plusieurs fois, ils ont entendu de vieux agents du RG, Momo, alias « l'Anguille », connu pour son art du cambriolage et de l'escroquerie, recruté par Dufourg et son chef Duran dès 1984, à l'époque où il servait Rifaat al-Assad, responsable des services de renseignement syriens en France et frère du président de la République de son pays. Mais Momo a un alibi en béton pour le 19 juillet, il était en prison, mais il connaît bien des potes de John Dufourg. Christian Péroncel, dit « l'Ours », une armoire à glace en Ray-Ban de 44 ans, ancien miliaire, mercenaire en Rhodésie, en Afrique du Sud et au Liban, spécialiste de protection rapprochée, a commencé en 1983 à œuvrer pour Dufourg. C'est lui qui a présenté un troisième larron à « John » au printemps 1990, Jean-Pierre Binse, marchand de biens et ex-garde du corps à l'ambassade du Liban.

La PJ s'est aussi plongée dans les méthodes de Dufourg. Formé à l'école de la surnommée « *brigade des coups tordus* » aux RG, sur fond de lutte antiterroriste (Action directe, Pays basque, etc.), Dufourg multiplie intimidations, chantages, perquisitions sauvages et pratique l'arrachage, à savoir « *cueillir* » quelqu'un ou « *l'intimider à bord d'un véhicule* » pour « *l'emmener prendre l'air à la campagne* », selon les termes de l'intéressé dans son livre *Section manipulation*. Ainsi, un « *correspondant* » peu honorable à ses yeux se serait retrouvé un jour tout nu dans la neige du côté de Grenoble. Même Momo, son indic, s'est fait rafraîchir les idées une nuit dans un cimetière.

Non seulement la Crim' resserre le filet sur Dufourg, mais elle démonte les hypothèses qu'il répand sur la place publique. « *Dufourg sait soi-disant toute la vérité sur l'affaire Doucé. À cause d'un complot politico-pédophile, une deuxième équipe aurait enlevé, presque sous son nez, un pasteur maître chanteur pour éviter un scandale éclaboussant l'Élysée !* expose un commissaire. *Alors, on l'a mis au pied du mur, huit heures d'interrogatoire sur son hypothèse. Et on a enquêté point par point. Pour l'instant, c'est tout bidon. Nous allons bientôt fermer cette porte. Depuis le début, Dufourg se défend en utilisant la vieille tactique de l'écran de fumée.* » Me Olivier Metzner, l'avocat de la partie civile, balaie d'un geste « *les rumeurs et les intox* » : « *Dufourg a déjà parlé d'une seconde équipe pour le tapage nocturne du 19 juin, ce qui s'est avéré faux. Il reparle encore d'une deuxième équipe kidnappant le pasteur, encore une pure invention. Dufourg plastronne et ment comme un arracheur de dents.* »

Ses sales méthodes ont été révélées. Aujourd'hui, Jean-Marc Dufourg, inculpé pour « *violences et voie de faits avec arme* », pour avoir logé une balle de son Manurhin de service dans la porte de Pierre Didier à Sèvres, est entendu par la juge Nelly Delfosse de Nanterre, chargée du dossier. Retour en juin 1990. L'inspecteur Dufourg, qui enquête sur les « *clients* » du pasteur Doucé, cherche un indic adéquat pour infiltrer la librairie Autres Cultures. Un autre RG, l'inspecteur B., pense à Pierre Didier qu'il avait arrêté en 1986 car sa copine sympathisante du groupe terroriste espagnol les GRAPO cachait des armes. Mais, d'après sa manière de parler et « *les bouquins porno* » découverts lors de la perquisition, B. conclut que cet interpellé doit être « pédé ». Dufourg jette alors son dévolu sur Pierre Didier. Le 18 juin 1990, le collègue B., Dufourg et ses « *élèves* » se rendent à Sèvres pour lui mettre le marché en main : « *À l'époque, on a été gentils avec toi. Maintenant, soit on te fait plonger, soit tu nous rends service.* » Mais, le samedi suivant, Pierre Didier ne se rend pas, comme prévu, à la librairie du pasteur. Dans la nuit du 3 au 4 juillet, Dufourg opère une « *manœuvre d'intimidation* », pour mettre au pas cet homme qui rechigne à jouer l'indic. Après des appels téléphoniques sans réponse et des coups de sonnette intempestifs à l'appartement de Pierre Didier, l'inspecteur Dufourg a dégainé et tiré une balle dans sa porte, à hauteur d'homme.

Un an après la disparition du pasteur Doucé, Jean-Marc Dufourg – révoqué de la police – gère les ventes de son livre de défense et son image médiatique : « *Cette affaire, c'est la chance de ma vie,* me lance-t-il. *J'écris des bouquins sur l'antiterrorisme, Pays basque, Corse, etc.* » L'inspecteur Gilles Azéma, au bout de six mois de suspension, n'a pas réintégré les RG pour cause de dépression nerveuse. Pascal Passamonti a été muté en Seine-Saint-Denis. Christian Péroncel a été renvoyé par sa compagne Gisèle de Conflans ; informateur au chômage, « l'Ours » nomadise. Jean-Pierre Binse a changé complètement de vie, de femme, de ville, et coupé les ponts avec la bande à Dufourg.

Guy Bondar pleure la mort de Joseph Doucé. Écœuré, suicidaire et malheureux, il est parti en Hollande chercher une nouvelle perspective et se désespère : « *Le CCL n'existe plus, la librairie est en vente, l'œuvre du pasteur sexologue a disparu avec lui. Sa mémoire a été salie. Le pasteur a été victime d'un acte ignoble d'homophobie.* »

AFFAIRE

DOSSIER DOUCÉ: UN AN D'ENQUETE, ZERO PREUVE

19 juillet 1990: le pasteur Joseph Doucé disparaît en plein Paris, alors qu'il est surveillé par des policiers des Renseignements généraux. Aujourd'hui, si justice et police n'écartent toujours pas la piste de «l'équipe à Dufourg», ex-inspecteur des RG, le dossier est vide de preuves et d'inculpations... Récit.

Dans un classeur métallique du 36 quai des Orfèvres, juste au-dessous du dossier *«Cons-Boutboul»*, la brigade criminelle continue à entasser par centaines les procès-verbaux de l'affaire *«Doucé»*. Au Palais de Justice de Paris, le juge Catherine Courcol sort régulièrement de son armoire en bois sept épais volumes verts pour dresser l'inventaire de cette procédure pour *«arrestation et séquestration illégales et homicide volontaire»*. Il y a 365 jours que *«le pasteur des minorités sexuelles»* Joseph Doucé a suivi deux inconnus pour ne plus jamais revenir. Il y a 275 jours qu' un ramasseur de champignons a découvert son corps en forêt de Rambouillet.

Le jour de la disparition du pasteur Doucé, sa librairie Autres Cultures se trouve sous la haute surveillance d'une équipe des Renseignements généraux de la préfecture de police de Paris (RG PP) emmenée par l'inspecteur Jean-Marc Dufourg, un adepte des méthodes musclées. Très vite, celui qui se définit lui même comme *«sale flic»*, ses jeunes collègues et son petit monde d'indics, font l'objet de tous les soupçons. Mais un an après, le dossier est vide de preuves et... d'inculpations.

Pourtant, la justice et la police n'écartent toujours pas la piste de *«l'équipe à Dufourg»*: *«Nous avons écarté bien des hypothèses mais nos investigations nous ramènent toujours vers l'ex-inspecteur des RG. D'après l'autopsie, nous savons que le pasteur n'a été ni tué par balle, ni étranglé, ni empoisonné, ni victime de coups ayant entraîné des fractures. Ses "kidnappeurs" n'ont sûrement pas voulu l'assassiner. Le scénario le plus vraisemblable est un "arrachage" (enlèvement pour intimider, forcer à "collaborer" ou à parler) qui a mal tourné.»*

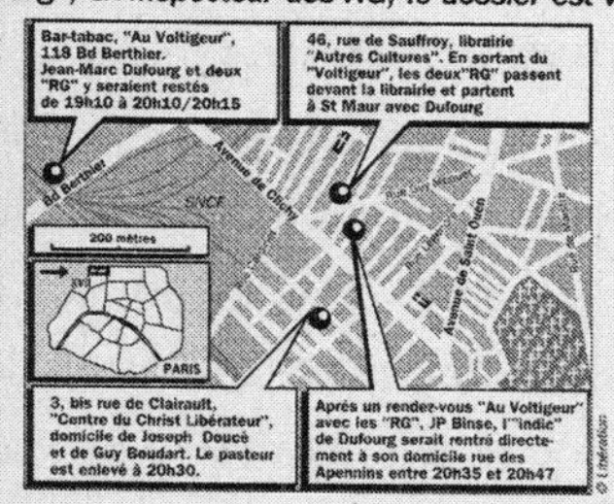

© Libération

Le 19 juillet 1990, vers 20 h 30, Joseph Doucé et un ami religieux, le séminariste Arnaud, viennent d'arriver au domicile du pasteur, au Centre du Christ Libérateur (CCL), 3 bis rue de Clairaut dans le 17ᵉ, après une petite marche à pied depuis la librairie Autres Cultures qui se trouve à deux pas, 46 rue de Sauffroy. Guy Bondar, le compagnon du pasteur, est là plongé dans la comptabilité. Quelqu'un sonne. Guy Bondar se souvient de la scène. *«Avancez»*, dit Joseph Doucé à deux hommes *«bien mis»* et *«courtois»*. L'un, aux cheveux foncés, est resté en retrait près de la porte. L'autre, aux cheveux clairs, et plein d'assurance, s'est approché du pasteur dans le couloir, a montré une carte ou un insigne de police et s'est exprimé avec politesse: *«Suivez-moi, oui, j'apprécierais beaucoup que vous me suiviez.»* Le pasteur a demandé: *«Vous m'emmenez au château?»* L'homme a répondu *«non»*. Le château, pour le pasteur, c'est la prison. Alors, le pasteur est rentré dans son bureau, a pris son portefeuille, ses clés et son peigne. Guy Bondar a demandé aux inconnus: *«Vous en avez pour longtemps? Vingt minutes, une demi-heure?»* Le premier a répondu *«tout au plus»*. Puis Joseph Doucé a suivi les deux hommes, *«surpris mais confiant»*. Une fois la porte du CCL refermée, personne n'a plus jamais revu le pasteur.

Est-il parti à pied ou en voiture?

Une minutieuse enquête de voisinage n'a rien donné. Pourtant, le pasteur, baptiste et homosexuel qui accueille au CCL travestis, lesbiennes, transexuels et pédophiles, est une figure du quartier, un homme qu'on remarque avec son habit de clergyman. Le pasteur est-il parti à pied ou en voiture? Nul ne le sait. Pas même Guy Bondar: *«Je ne l'ai pas accompagné sur le pas de la porte. Car tout dans son attitude laissait entendre que c'était une simple formalité.»* En attendant, Guy Bondar et le séminariste finissent de dîner et commencent à s'inquiéter. Guy Bondar ne sait pas trop comment réagir. Comme le pasteur avait été interrogé une fois comme témoin au commissariat, son compagnon imagine une garde à vue qui se prolonge. Le lendemain, face aux employés du CCL et de Autres cultures, Guy Bondar élude les problèmes: *«On règlera ça quand le pasteur reviendra.»* Mais il se fait un sang d'encre: il se renseigne au dépôt, téléphone dans les commissariats, les hôpitaux et même à la morgue. Le samedi, il contacte son avocat. Le lundi 23 juillet, une fois les bureaux ouverts, Guy Bondar déclare la disparition de Joseph Doucé et alerte l'IGS — la police des polices.

Les limiers de la Crim' apprennent alors qu'une équipe de RG porte une attention particulière aux activités du pasteur. Tout est parti des RG chargés de la presse qui, en dépouillant les revues, se sont inquiétés de la tenue de réunions sur la pédophilie au CCL et de l'assiduité d'un inspecteur des PTT, Joël S., soupçonné d'attentat à la pudeur sur des mineurs. Planqués en face dans l'épicerie arabe, les RG-presse ont photographié les habitués du CCL. Puis, le 1ᵉʳ juin 1990, le patron des RG, qui aimerait bien épater la PJ en lui transmettant une affaire toute cuite, demande aux *«spécialistes»* du GER, le groupe d'enquêtes et recherches chargé de dossiers sensibles, de creuser.

La PJ découvre ainsi qu'une bande de quatre RG travaillent sans contrôle de magistrat sur un sujet qui n'entre pas dans leurs attributions. Le numéro un en est Jean-Marc Dufourg, un maître des coups tordus, flanqué de trois collègues fascinés par ses faits d'armes. Le chef du groupe est officiellement Gilles Azéma, un inspecteur qui sort de six ans d'ennui à collecter du renseignement traditionnel. Il est tellement subjugué par Dufourg qu'il lui abandonne les rênes d'un travail de terrain. Depuis 1990, l'ordre est tombé, d'en haut, d'améliorer les performances et donc de recruter des indics tous azimuts. Dufourg s'est senti pousser des ailes. Avec le chef fantoche Azéma, deux *«élèves»*, les jeunes enquêteurs Pascal Passamonti, la baraque et Eric Didier, *«l'intellectuel»*, plus un trio d'indics qui jouent les barbouzes auxiliaires, sa bande est fin prête.

La Crim', plongée dans l'énigme du pasteur disparu, s'aperçoit qu'un mois plus tôt, ces RG ont fait du tapage au CCL où vivent Joseph Doucé et Guy Bondar. Le 19 juin, à 1 h 30 du matin, Dufourg et deux *«élèves»* frappent violemment en hurlant à la porte. Guy Bondar se souvient de sa peur: *««police, ouvrez»*, criait-il en menaçant, *«je vous préviens, si vous n'ouvrez pas, on reviendra vous chercher»*. Affolé, le pasteur compose le 17. Des gardiens de la paix tombent nez à nez avec des RG qui dégainent des cartes de police et repartent sans être inquiétés. Alors Guy Bondar s'insurge et se voit répondre par police-secours: *«On ne peut rien dire, police secrète.» «Avec le pasteur, on s'est même fait la réflexion: eh bien, pour des agents secrets, ils ont plutôt l'air de piliers de bistrots!»*

Coïncidence, les RG drivés par Dufourg sont aussi dans les parages de la librairie Autres Cultures le 19 juillet. Garde à vue pour tout le monde au Quai des Orfèvres, l'équipe de RG et les proches du pasteur, le 27 juillet. *«Nos recherches innocentent Guy Bondar. Comment aurait-il pu manigancer l'enlèvement du pasteur avec le séminariste qui débarque de Jérusalem à l'improviste? De plus, Guy Bondar ne possède ni voiture, ni permis de conduire. Sans compter l'absence de mobile. Pas de problème de vie privée ou d'argent. Guy Bondar a un comportement tout à fait normal après la disparition de son ami. Ses coups de fils, ses démarches, nous avons vérifié tout cela.»*

Les gros mensonges de l'inspecteur

Les enquêteurs s'enquièrent des activités des policiers Dufourg, Azéma et Passamonti le 19 juillet. Réponses évasives, et Dufourg n'a pas son précieux agenda. A l'époque, la PJ ignore encore que l'inspecteur peut proférer de gros mensonges, tirer un coup de feu dans une porte pour intimider un indic de Sèvres récalcitrant à... infiltrer la librairie Autres Cultures (lire ci-contre).

Néanmoins, aujourd'hui, la Crim' a reconstitué une partie de l'emploi du temps de l'équipe des RG ce 19 juillet. 11 h 30. Dufourg, Passamonti et Azéma déjeunent avec un ami responsable de l'Union funéraire régionale. 15 h 30. Les trois RG jouent au flipper dans une brasserie en face de l'hôpital Lariboisière. 18 h/18 h 30. Direction, le 17ᵉ arrondissement. Surveillance de la librairie Autres Cultures. Azéma et Passamonti entrent, examinent les *«revues sensibles»*, ramassent des publications gratuites puis s'en vont.

19 h 10. Les trois équipiers se retrouvent au Voltigeur, un bar-tabac du quartier où Dufourg a rendez-vous avec Jean-Pierre Binse, un des trois auxiliaires de l'équipe, qui habite à deux pas, rue des Apennins, pour *«réactiver ses contacts libanais avec Binse qui a ses entrées à l'ambassade»*.

19 h 45. Du café, Binse téléphone à Péroncel, un autre homme de main, pour *«discuter d'un pique-nique prévu chez Péroncel à Conflans-Sainte-Honorine le 26 juillet»*. Sur son agenda personnel, Péroncel a même noté: *«19 h 45: Appel J.P»*.

20 h 10/20 h 15. Sur ordre de Dufourg, Azéma et Passamonti vont *«jeter un œil»* à Autres Cultures et constatent que la librairie est fermée. 20 h 30. Le pasteur Doucé qui vient juste de quitter la librairie pour rentrer chez lui au CCL, est *«interpellé»* par des inconnus.

Que fait donc l'équipe à Dufourg au moment de la disparition? Selon eux, vers 20 h 10/20 h 15, Dufourg, Azéma et Passamonti partent à Saint-Maur-des-fossés pour une planque devant le domicile d'un dealer. Or, l'indic «Phobos» qui a fourni le tuyau aux

Les méthodes de l'inspecteur Dufourg

Aujourd'hui, Jean-Marc Dufourg, inculpé pour *«violences et voie de fait avec arme»* pour avoir logé une balle de son Manurhin de service dans la porte de Pierre Didier à Sèvres, est entendu par la juge Nelly Delfosse de Nanterre, chargée du dossier.

Retour en juin 1990. L'inspecteur Dufourg, qui enquête sur les *«clients»* du pasteur Doucé cherche un indic adéquat pour infiltrer la librairie Autres Cultures. Un autre RG, l'inspecteur B., pense à Pierre Didier: en 1986, il a arrêté cet homme dont la copine, sympathisante du groupe terroriste espagnol Grapo, cachait des armes, d'après la manière de parler de Pierre Didier et les *«bouquins porno»* découverts lors de la perquisition, B. conclut que cet interpellé doit être *«pédé»*. Dufourg jette alors son dévolu sur Pierre Didier.

Le 18 juin, le collègue B. Dufourg et ses *«élèves»* se rendent à Sèvres pour mettre le marché en main à Pierre Didier: *«A l'époque, on a été gentils avec toi. Maintenant, soit on te fait plonger, soit tu nous rends service.»* Mais le samedi suivant, Pierre Didier ne se rend pas — comme prévu — à la librairie du pasteur. Dans la nuit du 3 au 4 juillet, Dufourg opère une *«manœuvre d'intimidation»* pour mettre au pas l'homme qui rechigne à jouer l'indic: après des coups de fil sans réponse et des coups de sonnettes intempestifs à l'appartement de Pierre Didier, l'inspecteur Dufourg a dégainé et tiré un coup de feu dans la porte, à hauteur d'homme.

P.T.

*

Si l'ancien *« sale flic »* (selon ses mots) Jean-Marc Dufourg, bien que présumé innocent, reste le suspect numéro un du rapt et de la mort du pasteur Doucé, le dossier refermé par un non-lieu fin 2007 n'a pas été élucidé, *cold case*. À l'époque conseillé par Me Jacques Vergès, l'expert ès-coups tordus contre-attaque en garde à vue à la Crim', se prétend *« missionné »* par sa hiérarchie pour recruter de jeunes garçons prostitués afin de compromettre trois personnalités. Ces procès-verbaux *« fuitent »* opportunément dans la presse et les rumeurs enflent sur des réseaux pédophiles alimentés soi-disant par le pasteur des minorités sexuelles, des *« ballets roses ou bleus »* où danseraient des proches du pouvoir socialiste, lequel bien sûr aurait chargé les RG d'éliminer le trop voyant clergyman. De purs fantasmes de RG. La première juge d'instruction Catherine Courcol m'avouera plus tard qu'elle a été impressionnée et déstabilisée par la stratégie de diversion et de rupture de Me Vergès. L'affaire a donc été enterrée, et le juge suivant, Jean-François Ricard, n'a pas réussi à exhumer de nouveaux indices. Les avocats de Guy Bondar, compagnon de la victime, Olivier Metzner et Geneviève Gesvre se sont escrimés, en vain, à tenter d'apporter d'autres témoignages et indices.

Jean-Marc Dufourg a donc été reconnu coupable de *« violences et voies de fait avec arme »* pour avoir tiré un coup de feu à Sèvres dans la porte d'un ex-militant d'extrême gauche qu'il voulait *« retourner »*, écopant de vingt mois de prison avec sursis. Il a également été condamné pour *« faux en écritures »* à huit mois de prison avec sursis à cause de deux rapports mensongers adressés à ses chefs dont l'un travestit son heure de présence aux abords de l'appartement de Joseph Doucé, le soir du meurtre, la fixant à 19 h 15 au lieu de 20 h 15. Afin de s'éloigner dans le temps et dans l'espace de l'enlèvement du pasteur qui, à 20 h 30, a suivi deux hommes sur la foi de leur carte de police, pour disparaître à jamais.

5 novembre 1992

3. La dernière bombe de Jean-Edern Hallier

Après les révélations de son complice Platov, l'écrivain maintient avoir « commandité l'attentat contre l'appartement de Régis Debray » en 1982.

« *En 1982, j'ai enlevé Jean-Edern Hallier à sa demande. J'ai cambriolé pour lui le domicile de Jean Daniel. Et puis, il y a eu Régis Debray* [...], *une explosion violente.* » Les surprenantes révélations d'un certain Cyril Platov confiées ce mois-ci au mensuel *Interview*[1] n'ont pas étonné la police judiciaire. À la mi-août, la Criminelle du quai des Orfèvres

1. Cf. *Interview*, novembre 1992, Cyrille Platov : « *En 82, j'ai enlevé Jean-Edern Hallier à sa demande* », par Arthur Honorin. Thierry Ardisson, directeur du mensuel, invité le 16 octobre à l'*Émission impossible* d'Arthur sur TF1, avec Jean-Edern Hallier, avait apostrophé « *le chantre de la liberté d'expression* » qui, depuis trois mois, interdisait la parution du témoignage de Platov, et l'autre a relevé le défi : « *Je te donne mon accord, j'exige que tu le passes.* »

avait interrogé le personnage, arrêté au hasard d'un contrôle d'identité en possession d'un automatique 9 mm. Les policiers croyaient bien tenir leur revanche, encore agacés dix ans après par Jean-Edern Hallier dont « *l'enlèvement* » en 1982 avait mobilisé leurs troupes, avant qu'ils ne soupçonnent, sans pouvoir le prouver, une pantalonnade de l'écrivain. Sur procès-verbal, Cyril Platov, 35 ans, mi-mercenaire, mi-paumé, leur avait confié que le rapt de Jean-Edern Hallier était une « *bouffonnerie* », un coup monté avec l'écrivain en panne de célébrité. Dans les bureaux de la PJ, Platov endosse même le rôle de maître d'œuvre qui a « *kidnappé* » Jean-Edern Hallier à sa sortie de *La Closerie des Lilas*, le 25 avril 1982, et l'a « *séquestré* » dix jours dans son appartement, 13, rue Jouvenet, dans le XVIe arrondissement de Paris. Lui-même a ensuite téléphoné à Police-secours et posté de la rue du Louvre les revendications des Brigades révolutionnaires françaises bidon – « *le renvoi des ministres communistes ; la démission de M. Deferre, politicien corrompu et incapable ; l'aide à la résistance du peuple afghan et l'annulation des accords sur le gaz soviétique* » – inventées, jure-t-il, un soir de « *rigolade* » avec le romancier. En veine de confidences, Platov raconte aussi un cambriolage sur commande chez Jean Daniel, le directeur du *Nouvel Observateur*, que « *Jean-Edern s'était mis à jalouser* » à cause de ses relations avec le gouvernement socialiste. L'interrogatoire de Platov va crescendo et la Crim' apprend de sa bouche que Jean-Edern Hallier est le commanditaire de l'attentat de la rue de Seine, le 21 juillet 1982, contre l'appartement de Régis Debray, à l'époque conseiller du président de la République. « *Jean-Edern disait que Debray était un traître, qu'il avait vendu le Che, qu'il était l'amant de Danielle Mitterrand qui l'avait fait nommer à l'Élysée, et il jalousait ce poste* », insiste Platov qui affirme avoir « *vérifié que l'immeuble où habitait Debray était vide* » avant qu'un « *pro* » en explosifs – présenté dit-il par l'écrivain – ne pose un kilo et demi de plastic devant la porte de Régis Debray. La moitié du bâtiment, par chance inoccupé en cette période estivale, avait été détruite. Et l'acte encore revendiqué par les Brigades révolutionnaires françaises.

Un faux enlèvement, un vol par effraction, un acte terroriste, la PJ se frotte les mains. Jacques Genthial, l'actuel directeur central de la police judiciaire et patron de la brigade criminelle en 1982, ne cachait alors guère ses soupçons sur l'enlèvement et Jean-Edern Hallier avait frôlé l'inculpation d'outrage à magistrat pour « *dénonciation de délits imaginaires dans l'intention d'exposer les agents à des recherches inutiles de nature à les ridiculiser* ». Manquaient les preuves. Aujourd'hui où les policiers disposent d'un témoignage précieux en la personne d'un complice, toutes les affaires sont prescrites. Une nouvelle fois en juin 1983, l'écrivain leur avait glissé entre les doigts après ses aveux télévisés à *Apostrophes* : « *Je revendique avoir été le commanditaire de l'attentat contre Régis Debray.* » Après dix jours de maquis à l'hôtel Hilton de Genève, le provocateur est arrêté à son retour en France. Garde à vue et interrogatoires fleuves n'ont débouché alors que sur un romanesque embrouillamini.

Avenue de la Grande-Armée, au bar-tabac préféré de son quartier, Jean-Edern Hallier sirote des bières en traitant Platov de « *mytho* » : « *Platov fut l'un de mes trois ravisseurs, un enlèvement politique certainement commandité par l'Élysée pour me discréditer à cause du pamphlet que je préparais sur Mitterrand. Et j'ai réussi à retourner le chef, ce Cyril, en lui proposant, s'il m'aidait à me sortir de cette détention, de l'aider à publier un livre.* » Ainsi, Platov l'admirateur serait devenu le garde du corps d'Hallier et vendeur à la criée de *L'Idiot international*. « *D'ailleurs, le juge Grellier avait rendu un non-lieu tout en considérant mon rapt authentique.* » En revanche, l'écrivain admet le cambriolage chez Jean Daniel – « *c'est drôle, on a brûlé dans la cheminée tous les documents que Platov m'a apportés, quand on a aussi peu de talent que lui, c'est une œuvre de salubrité publique* » – et maintient dur comme fer « *être effectivement le commanditaire de l'attentat chez Régis Debray* ». Le mobile ? « *Trois mois après mon enlèvement, j'ai fait sauter l'immeuble de Debray, un 21 juillet, quand il n'y a personne, pour arrêter la campagne de diffamation contre moi.* » Jean-Edern Hallier dit qu'il s'amusait à observer le personnage Platov pour créer une sorte de *Tueur à gages* à la Graham Greene, jusqu'à ce qu'il se mette « *à dérailler dangereusement* » et pique finalement la caisse des pin's (15 000 francs) de *L'Idiot international* en avril 1990. L'action de la justice est donc éteinte. Sauf si la victime du plastiquage dépose une nouvelle plainte pour « *tentative d'assassinat* » et non plus pour « *destructions de biens mobiliers* », requalifiant le délit en crime. Mais Régis Debray pour l'heure est plutôt enclin à « *une position abstentionniste car ce personnage que les médias ont créé me semble insubmersible* ».

Jean-Edern Hallier, *en mai 1982, après son «enlèvement». Selon Platov, un coup monté.*

RETOUR

La dernière bombe de Jean-Edern Hallier

Après les révélations de son complice Platov, l'écrivain maintient avoir «commandité l'attentat contre l'appartement de Régis Debray» en 1982.

«En 1982, j'ai enlevé Jean-Edern Hallier à sa demande. (...) J'ai cambriolé pour lui le domicile de Jean Daniel. (...) Et puis il y a eu Régis Debray (...) une explosion très violente (...)»* Les surprenantes révélations d'un certain Cyrille Platov confiées ce mois-ci au mensuel *Interview* (1) n'ont pas étonné la Police judiciaire. A la mi-août, la Criminelle du quai des Orfèvres avait interrogé le personnage, arrêté au hasard d'un contrôle d'identité en possession d'un automatique 9 mm. Les policiers croyaient bien tenir leur revanche, encore agacés dix ans après par Jean-Edern Hallier dont «l'enlèvement» en 1982 avait mobilisé leurs troupes, avant qu'ils ne soupçonnent, sans pouvoir le prouver, une pantalonnade de l'écrivain.

Sur procès-verbal, Cyrille Platov, 35 ans, mi-mercenaire, mi-paumé, leur avait confié que le rapt de Jean-Edern Hallier était une *«bouffonnerie»*, un coup monté avec l'écrivain en panne de célébrité. Dans les bureaux de la PJ, Platov endosse même le rôle de maître d'œuvre qui «a kidnappé» Jean-Edern Hallier à sa sortie de La Closerie des Lilas, le 25 avril 1982, et l'a «séquestré» dix jours dans son appartement au 13 rue Jouvenet, dans le 16ᵉ arrondissement de Paris. Lui-même a ensuite téléphoné à Police-Secours et posté de la rue du Louvre les revendications des *Brigades révolutionnaires françaises* bidons: *«– le renvoi des ministres communistes, la démission de M. Deferre – politicien corrompu et incapable – l'aide à la résistance du peuple afghan et l'annulation des accords sur le gaz soviétique»*, inventées, jure-t-il, un soir de *«rigolade»* avec le romancier.

En veine de confidences, Platov raconte aussi aux policiers un cambriolage sur commande chez Jean Daniel, le directeur du *Nouvel Observateur*, que *«Jean-Edern s'était mis à jalouser»* à cause de ses relations avec le gouvernement socialiste. L'interrogatoire de Platov va crescendo et la «Crime» apprend de sa bouche que Jean-Edern Hallier est le commanditaire de l'attentat de la rue de Seine, le 21 juillet 1982, contre l'appartement de Régis Debray, à l'époque conseiller du président de la République. *«Jean-Edern disait que Debray était un traître, qu'il avait vendu le Che, qu'il était l'amant de Danièle Mitterrand qui l'avait fait nommer à l'Elysée, et il jalousait ce poste»*, insiste Platov qui affirme avoir *«vérifié que l'immeuble où habitait Debray était vide»* avant qu'un «pro» en explosifs – présenté, dit-il, par l'écrivain – ne pose un kilo et demi de plastic devant la porte de Régis Debray. La moitié du bâtiment, par chance inoccupé en cette période estivale, avait été détruite. Et l'acte, encore revendiqué par les «Brigades révolutionnaires françaises».

Un faux enlèvement, un vol par effraction, un acte terroriste, la PJ se frotte les mains. Jacques Genthial, l'actuel directeur central de la Police judiciaire et patron de la Brigade criminelle en 1982, ne cachait alors guère ses soupçons sur l'enlèvement et Jean-Edern Hallier avait frôlé l'inculpation d'outrage à magistrat pour *«dénonciation de délits imaginaires (...) dans l'intention d'exposer les agents à des recherches inutiles de nature à les ridiculiser»*. Manquaient les preuves. Aujourd'hui où les policiers disposent d'un témoignage sérieux en la personne d'un complice, toutes les affaires sont prescrites.

Une nouvelle fois en juin 1983, l'écrivain leur avait glissé entre les doigts après ses aveux télévisés à «Apostrophes»: *«Je revendique avoir été le commanditaire de l'attentat contre Régis Debray.»* Après dix jours de maquis à l'hôtel Hilton de Genève, le provocateur est arrêté à son retour en France. Garde à vue et interrogatoires fleuves n'ont débouché alors que sur un romanesque embrouillamini.

Avenue de la Grande-Armée, au bar-tabac préféré de son quartier, Jean-Edern Hallier sirote des bières en traitant Platov de *«mytho»*: *«Platov fut l'un de mes trois ravisseurs, un enlèvement politique certainement commandité par l'Elysée pour me discréditer, à cause du pamphlet que je préparais sur Mitterrand. Et j'ai réussi à retourner le chef, ce Cyrille, en lui proposant, s'il m'aidait à me sortir de cette détention, de l'aider à publier un livre.»* Ainsi Platov, l'admirateur, serait devenu le garde du corps de Hallier et vendeur à la criée de *L'Idiot International*. *«D'ailleurs, le juge Grellier avait rendu un non-lieu tout en considérant mon rapt authentique.»* En revanche, l'écrivain admet le cambriolage chez Jean Daniel – *«C'est drôle, on a brûlé dans la cheminée tous les documents que Platov m'a apportés, quand on a aussi peu de talent que lui, c'est une œuvre de salubrité publique»* – et maintient dur comme fer *«être effectivement le commanditaire de l'attentat chez Régis Debray»*. Le mobile? *«Trois mois après mon enlèvement, j'ai fait sauter l'immeuble de Debray, un 21 juillet quand il n'y a personne, pour arrêter la campagne de diffamation contre moi.»* Jean-Edern Hallier dit qu'il s'amusait à observer le personnage Platov pour créer une sorte de *Tueur à gage* à la *Graham Green*, jusqu'à ce qu'il se mette *«à dérailler dangereusement»* et pique finalement la caisse des pin's (15 000 francs) de *L'Idiot International* en avril 1990.

L'action de la justice est donc éteinte. Sauf si la victime du plastiquage dépose une nouvelle plainte pour *«tentative d'assassinat»* et non plus *«destruction de biens mobiliers»*, requalifiant le délit en crime. Mais Régis Debray pour l'heure est plutôt enclin à *«une position abstentionniste car ce personnage que les médias ont créé me semble insubmersible»*.

Patricia TOURANCHEAU

(1). Cf. mensuel Interview, novembre 1992. Cyrille Platov: «En 82, j'ai enlevé Jean-Edern Hallier, à sa demande», par Michel Honorin. Invité sur le ring d'Arthur le 16 octobre sur TF1 avec Jean-Edern Hallier, Thierry Ardisson, directeur du mensuel, a apostrophé «le chantre de la liberté d'expression» qui, depuis trois mois, interdisait la parution du témoignage de Platov» et l'autre a relevé le défi : «Je te donne mon accord, mieux, j'exige que tu le passes.»

FRAUDE

Haute-Corse: Natali inculpé

Le fisc réclame 8 millions de francs au chef d'entreprise par ailleurs président du département.

Marseille, de notre correspondant

Paul Natali n'a guère été surpris par son inculpation pour fraude fiscale, prononcée mardi par la juge d'instruction parisienne Marie-Pierre Maligner-Peyron. Le président du conseil général de Haute-Corse s'y attendait depuis près d'un an. Depuis, qu'en décembre 1991, à la suite d'un contrôle, la direction générale des impôts avait déposé plainte contre lui, en tant que chef d'entreprise d'un groupe puissant en Haute-Corse. A 59 ans en effet, Paul Natali est d'abord un entrepreneur heureux, chef de travaux à ses débuts, dans l'entreprise bastiaise de travaux publics Antoniotti, puis associé dans la même entreprise, il en est devenu le patron et a diversifié ses activités. Avec son épouse, Anne-Marie Antoniotti, il fait la pluie et le beau temps dans les travaux publics du département, participe à des sociétés civiles immobilières, et gère les agences de location de voitures Europcar. C'est d'ailleurs dans la comptabilité de ses trois sociétés de location de voitures que les inspecteurs du fisc ont débusqué de quoi l'épingler pour fraude fiscale. Paul Natali aurait, selon eux, *«fait des déclarations minorées de chiffre d'affaire»*, et *«augmenté frauduleusement les charges déductibles»*. Au total, les sommes contestées s'élèveraient à environ 8 millions de francs.

Lorsqu'en juillet dernier, *le Canard Enchaîné* dévoilait ces griefs, Paul Natali résumait déjà sa position en deux formules lapidaires: *«Je ne pense pas qu'il y ait de matière pénale dans cette affaire»*, et *«il s'agit d'une cabale politique»*. C'est ce qu'il a répété hier à Bastia, au cours d'une conférence de presse. Il refuse de parler de fraude fiscale, ramenant l'affaire à une simple divergence d'interprétation entre l'administration fiscale et ses propres experts financiers. Là où les fonctionnaires disent *«fraude»*, il répond *«tout bêtement provisions pour risques»*, pratique habituelle et parfaitement légale dans les entreprises. La juge d'instruction a simplement suivi les accusations du fisc. Son inculpation va au moins lui permettre, ajoute-t-il, de faire valoir à son tour ses explications. Mais en attendant, pas question pour lui de démissionner de ses responsabilités publiques. Il s'agit d'affaires privées, et surtout, Paul Natali le répète, c'est un coup des socialistes pour casser son ascension politique.

Il faut dire que *«Monsieur Paul»* ne s'est pas contenté longtemps de jouer les premiers rôles dans le monde économique. Devenu président de la chambre de commerce, il a d'autant plus facilement franchi le pas vers la politique que la droite était trop divisée en Haute-Corse pour s'imposer. En 1988, déjà vice-président de l'Assemblée de Corse, il est élu conseiller général du canton de Borgo, au sud de Bastia, chef-lieu dont son épouse, Anne-Marie Antoniotti est maire. En 1989, il s'attaque à Bastia en affrontant Emile Zuccarelli à la tête de la liste de droite aux municipales de Bastia. L'échec ne coupe pas son élan, et il apparaît comme une sérieuse menace pour les patrons MRG du département. Paul Natali, bien sûr, ne prononce aucun nom, mais les mauvaises langues bastiaises lui prêtent aujourd'hui deux accusations: *«C'est un coup de François Giacobbi»*, ou *«C'est un coup d'Emile Zuccarelli.»* Les deux hommes ont des raisons de lui en vouloir. Il a ravi au premier son fauteuil de président du conseil général, déboulonnant du même coup une véritable institution. Et il menace toujours à Bastia le ministre des PTT. Un troisième homme, qui est l'ami des deux premiers, s'est chargé de donner du corps à ces soupçons. Michel Charasse lui-même, alors ministre du Budget et donc patron des services fiscaux, a débarqué à Bastia un matin de février dernier. Sans citer de nom non plus, le fougueux ministre avait manifesté son impatience devant les lenteurs de la justice en Corse face aux plaintes déposées par son administration. Pour en accélérer le cours, il avait envisagé le *«dépaysement»* de l'affaire et menacé de se porter partie civile. Juges et politiques unanimes avaient protesté contre cette démarche intempestive du ministre. On était alors en pleine campagne des élections territoriales, et Paul Natali y participait à la tête de sa propre liste. Dopé par cette menace, Monsieur Paul allait d'ailleurs réaliser le plus beau coup de sa carrière politique le mois suivant, en obtenant trois sièges à l'assemblée de Corse puis en soufflant la présidence du conseil général de Haute-Corse à François Giacobbi.

Mais, en juin dernier, comme Charasse le souhaitait, la Cour de cassation désignait le tribunal de Paris pour instruire l'affaire. Et la juge Marie-Pierre Maligner-Peyron, chargée du dossier, vient de l'inculper.

Daniel GROUSSARD

*

Après son faux enlèvement et un attentat à l'explosif chez son ennemi Régis Debray, fomentés en 1982 avec son factotum, Jean-Edern Hallier se met à naviguer en eaux bien plus troubles. Pour se venger des socialistes qui ne l'ont pas nommé ministre, ainsi que du Trésor public qui lui réclame 300 000 francs d'impôts, le *« romancier du réel »* – selon ses mots – s'attaque à la rédaction de son pamphlet *L'Honneur perdu de François Mitterrand*, un *« monument de ragots »*, admet-il lors de notre entretien le 6 octobre 1996, sur l'enfant et l'intimité du président. Puis, contacté par le capitaine Barril, Hallier se sert de son manuscrit comme monnaie d'échange contre l'annulation de ses dettes à l'État. Le 20 février 1984, son rappel du fisc part aux oubliettes. Le 29 mars à la brasserie Lipp, le polémiste remet le brûlot au capitaine Barril, et griffonne sa reddition sur la nappe : *« Je ne veux pas faire profiter de la haute littérature à la basse politique. »* C'est pourtant sa haine de Mitterrand, du socialisme, d'Israël, des États-Unis, etc., qui, la décennie suivante, a consumé son talent littéraire. Branché sur la même longueur d'onde que son avocat Jacques Vergès, Jean-Edern Hallier publie en novembre 1989 en Une de *L'Idiot international*, un article intitulé « La lâcheté juive de l'Élysée », prône en juin 1991 de *« réconcilier Doriot et Thorez »*, le fascisme et le communisme, avant d'éditer en mai 1993 la tribune d'un journaliste du PC sur *« l'alliance brun-rouge »*. Drapé dans l'imper mastic de Columbo, l'écrivain s'est allié maintes fois avec le diable pour dénoncer des complots, véritables ou imaginaires, jusqu'à devenir un *« clown mythomane »*, comme il se qualifie lui-même dans *Les Puissances du mal* (Les Belles Lettres), et chiraquien... Le roi de la provoc' et de la mystification permanentes qui carburait à deux litres de whisky et quatre paquets de cigarettes par jour, est mort le 12 janvier 1997 à vélo sur une route de Deauville à l'âge de 60 ans.

29 avril 2009

4. Du guet-apens au meurtre

Les aveux de membres du « gang des barbares » déroulent le fil des événements.

Le 20 janvier 2006, Ilan Halimi disparaît. Sa trace téléphonique se perd à 0 h 44 à Sceaux, dans les Hauts-de-Seine, après un rendez-vous avec une fille. Le lendemain, sa compagne et son père reçoivent une demande de rançon de 450 000 euros. Les négociations et recherches capoteront. Le 13 février, Ilan Halimi, 23 ans, est découvert à l'agonie près de la gare de Sainte-Geneviève-des-Bois (Essonne). Retour sur la prise d'otage, la détention et le meurtre d'Ilan Halimi à travers les aveux de certains membres du gang de Youssouf Fofana.

« Yalda », Iranienne de 17 ans, charmeuse et sans repères, a été recrutée par Youssouf Fofana grâce à Tifenn, 19 ans, une « *fugueuse* » de Bagneux, scolarisée dans le même foyer éducatif : « *Il cherchait une bête de meuf et il a pensé à moi.* » Le 17 janvier 2006, Fofana, qu'elle appelle « Oussama », comme Ben Laden, l'emmène dans sa Twingo noire vers « *un quartier juif* » du côté de la place de la République et la laisse devant une boutique de téléphones, boulevard Voltaire. Il explique : « *Je veux prendre un des juifs en otage car les juifs sont solidaires entre eux et ils paieront.* » Yalda entre : « *Ilan était seul.* » Elle le trouve « *mignon* ». Elle lui demande son numéro et le donne aussitôt à Fofana dehors. Il la félicite : « *Avec toi, je sens que je peux faire de bonnes affaires. Vu ton physique, tous les garçons tomberont dans le panneau.* » « Oussama » persuade Yalda qu'ils sont dans la même galère et prétend que « *les juifs sont les rois car ils bouffent l'argent de l'État, et lui est noir, considéré comme un esclave par l'État* ». Il n'est « *pas possible* » à ses yeux que la famille d'Ilan ne puisse verser la rançon, car « *s'ils n'ont pas d'argent, la communauté s'arrangera pour payer* ». Il dit qu'il a « *une idée infaillible* » pour récupérer la rançon et lui promet « *5 000 euros* ». Une heure après sa visite, Yalda rappelle Ilan pour lui « *proposer d'aller boire un verre vendredi soir, et il m'a dit "oui" direct* ». Sitôt raccroché, Fofana « *enlève la batterie et la puce du téléphone, afin que la police ne puisse pas le repérer* ».

Vendredi 20 janvier, Yalda fixe un « *rendez-vous à Ilan devant le café* Paris-Orléans », porte d'Orléans, à 23 heures. Fofana lui conseille de rester « *naturelle* » et de « *le chauffer* » : « *Je devais conduire Ilan dans un endroit prévu par lui, et des garçons devaient s'occuper de tout ensuite.* » Il entraîne la jeune fille à Sceaux pour repérer les lieux du guet-apens, à la Coulée verte, non loin d'un gymnase. Il est 23 heures. Le chauffeur et chaperon des aguicheuses, « Moco », dépose Yalda porte d'Orléans. Ilan l'attend. Elle arrive, toute belle, moulée dans un pantalon blanc, bottes montantes et manteau ouvert sur la poitrine. Ils vont au café, elle prend un

Ice Tea, lui un Coca. Elle lui propose de « *boire un dernier verre* » chez elle. À Sceaux, elle lui demande de se garer sur le parking du gymnase. Ils marchent dans le parc. « *Je ne sais pas où j'ai mis mes clés* », dit-elle soudain. « *Clés* », c'est le code, le signal. Trois garçons cagoulés jaillissent des fourrés et sautent sur Ilan. « *Dégage !* » hurle Fofana à Yalda, « *bouleversée* », dit-elle, par les cris d'Ilan qui « *demande de l'aide d'une voix aiguë de fille* ».

Les trois kidnappeurs conduisent l'otage à Bagneux (Hauts-de-Seine), dans un appartement inoccupé au 3e étage du 1 de la rue Sergueï-Prokoviev. Cet endroit a été trouvé par Samir Ait Abdelmalek dit « Smiler », 27 ans, qui a soudoyé le concierge pour avoir les clés. Quatre garçons de la cité, recrutés par Fofana pour « *garder* » un homme pendant trois jours en échange de 5 000 euros, réceptionnent Ilan Halimi à minuit, menotté, attaché, entouré d'adhésif gris comme une momie, les yeux scotchés, avec juste un trou pour respirer. Sur ordre de Fofana, ils portent des gants et n'ont pas le droit de se servir des portables. Le lendemain, « *the brain* » vient inspecter et masquer les fenêtres. Sur ses instructions, Zigo, 17 ans, « *propose à manger* » à l'otage : « *Comme il a acquiescé, j'ai fait un trou avec une paire de ciseaux au niveau de sa bouche, et je lui ai donné des protéines (aux légumes et à la vanille) à l'aide d'une paille* »

Parti en Côte d'Ivoire pour négocier à distance la remise de 450 000 euros de rançon *via* la Western Union, Fofana téléphone à Smiler car « *les parents d'Ilan veulent une photo de leur fils en bonne santé* ». Smiler photographie Ilan entortillé d'adhésif argenté, pistolet pointé sur la tempe « *pour impressionner* ». Ce cliché a été envoyé d'un cybercafé d'Arcueil à la famille. Jérôme, 20 ans, « *parle en cachette avec l'otage* », lui achète « *deux cheeseburgers, des frites et une boisson chez un Grec* », enlève son bâillon et le nourrit : « *Ilan me faisait confiance et il n'a pas essayé de crier.* » Les geôliers attendent la libération de l'otage pour le mardi. Comme convenu, ils le déshabillent et le nettoient, découpent ses vêtements car « *le boss a gardé les clés des menottes* ». Mais Smiler annonce : « *C'est mort, il ne part pas ce soir.* » Fofana l'a appelé d'Abidjan, « *vachement remonté car il ne devait pas avoir eu l'argent qu'il escomptait* ». Il lui demande alors une « *photo gore avec du sang, qui marque les esprits* ». Ou alors « *avec un manche à balai dans l'anus* ». Pas d'accord, Smiler et Jérôme essaient de « *trouver du faux sang dans un magasin de farces et attrapes* ». Ils organisent une mise en scène avec le manche à balai, sans parvenir à envoyer l'image. Ils transmettent par mégarde à la famille une autre photo d'Ilan, sur fond de ballons et d'Happy birthday. « *Sans nouvelles de personne* », les geôliers s'impatientent. Jérôme ne comprend pas que les autres soient « *brutaux* » avec Ilan qui se tient pourtant « *tranquille* », « *surtout Zigo qui lui donne parfois des coups de manche à balai* » et a « *voulu écraser son joint sur le front d'Ilan* ». Parce que c'est un « *feuj* » (juif) ou qu'il « *réclamait une deuxième cigarette* ». Zigo dit qu'il « *n'aime pas l'accompagner faire caca* » et que, si la victime insiste ou « *gémit* », ça « *l'énerve* » : « *Je lui mettais un coup ou une claque au visage pour qu'il se taise.* »

La détention d'Ilan dure depuis une semaine. Jérôme, qui a pitié, laisse tomber. Smiler sent que « *c'est foutu* » et dit à Fofana, revenu à Bagneux : « *Il faut arrêter, on doit le libérer.* » L'autre refuse : « *Pas de panique, je vais y arriver.* » La nuit même, Fofana transporte Ilan sur son dos à la cave pour libérer le logement où commencent des travaux. Le geôlier Yaya, 18 ans, analphabète, livreur de pizzas, décroche à son tour au bout de la deuxième semaine, mais trouve deux potes pour prendre sa suite. Reparti en Côte d'Ivoire, Fofana exige de Smiler une photo d'Ilan « *avec du sang* ». La victime est allongée sur une couette, dans la chaufferie. Smiler trouve Ilan « *épuisé, au bout du rouleau* » mais dit que « *personne n'ose le libérer par crainte de Youssouf* ». L'aîné du gang pressent que « *tout est cuit* ». Qu'il n'y aura pas d'argent. Il balafre quand même son otage à la joue, d'un coup de cutter, et transmet le cliché à sa famille.

Dimanche 12 février, Fofana rentre d'Afrique. Nouvel échec. Les derniers geôliers baissent les bras. Smiler répète que « *tout le monde en a marre* », qu'il faut relâcher l'otage. Fofana n'a plus le choix. « *D'accord, c'est bon, il va partir.* » Il ordonne aux geôliers de raser les cheveux d'Ilan et de le laver pour « *effacer les preuves ADN* », de le dénuder, le bâillonner et lui scotcher les yeux, puis le transporte, enveloppé d'un drap dans le coffre d'une voiture volée. Le lendemain, « *the brain* » explique à Smiler qu'il l'a emmené dans un bois, mais qu'il a été obligé de lui donner des coups de couteau à la gorge, de l'asperger d'alcool à brûler et d'allumer avec un briquet, parce que Ilan avait « *réussi à enlever son bandeau et l'avait regardé droit dans les yeux* ».

*

En 2009, la cour d'assises des mineurs de Paris qui juge Youssouf Fofana et vingt-six autres membres ou connaissances du « gang des barbares », la plupart pour « *enlèvement et séquestration en bande organisée, actes de tortures et de barbarie, et l'assassinat* » d'Ilan Halimi en 2006, condamne le chef organisateur à la réclusion criminelle à perpétuité pour ces crimes avec la circonstance aggravante d'antisémitisme, dont seul un geôlier mineur, dit Zigo, le plus cruel, écopera aussi. Les autres peines vont de dix-huit ans de prison pour le numéro deux de la bande, Jean-Christophe Soumbou, à quinze ans pour deux adjoints, onze ans pour les geôliers, quelques mois pour des non-dénonciateurs et l'acquittement pour un sous-fifre. Le procès en appel à Créteil fin 2010 se solde par des sanctions similaires ou aggravées d'un à trois ans. La jeune fille appât « Yalda »/Emma qui a attiré Ilan Halimi dans le guet-apens a été reconnue coupable de complicité de ces crimes, et condamnée à neuf ans de prison. À la maison d'arrêt des femmes de Versailles, elle nouera une idylle avec le directeur et ressortira en conditionnelle en 2012. De son côté, l'incontrôlable Youssouf Fofana qui multiplie les provocations, le prosélytisme islamique et les violences dans différents établissements pénitentiaires a été condamné à quatorze ans de prison supplémentaire pour *« apologie du terrorisme »* (des vidéos YouTube en 2012) et agressions de surveillants à Condé-sur-Sarthe en 2013 et en 2014. Libéré en 2010, Soumbou a récidivé en Seine-Saint-Denis, mais le tribunal correctionnel de Bobigny a passé l'éponge sur *« l'enlèvement et séquestration »* supposés, et l'a condamné en septembre 2024 à un an de prison ferme uniquement pour *« vol avec violences »*.

Partie 11

Lieux du crime

Lorsque des faits divers frappent les grandes villes, la mémoire collective retient souvent les patronymes des criminels, parfois les noms des rues ou de l'endroit, comme l'incendie du Bazar de la Charité à la fin du XIXe siècle, ou le quartier de la Bastille pour les assassinats de jeunes femmes par Guy Georges dans les années 1990. Mais, quand la tragédie s'abat sur une petite commune inconnue des Français, son nom surgi et seriné dans l'actualité restera dans les annales du crime, entaché à jamais. Ainsi, Outreau, collé à Boulogne-sur-Mer dans le Pas-de-Calais, est associé pour toujours à « l'affaire d'Outreau », ces viols et abus sexuels sur des enfants commis entre 1997 et 2000 dans l'une des tours du quartier du Renard qui ont toutes été démolies, rasées, anéanties en 2021, comme pour tenter d'effacer ces souvenirs traumatisants. Dans le même département, en 1972, la cité minière de Bruay-en-Artois dont la réputation a été salie par le meurtre sordide – toujours pas élucidé – d'une adolescente d'origine modeste, Brigitte Dewèvre, et par la rumeur infondée de la culpabilité d'un notaire, a carrément changé de nom trois fois pour fusionner finalement avec la commune voisine et adopter en 1987 celui de Bruay-La-Buissière. Le Grand-Bornand en Haute-Savoie reste lié aux meurtres des membres de la famille

Flactif dans un chalet en 2003, et « la tuerie de Chevaline » en 2012, dans le même département, à un quadruple assassinat sur ce parking forestier. L'enlèvement de Maëlys, fin août 2017, lors d'un mariage à la salle des fêtes de Pont-de-Beauvoisin continue à hanter cette bourgade de 2 000 âmes en Isère, et plus encore la famille qui avait invité – selon les mots du père – *« ce tordu, pervers et manipulateur »* de Nordahl Lelandais, qui a emporté et tué Maëlys. Dans les Vosges, c'est Lépanges-sur-Vologne qui ne se remet toujours pas, quarante ans plus tard, de l'assassinat de Grégory Villemin, 4 ans, kidnappé devant la maison de ses parents le 16 octobre 1984 et noyé dans les eaux sombres de la Vologne, et qui demande aussi à changer d'appellation. En Bourgogne, Villeneuve-sur-Yonne a parfois l'impression d'être maudite, vu que *« le bon docteur »* Petiot a officié ici de 1922 à 1932 avant de tuer en série des juifs et des truands dans sa clinique à Paris pendant la Seconde Guerre mondiale et que son ancien garde forestier, Jean-Pierre Treiber, a assassiné Géraldine Giraud, la fille du comédien et sa copine en 2004 avant de les jeter dans un puits. Dans la Marne, Mourmelon tente de conjurer « l'affaire des disparus », soldats et auto-stoppeurs embarqués par l'adjudant Chanal du 4e régiment de dragons dans les années 1980, par des pots de fleurs et le titre de *« ville fleurie »*. Quant à Sedan, Floing et Donchéry dans les Ardennes, qui ont servi de repaires à Michel Fourniret, le redoutable serial killer d'adolescentes et de fillettes de 1989 à 2001, elles ne savent plus comment se débarrasser de cet encombrant compatriote ayant semé la mort et fossoyé ses victimes jusque dans le château du Sautou.

20 août 2005

1. La « fugue » de la bonne du docteur Petiot

Malgré vingt-sept crimes, il était resté à l'époque « le bon docteur » de Villeneuve. Aujourd'hui d'étranges histoires refont surface.

Sur le pont de pierre qui enjambe l'Yonne à Villeneuve, une dame retraitée de l'horticulture regarde les péniches fendre les tapis de nénuphars et les feuillages des saules pleureurs : « *La maison du docteur Petiot, c'est là-bas, entre Maxi-Marché et les pompes funèbres.* » Le toubib a exercé ici de 1922 à 1932 et fut le maire de Villeneuve durant six ans, « *c'était un bon médecin mais il y avait toutes ces choses en dessous* ». Marcel Petiot, faux passeur pour l'Amérique du Sud pendant l'Occupation à Paris, a fini guillotiné en 1946 pour vingt-sept meurtres de juifs et de truands qu'il dépouillait de leurs bijoux et billets. La vieille femme en robe à fleurs a une copine qui s'appelle Petiot-Police, et « *c'est pas évident à porter* ». Elle énumère les énigmes de la région, « *pour Émile Louis, c'est pareil, on n'a pas tout retrouvé* », pas toutes les disparues de l'Yonne imputées au chauffeur des Rapides de Bourgogne. « *Arrivée bâtarde* » puis orpheline maltraitée par sa tante, la dame a longtemps pensé qu'elle aurait été « *mieux à la DDASS, au moins j'aurais eu à manger* », mais à y bien réfléchir, avec des types comme Émile Louis dans les parages qui s'en prenait à de pauvres filles de l'Assistance publique, elle ne sait plus trop. Un autre mystère la turlupine. Comment le garde forestier Jean-Pierre Treiber, échoué dans une maison de famille à Château – un hameau sur les hauteurs de Villeuveuve –, *« a pu tuer tout seul les deux petites »*, Géraldine Giraud, la fille du comédien, et Katia Lherbier, enfant du pays chanteuse de jazz, qui ont été retrouvées le 9 décembre 2004 dans son puits ? Le soir de la découverte des dépouilles, le conseiller général UMP du canton, Jean-Luc Dauphin, historien imbattable sur Petiot, dînait dans le village voisin à Saint-Julien chez un ami psychiatre qui a expertisé Émile Louis. On a mis les trois affaires sur la table : *« Villeneuve a été touchée car tout le monde connaissait la rayonnante Katia Lherbier, ancrée ici avec sa famille qui chantait du gospel à toutes les fêtes »*, mais *« les gens ont déjà oublié le nom de Treiber »*, pas celui de Petiot, l'ancien maire. *« Il a fait beaucoup pour les égouts, plus en six ans que tous les autres »*, rapporte André H., ex-ouvrier de chez Matra, qui le tient de ses parents : *« C'était le docteur des pauvres. »*

Né à Auxerre en 1897, voleur en 1914, blessé au front en 1916, réformé à 100 % pour *« démence précoce »*, Marcel Petiot *« traîne dans des établissements psychiatriques jusqu'en 1919 »*, boucle ses études de médecine en deux ans, puis rachète en 1922 un cabinet à Villeneuve-sur-Yonne. À son arrivée, le médecin habite une maison ordinaire à la façade peinte d'un volet vert en trompe-l'œil, rue Carnot. *« Radical-socialiste et anticlérical, le docteur se fond dans la ville, soigne les démunis sans faire payer, devient conseiller municipal en 1924 »*, retrace son « successeur » Jean-Luc Dauphin, maire de 1995 à 2001, qui consigne les témoignages des Villeneuviens sur le docteur fou devenu tueur en série. Pour visiter ses malades, Petiot « *roule à bord de petites voitures rapides qui doublent les De Dion-Bouton, effraie par sa vitesse, bricole ses engins, vole les outils du maréchal-ferrant* ». Le toubib a les ongles aussi noirs que « *son regard* ». « *Insomniaque* », il sort la nuit. Il se marie en 1926 et déménage au 56, rue Carnot, dans un petit hôtel Régence qui appartient toujours à un médecin généraliste. Élu maire la même année, le moderne Petiot installe le téléphone à la mairie, construit court de tennis et jeu de boules, refait la voirie. Il magouille aussi. Il fait délivrer en nombre des bons de visite médicale gratuits par le bureau d'aide sociale à ses administrés qu'il soigne ainsi à l'œil. Son projet pharaonique de construction « *d'abattoirs et de douches municipales* » échoue. « *Rattrapé par sa cleptomanie* », il passe en procès pour vol de biens publics. Déchu de ses fonctions électives, Petiot abandonne à regret son bureau devenu aujourd'hui la « *réserve pour les vins d'honneur* » dans l'ancienne mairie, en face de l'église.

Monté à Paris fin 1932, Petiot reprend un cabinet rue de Caumartin, dans le IXe. Il achète en 1941 un hôtel particulier rue Lesueur dans le XVIe, qui lui sert à attirer les candidats au passage en Argentine, avec leurs bagages, avant de les « *vacciner* » avec un poison mortel. Il brûle les cadavres à la chaux vive ou les enfourne dans une cuisinière, au fond de sa cave équipée d'un judas. Il continue à entretenir à l'époque des relations avec des habitants de Villeneuve-sur-Yonne qui témoignent à son procès d'assises à Paris en faveur du « *bon docteur* » Petiot, sûrement « *victime d'une cabale politique* ». Il utilisera jusqu'au bout ses ex-administrés. Les valises de ses victimes ont été retrouvées non loin de chez un receleur de Courson-les-Carrières. Et de prétendus « *matériaux pour ses travaux* » lui ont été expédiés depuis Villeneuve « *par le greffier du tribunal* », explique Leslie Caron, autre célébrité de la bourgade. La danseuse et actrice, qui fut à l'affiche d'*Un Américain à Paris* en 1951 et tourna avec Cary Grant et Fred Astaire, a connu la Bourgogne à Los Angeles grâce à son ami Jean Renoir, « *terrien, solide et rond comme les tours de Villeneuve* ». La comédienne septuagénaire tient aujourd'hui une auberge de pierre et de tommettes au bord de l'Yonne, *La Lucarne aux Chouettes*. Avant de racheter en 1986 ces quatre granges marinières, « *entrepôts à grains que les péniches et les barges montaient pour les moulins de Paris* », Leslie Caron occupait depuis 1981 « *l'ancien moulin du greffier du tribunal qui, sans le savoir, fournissait au docteur Petiot de la chaux pour éliminer ses victimes. Après, Petiot a utilisé le four crématoire* ».

Soixante ans plus tard, Villeneuve déballe ainsi des choses étranges qui se sont produites pendant la décennie de Petiot, la mort d'une laitière dans un incendie et d'« *un cafetier qui a subi une piqûre pour les rhumatismes* ». L'historien local balaie ces « *rumeurs* » : « *On ne prête qu'aux riches.* » Pourtant, les Villeneuviens ne croient plus en la « *fugue* » de la servante du docteur Petiot en 1926, à l'issue, dit-on, d'une liaison torride avec son patron. Il n'y a pas eu d'enquête judiciaire sur la disparition subite de Louisette Daveleau, l'employée de maison du maire. Mais l'ancien prolo André H. nous entraîne à l'arrière de l'antre du médecin au 56, rue Carnot, et désigne deux porches de garage qui donnent sur la prémonitoire rue du Grand-Four : « *Il paraît que Petiot l'a enterrée là, sa bonne.* »

16 août 2005

2. Mourmelon aux avant-postes

Ville fleurie, capitale du « théâtre de papier », la municipalité veut redorer le blason de cette ville de garnison, surtout connue pour ses disparus.

« *Mourmelon-le-Grand. Ville fleurie.* » Au bout de la route qui traverse la plaine de la Marne pouilleuse entre Reims et Châlons-en-Champagne, tout droit dans ce no man's land peuplé de quelques pick-up comme en Amérique, le camion porte-tanks suivi d'une Jeep bifurque sur la départementale 19, brinquebale entre des forêts épaisses barrées de panneaux « *Danger tir* », « *Terrain militaire, interdit de circuler* », « *Voie romaine restaurée* », rejoint les 24 000 hectares occupés par l'Armée de terre, sans clôture ni frontière avec le bourg. À l'entrée de la ville de garnison, un cerceau fleuri surmonte la pancarte « Mourmelon-le-Grand », une flopée de pots et de roues en bois piquées d'ombelles tentent de redorer le blason de la commune. Les sachets de graines distribués par la municipalité aux 1 600 foyers ont poussé comme du chiendent. « *Le prix Territoria, trois fleurs en trois ans* » a couronné le tout, manière de « *changer l'image de Chanal* », dit le maire Fabrice Loncol, gaulliste suractif. Le nom de l'ex-adjudant est lâché. « *Mais si c'est pour parler de ce qu'on essaie d'oublier et de ce qui jette l'opprobre, ce n'est pas la peine* », a-t-il prévenu. Il veut en finir avec « *les disparus* » qu'on associe à Mourmelon, et qu'on y accole désormais le mot « *fleur* ».

Il entend aussi le bombarder « *capitale mondiale du théâtre de papier* », un art au confluent de la marionnette et du conte, et installe à demeure Alain Le Cuq avec sa collection de scènes miniatures à tirettes. Il construit et rénove six écoles, car « *34 % de la population a moins de 20 ans* ». Il repousse les crimes de Chanal, « *une affaire privée, pas un scandale municipal* » : « *On est en train de marquer une commune au fer rouge pour trente ans, c'est dur à porter, même vis-à-vis de l'armée, qui est le premier employeur.* » Le 501e-503e régiment de chars de combat compte à lui seul 1 450 engagés et 80 chars Leclerc.

Le 4e régiment de dragons, où officiait l'adjudant Pierre Chanal et où servaient quatre disparus, a été dissous en 1996. Les petites routes du « *triangle maudit* » ou des « *Bermudes de la Marne* » sur lesquelles se volatilisaient des appelés et auto-stoppeurs dans les années 1980 relient toujours Châlons aux camps de Mourmelon et de Suippes. Mais les soldats n'empruntent plus la D19 jusqu'à la gare de Mourmelon-le-Petit. Les vingt-deux trains au départ chaque jour sont réduits à un seul wagon. Car il n'y a plus de service militaire obligatoire. Il reste des engagés professionnels basés à Mourmelon qui partent en « *opérations à l'extérieur* » (Afghanistan, Kosovo, Côte d'Ivoire, etc.) ou roulent en 4 × 4. Fini l'affluence des soirs de perm à la gare quand les bidasses débarquaient en masse. On a oublié ici que, le 30 avril 1987, les copains du conscrit ardéchois Patrick Gache, retardé à la caserne, ont poireauté en vain sur le quai. On affiche à la gare les photos d'enfants disparus ailleurs en France. On s'aligne encore sur la grande muette qui fit passer ces victimes pour des déserteurs et fit obstruction à l'enquête. Seul le tenancier de la maison de la presse pointe « *l'erreur de l'armée* » qui a nié ces crimes et empêché de débusquer plus tôt l'adjudant Chanal. « *Mais, aujourd'hui, ça ne se passerait plus pareil* », nuance-t-il. Guy le libraire se souvient de la journée portes ouvertes au camp militaire en 1985 et des tracts de la mère de Serge Havet, enlevé en auto-stop le 20 avril 1981 dans le « *triangle* » : « *Je pensais à ces parents, je me disais : "Ils y arriveront jamais."* » Les familles ont même essuyé les moqueries du ministre de la Défense André Giraud qui, en 1987, a osé lancer : « *Les disparus de Mourmelon, c'est une blague ridicule !* » Elles ont remué ciel et terre et convaincu la justice.

« *Les gendarmes cherchaient un pédé avec un véhicule* », dit un ancien ouvrier de l'armée, buveur de rouge au *Café du Commerce* : « *Ils ont découvert des histoires de cocus, ça a foutu la merde dans les familles. On serait toujours dans le noir si Chanal n'avait pas été attrapé par hasard.* » C'était le 9 août 1988, il avait un auto-stoppeur hongrois ligoté et violé dans son coffre. Le présumé tueur en série de Mourmelon n'a jamais avoué, a fini par se suicider en octobre 2003 pour échapper à son procès. Les deux vieux se lamentent sur « *la fermeture des bordels en 1947* », ces baraques de la « *rue de la tolérance* » aujourd'hui closes, et la fin des cent bistrots de Mourmelon après la guerre, réduits aujourd'hui à… quinze. À l'*Excelsior*, on sait pourquoi ça périclite : « *Il y a de moins en moins de militaires dans les cafés*, dit la patronne. *Avant, tous les deux mois, un nouveau contingent arrivait. Les appelés n'avaient pas beaucoup de sous mais dépensaient tout chez nous. Maintenant, les engagés s'installent avec leur famille, restent chez eux ou sont envoyés à l'étranger.* » L'armée de métier a tué le commerce. L'hypermarché, lui, fait son beurre, cinq fois agrandi (2 000 m^2), deuxième entreprise de la commune. L'immobilier flambe dans la ville couleur kaki et tenue de camouflage.

La signalisation envahissante indique « *Quai d'embarquement* », « *Parc à roues* », « *Piste à chars* », les quartiers militaires aux noms de batailles, Wagram, Jemmapes, Austerlitz, ou désigne le « *Bureau de garnison* », le baraquement du « *maître bottier* » et du « *maître tailleur* ». Pas le droit de pénétrer sur le terrain militaire sans autorisation, sous peine de 750 euros d'amende. La gendarmerie verbalise « *les automobilistes pressés qui traversent le camp pour aller à Suippes* ». Gare aux ramasseurs de champignons ou d'escargots, chasseurs de chevreuils ou de faisans, photographes attirés par les 252 espèces d'oiseaux ! Le champ de manœuvres géant que Napoléon III a installé sur ce sol de craie l'été 1857 pour ses 22 000 soldats et 6 000 chevaux est « *troué comme un gruyère* », déplore le gendarme Tarbes, pisteur de Chanal : « *On n'a pas pu fouiller les 2 000 puits creusés par l'Empereur pour abreuver son armée, sans compter les sapes naturelles et les galeries aménagées pendant la guerre.* » Cinq corps de disparus de Mourmelon (« *Murmure des morts* », en latin) manquent à l'appel, sûrement engloutis dans les abîmes du camp militaire. Sans fleurs ni couronnes.

18 août 2005

3. Fourniret, fossoyeur de bois

Le château du Sautou, perdu au fin fond d'une forêt des Ardennes françaises, a été le repaire du tueur, avant d'être racheté par des forestiers belges. Christian Welter, maire de Donchery.

Il pleut des cordes sur le château du Sautou. « *Avant, il y avait des repas de chasse et des banquets, là-bas. Maintenant, Fourniret a terni le cachet. Lui plus Dutroux, ça fait du mal à la publicité des Ardennes, une belle région pourtant* », se lamente Laurent qui tient un fourgon à frites à Donchery, sur le bord de la Meuse et de son canal autrefois claironnant des trompes des péniches. De ce coin perdu entre Charleville-Mézières et Sedan, la route file au nord de Donchery (2 700 habitants), qui s'étire jusqu'à la frontière belge, passe l'auberge *La Ferme de Montimont*, franchit le petit pont de la Claire, laisse sur la droite un moulin et un cheval pie comme dans le livre, prix Femina 1955, du romancier ardennais André Dhôtel que Michel Fourniret a dévoré, *Le Pays où l'on n'arrive jamais*. Le chemin défoncé par les roues des 4 × 4 et des tracteurs, creusé d'ornières gorgées d'eau, s'étrangle sous les branches plombées des sapins géants, serpente au milieu des coupes fraîches de bois, des stères entassés, des troncs orange sans écorce, comme épluchés, puis bute sur une allée barrée d'une chaîne. Là, au bout de nulle part, le château gris aux poivrières effilées comme des clochers se noie dans la brume, interdit d'accès, « propriété privée ». L'ancien rendez-vous de chasse construit en 1870 par Georges Corneau, sénateur et fondateur du journal *Le Petit Ardennais*, était devenu en 1988 le repaire du tueur en série. Les forestiers belges de Namur qui l'ont racheté en janvier 2004 « *pour être tranquilles* », bien décidés à stopper les allées et venues sur leurs terres alentour, n'ont pas supporté le tapage – six mois plus tard – autour de ce château transformé en cimetière par son ancien maître, Michel Fourniret. Les pelleteuses ont envahi les lieux pour chercher les tombes, creusées à trois mètres de profondeur, de Jeanne-Marie Desramault, 22 ans, capturée à Charleville le 18 mars 1989, et d'Élisabeth Brichet, 12 ans, enlevée à Namur à Noël 1989. Attachée au pieu de bois qui maintient la chaîne, une photo encadrée de feu Élisabeth Brichet, exhumée des entrailles du Sautou le 3 juillet 2004 : « *Un an déjà, 2005. La foi soulève les montagnes* », dit la pancarte funéraire à la mémoire de l'enfant couverte de tulipes et de roses blanches : « *J'aurais 28 ans.* »

Il pleut des larmes sur le château du Sautou. Ça fait froid dans le dos du maire de Donchery, Christian Welter, médecin généraliste, descendant d'une famille belge venue travailler ici dans une usine de tissage : « *C'est très spécial d'habiter là, au fond des bois, dans cet endroit si reculé, lugubre, brrr.* » Sauf pour les forestiers. Un Belge le reprit de 1939 à 1952 pour son commerce, puis la ville de Mézières pour des colonies de vacances, enfin un autre marchand de bois, Jean Pié, qui, de 1972 à 1982, en fit un « *véritable havre de paix* » jusqu'à sa mort en 1982. Les écrits du cercle historique de Donchery soulignent le rachat du château en 1994 par les Gardan qui l'ont « *grandement restauré* » et aménagé en chambres d'hôtes, mais oublient le passage discret de M. et Mme Fourniret au Sautou durant trois ans. Robert Viet, l'agriculteur de la ferme située à La Claire, à un kilomètre, qui fit visiter fin 1988 le château inhabité depuis six années à cet homme en habits « *sales* » arrivé « *dans une vieille bagnole* » avec sa femme, ne voyait pas du tout « *ce type devenir châtelain* ». Il le fut pourtant. Selon le maire, « *plusieurs notaires, dont celui de Donchery, ont refusé la transaction en liquide* » avec cet étrange acquéreur taciturne flanqué de son épouse effacée, qui « *portait une valise avec des sous dedans* » pour payer cash 1,2 million de francs. Moins regardante, une étude de Sedan a signé la vente, sans se soucier de l'origine des fonds du RMiste.

Jean Dosse, qui a travaillé en 1963 avec Michel Fourniret, alors fraiseur dans une usine de Vrigne-aux-Bois, a été invité en 1989 dans le morne château aux pièces vides « *à manger quatre crêpes, à boire quatre bières, c'était pas une réception mondaine* », abasourdi par cet achat : « *Comme ce n'est pas un homme à rouler des mécaniques, je ne voyais pas bien l'utilité d'une telle demeure. Dans quel dessein ? C'est quand même retiré. Là-bas, quand il fait noir, il fait noir.* » Il s'interroge sur sa fortune inopinée à sa sortie de trois ans de prison pour agressions sexuelles sur mineures : « *Ça m'étonnait que lui, l'économe, l'homme de tous les calculs, fasse une telle dépense. C'est tout de même pas commun d'acheter une demeure pareille, de payer l'entretien et le chauffage, ou alors faut avoir de l'argent facilement… Là-dessus, il y avait une inconnue. On peut tout imaginer, le vol ou le trafic, mais on n'en finit plus.* » Jean Dosse a gardé ses doutes pour lui car, « *pour Michel, poser des questions, c'est ne pas savoir, ne pas réfléchir, c'est un aveu d'imbécillité* ». Aujourd'hui, l'ancien collègue se demande si Fourniret a acquis ce château « *pour ses cochonneries* », si « *l'endroit lui a donné des idées* » du genre « *là, au moins, je serai tranquille* ». Au fin fond de la forêt aussi épaisse que ses relations avec sa troisième femme, Monique Olivier. Au Sautou, l'homme des bois aux airs de professeur – né d'un ouvrier métallurgiste et d'une fille de la terre – se lance dans des travaux de terrassement et de rénovation de la maison, comme tout au long de sa vie. À la fois bâtisseur et fossoyeur. Il débourse même pour un « *tractopelle* », « *là encore, un investissement pas rentable* », remarque Jean Dosse : « *Je l'ai vu confectionner un grand portail pour fermer la piste de la propriété au garde-chasse d'à côté et aux promeneurs, avec ouverture automatique depuis le château. Comme c'est à l'entrée où il a enterré la petite, a-t-il changé la destination des travaux ?* » En tout cas, Fourniret doit quitter dare-dare le château en 1991, rattrapé par le fisc qui le redresse de 680 000 francs et par un ancien codétenu qu'il a trahi et arnaqué. Le braqueur Jean-Pierre Hellegouarch vient d'apprendre que son ex-compagnon de cellule a acquis un château et de réaliser qu'il lui a piqué le magot du gang des Postiches (34 lingots et des milliers de pièces d'or) puis a trucidé sa compagne Farida Hamiche le 12 avril 1988. Fou de rage, Hellegouarch déboule donc au Sautou et tire sur Fourniret. Qui déménage dare-dare à Sart-Custine, en Belgique, à 30 kilomètres de là. Il a continué sa sale besogne dans le pays aux mille forêts et aux deux cents châteaux, a essaimé les cadavres le long des sentiers de contrebandiers de part et d'autre de la frontière. Il a déposé la dépouille de la lycéenne de Charleville, Céline Saison, 18 ans, dans le bois de Sugny, en Belgique, à 5 kilomètres à vol d'oiseau du Sautou, son terrain de prédilection pour la chasse aux vierges.

Partie 12

Bandits de grand chemin

Le tout premier bandit sur lequel j'aie écrit dans *Libé*, voilà quarante ans, s'appelle Georges Courtois, un rebelle à moustaches et rouflaquettes, en costard trois-pièces bleu à fines rayures, chemise blanche et cravate, comme dans les vieux films de gangsters, un miséreux révolté qui prend en otage la cour d'assises de Loire-Atlantique et retourne la situation pour faire le procès de la justice, avec une gouaille impayable et un phrasé impeccable. Ce 19 décembre 1985, c'est mon baptême du feu comme petite correspondante de *Libé* à Nantes, et celui des flics d'élite du RAID tout juste créé. J'ai chroniqué cet événement, international, ce braquage politique de magistrats, inédit et jamais réitéré depuis. Puis j'ai retrouvé le « héros » de cet incroyable coup, Georges Courtois, une fois remis dehors en 1999, pour lui croquer le portrait. Nous nous sommes vus et revus à Nantes ou à Paris face à un muscadet ou une bière, à fumer comme des pompiers, refaire le monde et se gondoler, jusqu'au bout de sa vie. En parallèle, j'ai rencontré les fameux braqueurs des années 1980 à Paris, le gang des Postiches qui apparaissent juste dans ce livre pour l'évasion en hélico de la prison de Rome car je leur ai consacré un bouquin entier aux éditions Fayard. Du petit voleur de Belleville André Bellaïche devenu chef des Postiches puis disquaire à

Paris au coéquipier du grand m'as-tu-vu Mesrine, le passe-muraille François Besse, métamorphosé en philosophe, j'ai noué de solides amitiés avec certains bandits de grand chemin mais je connais aussi les dessous de la voyoucratie. Les parrains ayant poussé sur le bitume des tapins en exploitant les filles, tels le Marseillais Francis le Belge et le Parisien Michel Ardouin, alias « Porte-avions », ne sont pas mes préférés, seulement des personnages du milieu qui peuplent mes articles de *Libération*. Tout comme les membres de la famille Hornec, gitans sédentarisés de Montreuil, qui squattent la rubrique Faits divers pour des extorsions de fonds, enlèvements, meurtres, saucissonnages, vols en tout genre, trafics de jade, de drogue, de métaux ou de déchets…

J'avoue un penchant pour les braqueurs dénués d'excès de violence, mais je sais aussi que, malgré toutes leurs précautions et résolutions, ces voleurs à main armée prennent le risque de blesser ou de tuer en cas de grain de sable ou d'intervention policière. Grâce à leur sang-froid et à la *buena suerte*, les mousquetaires soudés par l'amitié de la « Dream Team » – ainsi baptisée par les flics espagnols à l'instar des basketteurs américains vainqueurs aux JO de Barcelone en 1992 – qui ont pillé fourgons blindés et soutes d'avions dans les années 1990, ont réussi à éviter le sang versé.

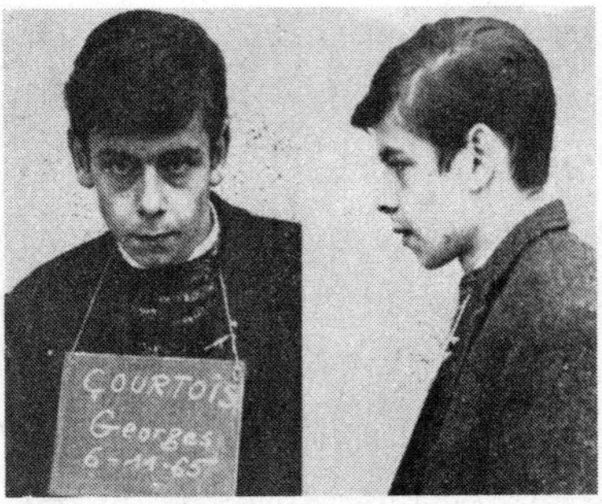

23 mars 1999

1. Robin des lois

Georges Courtois, 52 ans. Copreneur d'otages de la cour d'assises de Nantes en 1985, il y revient en chroniqueur judiciaire.

Au palais de justice de Nantes, la mine goguenarde de Georges Courtois ne passe pas. Le preneur d'otages de la cour d'assises de Loire-Atlantique en 1985 a beau revenir sur les lieux du crime, armé d'un Bic et d'un carnet, en chroniqueur de la *Lettre à Lulu* – feuille insolente et satirique –, le pied de nez indispose notables, magistrats et policiers. Le bandit s'en fiche. Il n'a jamais aimé « *ces gens-là* ». Le voleur des bas-fonds de la ville négrière a tatoué les pointillés de la guillotine autour de son cou, « *telles les marques au fer rouge des esclaves* ». Les prénoms de sa femme, Chantal, de ses filles, Chrystel et Cécile, et de son petit-fils, Max, sont gravés sur sa main. Arbre généalogique anarchique. Courtois a pris racine dans l'eau : chapardages sur les quais de la Loire à Nantes ; maison de correction à Bordeaux. À 14 ans, il y passe ses journées au cachot, les pieds dans vingt centimètres de flotte, été comme hiver, car il ne veut pas aller à l'atelier : « *J'ai refusé d'être plombier, mon premier combat. Je voulais être prof de français.* » Obstiné, il finit par décrocher une dispense pour étudier au lycée de Talence. Seconde. Première. Il s'échappe de la maison de correction, prend des vacances à Rochefort-sur-Mer et tombe sur les gendarmes. Une « *vieille peau de juge* » l'expédie un an en prison.

Le bac de lettres en poche et la liberté en bandoulière, Georges hésite à continuer sa carrière de voleur. La mort à 39 ans de son père, qui a chuté d'une pile de pont, a été « *rédhibitoire* » : « *Lui, chef de chantier qui passait son temps à me vanter les vertus du travail, y a de quoi vous gommer toute velléité laborieuse.* » La même année, Courtois rencontre Chantal. Une aide-soignante au service des grands brûlés du CHU, femme trait d'union entre les trois enfants élevés « *dehors* », dans le HLM de Malakoff, et le père de famille « *dedans* », dans les centrales. Le gangster professionnel a multiplié les hold-up, « *comme au Loto* » : « *Tu rentres, tu prends. Y a 300 000, c'est bien. Y a pas, tu pars. Et tu deviens jamais riche. Mieux vaut braquer au stylo Mont-Blanc, comme Nanard* [Tapie], *qu'au calibre.* » Le casse d'une armurerie, en 1973, l'envoie au trou pour neuf ans. Reclus à Angers, Courtois dessine au fusain ou à la mine de plomb des « *portraits de famille* », dévore Baudelaire, Sartre et Nerval, avec son chat « Perpète », interdit par le règlement. Un jour de mutinerie, les gendarmes veulent transférer Courtois, sans son chat, « *ça salit nos fourgons* ». « *J'ai lâché Perpète pour me bagarrer à deux mains, un garde mobile l'a attrapé et l'a explosé contre la porte blindée.* » Face à son demi de bière, Courtois, qui allume au Zippo Gitanes (trois paquets par jour) sur Savane (une boîte), en a encore les yeux humides.

Sorti en 1981, le braqueur « *anticons et antiracistes* » y retourne en 1983. À 38 ans, Courtois scelle un pacte d'amitié avec son codétenu Abdelkarim Khalki, 35 ans, charpentier métallique, qui « *a attaqué une agence postale pour combler son découvert bancaire de 5 000 francs* ». Le travailleur marocain au casier vierge n'a pas supporté d'être condamné à cinq années de prison. « *Moi, c'est vingt ans que je vais passer dans la cantine* », a rétorqué Courtois, qui, bientôt, doit comparaître pour un hold-up à 18 000 francs au Crédit agricole de Sucé-sur-Erdre. Les deux comparses mijotent entre quatre murs de « *serrer* » magistrats, assesseurs et jurés aux assises de Georges, pour « *dénoncer publiquement la justice devant les télés* ». Khalki achève donc sa peine et occupe dix-neuf jours de liberté à acheter grenades, revolvers, pistolet-mitrailleur, à coller dans un cahier des photos de *Jeune Afrique*, une enfant morte lors de la guerre du Liban, le charnier de Sabra et Chatila – et à se renseigner sur le groupe extrémiste palestinien Abou Nidal pour s'en revendiquer.

Le premier jour de son procès, Georges Courtois dans le box des accusés – avec son complice, Patrick Thiollet – demande des comptes : « *Pourquoi je suis resté deux ans sans voir ma femme et mes enfants ?* » Le président Bailhache « *n'a pas d'opinion* ». Le lendemain, 19 décembre 1985, Khalki déboule dans le prétoire une grenade dégoupillée à la main. Courtois, cigare aux lèvres, Magnum au poing, braque le canon sur la tempe du président et réitère sa question : « *C'est inhumain*, concède l'otage. – *Je vois que la nuit porte conseil*, dit-il. – *Monsieur Courtois, hier, je ne pouvais pas répondre, j'étais en fonctions.* » Courtois, qui a eu envie de tuer ce président, n'a rien oublié de la force du huis clos. « *Là, j'ai eu la révélation* » : « *Ces gens-là, à qui je parle depuis 1961 et qui, déguisés, t'écoutent pas, te coupent, s'en foutent, se sont mis à parler normalement dès qu'on leur a mis la main dessus, qu'on a enlevé leurs oripeaux. C'est un truc terrible qui s'est passé à l'intérieur. Dans mon imaginaire, je ne sais toujours pas si j'ai bien parlé aux mêmes gens le même jour.* »

Courtois oblige le procureur à requérir à haute voix ses « *vingt ans pour un hold-up minable* », invoque la « *mort sociale* » en prison, réclame un autocar aux flics du RAID, dédicace le Code pénal du président à une étudiante en droit, envoie un « *laquais* » (un policier) acheter des cigarettes, tire des coups de feu, exige une équipe de FR3, relâche seize otages et parle comme un forcené : « *Tu ne peux pas rester comme ça bardé d'armes face à 34 personnes qui te regardent. Il ne faut surtout pas que survienne le silence.* » Gouailleur ou méchant, séducteur et véhément, Courtois le rebelle a parlé trente heures d'affilée. Au bout de la prise d'otages, l'impasse. Un véhicule Espace pour s'enfuir, Courtois enchaîné au président, Khalki au procureur, un avion au Bourget et un accord avec le patron du RAID : « *Donnant, donnant. Khalki s'en va. Nous, on reste.* » Sur la foi d'un « *arrêté d'expulsion, vers le pays de son choix* » pour Khalki, Robert Broussard obtient les redditions des deux hommes. La France a trahi sa parole. Dans ses *Mémoires*, Broussard avoue qu'il a été « *berné* », « *tout comme Khalki et Courtois* », « *le Marocain a été victime d'un coup fourré, d'une promesse non tenue* ». Condamné à vingt ans de réclusion, Khalki croupit toujours en prison à Arles à cause d'une supposée « *connivence d'évasion* » qui a rallongé la peine « *déjà indue* » de trente mois. Façon de réparer sa dette d'honneur envers le jusqu'au-boutiste marocain, qui a tout sacrifié pour une amitié à la vie, à la mort, Courtois, qui a purgé sa détention, vole au secours de Khalki, en grève de la faim depuis huit jours. Et accepte de raconter son histoire à la condition de pouvoir *« parler de Khalki, qui devrait être libre à l'étranger »*.

Depuis octobre 1997, Courtois rejoue son rôle de père, vit sur le salaire de Chantal et fait tout pour aider son pote. Avec la *Lettre à Lulu*, il y a trois mois, il a cessé de tourner en rond avec son passé. C'est en « *expert du monde carcéral* » qu'il fréquente le tribunal de Nantes pour dénoncer d'une plume acérée les « *filouteries* » de la justice. Dans la rue, les quidams qui reconnaissent Courtois lui demandent : « *Quoi de neuf au Palais ?* »

*

Georges Courtois a rechuté en 2002 pour les préparatifs d'un hold-up en Touraine, déguisé en ouvrier du bâtiment, mais seule la détention d'armes sera retenue contre lui, punie de deux ans de prison. Sa précédente peine de vingt ans pour la prise d'otages des assises de Nantes en 1985 s'est confondue avec la même, infligée pour les braquages : *« Pour moi, c'était gratuit. »* En plus, ce *« bon trip »* lui a permis de garder la tête haute et de lui amener *« une certaine considération de l'administration pénitentiaire, qui te traite d'égal à égal, pas comme un détenu lambda. Tu les fais mieux, tes vingt ans après »*. Mais il a longtemps culpabilisé par rapport à Abdelkarim Khalki, venu le sauver, condamné à vingt lourdes années de détention, jusqu'au jour où son pote lui a dit à la centrale de Saint-Maur : *« T'inquiète pas, j'aurais pris vingt ans pour autre chose. Au moins, c'est pour un acte glorieux. »* Un jour que les deux héros marchaient dans la cour de promenade sous les yeux admiratifs des autres détenus, Khalki a lancé à Courtois : *« T'as vu, pour ces mecs, c'est leur rêve qui passe. »* Georges Courtois a fini par divorcer à l'amiable en 2008 : *« Ma vie a été bien remplie, j'ai eu le temps de faire trois enfants et d'avoir onze petits-enfants. »* À la centrale de l'île de Ré, dont il a été libéré en février 2014, ce prisonnier cultivé a fait *« l'écrivain public »* pour les détenus étrangers ou analphabètes. Tout compte fait, lui qui a vécu la moitié de ses piges en taule ne *« regrette rien » : « C'est le métier ! Tu as des mecs qui ont fait trente-quatre ans chez Renault »*, lâche, dégoûté, ce prolo du crime. Fier de ne pas avoir bossé un seul jour légalement pour la retraite, il a tout de même décroché 1 000 euros de pension. Il a publié en 2015 un livre sur son incroyable histoire, *Aux marches du Palais*, aux éditions Le Nouvel Attila. Et puis, le 16 mars 2019, à 71 ans, il est mort d'une crise cardiaque, une cigarette à la main qui a enflammé son studio à Quimperlé.

12 mars 2014

2. Hornec et Cie, les parrains de la banlieue est

Déja bien connus pour des « saucissonnages », rackets, vols et trafics en tout genre, les membres du réseau mafieux de Montreuil sont aujourd'hui soupçonnés d'avoir monté un réseau bidon d'enfouissement de résidus du BTP.

Inspirés par la Camorra italienne qui enterrait des tonnes de déchets toxiques ou *« par la série* les Soprano *de Canal +* », selon un commissaire, des membres du clan Hornec de Montreuil (Seine-Saint-Denis) sont soupçonnés d'avoir monté un réseau mafieux d'enfouissement de résidus du BTP. Un tuyau tombé voilà neuf mois a mis la PJ du « 9-3 » sur la piste : « *Les H. font beaucoup de fric avec des magouilles à l'environnement* », balance un indic. « *On gratte, on trouve une société liée aux H. et on apprend par les écoutes qu'il y a un problème avec un champ à Villeparisis* [Seine-et-Marne] », explique un enquêteur qui a fait chuter le gang la semaine dernière.

Jean-Claude Hornec, 60 ans, l'aîné, son fils Loune, 27 ans, et Habib Ben M'Hamed, 41 ans, patron de la société RTR Environnement, ont été mis en examen pour « *extorsion de fonds en bande organisée* », « *association de malfaiteurs* » et « *dépôts illégaux de déchets* » ou « *complicité* ». De son côté, Michel Legrand, 57 ans, un agriculteur spolié et racketté par le trio, est mis en examen pour « *dépôt illicite de déchets* » sur son propre terrain à Villeparisis et « *recel d'abus de biens sociaux* ». Tout comme Laurent Auguste, PDG du transporteur de déchets Vitrans qui charriait à bord de ses camions les résidus d'entreprises du BTP : « *Il facturait au prix fort le recyclage ou la décontamination de ces déchets industriels dangereux*, résume un commissaire, *avant de les balancer dans un coin* », sur des terres agricoles le long de la francilienne. M'Hamed, patron de RTR, ayant pour objet social le remblai de terrains, et son salarié fictif, Loune Hornec – payé 2 400 euros par mois à ne rien foutre –, chapeauté par son père Jean-Claude, auraient prêté 140 000 euros au paysan Legrand, en difficultés financières avec sa société d'aménagement paysager Vicam : « *L'agriculteur se retrouve en dette envers les H. et M'Hamed, qui font pression sur lui, le menacent par téléphone de "lui niquer sa mère"* », puis le rackettent en septembre : « *Comme tu ne peux pas nous rembourser le pognon, tu nous cèdes ta boîte et ton terrain.* » « *RTR a pris le contrôle de sa société Vicam et de ses 18 000 m² de champs* », nous rapporte un enquêteur. À l'en croire, Jean-Claude Hornec « *s'impliquait personnellement dans la recherche de nouveaux terrains* » à Wissous (Essonne) et à Gagny (Seine-Saint-Denis), pour « *aider son fils Loune qui est un tocard et lui montrer comment faire* ». Les écoutes laissent entendre que le père et le fils, ainsi que des « *potes* », ont essayé de racketter Olivier F., gérant d'une société installée dans les carrières souterraines de Gagny : « *Tu as fait perdre 400 000 euros à un de nos amis, donc tu nous files ta boîte.* »

Piliers du banditisme parisien, les Hornec sont régulièrement ciblés par les services de police judiciaire. Taxé de « cerveau » de la famille, le cadet, Mario, 55 ans, a coutume de nier : « *Je ne suis le parrain que de mes filleuls.* » Racket, « saucissonnage », vols et trafics en tout genre (voitures, tableaux, or, drogue...), les trois frères tiennent le haut du pavé depuis les années 1980. Fin 2006, Jean-Claude, alias « Eddy Mitchell », sosie du rocker, et Mario ont plongé pour l'importation de cent kilos de cocaïne de Colombie en France, ce qui leur a valu sept ans et six ans de prison. Ils ont supervisé, « *protégé la transaction sur leur terrain, et pris une part au passage,* selon un commissaire de l'Office des stups, *de la même manière qu'ils font payer au voyou qui veut implanter vingt-cinq machines à sous dans des bistrots du 9-3* ». À Montreuil, le fief des Hornec, gitans sédentarisés, est réputé imprenable. La mère, Marinette, habite depuis près de cinquante ans rue des Ramenas. Ses quatre enfants, Jean-Claude, Sonya, Mario et Marc ont acheté et construit autour. Au fond du terrain qui s'étire sur 300 mètres, un sixième pavillon débouche sur la rue du Colonel-Fabien. Presque tout le pâté de maisons appartient à la famille, ce qui ruine les surveillances policières. La maison centrale est occupée par Mario et souvent par Jean-Claude, le colombophile qui y a installé son pigeonnier. Quand l'antigang a donné l'assaut mardi pour attraper Jean-Claude, Mario s'est senti visé et s'est échappé « *par une trappe qui donne sur son toit* », rapporte un policier : « *Il s'est retrouvé comme un con là-haut à nous insulter : "Gros enculés, venez me chercher." On l'a laissé hurler tout le temps de la perquise et, à la fin, on lui a dit qu'on n'avait rien contre lui.* »

Il y a sept ans déjà, Mario, qui était ciblé pour le business de coke, avait sauté de toit en toit pour se sauver. Mais les flics l'avaient « *aplati* » de l'autre côté. Les frères avaient planqué des armes et des billets sous les tuiles de la maison du voisin à son insu. Un nouveau venu dans le quartier les croyait juste « *un peu malfrats* » – « *Ils ne font rien et reçoivent des tas de gens, ça se sent qu'ils sont dans l'illicite* » – jusqu'à la mort par balles de James, fils unique de Mario, à Noël 2005 : « *J'ai découvert le poids des Hornec. Toute notre rue a été investie par des belles voitures et des centaines de gens ont défilé pendant une semaine. La mort du pape à côté, c'était rien.* »

Dans les années 1950, la famille Hornec logeait dans des caravanes et le père, Lucien, né en 1932, gagnait son pain comme ferrailleur. « *Le père Lulu, un voyageur, a toujours été propre dans la ferraille, les fils aussi quand ils s'y sont mis*, dit un Montreuillois. *Les fils n'auraient jamais osé dévier du temps du père, mais, après son enterrement dans un immense caveau à la campagne, ils ont commencé à chiper des sacs dans les voitures, à embrouiller les commerçants au jeu du "rendez-moi la monnaie", à voler des chéquiers et de la marchandise dans les entrepôts, à saucissonner les gens chez eux pour leur piquer les économies. Depuis, du sang a coulé sous les ponts.* » À commencer par celui d'un ami devenu un rival, Claude Genova, dit « le Gros », abattu au fusil à pompe à l'été 1994 lors d'une permission de prison, devant l'hôtel Concorde-Lafayette à Paris. La brigade criminelle a toujours soupçonné les Hornec d'avoir commandité cet assassinat afin de « *reprendre les affaires du Gros* ». Et pour venger Nordine Mansouri, alias « la Gelée » en raison de « *l'état supposé de son cerveau* » – citation policière –, qui a été « *enlevé par l'équipe à Genova, descendu à la cave et torturé à coups de chignole dans le genou*, selon un ancien bandit, *pour qu'il leur balance où se trouve le magot des Hornec* ».

Depuis, le clan prospère. Feu Michel Ardouin, dit « Porte-avions », qui appartenait au « milieu », nous racontait il y a quelque temps : « *Le clan des H. tire sa force de l'association entre manouches et Arabes. Nés dans les mêmes cités, les mêmes zones du 9-3, et de deux races rejetées, il a fallu qu'ils fassent des alliances pour s'imposer. Ils ont des couilles. Et ne laissent jamais passer une occasion de faire de l'argent.* » D'après ce voyou qui avait parfois pactisé avec les Hornec, « *50 % de leur fortune vient de l'or, 3 000 caravanes bossent pour eux dans toute la France. Des gitanes qui vendent de la dentelle, ou autre chose, volent les bijoux. Parfois, cinq ou six chefs gitans avec des grands chapeaux qui sortent d'un mauvais film des années 1950 montent à Paris ramener le jonc à Jean-Claude qui le rachète à bas prix et le fait fondre en lingots. Quand l'or vaut 9 000 euros le kilo, ils le vendent à la casse 6 000 euros* ». Mais les avocats et les amis des Hornec soutiennent que « *la police fantasme sur ce clan* » : « *On ne prête qu'aux riches.* » S'ils traitent les affaires « *à la caravane ou à la maison* », comme disait Porte-avions, et ne paient pas d'impôts, les Hornec roulent en Porsche, Jaguar, Mercedes et BMW, fréquentent le *Pink Paradise* et les discothèques des Champs-Élysées, les bars à hôtesses de la rue de Ponthieu, font des placements financiers grâce à leur cousin Gabarès basé au Luxembourg et disposent de « *trente propriétés bâties en France* ». Ainsi, Loune Hornec aurait acquis aux frais de RTR Environnement un coupé Mercedes AMG, réglé des nuits dans des palaces et des factures dans des cercles de jeux sur les comptes de la société. D'où les accusations de « *recel d'abus de biens sociaux* ». De plus, lui et Laurent Auguste ont fait un voyage en Corse en jet privé financé par Vitrans. Sans compter la maison à Avignon (Vaucluse) que M'Hamed a achetée aux enchères dans des conditions troubles aux yeux de la PJ : « *Il s'agissait d'une adjudication à 110 000 euros, lui propose 120 000 et, bizarrement, personne n'enchérit. Derrière, on sent les méthodes des Hornec : l'intimidation et les menaces.* »

Au fil des affaires, la PJ saisit leur patrimoine pour « *les taper au portefeuille comme Al Capone* ». Car les Hornec paient rubis sur l'ongle les meilleurs avocats.

Ils en ont employé jusqu'à neuf « *pour sortir du trou* » Marc, tombé en 2004 pour des « *saucissonnages* » et des vols. Au bout de quatre mois, ils l'ont fait libérer en réglant 50 000 euros de caution. Il se dit dans le milieu que Marc est ressorti « *cinglé* » de prison et que « *Mario ne lui cause plus* ». En tout cas, Mario ne s'est jamais remis de la mort de son fils James, tué à 24 ans, le 24 décembre 2005, dans des conditions mystérieuses. Son corps a été déposé par des inconnus devant chez son beau-père, sans chaussures, une balle de 22 long rifle en bas du dos. Seul garçon de Mario, qui a quatre filles, James « *était l'enfant sacré de la famille* », « *le Dieu* », selon des gens du voyage, « *l'étoile montante du clan* », d'après un commissaire. La fiche de James Hornec signalait quatre affaires en quatre ans : racket, agression, blanchiment. Il avait été arrêté à 20 ans pour trafic de voitures volées, Porsche, Audi, Mercedes et BMW, avec Marc Hornec Junior. La famille avait déboursé 250 000 euros de caution pour les libérer. La Crim', qui n'a jamais élucidé la mort de James, reste persuadée qu'il n'a pas été victime d'un règlement de comptes mais plutôt d'un « *accident du travail* ». Des informateurs de Montreuil ont évoqué à la PJ « *un saucissonnage au Luxembourg qui a mal tourné, l'otage ayant tiré dans le dos de James, mais son père, Mario, aurait pris le risque de le ramener à Paris et de le voir se vider de son sang* ». Bandits de pères en fils, les Hornec sont « *capables de se régénérer, de se renouveler* », selon un commissaire, comme le prouve ce « *trafic de déchets à l'italienne* », mais leur fonds de commerce reste « *le racket, tellement ils font peur à tout le monde* ».

De gauche à droite, les frères Hornec, Mario, Marc et Jean-Claude.
CAPTURE D'ÉCRAN TF1

Hornec et Cie
Les parrains de la banlieue est

Déja bien connus pour des «saucissonnages», rackets, vols et trafics en tous genres, les membres du réseau mafieux de Montreuil sont aujourd'hui soupçonnés d'avoir monté un réseau bidon d'enfouissement de résidus du BTP.

Par **PATRICIA TOURANCHEAU**

Inspirés par la Camorra italienne qui enterrait des tonnes de déchets toxiques ou *«par la série* les Soprano *de* Canal+*»*, selon un commissaire, des membres du clan Hornec de Montreuil (Seine-Saint-Denis) sont soupçonnés d'avoir monté un réseau mafieux d'enfouissement de résidus du BTP. Un tuyau tombé voilà neuf mois a mis la PJ du «9-3» sur la piste: *«Les H. font beaucoup de fric avec des magouilles à l'environnement»*, balance un indic. *«On gratte, on trouve une société liée aux H. et on apprend par les écoutes qu'il y a un problème avec un champ à Villeparisis (Seine-et-Marne)»*, explique un enquêteur qui a fait chuter le gang la semaine dernière.

Jean-Claude Hornec, 60 ans, l'aîné, son fils Loune, 27 ans, et Habib Ben M'Hamed, 41 ans, patron de la société RTR Environnement, ont été mis en examen pour *«extorsion de fonds en bande organisée»*, *«association de malfaiteurs»* et *«dépôts illégaux de déchets»* ou *«complicité»*. De son côté, Michel Legrand, 57 ans, un agriculteur spolié et racketté par le trio, est mis en examen pour *«dépôt illicite de déchets»* sur son propre terrain à Villeparisis et *«recel d'abus de biens sociaux»*. Tout comme Laurent Auguste, PDG du transporteur de déchets Vitrans qui charriait à bord de ses camions les résidus d'entreprises du BTP: *«Il facturait au prix fort le recyclage ou la décontamination de ces déchets industriels dangereux*, résume un commissaire, *avant de les balancer dans un coin»*, sur des terres agricoles le long de la francilienne.

A Montreuil, un fief imprenable

M'Hamed, patron de RDR, ayant pour objet social le remblai de terrains, et son salarié fictif Loune Hornec – payé 2400 euros par mois à ne rien foutre –, chapeauté par son père, Jean-Claude, auraient prêté 140 000 euros au paysan Legrand, en difficultés financières avec sa société d'aménagement paysager Vicam: *«L'agriculteur se retrouve en dettes envers les H. et M'Hamed qui font pression sur lui, le menacent par téléphone de "lui niquer sa mère"»*, puis le rackettent en septembre: *«Comme tu ne peux pas nous rembourser le pognon, tu nous cèdes ta boîte et ton terrain.» «RDR a pris le contrôle de sa société Vicam et de ses 18 000 m² de champs»*, nous rapporte un enquêteur.

A l'en croire, Jean-Claude Hornec *«s'impliquait personnellement dans la recherche de nouveaux terrains»* à Wissous (Essonne) et à Gagny (Seine-Saint-Denis), pour *«aider son fils Loune qui est un tocard et lui montrer comment faire»*. Les écoutes laissent entendre que le père et le fils, ainsi que des *«potes»*, ont essayé de racketter Olivier F., gérant d'une société installée dans les carrières souterraines de Gagny: *«Tu as fait perdre 400 000 euros à un de nos amis, donc tu nous files ta boîte.»*

Piliers du banditisme parisien, les Hornec sont régulièrement ciblés par les services de police judiciaire. Taxé de *«cerveau»* de la famille, le cadet, Mario, 55 ans, a coutume de nier: *«Je ne suis le parrain que de mes filleuls.»* Racket, «saucissonnage», vols et trafics en tous genres (voitures, tableaux, or, drogue...), les trois frères tiennent le haut du pavé depuis les années 80. Fin 2006, Jean-Claude, alias «Eddy Mitchell», sosie du rocker, et Mario ont plongé pour l'importation de 100 kilos de cocaïne de Colombie en France, ce qui leur a valu sept et six ans de prison. Ils ont supervisé, *«protégé la transaction sur leur terrain, et pris une part au passage*, selon un commissaire de l'Office des stups, *de la même manière qu'ils font payer au voyou qui veut implanter vingt-cinq machines à sous dans des bistrots du 9-3»*.

A Montreuil, le fief des Hornec, gitans sédentarisés, est réputé imprenable. La mère, Marinette, habite depuis près de cinquante ans rue des Ramenas. Ses quatre enfants, Jean-Claude, Sonya, Mario et Marc ont acheté et construit autour. Au fond du terrain qui s'étire sur 300 mètres, un sixième pavillon débouche sur la rue du colonel Fabien. Presque tout le pâté de maisons appartient à la famille, ce qui ruine les surveillances policières. La maison centrale est occupée par Mario et souvent par Jean-Claude, le colombophile qui y a installé son pigeonnier.

Quand l'antigang a donné l'assaut mardi pour attraper Jean-Claude, Mario s'est senti visé et s'est échappé *«par une trappe qui donne sur son toit»*, rapporte un policier: *«Il s'est retrouvé comme un con là-haut à nous insulter, "gros enculés, venez me chercher". On l'a laissé hurler tout le temps de la perquis et, à la fin, on lui dit qu'on n'avait rien contre lui.»*

«Du sang a coulé sous les ponts»

Il y a sept ans déjà, Mario, qui était ciblé pour le business de coke, avait sauté de toit en toit pour se sauver. Mais les flics l'avaient «aplati» de l'autre côté. Leur pauvre voisin, Antoine L., a eu des ennuis car les frères avaient planqué à son insu des armes et des billets sous les tuiles de sa maison. Ce riverain nous avait confié à l'époque qu'il les croyait juste *«un peu malfrats»* – *«Ils ne font rien et reçoivent des tas de gens, ça se sent qu'ils sont dans l'illicite»* – jusqu'à la mort par balles de James, fils unique de Mario, à Noël 2005: *«J'ai découvert le poids des Hornec. Toute notre rue a été investie par des belles voitures et des centaines de gens ont défilé pendant une semaine. La mort du pape à côté, c'était rien.»*

Dans les années 50, la famille Hornec logeait dans des caravanes et le père, Lucien, né en 1932, gagnait son pain comme ferrailleur. *«Le père Lulu, un voyageur, a toujours été propre dans la ferraille, les fils aussi quand ils s'y sont mis*, dit un Montreuillois. *Les fils n'auraient jamais osé dévier du temps du père, mais, après son enterrement dans un immense caveau à la campagne, ils ont commencé à chi-*

*

Finalement, les membres de la famille Hornec seront blanchis pour ces décharges sauvages en Seine-et-Marne, seuls les chefs d'entreprise seront condamnés. Mais les gendarmes de l'Office central de lutte contre les atteintes à l'environnement et à la santé publique ne les lâchent plus et les font replonger fin 2022. James Hornec, 50 ans, cousin de la fratrie de Montreuil, déjà fiché pour meurtre, enlèvement et séquestration, est arrêté pour une nouvelle affaire de trafic de déchets et de terres agricoles polluées à Vaujours, en Seine-Saint-Denis. Puis, Mehdi Hornec, 49 ans, patron de la société Stains Métaux Recyclage (SMR) en Seine-Saint-Denis, est mis en examen et incarcéré pour *« recel de vol en bande organisée »*, *« blanchiment »*, *« travail dissimulé »* et *« mise en danger de la vie d'autrui »*. Son épouse et son fils sont également poursuivis pour ces magouilles de l'entreprise familiale. Mehdi Hornec est soupçonné de s'approvisionner en métaux ferreux et cuivre volés, auprès de clans de gens du voyage roumains, puis de les reconditionner pour les revendre aux Pays-Bas et en Belgique. Par ailleurs, des enfants d'employés roumains logés sur place à la SMR ont été atteints de saturnisme dû à la concentration élevé de plomb. En perquisition, ont été découverts 160 000 euros en cash et six armes (un pistolet automatique et cinq fusils). La famille Hornec se reconvertit ainsi dans le trafic de déchets, d'or et de métaux, deuxième source de revenus du grand banditisme en Europe derrière le commerce de drogue.

30 septembre 2000

3. Neuf balles au bout de la route du Belge

La nuit, le jeu, les filles, les flingues… Vie et mort d'un parrain à l'ancienne.

Attablé au sous-sol de l'*Artois Club's*, face à l'écran qui diffuse une course à l'hippodrome de Saint-Cloud, mercredi à 15 h 20, Francis Vanverberghe, alias « le Belge », a été exécuté par deux tueurs professionnels à moto de sept balles dans le corps, puis deux dans la tête. Dans sa poche revolver, 200 000 francs en billets, tachés de sang. Pour la brigade criminelle, le Belge déclarait 7 millions de francs par an de « *gains aux jeux* », tickets gagnants à l'appui. Il les rachetait aux heureux chanceux avec un généreux pourboire, de façon à blanchir de l'argent sale. De la roupie de sansonnet au regard de ses affaires cachées. À 54 ans, Francis Vanverberghe est mort en parrain.

Fils d'un Flamand et d'une Espagnole, le petit caïd du quartier Belle-de-Mai à Marseille – qui a fréquenté l'hôtel de police, « *l'Évêché* », à 16 ans pour un vol à la roulotte, puis pour proxénétisme à cause de sa belle gueule – a été inscrit au fichier du grand banditisme à 22 ans, en 1968. C'était à l'époque où deux aînés marseillais, Gaëtan Zampa et Jacky Imbert, qui se sont aguerris à Paris dans l'équipe des *Trois Canards* (un bar de Pigalle), redescendent sur la Canebière pour s'attaquer au tout-puissant clan des frères Guérini. En acteurs de la génération montante du milieu, Zampa et Imbert vont marcher avec le cadet prometteur, Vanverberghe. Jusqu'en 1972, où clash, « *Zampa fait marron le Belge de 60 briques* », raconte aujourd'hui un truand de haut vol à *Libération*. Trop, c'est trop. Le Belge astique ses calibres. Zampa prend les devants et « *fume* » six gars de la Belle-de-Mai en moins de six mois. Le 31 mars 1973, représailles du Belge au *Tanagra*, un bistrot du Vieux-Port : quatre de la bande à Zampa finissent troués de balles, à l'heure de l'apéro. Riposte de la police. Zampa échappe au coup de filet, mais pas Vanverberghe, débusqué en avril 1973 à Paris, dans les bras d'une starlette. Une effrontée qui rétorque au juge : « *Quand j'ai un beau garçon comme le Belge dans mon lit, je lui demande pas son casier judiciaire.* » Dans la planque de Vanverberghe, chez sa copine officielle et prostituée, les flics découvrent de faux papiers d'identité et trois armes, cachées sous la baignoire. Pas de quoi élucider les règlements de comptes. Mais de quoi « *neutraliser l'équipe particulièrement redoutable dite de la Belle-de-Mai, dirigée par Francis Vanverberghe*[1] ».

Le Belge à l'ombre pour trente mois, Zampa, dit « Tany », renforce son empire à Marseille. Mais le Belge aux dents longues arrive en bout de peine. En 1975, à quelques jours de sa libération, Vanverberghe tombe sous le coup d'un mandat d'arrêt pour trafic de stupéfiants. Le juge Saurel, qui avait démantelé la *French Connection*, vient de rouvrir son dossier, sur les révélations d'un repenti américain qui mouille Vanverberghe.

1. James Sarazin, *M... comme milieu*, Paris, Alain Moreau, 1979.

Le Belge ne met pas le nez dehors, transféré aussitôt à la maison d'arrêt à Marseille, puis condamné à quatorze ans. « *Le Belge y a toujours vu une grosse enculerie de Zampa* », selon un ami. Pour une broutille de port d'arme, Zampa se retrouve huit mois aux Baumettes. En 1976, l'avocat pénaliste Jean-Louis Pelletier, qui défend depuis des lustres Zampa et Vanverberghe, se retrouve à visiter tous les samedis les deux clients « *fâchés à mort* » à la même prison : « *Il fallait s'entourer de précautions incroyables. Empêcher qu'ils se croisent au parloir, les voir à tour de rôle, un coup Tany le premier, le Belge la semaine suivante, surtout ne pas se mêler de leurs affaires, bref ce n'était pas une sinécure.* » Coup de chance pour le Belge, ses deux adversaires, Zampa et Jacques Imbert, dit « le Mat », s'embrouillent pour « *affaires ou mégalomanie* ». Le 1er février 1977, le Mat – qui rentre en Alfa Romeo dans sa résidence à Cassis – est flingué à bout portant. Un ex-braqueur parisien nous a narré la « *mort* » de Jacky Imbert : « *Le chef a ordonné à ses hommes : "Ne l'achevez pas, laissez-le crever comme un chien", puis il a levé sa cagoule et a lancé au Mat : "Connard, regarde qui t'a tué." C'était Gaëtan Zampa. Sauf que le Mat en a réchappé.* » Paralysé du bras droit, le miraculé muscle le gauche au tir. Puis pactise avec le Belge contre Zampa, pour une guerre sans merci. « *Il y a eu vingt-sept ou vingt-huit morts* », se souvient un codétenu du Belge. En octobre 1983, M. et Mme Zampa tombent pour des magouilles comptables – comme Al Capone. En prison, Gaëtan Zampa gamberge et se pend dans sa cellule l'été 1984. Un mois après la libération du Belge.

Interdit de séjour dans le Sud-Est, le Belge y a pourtant le bras long. Ça flingue dans le camp Zampa. Selon ses amis, le Belge change alors de business : « *Tout, mais pas la drogue, ça coûte trop cher.* » Et puis les machines à sous, « *ça rapporte plus que les putes* ». Pourtant, le scénario de 1975 se rejoue en 1986. Le repenti de la *French Connection*, François Scapula, balance Vanverberghe comme l'exportateur, en 1984, de vingt kilos d'héroïne asiatique vers les États-Unis. Serré à Bruxelles en 1988, puis extradé, le Belge fait quatre ans de prison avant d'être relaxé en 1998. Vanverberghe monte à Paris, « *rangé des voitures* », dit-il alors, jusqu'à sa mise en examen voilà six mois pour « *proxénétisme aggravé* ». La Mondaine l'a débusqué derrière les prête-noms du *First*, bar à entraîneuses de la rue François-Ier, et a soupçonné sa femme Lydie de relever les compteurs des filles, « *70 000 francs en liquide par mois* ». Mais un ami s'indigne : « *Le Belge n'a jamais touché le fric de la prostitution. Depuis quinze ans, le Belge tient le* First *avec le Mat* », son vieil allié Jacky Imbert qui a misé sur les nuits parisiennes, tour à tour « *directeur artistique* » du cabaret *Lola* puis « *attaché de presse* » du *Bus-Palladium* à Pigalle. La rumeur du milieu attribue aussi au Belge la propriété, en sous-main, des *VIP Room* de Paris, sur les Champs-Élysées, et de Saint-Tropez. Des boîtes de nuit à la mode, genre chic clinquant, avec sièges léopard, alcôves, dorures et créatures, bière à 80 francs et gin tonic à 120. Sans compter « *150 machines à sous* » clandestines, bingo et poker, installées sur Paris, le Sud et la Corse. À 20 000 ou 30 000 francs de gains par bandit-manchot, voilà une affaire qui pèse 3 à 4,5 millions de francs par mois.

Et ce contrat sur la tête du Belge ? Selon une relation, « *ça doit être pour une histoire de grosse oseille. Le Belge n'a jamais pris la place de personne à Paris. Il a investi dans des affaires légales, sans emmerder le monde. Tranquille, sans garde du corps, dans son carré d'or des Champs-Élysées* » avec son appartement payé cash 3,5 millions de francs, rue Lord-Byron, ses habitudes au club de jeux (courses et PMU) rue d'Artois, et le soir au bar *Chez Christin's*, rue de Ponthieu. Et parfois ses voyages pour affaires sur la Côte et en Corse. En tout cas, pour l'heure, ses comparses sont « *au matelas* », c'est-à-dire « *avec trousses de secours et matelas d'emprunt* », « *le temps de savoir d'où ça vient* » : « *Ce qui est sûr, c'est qu'il va être vengé, le Belge. Dans les deux mois, ça va déclencher la guerre des gangs.* »

SOCIETE

Neuf balles au bout de la route du Belge

La nuit, le jeu, les filles, les flingues... Vie et mort d'un parrain à l'ancienne.

Attablé au sous-sol de l'Artois Club's, face à l'écran qui diffuse une course à l'hippodrome de Saint-Cloud, mercredi à 15h20, Francis Vanverberghe alias «le Belge» a été exécuté par deux tueurs professionnels à moto: sept balles dans le corps, puis deux dans la tête. Dans sa poche revolver, 200000 francs en billets, tachés de sang. Pour la brigade criminelle, le Belge déclarait 7 millions de francs par an de *«gains aux jeux»*, tickets gagnants à l'appui: il les rachetait aux heureux chanceux avec un généreux pourboire, de façon à blanchir de l'argent sale. De la roupie de sansonnet au regard de ses affaires cachées. A 54 ans, Francis Vanverberghe est mort en parrain.

Fils d'un Flamand et d'une Espagnole, le petit caïd du quartier Belle-de-Mai à Marseille – qui a fréquenté l'hôtel de police, «l'Evêché», à 16 ans pour un vol à la roulotte, puis pour proxénétisme à cause de sa belle gueule – a été inscrit au fichier du grand banditisme à 22 ans, en 1968. C'était à l'époque où deux aînés marseillais, Gaëtan Zampa et Jacky Imbert, qui se sont aguerris à Paris dans l'équipe des Trois Canards (un bar de Pigalle), redescendent sur la Canebière pour s'attaquer au tout-puissant clan des frères Guérini.

Francis Vanverberghe débute par un vol à la roulotte, puis passe au proxénétisme. Dès 22 ans, il est fiché au grand banditisme.

«Marron de 60 briques». En acteurs de la génération montante du milieu, Zampa et Imbert vont marcher avec le cadet prometteur, Vanverberghe. Jusqu'en 1972, où clash, *«Zampa fait marron le Belge de 60 briques»*, raconte aujourd'hui un truand de haut vol à *Libération*. Trop, c'est trop. Le Belge astique ses calibres. Zampa prend les devants et «fume» six gars de la Belle-de-Mai en moins de six mois. Le 31 mars 1973, représailles du Belge au Tanagra, un bistrot du Vieux-Port: quatre de la bande à Zampa finissent troués de balles, à l'heure de l'apéro. Riposte de la police. Zampa échappe au coup de filet, mais pas Vanverberghe, débusqué en avril 1973 à Paris, dans les bras d'une starlette. Une effrontée qui rétorque au juge: *«Quand j'ai un beau garçon comme le Belge dans mon lit, je lui demande pas son casier judiciaire.»*

Dans la planque de Vanverberghe, chez sa copine officielle et prostituée, les flics découvrent des faux papiers d'identité et trois armes, cachées sous la baignoire. Pas de quoi élucider les règlements de comptes. Mais de quoi *«neutraliser l'équipe particulièrement redoutable dite de la Belle-de-Mai, dirigée par Francis Vanverberghe»* (1).

Le Belge à l'ombre pour trente mois, Zampa dit «Tany» renforce son empire à Marseille. Mais le Belge aux dents longues arrive en bout de peine. En 1975, à quelques jours de sa libération, Vanverberghe tombe sous le coup d'un mandat d'arrêt pour trafic de stupéfiants. Le juge Saurel, qui avait démantelé la French Connection, vient de rouvrir son dossier, sur les révélations d'un repenti américain qui mouille Vanverberghe. Le Belge ne met pas le nez dehors, transféré aussitôt à la maison d'arrêt à Marseille, puis condamné à quatorze ans. *«Le Belge y a toujours vu une grosse enculerie de Zampa»*, selon un «ami».

Pour une broutille de port d'arme, Zampa se retrouve huit mois aux Baumettes. En 1976, l'avocat pénaliste Jean-Louis Pelletier, qui défend depuis des lustres Zampa et Vanverberghe, se retrouve à visiter tous les samedis les deux clients *«fâchés à mort»* à la même prison: *«Il fallait s'entourer de précautions incroyables. Empêcher qu'ils ne se croisent au parloir, les voir à tour de rôle, un coup Tany le premier, le Belge la semaine suivante, surtout ne pas se mêler de leurs affaires, bref ce n'était pas une sinécure.»*

> ***«Quand j'ai un beau garçon comme le Belge dans mon lit, je lui demande pas son casier judiciaire.»*** *Une starlette au juge*

Coup de chance pour le Belge: ses deux adversaires, Zampa et Jacques Imbert dit «le Mat», s'embrouillent pour *«affaires ou mégalomanie»*. Le 1er février 1977, le Mat – qui rentre en Alfa Roméo dans sa résidence à Cassis – est flingué à bout portant. Un ex-braqueur parisien nous a narré la «mort» de Jacky Imbert: *«Le chef a ordonné à ses hommes "ne l'achevez pas, laissez-le crever comme un chien", puis a levé sa cagoule et a lancé à le Mat: "Connard, regarde qui t'a tué." C'était Gaëtan Zampa. Sauf que le Mat en a réchappé.»*

Paralysé du bras droit, le miraculé muscle le gauche au tir. Puis pactise avec le Belge contre Zampa, pour une guerre sans merci: *«Il y a eu 27 ou 28 morts»*, se souvient un codétenu du Belge. En octobre 1983, M. et Mme Zampa tombent pour des magouilles comptables – comme Al Capone. En prison, Gaëtan Zampa gamberge et se pend dans sa cellule l'été 1984. Un mois après la libération du Belge.

Rangé des voitures. Interdit de séjour dans le Sud-Est, le Belge y a pourtant le bras long. Ça flingue dans le camp Zampa. Selon ses amis, le Belge change alors de business: *«Tout, mais pas la drogue, ça coûte trop cher.»* Et puis les machines à sous, *«ça rapporte plus que les putes»*. Pourtant, le scénario de 1975 se rejoue en 1986. Le repenti de la French Connection, François Scapula, balance Vanverberghe comme l'exportateur, en 1984, de vingt kilos d'héroïne asiatique vers les Etats-Unis. Serré à Bruxelles en 1988, puis extradé, le Belge fait quatre ans de prison avant d'être relaxé en 1998.

Vanverberghe monte à Paris, *«rangé des voitures»*, dit-il alors, jusqu'à sa mise en examen voilà six mois pour *«proxénétisme aggravé»*. La Mondaine l'a débusqué derrière les prête-noms du First, bar à entraîneuses de la rue François-Ier, et a soupçonné sa femme Lydie de relever les compteurs des filles: *«70000 francs en liquide par mois.»* Mais un ami s'indigne: *«Le Belge n'a jamais touché le fric de la prostitution. Depuis quinze ans, le Belge tient le First avec le Mat»*, son vieil allié Jacky Imbert qui a misé sur les nuits parisiennes, tour à tour *«directeur artistique»* du cabaret Lola puis *«attaché de presse»* du Bus-Palladium à Pigalle.

Chic clinquant. La rumeur du milieu attribue aussi au Belge la propriété, en sous-main, des VIP Room de Paris, sur les Champs-Elysées, et de Saint-Tropez. Des boîtes de nuit à la mode, genre chic clinquant, avec sièges léopard, alcôves, dorures et créatures; bière à 80 F et gin tonic à 120. Sans compter *«150 machines à sous»* clandestines, bingo et poker, installées sur Paris, le Sud et la Corse. A 20000 ou 30000 francs de gains par bandit-manchot, voilà une affaire qui pèse 3 à 4,5 millions de francs par mois.

Et ce contrat sur la tête du Belge? Selon une relation, *«ça doit être pour une histoire de grosse oseille. Le Belge n'a jamais pris la place de personne à Paris. Il a investi dans des affaires légales, sans emmerder le monde. Tranquille, sans garde du corps, dans son carré d'or des Champs-Elysées»*. Entre son appartement payé cash 3,5 millions de francs, rue Lord-Byron, son club de jeux (courses et PMU) rue d'Artois, et son bar du soir Chez Christin's, rue de Ponthieu. Et ses voyages pour affaires sur la Côte et en Corse.

En tout cas, pour l'heure, ses comparses sont *«au matelas»*, c'est-à-dire *«avec trousses de secours et matelas d'emprunt»*, *«le temps de savoir d'où ça vient»*: *«Ce qui est sûr, c'est qu'il va être vengé, le Belge. Dans les deux mois, ça va déclencher la guerre des gangs.»* ●

PATRICIA TOURANCHEAU

(1) In *M... comme milieu*, James Sarazin. Ed. Alain Moreau, 1979.
(2) *Le Nouveau Milieu*, Franck Renaud. Ed. Fayard. 1992.

*

Sitôt le Belge refroidi, la Crim' émet l'hypothèse d'un règlement de comptes lié au marché parisien des machines à sous. Les enquêteurs lorgnent donc du côté du principal concurrent, les frères Hornec, manouches de Montreuil ayant déjà décimé le clan Génova en 1994 pour prendre le contrôle de ses *« babasses »*, bars à filles et boîtes de nuit dans la capitale. Sauf que les bras armés des Hornec sont hors circuit : Nordine alias « la Gelée » réfugié en Algérie et Ihmed M. en prison pour braquage. De plus, un pacte aurait été scellé dix-huit mois plus tôt entre le Belge et les Hornec, comme me l'a révélé pour *Libération* un pilier du « milieu » : *« Le Belge a invité les Hornec dans son cercle de jeu pour se mettre d'accord, et depuis, ils avaient des affaires en commun. Quand il y avait des ennuis, le Belge et la Gelée envoyaient chacun un représentant pour régler le problème. »* La Crim' se met alors à suspecter les bras droits du Belge, « Joël le Turc » et « Philippe le SS », *« super entraîné au tir instinctif »*, qui n'ont pas vengé sa mort, d'avoir trahi le boss, avant de les dédouaner. Finalement, les policiers ont appris par des indics que ce sont les Corses de la Brise de mer qui, avec l'aval des caïds marseillais, auraient liquidé le parrain. Le Belge est d'ailleurs venu sur l'île deux semaines avant sa mort pour discuter d'un conflit lié au racket d'un casino de la région niçoise et au partage des gains des machines en région parisienne ; les Corses l'accusaient d'empocher le fric sans redistribuer. Mais au fond, les Corses convoitaient surtout son empire. Un voyou corse aurait donc été dépêché à Paris et, seul casqué à moto, aurait « fumé » le Belge. N'empêche, officiellement, l'assassinat de Francis Vanverberghe n'a jamais été élucidé.

5 février 2011

4. Les coups fumants de la « Dream Team »

Dans les années 1990, ce gang a multiplié les hold-up à haut risque. *Next-Libération* a retrouvé quatre de ces braqueurs de fourgons. Alors qu'un film se prépare, ils évoquent les « tirelires » de la Brink's, le casse du siècle et leur passion pour les bons restaurants. Les tontons flingueurs se mettent à table.

Chez Bocuse à Lyon, deux anciens bandits supposés de la « Dream Team », des as de la fourchette et de l'attaque de fourgons, trinquent. Karim Maloum, au gabarit d'ex-pilier de rugby, dit « le Gros », et Daniel Bellanger, alias « Babar » pour sa mémoire d'éléphant, lèvent leur verre de saumur-champigny. Pour célébrer le film qui racontera bientôt les coups fumants de ce gang des années 1990. Puis les deux colosses lancent la devise guerrière de la « Dream Team » : « *Force, courage et détermination (FCD)* ».

Next-Libération a retrouvé quatre mousquetaires de cette « équipe de rêve » qui a donné des cauchemars aux policiers de la répression du grand banditisme, jusqu'à sa chute en décembre 2000, au lendemain de Noël. C'est la police espagnole qui l'a baptisée « Dream Team », à l'instar des basketteurs américains vainqueurs aux JO de Barcelone. Suspectés de multiples braquages, les gangsters n'ont été condamnés à ce jour que pour deux vols à main armée et association de malfaiteurs. Et encore, pas tous. Partis à l'assaut des « tirelires » (les convois de fonds) à une dizaine, ils ont perdu dans leur équipée cinq cavaliers tombés sous les balles de rivaux, ainsi que le vieux « Citron », encore en prison à 66 ans. Des quatre rescapés de l'aventure, c'est le sportif Karim Maloum, deux fois tombé pour des affaires de la « Dream Team », qui prépare, avec le producteur Emmanuel Prévost, le film qui retracera leurs frasques.

Daniel Bellanger, éternel innocent qui collectionne les non-lieux et les acquittements, ne participe pas à l'écriture du scénario. *« À 53 ans, j'ai un casier judiciaire vierge »*, fanfaronne Babar, qui jure de sa voix tonitruante : *« La Dream Team, j'en suis pas ! Mais je les connaissais tous, pour des raisons festives... »*, explique cet ancien cuistot. Chez Bocuse, il passe commande : gambas, foie de veau, gaufres à la chantilly. Karim Maloum opte pour le foie gras et fonds d'artichauts. Ces deux fins gourmets sont les *« gamelleurs »* de la bande, ceux qui apprécient le mieux la bonne chère. Jonglant avec Tatoos, puis téléphones mobiles, codes d'espions et livres secrets, la « Dream Team » utilisait le *Guide Michelin* pour *« fixer les lieux de séminaire ou de préparation des "matchs"* [les braquages], explique Maloum. *Au téléphone, on disait : "Ouvre la carte, jeudi 13 heures, page 22, ligne 13." On se retrouvait au restaurant indiqué à cet endroit du guide, mais un jour plus tôt »*. Les ripailleurs ont ainsi fait le tour des fourchettes du Michelin des régions lyonnaise, marseillaise et du Sud-Ouest. Ils mettaient sur la table les différents plans et les « *cahiers de repérages* ». Maloum, toujours : « *Les flics ont cru qu'on était renseignés de l'intérieur. Faux. On faisait un vrai travail policier, filoches, surveillances. On avait un préposé à chaque tâche. S'il y avait quinze camions de la Brink's, on notait les heures et jours de sortie vers la Banque de France, les trajets, puis on faisait des déductions.* »

À ses côtés, Daniel Bellanger prend l'air dégagé de celui qui n'est pas au courant. Pourtant, les flics les ont surpris, Maloum et lui, en plein repérage à l'aéroport d'Orly. À peu près au même moment, raconte Bellanger/Babar qui en rigole encore, ils ont tendu un piège à des policiers français « *déprimés* » de ne pas pouvoir les coincer : « *Ayant été avertis que nos lignes étaient branchées, on a réservé exprès par téléphone des places pour un match de foot à Barcelone, puis on a pris en photo les flics français dans le stade Camp Nou du Barça en train de nous chercher.* » Il fulmine contre leurs accusations « *gratuites* » : « *Ils ont essayé de me faire passer pour le patron de la Dream Team, l'équipe à Bellanger qu'ils disaient ! Moi, j'ai jamais été que le patron d'un garage automobile à Barcelone !* » À ses débuts, Bellanger a été soupçonné par la police d'avoir participé au « casse du siècle » de la Banque de France de Saint-Nazaire, le 3 juillet 1986, qui a rapporté 88 millions de francs (13,4 millions d'euros) à ses auteurs. Ces rigolos envoyèrent alors à *Libération* 20 000 francs en billets troués, promis au pilon, avec cette signature : « *Les braqueurs funambules.* » Cinq personnes furent arrêtées. Mais pas Daniel Bellanger, introuvable, parti en Espagne : « *C'était la belle époque, quand les portables n'existaient pas* », se contente de lâcher Babar.

Aurélie Merlini, 26 ans, rejoint « *les amis de son père* » pour le café. Le Marseillais de la « Dream Team », Daniel Merlini, a été tué au pistolet-mitrailleur à la sortie de chez lui, en Provence, au mois de mars 2010. Peu bavarde, la jeune femme qui a repris la discothèque de son père, à Manosque, conserve aussi ses motos : « *J'en ai treize dans le garage, dont trois Harley-Davidson.* » Nino a été « *cinq fois champion de France de moto amateur* », rappelle Babar. Tombé dans le milieu quand il était petit, « Nino » Merlini n'a jamais vraiment eu de travail légal. Il a été suspecté dans une attaque de train postal à Marseille. Il tenait un business de machines à sous, avec « *son altesse* » Christian Oraison, né en 1955 et abattu en 2008 à Manosque, un blond que charriait Babar à cause de « *ses implants de cheveux et ses crèmes de beauté* ». Le Marseillais était « *le plus fonceur et le plus déterminé de la Dream Team* », précise Maloum, et Babar l'imite avec l'accent : « *Franchement, je vois pas ce qui peut nous empêcher d'y aller sur cette affaire. Y a pas d'arrangement possible, on la fait !* » Attentionnés à l'égard d'Aurélie Merlini, les deux vétérans connaissent les gosses de tout le monde. « *La Dream Team, c'était une entreprise familiale, une PME, pas une multinationale,* dit Maloum, *on ne se prenait pas pour des gangsters, on ne ronflait pas* [on ne frimait pas] *dans les boîtes de nuit. Avec trois fils de commerçants dans le groupe, on n'allait pas voler des particuliers. On a attaqué des systèmes qui font de l'argent avec l'argent, les banques, l'État et la Brink's.* »

Le 13 août 1996, à 18 h 20, un Airbus d'Air Inter Europe parti d'Orly avec 168 passagers atterrit à l'aéroport de Perpignan. En bout de piste, un homme cagoulé et vêtu de noir déploie une banderole en grosses lettres rouges :

« *COUPE TES MOTEURS ET OUVRE LA SOUTE.* » Deux fourgonnettes déboulent sur le tarmac. Un gangster en sort, brandit un pistolet-mitrailleur et tire une rafale devant le cockpit. Le pilote comprend et avertit ses passagers : « *Mesdames et messieurs, gardez votre calme. Des hommes s'intéressent à ce que nous avons à bord et, comme ils sont armés, nous devons attendre.* » Il ne peut pas déverrouiller les soutes de l'intérieur. Un bandit se glisse sous la carlingue, déplie une échelle, grimpe sans hésiter vers la soute numéro 5, l'ouvre et attrape deux sacs de la Brink's : vingt-huit kilos de billets chacun. En deux minutes et demie, les attaquants de l'avion raflent 4 424 000 millions de francs en pesetas (670 000 euros). Les quatre voleurs s'enfuient vers une porte grillagée fracturée par avance, montent dans une voiture, sautent dans une autre, rejoignent l'autoroute A9 à Rivesaltes. Et finissent par échapper au plan Épervier de la gendarmerie avant, sans doute, de filer en Espagne. Aussitôt, les policiers attribuent le coup à la « Dream Team ». Mais les preuves manquent. « *Chapeau, les mecs* », lancent, gonflés, Maloum et Bellanger aujourd'hui. « *Bravo, on félicite les gars qui ont fait ce coup, mais c'est pas nous.* » En mars 2010, un magistrat zélé de Perpignan exhume ce vieux dossier et met en examen Jacques Naudo pour « *vol avec arme* ». Une empreinte génétique identique à la sienne a été découverte dans une casquette oubliée sur le tarmac, une autre sur un mégot de cigarette retrouvé dans un véhicule de fuite. Avec son accent à couper au couteau, ce natif de Perpignan conteste : « *J'ai rien à voir avec ça.* » Son avocat, Denis Giraud, fulmine contre ce coup bas, « *quatorze ans après, alors que ces charges figurent au dossier depuis des années* ». Si l'on en croit sa longue expérience, « *l'ADN mitochondrial de la casquette ne vaut rien car toute sa lignée maternelle et même des individus non apparentés ont le même* ». Quant à « *l'ADN nucléaire extrait du mégot* » attribué à Naudo, « *ce n'est plus un élément suffisant en soi pour condamner* ». Cet avocat a déjà développé « *la théorie de l'ADN transportable sur les lieux du braquage* » dans des procès d'assises où son concept a fait mouche puisque les accusés ont été innocentés. De plus, des années après l'attaque ratée, en 1997, d'un dépôt de fonds à Courbevoie, encore imputée à la « Dream Team », les analyses génétiques d'un sac de sport abandonné au pied du mur explosé de la Securicor avaient livré « *les prétendus ADN* » de Maloum, Bellanger, Naudo, Bruno Celini et Gérard Alain dit « Citron ». Tous ont été mis en examen. Or, le jour de l'assaut, Jacques Naudo se trouvait en garde à vue, attrapé avec une kalachnikov dans sa voiture, et Gérard « Citron » en détention pour une autre raison. « *Ces deux-là ne pouvant y être physiquement, c'est la preuve que leur ADN a été transporté.* » C'est ainsi que Me Giraud a décroché un non-lieu pour les cinq de la « Dream Team ».

À 52 ans, Jacques Naudo, cheveux mi-longs peignés en arrière, lunettes à verres épais, look camionneur en veste de velours noir, peint sous un hangar de son frère plagiste. Déconneur hors pair et fêtard invétéré, « Jacquouille la Fripouille » doit son surnom aux *Visiteurs*. Il reproduit un Christ de Dalí qu'il admire : « *Quand il a dit que la gare de Perpignan était au centre du monde, il a tout dit.* » Il fréquente toujours le *Tio Pepe*, un bistrot de sportifs qu'il avait monté à Perpignan, en « *pilier de bar* ». Entré à l'école de rugby à 6 ans, Jacques Naudo qui a perdu sa mère à 12 ans, fut joueur international au XIII catalan avant de stopper sa carrière à 33 ans. Élevé, avec ses deux frères, par son père qui était chevillard (boucher en gros), il a passé un CAP de charcutier puis repris l'entreprise paternelle. Mais, en 1991, c'est la faillite. L'aventurier voyage un temps en Amérique du Sud et à Cuba. Puis son beau-frère Karim Maloum l'aiguille... sur les braquages.

Autre figure du rugby de Perpignan, l'ancien pilier gauche Karim Maloum dit avoir dérivé sur les vols à main armée « *pour mettre ses parents à l'abri du besoin* ». Ces derniers avaient vendu « *pour une bouchée de pain* » leur restaurant à Paris pour l'emmener dans le Sud y guérir d'une broncho-pneumonie : « *Ils ont fait un sacrifice pour moi, j'ai toujours eu ça en tête.* » À Perpignan, Maloum décroche un brevet d'éducateur sportif, puis sort du service militaire en 1983 avec le grade de sergent-chef de réserve. Marié en 1985, le prof de rugby change d'orientation professionnelle : il sera garde du corps en Afrique puis au Panama : « *J'ai des alertes cardiaques, je peux mourir et mes parents vivotent. Alors, j'ai pris un raccourci pour les aider.* » En 1992-1993, à l'enterrement de Willy, un gars du gang de la banlieue sud de Paris ayant fait la guerre contre les frères Zemour, Maloum rencontre Bruno Celini. Ce natif de Villejuif (Val-de-Marne) ne peut plus payer ses ouvriers qui travaillent dans l'entreprise familiale de jouets : « *Je vais remonter au braco, tu viens ?* » lui lance « Nono le commerçant ». Maloum l'armoire à glace se retrouve dans une banque, « *la cagoule à l'envers et pas le temps de sortir le flingue, à gueuler : "C'est un hold-up." Ça doit être ma grosse voix... tout le monde s'est couché. Sur le coup je me suis dit : "C'est que ça un braquage ?"* ». Puis Celini présente Maloum à Michel Crutel, « *un titi parisien* » qui a fait son apprentissage dans le vol de voitures de luxe avant de monter un coup plus audacieux contre le siège de la Brink's à Colombes en 1985 (73 millions de francs). Fin 1987, voilà interpellés le poulbot Crutel avec « Nono le commerçant » et un autre acolyte, en train de rôder autour d'un dépôt de 500 kilos d'or rue Cadet à Paris. Les trois plongent pour « *association de malfaiteurs* ». Selon Me Giraud, « *c'est à leur sortie de prison, au début des années 1990, que la Dream Team entre en gestation et affine la technique d'attaque de fourgons pour la rendre organisée et militaire. Il n'y aura jamais de morts ou de blessés graves* ». Reste une certaine réputation...

L'Office central pour la répression du banditisme (OCRB) impute à la « Dream Team » les attaques de fourgons blindés et de dépôts de fonds de Limoges et de Créteil fin 1996, de Courbevoie et Vert-le-Grand en 1997, d'Orly en 1998 – mais « *on ne prête qu'aux riches* », dit l'avocat. De plus, une opération contre un convoyeur de diamants sur l'aéroport de Malaga, à l'été 1999, aurait permis à ses auteurs d'empocher 453 millions de pesetas et 120 millions de pierres précieuses (environ 3 millions d'euros). Daniel Bellanger sera inculpé avant d'être blanchi par un non-lieu. *Idem* pour l'attaque supposée d'un entrepôt de 300 kilos de haschich à Algésiras, en 1999, durant laquelle son ami Crutel a été abattu. Les policiers sont persuadés qu'ils ont tenté de voler la came de trafiquants. Mais Babar en sort innocenté. Un peu froissés, ses comparses de la « Dream Team » ne l'invitent pas au tour suivant ; le voilà « *suspendu pour un match* », dit Maloum. C'est pourquoi le jour de l'attaque d'une « *tirelire* » de la Brink's à Paris, le 26 décembre 2000, Daniel Bellanger a un alibi en béton : il partage « *un chapon aux cèpes* » avec sa famille, en Espagne.

Ce lendemain de Noël 2000, à 13 h 50, un fourgon de la Brink's démarre du dépôt du CIC à Gentilly (Val-de-Marne), chargé à bloc, avec 81 millions de francs (12,3 millions d'euros) de recettes des grands magasins et de Disneyland. Porte de Gentilly, à l'entrée de Paris, un camion de déménagement et une Jeep Cherokee le prennent en tenaille. Des hommes cagoulés en tenue noire et en treillis, armés comme à la guerre, bloquent ses roues avec des cales puis font exploser la portière arrière. Ils n'emportent que la moitié du butin pour ne pas s'éterniser, et s'enfuient à bord de trois véhicules équipés de gyrophares. Coup de chance ? Les braqueurs n'ont tué ni blessé personne, mais ils ont beaucoup tiré : 65 projectiles de gros calibre jonchent le sol. Quand le commandant Saux, de la brigade de répression du banditisme (BRB), débarque sur les lieux, il dit : « *C'est Beyrouth, une scène apocalyptique ! La plus belle attaque de fourgon que j'aie jamais connue, une opération militaire millimétrée, réalisée en cinq minutes. Organisation parfaite.* » Ou presque. Car les bandits ont commis l'erreur fatale de partir d'un endroit et d'y revenir. C'est là, dans une remise de Paray-Vieille-Poste (Essonne), que les flics de la BRB débusquent au petit matin quatre braqueurs de la « Dream Team » endormis tout habillés sur des cartons. Karim Maloum a transformé en oreiller le sac qui contient sa part de « *4 millions* » (« *je rêvais à comment j'allais les dépenser* »). Bruno Celini serre ses billets dans ses bras, Daniel Merlini et Jacques Naudo les gardent à leurs côtés. Le commandant Saux découvre deux cantines bourrées d'armes, cent kilos de munitions, vingt fusils d'assaut, un lance-roquettes, neuf grenades. « *C'était la caverne d'Ali Baba... enfin, celle des 40 voleurs* », dira-t-il. Menotté sur place, Maloum le félicite : « *T'es en train de prendre du galon.* » Le flic rétorque : « *Toi, t'es en train d'en perdre.* » Sur les 41 millions de francs raflés à la Brink's, la BRB n'en retrouve que 16 dans la planque. Lors de leur procès d'assises à Paris, à l'automne 2006, tous ont nié avoir participé au hold-up et dénoncé les quartiers d'isolement, trop durs. Maloum a fait pleurer certains jurés, expliquant que la justice avait refusé de le laisser sortir pour embrasser son père mourant. Maloum, Naudo et Celini ont été condamnés à treize ans de réclusion et Merlini à douze.

Depuis, Daniel Bellanger a replongé. Un trafic de cocaïne « *à cause d'une saisie de rien du tout chez un mec de la nuit que je connais pas* ». Emprisonné l'été 2009, Babar a comme d'habitude contesté les faits : « *Je paie mon nom, là.* » Ressorti voilà trois mois grâce à son excellent avocat Emmanuel Marsigny, Babar porte à la cheville un bracelet électronique. Il se déclenche s'il n'est pas rentré au bercail, chez des amis dans l'Ain, à 17 heures. Sa femme, Maria Jesus, élève seule dans un village espagnol leurs deux fils de 20 et 14 ans. Babar le géant (1,97 m pour 110 kg) profite de sa retraite forcée pour s'entretenir : « *Footing, 200 pompes et 500 abdos tous les jours, je suis au top.* » On ne sait jamais... Après sa libération conditionnelle en 2007, « Nono » Celini a trouvé un travail dans l'immobilier et a transformé son ancienne usine de jouets à Villejuif en cinq studios qu'il loue. À 57 ans, ce karatéka a dû remplacer ses hanches par des prothèses mais porte beau et entretient ses abdos, moulés dans un polo mauve. Soulagé d'avoir purgé sa peine, Celini dit de la « Dream Team » : *« On n'était pas trop maladroits ! »* Ressorti au bout de huit ans de sa cellule avec 400 tableaux, « la fripouille » Naudo a vu son couple exploser. Déjà père d'une fille de 13 ans, le Catalan vient d'avoir un bébé avec sa nouvelle compagne et expose dans une galerie d'artistes au Canet. Il attend la fin de l'instruction sur l'attaque de l'Airbus, *« pas inquiet du moment que je suis innocent »*. Karim Maloum, déjà père de deux grands enfants, a eu une petite fille, âgée de 18 mois, avec son avocate, dont il est tombé amoureux en prison. Embauché par la Fédération française des sports de contact, il manage les équipes de France de kick-boxing, kung-fu, boxe thaïe, full contact... Il accompagne également d'anciens détenus *via* l'association « Alternative et avenir » qu'il a montée avec des personnalités comme le super-gendarme du GIGN Christian Prouteau. Les deux hommes se sont rencontrés par l'intermédiaire de l'ex-compagnon de cellule de Maloum, Christophe Rocancourt (l'escroc de Hollywood), qui est également un ami de Prouteau. Ces deux-là envisagent même de créer une ligne de vêtements, Dreamroc. Empêché de fréquenter ses coaccusés, Celini et Naudo, le temps de sa conditionnelle, Maloum réécrit aujourd'hui l'épopée de *« l'équipe de rêve »* avec le réalisateur de *Go Fast*, Olivier Van Hoofstadt, et compte reverser les éventuels bénéfices du film à sa fondation pour les ex-prisonniers : *« Je ne tire pas gloriole de ces années de folie car il y a eu trop de dégâts et de souffrance après. Cinq morts et Citron en prison, c'est un échec. Si film il y a, je ne veux pas d'une apologie du banditisme mais d'un parcours d'hommes. Il n'est pas question que des minots ressortent du cinéma avec l'envie de braquer comme la Dream Team.* »

*

En mars 2012, la découverte à Tramoyes dans l'Ain d'un entrepôt d'armes – vingt-sept dont neuf fusils d'assaut –, de cinq grosses cylindrées javellisées, de cagoules, explosifs, brouilleurs d'écoutes, bref tout le matériel pour attaquer un fourgon blindé, amène les limiers de la répression du banditisme à nouveau sur les traces de la « Dream Team ». Des empreintes digitales et génétiques les conduisent à arrêter « Babar » Bellanger, son frère Dominique, Karim Maloum, Aurélie Merlini et son mec corse. Mais quoi de plus normal que de trouver l'ADN de Maloum sur un gilet pare-balles – *« j'en ai toujours porté »* – ou celui de Babar dans un gant ? Au tribunal correctionnel de Lyon qui juge quinze prévenus pour cet arsenal fin 2015, ces gangsters ayant réponse à tout et d'excellents avocats ne s'en sortent pas trop mal. Karim Maloum écope de trente mois de prison seulement (loin des douze à treize ans requis) et ressort libre. Daniel Bellanger prend cinq ans. Entre-temps, en 2012, Maloum est tombé pour une affaire de racket et Aurélie Merlini a échappé à des tirs en rafales de kalachnikov ; en 2013, Bellanger a été relaxé pour trafic de coke. En janvier 2014, le pionnier Bruno Celini, qui avait repris la fabrique familiale de jouets à Villejuif, est mort dans son lit des suites d'un cancer. En octobre suivant, « Jacquouille la fripouille » a bénéficié d'un non-lieu dans l'attaque de l'Airbus à Perpignan, et a pu retourner derrière le zinc de son bistrot-concert sur la côte occitane.

Ressorti fin 2016, Citron qui n'a pas pris une ride continue à faire son sport tous les matins à 77 ans, et bricole à droite, à gauche. Après cinq ans de prison pour le braquage d'un distributeur de billets dans le Puy-de-Dôme, « le grand » Babar a été libéré en juin 2021 et a tiré sa conditionnelle jusqu'en mai 2024 à transporter des coquilles Saint-Jacques de Normandie à Paris, avant de se réinstaller en Espagne. Karim Maloum, lui, tient un café au Cap d'Agde. Entre les périodes à l'ombre des protagonistes, les mésententes autour du scénario et les histoires d'oseille, le projet de film sur la « Dream Team » a capoté.

30 janvier 2014

5. Ci-gît « Porte-avions », gangster au long cours

Ancien braqueur de banques, souteneur de femmes et « nettoyeur » d'hommes, Michel Ardouin, alias « Porte-avions », rapport à son gabarit (1,95 m pour 120 kg) et à son artillerie, est mort contre toute attente, à l'âge de 70 ans, dans une église... À la messe d'enterrement d'un vieil ami, le 21 janvier, l'athée est tombé raide. Hémorragie cérébrale. Dans ses dernières volontés, ce voyou plein de vices et adepte du yoga avait réclamé à sa « *régulière* » et associée Marie-Madeleine (pseudo), une ancienne fille de la rue Saint-Denis devenue mère maquerelle, des funérailles avec des « *moines bouddhistes* ». Ce sont donc des bonzes qui vont officier au crématorium du Père-Lachaise aujourd'hui pour la cérémonie à la mémoire de cet « *homme à gonzesses* » qui se vantait d'avoir « *eu 1 600 nanas quand il a fait ses comptes au placard* ». Porte-avions, qui a carburé pendant des années au whisky – trois bouteilles par jour – et aux cigarettes – trois paquets –, avait déjà fait deux accidents cardio-vasculaires et se savait au bout du rouleau.

Yeux bleu acier et cheveux blond-blanc en brosse, pantalon de flanelle et blazer marine, Michel Ardouin déclamait lors de nos repas au restaurant : « *J'ai toujours aimé les putes, et elles me le rendent bien.* » Quand on se voyait pour prendre des nouvelles du milieu, *Chez Jenny*, place de la République à Paris, dans son fief du XVIIe arrondissement ou au bar d'un grand hôtel porte Maillot, Porte-avions débitait ses histoires salaces, de « *chattes* » et de Viagra à la façon d'une mitraillette et d'une voix tonitruante, attirant les regards noirs de nos voisins de table. Chez Porte-avions, il n'y a pas que l'artillerie qui est lourde… On n'est pas bégueule, mais ce n'est pas une sinécure de déjeuner – au champagne s'il vous plaît – avec ce voyou éclectique au parler cru, prêt à tout « *pour gagner de l'oseille* ». N'empêche. Depuis notre rencontre à sa sortie de prison pour proxénétisme à l'été 1998, Porte-avions, alors attelé à l'opulente Marie-Madeleine qui possédait « *quatre camionnettes au bois* » de Vincennes, nous a livré des tuyaux de première bourre sur la voyoucratie et des scènes de film à la Audiard, telle une encyclopédie du banditisme.

Rien ne prédestinait ce fils de bourgeois à devenir gangster. Rejeton d'une chanteuse d'opérette et d'un industriel du savon, Michel Ardouin, né en 1943 à Paris, a grandi dans un bel appartement de 250 m² du XVIIe – atmosphère bohème, musiciens, Russes blancs – et a suivi en « *cancre* » l'école à Sainte-Croix de Neuilly. Selon un membre de sa famille, Michel était « *un adolescent talentueux* », qui « *jouait de la guitare et du piano comme un dieu, écrivait très bien* » et avait déjà lu tout Sartre, Camus et Kafka. Le père étant « *dans la lune* », les Ardouin ne « *roulaient pas souvent sur l'or* ». Michel, lui, a « *toujours eu un énorme besoin d'argent, un ego démesuré* », une fascination pour les armes et la pègre. À en croire sa biographie[1], c'est à 8 ans qu'il a commis son premier vol, des stylos Waterman plaqués or pour toute sa famille à Noël. À 17 ans, un énième cambriolage le pousse à s'engager dans la Marine, façon d'éviter le « *bagne d'enfants* ». Matelot indocile, Ardouin part en bordée dans les bouges de Toulon, rhum et filles : « *L'armée m'a pourri. J'ai eu ma première nana sur le tapin à Toulon.* » Retour à Paris à 20 ans. Il vit du poker, « *maquereautage* », cambriolage et racket. « *Quand un voyou se tient mal dans le milieu, on lui prend sa fille, sa montre et ses chaussures, ça s'appelle déshabiller un mec.* » Parfois, on le « *fume* ». Pour s'imposer, Michel Ardouin tue Henri le gitan qui complote contre lui. Il soûle de paroles la brigade criminelle, mais ne dit rien : « *C'est ma méthode.* » Pas de preuves. Il ressort. Il tombe pour proxénétisme en 1966 : « *En tout, j'ai eu vingt-huit filles au tapin dans ma vie, toutes des prises de guerre* [à d'autres proxénètes], *mais j'ai jamais pris la responsabilité morale d'en mettre une seule aux asperges.* »

1. Michel Ardouin, avec Jérôme Pierrat, *Une vie de voyou*, Paris, Fayard, 2005.

En 1967, Michel Ardouin « *flèche* » avec André Riffart, un ancien prisonnier de droit commun que la Gestapo a sorti de sa cellule en 1941 pour servir la police allemande, et braque sa première banque avec « *l'impression d'appartenir au gang des Tractions avant, sauf qu'on est en DS* ». En 1968, il devient « *coupe-filière* » – « nettoyeur » – pour un réseau corse de la *French Connection*, entre l'Espagne et l'Argentine : « *Si un passeur se fait serrer, il s'agit de supprimer le mec qui l'a recruté afin de couper la filière. C'est un boulot dégueulasse.* » Ardouin n'exécute personne, jusqu'au jour où un Flamand essaie de doubler les Corses. Expédié au Paraguay pour régler le litige, le coupe-filière tombe dans un piège, sa fiancée meurt sous les balles, « Don Miguel » prend du plomb dans le ventre, supprime un traître – « *le sosie du lanceur de couteaux dans* L'Oreille cassée *de Tintin* » – puis retourne en Espagne venger sa belle… à l'arme blanche. Officiellement, le rectifieur « *exporte des oranges d'Espagne* ».

Pour « *remonter ses billes* », en 1973, Michel Ardouin se met en équipe avec un certain Jacques Mesrine, évadé d'un pénitencier au Canada : « *Ce n'est pas un affranchi, pas un voyou, mais un mec qui a le génie du braquage et une grosse paire de couilles.* » Ils habitent ensemble à Mantes-la-Jolie (Yvelines) et font « *des braquages comme on va acheter du pain* », à la volée, « *deux le mardi, trois le vendredi, pour 6 à 18 bâtons* » chaque fois. Le grand Jacques m'as-tu-vu flambe dans les casinos et les salles de jeux. De son côté, le « *bâtiment de guerre* » économise le fric des hold-up, des passes et des bars pour « *remonter des parcours de came* ». C'est leur coéquipier et chauffeur Alain Caillol – futur ravisseur du baron Empain en 1978 – qui, voyant Ardouin équipé comme un porte-avions, l'a ainsi baptisé. Ce « *blaze* » a bien plu à Mesrine, et ça lui est resté. Le commissaire Robert Broussard de l'antigang qui a arrêté ce « *truand assez régulier de la vieille école, armé jusqu'aux dents* », se souvient que « *ses poignets étaient tellement énormes qu'on n'a pas pu fermer les menottes* ».

Dans le milieu, Porte-avions n'a pas hésité à liquider des mecs qui empiétaient sur ses plates-bandes. Ainsi, Manu, petit mac maladroit ayant « *failli déclencher une guerre contre les frères Zemour* » devenus des parrains, a été révolvérisé dans un bois par Ardouin qui n'avait « *pas le temps de faire la guerre* » aux Z. De quoi tuer le business : « *Nous, on va chercher notre oseille.* » Réglo avec Mesrine, attrapé par la police, il scotche une arme dans les toilettes du tribunal de Compiègne le 6 juin 1973 pour qu'il s'évade et l'attend à la sortie. Alain Caillol leur prépare « *le kidnapping d'un type qui a des chevaux de course* » prévu le 6 octobre suivant, jour du prix de l'Arc de triomphe, avec remise de rançon dans une bouche d'égout désaffectée. « *Il s'agissait d'un monsieur de Rothschild* », nous avait révélé Porte-avions. Mais la « *belle affaire* » a tourné court à cause de l'arrestation de Mesrine puis de la sienne pour des hold-up. Sorti du placard en 1980, le voilà tenancier de bar rue de la Contrescarpe, puis il replonge en 1986 pour trafic de came en lien avec son vieux complice de la *French Connection*, William Perrin. La brigade des stups coince Porte-avions avec 220 grammes d'héroïne pure dans sa poche et découvre à son domicile quatre pistolets de gros calibre, un lance-grenades, un scanner, « *35 briques en espèces* », sans compter une inquiétante sarbacane avec des fléchettes empoisonnées…

Libéré, Porte-avions rafle un hélicoptère et survole la cour de promenade de Fleury-Mérogis le 26 novembre 1989 pour délivrer son pote William Perrin, mais la nacelle s'emberlificote dans un filet de sécurité. Et l'Alouette III repart bredouille. Rattrapé en février 1990 pour la tentative d'évasion, Ardouin prend neuf ans pour trafic de stupéfiants et détention d'armes. Dehors en 1995, Porte-avions ne raccroche pas mais se reconvertit dans les bandits-manchots car, selon sa devise, « *à chaque tour de roue, faut changer de créneau* ». Il donne des coups de main à sa femme Marie-Louise, aussi monumentale que lui. Il replonge en avril 1997 pour ses machines à sous interdites, corruption active d'un gardien de la paix de Levallois-Perret (Hauts-de-Seine), blanchiment de ses gains (3 millions d'euros) sur des comptes bancaires au Luxembourg, et encore pour proxénétisme. Ardouin est alors soupçonné d'avoir recruté des Cubaines pour les envoyer dans des maisons de passe en Espagne, notamment à William Perrin qui, à 72 ans, tenait un bordel du côté d'Alicante. Ressorti de taule à l'été 1998, Porte-avions a monté des magouilles financières en Suisse, publié ses *Mémoires* en 2003, épousé la Marocaine Nadia et lui a offert un rade à Clichy-la-Garenne. La sortie au cinéma, fin 2008, du biopic sur son ex-associé Jacques Mesrine l'a tellement énervé qu'il a rançonné le producteur Thomas Langmann pour accepter de « *fermer sa grande gueule* », nous a-t-il dit, sans jamais nous avouer le montant de ce « *dédommagement* ». On a tenté : « *15 000 euros ?* » Il a rétorqué : « *Ah non, ce serait donné.* » À la retraite et à la Cotorep, Porte-avions a fini par vendre ses « *quatre dernières armes de poing* » et revenir dans le giron de

Marie-Louise qui, depuis sa mort à l'église, le prend pour « *un saint* ». En revanche, un proche se sent « *triste* » que cet homme « *si talentueux et intelligent ne soit pas devenu un écrivain de génie comme Jean Genet, ou un architecte comme Jean Nouvel, mais un vieux con* ».

Partie 13

Intérieur morgue

Après mon immersion à la Brigade criminelle de Paris, j'ai souhaité aller plus loin, au bout de la mort, avec ces médecins-légistes qui recherchent les causes des décès pour la justice et viennent disséquer les meurtres devant les cours d'assises, des moments redoutés par les familles qui éclairent les actes commis sur les victimes. Mais c'est une chose d'entendre ou de lire le rapport d'un légiste avec photos à l'appui, et c'en est une autre d'assister à une autopsie. Je n'étais pas certaine de le supporter. Dans le doute, j'ai élaboré deux projets de série de l'été 2000, l'un bâti uniquement sur des portraits et des témoignages, et l'autre plus complet, une véritable plongée à la morgue. Lorsque le professeur Durigon de l'Institut médico-légal de Garches m'a acceptée en reportage, j'ai fait un test préalable avec un inhalateur de Vicks mentholé dans la poche pour chasser les odeurs et un appareil photo comme un bouclier du regard pour mettre de la distance avec les visions crues de ces cadavres ouverts. J'ai résisté, l'œil collé à l'objectif comme un écran protecteur, mais les deux pellicules que j'ai rapportées étaient abominables, du trash sans recul et sans aucun angle. Par la suite, le photographe Jérôme Brézillon m'a accompagnée. Et le professeur Durigon nous a embarqués dans sa quête passionnée, au service de la justice, pour élucider scientifiquement ces morts naturelles ou violentes, ces suicides ou ces crimes. Seule l'autopsie ou nécropsie, mot qui vient du terme grec *autopsia*, l'action de voir de ses propres yeux, peut apporter la réponse. Il s'agit de retracer la chronologie des blessures à coups de couteau ou de tirs par armes à feu et la trajectoire des projectiles, qui s'établit en passant des baguettes de cerfs-volants dans un crâne vide. Les cas les plus complexes sont les homicides maquillés en suicides et *vice versa*, les suicides mis en scène comme des meurtres. Ces *« gens malades »* font peine au professeur Durigon : *« En autopsie, on voit la misère noire. »* En chercheur invétéré, l'anatomo-pathologiste préfère la difficulté des morts subites, pour distinguer les maladies ayant pu les provoquer. Les garçons de morgue ou d'amphithéâtre qui l'assistent et découpent mettent un point d'honneur à réparer et recoudre les corps, même les plus fracassés, pour les présenter aux familles et les aider dans leur deuil. Au musée privé du vieil Institut médico-légal de Lille (Nord), j'ai découvert une étrange cohabitation de deux têtes, un face-à-face glaçant entre la victime et son assassin. Voici quatre étapes de mon voyage au-delà de la mort.

24 juillet 2000

1. Cadavres intimes

Lille, envoyée spéciale

Nord. Une maison basse, une tapisserie à fleurs, un escalier en pente raide, un pot de chambre, une lampe de chevet, une moquette marron et une flaque de « *raisiné* ».

Puis, le vieil homme en pyjama bleu ciel, couché en chien de fusil. Un œil vitreux entrebâillé sur la « *faucheuse* ». Un filet rouge au coin des lèvres. À midi, des doigts gantés de latex s'enfoncent entre les dents : « *Il y a un décrochage dans le palais, l'écoulement vient de la bouche, du nez et des oreilles.* » Les mains palpent la tête, « *fracas crânien* », attrapent les bras, « *pas de lésion de défense ou d'empoignade* », insèrent le thermomètre, « *29 °* », pressent le dos : « *Les lividités (violacées) s'effacent, donc ne sont pas fixées. La mort remonte à environ huit heures, au petit matin, heure fréquente du réveil des dépressifs.* » Les deux légistes mesurent la longueur des bras, 75 cm, et du fusil, 76 cm : « *Avec l'orifice d'entrée dans la bouche, il a pu aller chercher la détente. Debout, penché, il a dû appuyer l'arme sur le lit, tirer et tomber.* » Conclusions : « *Pas de signe évident de l'intervention d'un tiers. Mort compatible avec un suicide par arme à feu et tir unique.* » Signature du certificat de décès. Six mois plus tôt, la maladie d'Alzheimer avait emporté sa femme. Et Marcel, 82 ans, répétait : « *Je me flinguerais si j'en avais le courage.* » La « *levée de corps* » pratiquée par le docteur Tournel, 31 ans, chef de clinique, et l'interne Hubert, 29 ans, vient d'éviter l'autopsie.

À l'appel de la police ou du procureur, l'équipe mobile de l'Institut médico-légal (IML) examine les cadavres sur les lieux dans les cas « *de morts violentes mais aussi de morts naturelles, si la cause n'est pas évidente ou si le médecin de famille émet un obstacle médico-légal. C'est toujours suspect, le décès d'un sujet jeune, même tabagique ou alcoolique* ». Protocole d'un examen : « *La température qui tombe en moyenne d'un degré par heure ; les taches vertes abdominales visibles à partir de la 36e heure ;*

la rigidité cadavérique fixée aux quatre membres au bout de huit heures. S'il y a un suspect, on va affiner l'heure de la mort par le dosage du potassium de l'humeur vitrée des yeux. Aller sur place permet de voir la position du corps, d'examiner les trous dans les vêtements, de vérifier la position de la victime au moment du coup, de repérer peut-être le marteau qui s'adapte à la plaie sur le cuir chevelu, de trouver des médicaments dans la poubelle ou des traces de vomi dans les toilettes. » Les morts qui impliquent un tiers, accidents de la route, du travail, d'avion, incendies, intoxication ou suicide à l'hôpital, etc., entraînent l'ouverture du corps : précaution en cas de plainte ultérieure des familles ou préservation de la preuve pour les assurances. Ainsi, une société minière du Nord avait refusé la pension à la veuve d'un ouvrier silicosé à 80 % car l'hôpital a indiqué « *infarctus du myocarde* » sur le certificat de décès. Le mineur a donc été exhumé et autopsié par le professeur Gosset, patron de l'IML de Lille, qui a conclu à « *une silicose extrêmement marquée comme cause déterminante de la mort* ».

Sur plus de 1 000 levées de corps par an dans la région, seules 170 autopsies ont été réalisées à Lille. Pour un total de 8 000 autopsies en France, dont 2 500 à Paris. Elles ont été pratiquées par à peine 100 légistes, sur les milliers d'experts inscrits sur les listes des cours d'appel, et requis au bon vouloir d'un magistrat. Le professeur Didier Gosset revendique la « *centralisation sur des IML régionaux* ». Pour en finir avec des « *situations ubuesques* » : « *Au fin fond des campagnes, on trouve des légistes locaux qui font trois autopsies par an au cimetière du côté de Maubeuge et de Dunkerque.* » C'est ainsi que des erreurs médico-légales ont enterré des affaires criminelles. Le doute sur la noyade du petit Grégory en 1984 – dans une baignoire ou dans la Vologne ? – n'est toujours pas levé, faute d'une analyse de l'eau trouvée dans l'estomac de l'enfant pour déceler d'éventuelles diatomées (micro-algues) comparables à celles de la rivière. Les divergences des légistes sur la date de la mort de Ghislaine Marchal en 1991, tantôt accusent son jardinier, sans alibi le dimanche 23 juin, tantôt exonèrent Omar, chez ses beaux-parents le lundi 24. À l'inverse, le rapport d'autopsie du bébé Océane, 2 ans, morte *« par hydrocution »* et par accident le 8 avril 2000 dans les eaux de l'Ariège, au bord d'un camping à Pamiers, vient d'innocenter le voisin de caravane de la mère, un mécanicien emprisonné à cause de traces suspectes de viol, décelées à tort lors des premiers examens. Un légiste réputé ironise sur des confrères inexpérimentés *« dans des coins perdus »* : *« Le crime parfait, ce n'est pas seulement d'administrer de la Digitaline à sa victime, pendant un gueuleton bien arrosé. Le meurtrier a aussi intérêt à choisir un bon territoire, où le toubib du patelin va classer cette mort subite en crise cardiaque, favorisée par l'alcool et la bouffe. Précaution supplémentaire pour le malfaisant, mieux vaut un coin où le légiste pratique une autopsie tous les deux ans chez le fossoyeur. »*

Mythiques dans la littérature policière américaine[1], les légistes français écartelés entre magistrats et officiers *« recherchent les causes de la mort »* sans mener l'enquête,

1. Par exemple *Nécropolis* (1976), chef-d'œuvre d'Herbert Lieberman qui a enquêté un an dans les morgues de Manhattan.

A SUIVRE: Voyage dans la médecine légale (1/6)

Cadavres intimes

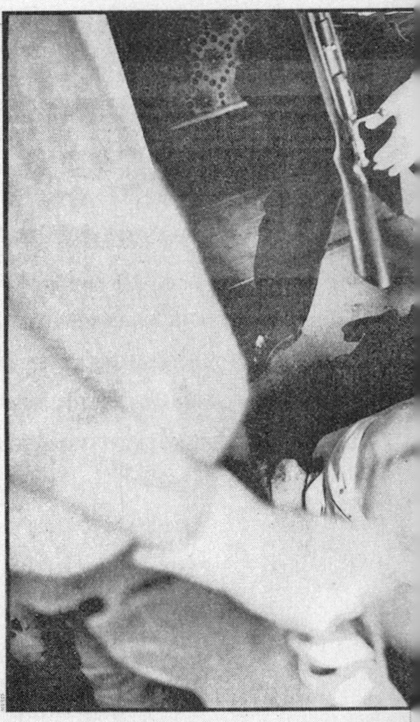

Médecins-légistes, et morgues inspirent la peur comme le rejet, et la fascination. «Libération» a visité les instituts de Lille (Nord) et de Garches (Hauts-de-Seine); assisté à des «levées de corps» et à des autopsies, (actions de voir de ses propres yeux); rencontré des légistes passionnés par «la recherche des causes du décès». Naturelle ou violente. Suicide ou crime. Début de notre enquête en six volets dans ce voyage au bout de la mort.

Lille *envoyée spéciale*

Nord. Une maison basse, une tapisserie à fleurs, un escalier en pente raide, un pot de chambre, une lampe de chevet, une moquette marron et une flaque de «raisiné». Puis, le vieil homme en pyjama bleu ciel, couché en chien de fusil. Un œil vitreux entrebâillé sur la «faucheuse». Un filet rouge au coin des lèvres. A midi, des doigts gantés de latex s'enfoncent entre les dents: *«Il y a un décrochage dans le palais, l'écoulement vient de la bouche, du nez et des oreilles.»* Les mains palpent la tête – *«fracas crânien»* –, attrapent les bras – *«pas de lésion de défense ou d'empoignade»* –, insèrent le thermomètre – *«29°»* –, pressent le dos. *«Les lividités (violacées) s'effacent, donc ne sont pas fixées. La mort remonte à environ 8 heures, au petit matin, heure fréquente du réveil des dépressifs.»* Les deux légistes mesurent la longueur des bras, *«75 cm»*, et du fusil *«76 cm»*: *«Avec l'orifice d'entrée dans la bouche, il a pu aller chercher la détente. Debout, penché, il a dû appuyer l'arme sur le lit, tirer et tomber.»* Conclusions: *«Pas de signe évident de l'intervention d'un tiers. Mort compatible avec un suicide par arme à feu et tir unique.»* Signature du certificat de décès. Six mois plus tôt, la maladie d'Alzheimer avait emporté sa femme. Et Marcel, 82 ans, répétait: *«Je me flinguerais si j'en avais le courage.»* La *«levée de corps»* pratiquée par le Dr Tournel, 31 ans, chef de clinique et l'interne Hubert, 29 ans, vient d'éviter l'autopsie.

> ***«Pour le malfaiteur, mieux vaut un coin où le légiste pratique une autopsie tous les deux ans chez le fossoyeur.»* Un légiste**

«Situations ubuesques». A l'appel de la police ou du procureur, l'équipe mobile de l'Institut médico-légal (IML) examine les cadavre sur les lieux de décès dans les cas *«de morts violentes mais aussi de morts naturelles, si la cause n'est pas évidente ou si le médecin de famille émet un obstacle médico-légal. C'est toujours suspect le décès d'un sujet jeune, même tabagique ou alcoolique.»* Protocole d'un examen: *«La température qui tombe en moyenne d'un degré par heure; les tâches vertes abdominales visibles à partir de la 36e heure; la rigidité cadavérique fixée aux quatre membres au bout de 8 heures. S'il y a un suspect, on va affiner l'heure de la mort par le dosage du potassium de l'humeur vitrée des yeux. Aller sur place permet de voir la position du corps, d'examiner les trous dans les vêtements, de vérifier la position de la victime au moment du coup, de repérer peut-être le marteau qui s'adapte à la plaie sur le cuir chevelu, de trouver des médicaments dans la poubelle ou des traces de vomi dans les toilettes.»* Les morts qui impliquent un tiers – accidents de la route, du travail, d'avion, incendies, intoxication ou suicide à l'hôpital, etc – entraînent l'ouverture du corps: précaution en cas de plainte ultérieure des familles ou préservation de la preuve pour les assurances. Ainsi, une société minière du Nord avait refusé la pension à la veuve d'un ouvrier silicosé à 80 % car l'hôpital a indiqué *«infarctus du myocarde»* sur le certificat de décès. Le mineur a donc été exhumé et autopsié par le Pr Gosset, patron de l'IML de Lille, qui a conclu à *«une silicose extrêmement marquée comme cause déterminante de la mort»*.

Sur plus de 1000 levées de corps par an dans la région, seules 170 autopsies ont été réalisées à Lille. Pour un total de 8000 autopsies en France, dont 2500 à Paris. Elles ont été pratiquées par à peine cent légistes, sur les milliers d'experts inscrits sur les listes des cours d'appel, et requis au bon vouloir d'un magistrat. Le Pr Didier Gosset, revendique la *«centralisation sur des IML régionaux»*. Pour en finir avec des *«situations ubuesques»*: *«Au fin fond des campagnes, on trouve des légistes locaux qui font trois autopsies par an au cimetière du côté de Maubeuge et de Dunkerque.»* C'est ainsi que des erreurs médico-légales ont enterré des affaires criminelles. Le doute sur la noyade du petit Grégory en 1984 – dans une baignoire ou dans la Vologne? – n'est toujours pas levé, faute d'une analyse de l'eau trouvée dans l'estomac de l'enfant pour déceler d'éventuelles diatomées (micro-algues) comparables à celles de la rivière. Les divergences des légistes sur la date de la mort de Ghislaine Marchal en 1991, tantôt accusent son jardinier sans alibi le dimanche 23 juin, tantôt exonèrent Omar chez ses beaux-parents le lundi 24. A l'inverse, le rapport d'autopsie du bébé Océane, 2 ans, morte *«par hydrocution»* et par accident le 8 avril 2000 dans les eaux de l'Ariège, au bord d'un camping à Pamiers, vient d'innocenter le voisin de caravane de la mère, un mécanicien emprisonné à cause de traces suspectes de viol, décelées à tort lors des premiers examens. Un légiste réputé ironise sur des confrères inexpérimentés *«dans des coins perdus»*: *«Le crime parfait, ce n'est pas seulement d'administrer de la Digitaline à sa victime, pendant un gueuleton bien arrosé. Le meurtrier a aussi intérêt à choisir un bon territoire, où le toubib du patelin va classer cette mort subite en crise cardiaque, favorisée par l'alcool et la bouffe. Précaution supplémentaire pour le malfaisant, mieux vaut un coin où le légiste pratique une autopsie tous les deux ans chez le fossoyeur.»*

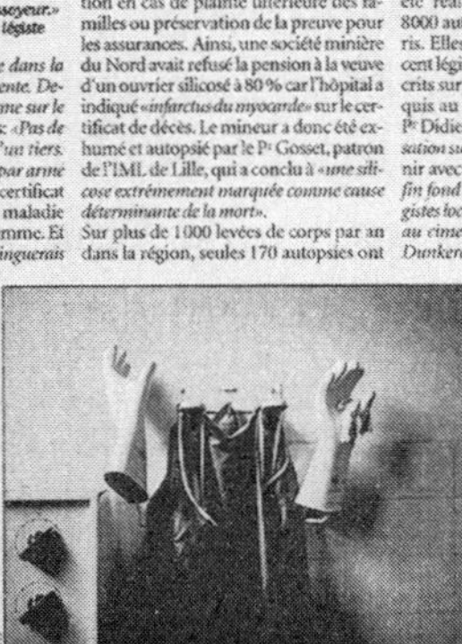

L'institut médico-légal de Lille pratique 170 autopsies par an.

«Salle d'exposition». Mythiques dans la littérature policière américaine (1), les légistes français – écartelés entre magistrats et officiers – *«recherchent les causes de la mort»* sans mener l'enquête, comme la Kay Scarpetta de la romancière Patricia Cornwell. L'acte d'autopsie a perdu son sens de l'étymologie grecque, *«l'action de voir de ses propres yeux»*. Repoussés, les légistes et les macchabées ont été verrouillés dans les morgues, hors de la vue du public (2). Pourtant, du XVIe au XIXe, les gens de Paris viennent *«morguer»* (*«regarder avec hauteur»*) les cadavres à travers un soupirail de la *«basse geôle»* du Grand ●●●

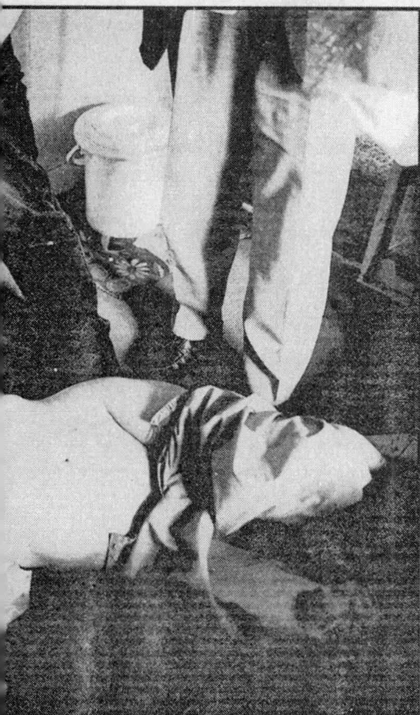

Levée de corps dans la banlieue lilloise.

●●● Châtelet. Ce caveau infect voisine à l'époque avec un cachot de détenus où les gens de police *«morguent»* depuis belle lurette les suspects pour les identifier, en cas d'évasion ou de récidive. En 1718, le mot *«morgue»* prend son sens moderne: *«lieu où l'on expose les cadavres inconnus pour les faire reconnaitre.»* En 1864, quai de l'Archevêché, sur l'île de la Cité, les Parisiens se pressent à *«la salle d'exposition»* de la morgue comme à la fête foraine. Les loustics qui traînent dans le coin appellent les cadavres *«les artistes»* et les jours sans spectacle, *«la relâche»*. *«Ils appuyaient leurs mains aux vitres,* écrit Emile Zola, *et promenaient des regards effrontés sur des poitrines nues. Ils se poussaient du coude, ils faisaient des remarques brutales, ils apprenaient le vice à l'école de la mort. C'est à la morgue que les jeunes voyous ont leur première maitresse.»* (*Thérèse Raquin*) Les autopsies sont alors interdites. *«A l'époque de Vésale* [anatomiste flamand réputé] *et de Rabelais, les médecins avaient recours, pour s'exercer, à des rabatteurs de cadavres qui allaient en voler dans les cimetières et les morgues, en dépendre des gibets et parfois tuer des clochards»*, raconte le Pr Durigon, patron du service de médecine légale de Garches. L'été 1886, plus de 150000 personnes ont *«morgué»* à Paris la petite fille assassinée de la rue du Vert-Bois, attachée avec des courroies sur une chaise rouge (3). Au bout de la *«salle des reconnaissances»*, lieu de confrontation entre les criminels et les victimes, c'est *«l'amphithéâtre»* où le docteur Paul Brouardel, père de la médecine légale en France, dispense depuis 1881 – en toute légalité maintenant – ses cours pratiques. Une curiosité. *«Coiffé d'un petit bonnet de drap, un grand tablier blanc taché, moustache blonde et cigare aux dents»*, le légiste dissèque sur la table en zinc une femme exhumée pour un soupçon d'empoisonnement, devant une centaine d'apprentis qui fument des cigarettes sur les gradins pour chasser l'odeur ●

PATRICIA TOURANCHEAU
photo JEROME BREZILLON

(1) A lire *Nécropolis* (1976), chef d'œuvre d'Herbert Lieberman qui a enquêté un an dans les morgues de Manhattan.
(2) Le Pr Dominique Lecomte, patronne de l'institut médico-légal de Paris a refusé d'ouvrir ses portes aux journalistes de «Libération». Le Pr Durigon et l'Assistance Publique-Hôpitaux de Paris nous ont acceptés au service de médecine légale de Garches (Hauts-de-Seine). Et le Pr Gosset à l'IML de Lille.
(3) *Morgue*, Jean-Luc Hennig, Editions Libres/Hallier. 1979.

Demain: les expériences post-mortem du docteur Martin

A Lille, communion d'outre-tombe

Les têtes d'un assassin et de sa victime conservées ensemble.

Dans le «musée» fermé au public de l'Institut médico-légal de Lille, imposant bâtiment érigé en 1933 et bombardé cinq fois en 1943, il y a deux bébés siamois autopsiés, un *«œuf intact trouvé dans le rectum d'une victime»*, des tatouages sur des peaux parcheminée, des instruments de *«faiseuses d'ange»*. Et en bas d'une armoire poussiéreuse, deux têtes de morts conservées dans des bocaux de formol qui se regardent de travers. L'homme, numéro 6025, cheveux longs, moustache blanche, lève ses yeux mi-clos au ciel. En face, la femme, 6024, chauve et contrite, nez écrasé contre la paroi de verre, a le visage, le front et le crâne, percés, tailladés, balafrés (voir photos ci-dessous). *«L'humour noir»* du père Müller, patron de l'IML avant-guerre, a fait cohabiter post-mortem le tueur et la victime: Fernand Hubert et Marie-Toulouse Piquet sont ainsi réunis depuis soixante-deux ans.

«La mèche à métaux saisie chez Hubert présente des surfaces coupantes qui s'adaptent correctement aux lésions osseuses sur le crâne de la victime.» Conclusions d'autopsie du professeur Müller en 1937

Marteau et masse de plomb. Exhumé des archives du Nord, l'arrêt de renvoi de l'assassin aux Assises de Douai, rapporte le crime. Le 1er mars 1937, Fernand Hubert, 44 ans, mécanicien-dentiste, arrive chez la veuve Piquet à Lambersart avec un pied de biche, une chignole, une masse de plomb et un marteau: *«Il fallait bien, c'était pour l'assommer.»* Il fracture un coffre-fort à l'étage, empoche une somme de *«700 francs»*, *«225 francs dans son sac à main»*, une montre aux initiales *«A.P.»* du défunt mari, des bijoux, une loupe, et *«un filtre anti-parasite pour TSF»*. En tout cas, le prothésiste *«très mal noté, joueur et vivant d'expédients»*, déja condamné pour *«exercice illégal de l'art dentaire»* en 1927 et *«escroqueries»* en 1932, a tué la vieille dame.

Exécution publique. A l'autopsie, le médecin légiste releva *«soixante-dix-sept blessures faites avec un marteau ou une mèche de métal»*. Les inspecteurs de police découvrirent chez Hubert du sang au poignet de son veston, les objets dérobés, une dépense de 450 F (joués aux courses le lendemain) et *«une chignole avec une mèche à métaux»*. Conclusions du professeur Müller: *«La mèche saisie chez Hubert présente des surfaces coupantes qui s'adaptent correctement aux lésions osseuses sur le crâne de la victime»* et qui a aussi été utilisée *«pour tenter de percer les trous relevés sur la porte du coffre-fort de la dame Piquet»*. Le dentiste a avoué les coups *«avec une masse en plomb»* mais a nié son crime à la chignole. Condamné à mort pour assassinat et vols qualifiés, Fernand Hubert, a été guillotiné le 28 avril 1938 sur la place Vergniaud à Lille. Ce fut la dernière exécution publique sur la place de la ville. La veuve Hubert a refusé de récupérer le corps de son mari. Le procureur l'a donc remis au légiste *«en vue de recherches scientifiques»*. Le professeur Müller a gardé sa tête décapitée dans un bocal, et a découpé la tête de la veuve Piquet, jamais réclamée par sa famille. Pour une terrible communion outre-tombe ●

P.T.

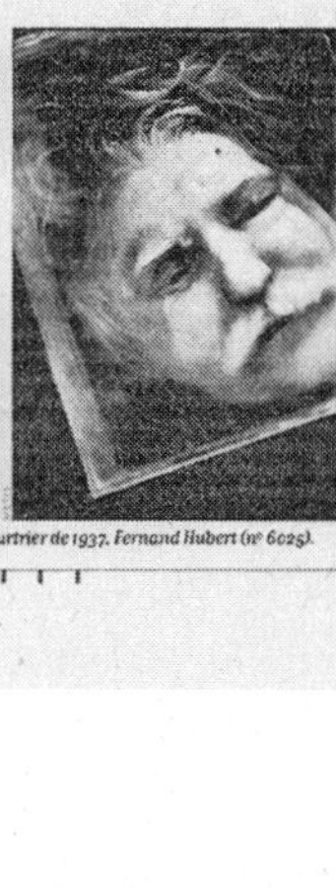

Marie-Louise Piquet (no 6024) côtoie son meurtrier de 1937, Fernand Hubert (no 6025).

Un poche par jour

Confession du sentiment

Stefan Zweig
«Vingt-quatre heures de la vie d'une femme»
Traduit de l'allemand par Olivier Bournac et Alzir Hella. Stock. «la Cosmopolite», 142 pp., 50 F.

Yeux clairs et gris, mains désormais fanées, beaucoup d'allure, une réserve aristocratique, Mrs C… en villégiature dans une pension de la Côte d'Azur parait la seule à admettre sans effroi qu'une autre cliente de l'hôtel ait soudain planté là *«son époux rondelet et provincial pour un jeune homme distingué et joli»*. Le narrateur décortique la situation avec cette acuité qui jamais ne faiblit chez l'explorateur des âmes Stefan Zweig. Le narrateur c'est lui, l'auteur de *la Confusion des sentiments* et d'*Amok*, lui, déclarant à Mrs C… qu'il a *«plus de plaisir à comprendre les êtres qu'à les juger»*. S'ensuit la vertigineuse confidence de la vieille dame cherchant à s'absoudre elle même en racontant une seule journée de folie et plus intense que les soixante-sept années de son existence. *Vingt-quatre heures de la vie d'une femme*, confession ponctuée de répits où Mrs C… réitère sa promesse d'absolue sincérité, est le récit d'une passion tout autant qu'un précis de l'enfer du jeu, cette drogue dure. Ou comment une veuve de 42 ans chercha à sauver un jeune homme de 24 ans dont les mains extraordinairement longues *«d'une beauté très rare»* et *«le visage délicat»* et expressif la fascinèrent *illico* autour du tapis vert d'un casino. Elle n'était pas entrée là pour jouer, juste pour regarder. En ressortit résolue à sauver l'être ruiné. Passa une nuit. Comme nulle autre. Hasardeuse, et revivifiante. Crut la rédemption possible. En vain. S'en fut. A jamais modifiée.

MATHILDE LA BARDONNIE

comme la Kay Scarpetta de la romancière Patricia Cornwell. L'acte d'autopsie a perdu son sens de l'étymologie grecque, « *l'action de voir de ses propres yeux* ». Repoussés, les légistes et les macchabées ont été verrouillés dans les morgues, hors de la vue du public[1]. Pourtant, du XVIe au XIXe siècle, les gens de Paris viennent « *morguer* » (regarder avec hauteur) les cadavres à travers un soupirail de la « *basse geôle* » du Grand Châtelet. Ce caveau infect voisine à l'époque avec un cachot de détenus où les gens de police « *morguent* » depuis belle lurette les suspects pour les identifier, en cas d'évasion ou de récidive. En 1718, le mot « *morgue* » prend son sens moderne : « *lieu où l'on expose les cadavres inconnus pour les faire reconnaître* ». En 1864, quai de l'Archevêché, sur l'île de la Cité, les Parisiens se pressent à « *la salle d'exposition* » de la morgue comme à la fête foraine. Les loustics qui traînent dans le coin appellent les cadavres « *les artistes* » et les jours sans spectacle, « *la relâche* ». « *Ils appuyaient leurs mains aux vitres*, écrit Émile Zola, *et promenaient des regards effrontés sur des poitrines nues. Ils se poussaient du coude, ils faisaient des remarques brutales, ils apprenaient le vice à l'école de la mort. C'est à la morgue que les jeunes voyous ont leur première maîtresse* » (*Thérèse Raquin*). Les autopsies sont alors interdites. « *À l'époque de Vésale* [anatomiste flamand réputé] *et de Rabelais, les médecins avaient recours, pour s'exercer,*

1. Le professeur Dominique Lecomte, patronne de l'Institut médico-légal de Paris a refusé d'ouvrir ses portes aux journalistes de *Libération*. Le professeur Durigon et l'Assistance publique-Hôpitaux de Paris nous ont acceptés au service de médecine légale de Garches (Hauts-de-Seine). Et le professeur Gosset, à l'IML de Lille.

à des rabatteurs de cadavres qui allaient en voler dans les cimetières et les morgues, en dépendre des gibets, et parfois tuaient des clochards », raconte le professeur Durigon, patron du service de médecine légale de Garches. L'été 1886, plus de 150 000 personnes ont « *morgué* » à Paris la petite fille assassinée de la rue du Vert-Bois, attachée avec des courroies sur une chaise rouge[1]. Au bout de la « *salle des reconnaissances* », lieu de confrontation entre les criminels et les victimes, c'est « *l'amphithéâtre* » où le docteur Paul Brouardel, père de la médecine légale en France, dispense depuis 1881, en toute légalité maintenant, ses cours pratiques. Une curiosité. « *Coiffé d'un petit bonnet de drap, un grand tablier blanc taché, moustache blonde et cigare aux dents* », le légiste dissèque sur la table en zinc une femme exhumée pour un soupçon d'empoisonnement, devant une centaine d'apprentis qui fument des cigarettes sur les gradins pour chasser l'odeur.

À Lille, communion d'outre-tombe

Dans le « musée » fermé au public de l'Institut médico-légal de Lille, imposant bâtiment érigé en 1933 et bombardé cinq fois en 1943, il y a deux bébés siamois autopsiés, un « *œuf intact trouvé dans le rectum d'une victime* », des tatouages sur des peaux parcheminées, des instruments de « *faiseuses d'ange* ». Et en bas d'une armoire poussiéreuse, deux têtes de mort conservées dans des bocaux de formol qui se regardent de travers. L'homme, n° 6025, cheveux longs, moustache blanche, lève ses yeux

1. Jean-Luc Hennig, *Morgue*, Paris, Éditions Libres/Hallier, 1979.

mi-clos au ciel. En face, la femme, n° 6024, chauve et contrite, nez écrasé contre la paroi de verre, a le visage, le front et le crâne percés, tailladés, balafrés. L'« *humour noir* » du père Müller, patron de l'IML avant guerre, a fait cohabiter *post mortem* le tueur et la victime. Fernand Hubert et Marie-Toulouse Piquet sont ainsi réunis depuis soixante-deux ans.

Exhumé des archives du Nord, l'arrêt de renvoi de l'assassin aux assises de Douai rapporte le crime. Le 1er mars 1937, Fernand Hubert, 44 ans, mécanicien dentiste, arrive chez la veuve Piquet à Lambersart avec un pied-de-biche, une chignole, une masse de plomb et un marteau : « *Il fallait bien, c'était pour l'assommer.* » Il fracture un coffre-fort à l'étage, empoche une somme de « *700 francs* », « *225 francs dans un sac à main* », une montre aux initiales « A.P. » du défunt, des bijoux, une loupe et « *un filtre antiparasite pour TSF* ». En tout cas, le prothésiste, « *très mal noté, joueur et vivant d'expédients* », déjà condamné pour « *exercice illégal de l'art dentaire* » en 1927 et escroqueries en 1932, a tué la vieille dame.

À l'autopsie, le médecin légiste releva « *soixante-dix-sept blessures faites avec un marteau ou une mèche de métal* ». Les inspecteurs de police découvrirent chez Hubert du sang au poignet de son veston, les objets dérobés, une dépense de 450 francs (joués aux courses le lendemain) et « *une chignole avec une mèche à métaux* ». Conclusions du professeur Müller : « *La mèche saisie chez Hubert présente des surfaces coupantes qui s'adaptent correctement aux lésions osseuses sur le crâne de la victime* » et a été utilisée pour « *tenter de percer les trous relevés sur la porte du coffre-fort de la dame Piquet* ». Le dentiste a avoué les coups avec une masse en plomb mais a nié son crime à la chignole. Condamné à mort pour assassinat et vols qualifiés, Fernand Hubert a été guillotiné le 28 avril 1938 sur la place Vergniaud à Lille. Ce fut la dernière exécution publique sur la place de la ville. La veuve Hubert a refusé de récupérer le corps de son mari. Le procureur l'a donc remis au légiste « *en vue de recherches scientifiques* ». Le professeur Müller a gardé la tête décapitée dans un bocal, et a découpé celle de la veuve Piquet, jamais réclamée par sa famille. Pour une terrible communion d'outre-tombe.

25 juillet 2000

2. Les expériences *post mortem*

La Baule, envoyée spéciale

À 86 ans, le docteur Martin ne veut décidément pas sortir de sa peau de légiste. Avant d'être « *envoyé à la mer, enseveli dans son chèche kaki* », comme les Algériens du 2e régiment de tirailleurs, l'expert de la cour de cassation cherche toujours et encore « *les causes de la mort* » du petit Grégory, jeté dans la Vologne en 1984 et de Ghislaine Marchal, tuée dans sa cave en 1991. Antidote à la vieillesse ou passion de l'art, ce besoin viscéral de disséquer un cadavre ou un dossier « *pour savoir* » ne l'a jamais quitté.

En quarante ans, Raymond Martin a aligné 15 000 autopsies, sur les tables en céramique blanche de l'Institut médico-légal de Paris et sur les établis des fossoyeurs des cimetières de campagne. C'est la pratique ambulante de la « *médecine légale foraine* » qui a forgé l'ouvrier de la mort à son métier, à la façon des compagnons du Tour de France. Il a roulé 70 000 kilomètres par an et usé cinquante voitures, Alfa Romeo rouges ou Jaguar vertes, pour ouvrir des victimes dans des morgues improvisées. Petite fille déchiquetée (par une grenade) et posée sur une planche avec deux tréteaux à Nemours, sous la lueur des phares de son auto, ou alcoolique brutal supprimé par les siens, à autopsier un jour de Toussaint sur un étal de boucherie à Montigny : « *Le pire, c'était par une pluie torrentielle, sous une bâche tenue par une ridelle à une fourragère. Et moi à genoux, opérant à même la bière.* » Il a fumé trois paquets de cigarettes par jour, pipes et havanes, même dans l'amphithéâtre. Il a constaté le décès de trois guillotinés et a disséqué les petites victimes de grands criminels.

Chauffeur de maître, préparateur en pharmacie, interne en chirurgie, ce fils de paysan vendéen exerce en 1936 à la maison psychiatrique d'Ivry pour payer ses études. Il y rencontre un malade aux yeux noirs « *extrêmement mobiles et enfoncés dans les orbites* » : le docteur Petiot, interné d'office par le préfet. Amené à jouer aux échecs avec ce détraqué « *froid et égocentrique* », Martin, qui dévore à l'époque le *Traité de médecine légale* du professeur Balthazar, découvre un Petiot versé sur la chose : « *Moi aussi, j'ai fait médecine légale.* » Pendant l'Occupation, Martin croise Petiot dans la rue, « *une énorme valise sur son vélo* ». « *J'ai dit à ma femme : "Qu'est-ce qu'il doit faire comme marché noir !"* » Plus tard, le docteur Martin a reconnu la même valise sur les photographies des bagages retrouvés sur les berges de la Seine avec les victimes dépecées par le docteur Petiot. « *Sur ses cadavres, il y avait un stigmate de légiste : une plaie* post mortem *en haut de la cuisse, la marque du bistouri qu'on avait l'habitude de planter dans la cuisse pour ne pas se blesser quand on autopsiait dans la nature. En plus, la pulpe des doigts, qui indique les empreintes digitales, avait été coupée et les ligaments vertébraux sectionnés pour plier les corps.* » Signatures du criminel Petiot.

Raymond Martin a amorcé sa carrière en même temps que Marie Besnard, accusée d'avoir empoisonné à l'arsenic douze des siens. Exhumations et expertises se contredisent. Question : d'où proviennent les traces d'arsenic dans les cheveux des morts attribués à « *la bonne dame de Loudun* » ? De la terre des cimetières de la Vienne, contaminée par les champs de patates traités à proximité ? Ou bien d'une intoxication à petit feu des victimes par ce poison ? C'est alors que le docteur Martin et deux comparses de l'IML, le toxicologue Lebreton et le chef de l'identité judiciaire Ceccaldi, vont se livrer à des expérimentations, en marge des recherches officielles, confiées à d'autres par les magistrats. Ils ont enterré, d'un côté, des mèches de cheveux dans un terrain imbibé d'arsenic et, de l'autre, le cadavre d'un chien empoisonné à l'arsenic dans une prairie engraissée au fumier. « *D'abord, on avait persuadé Mme Ceccaldi de couper ses cheveux, qui allaient jusqu'aux lombes, c'était la mode. Maire de La Queue-en-Brie, j'avais demandé au jardinier de fabriquer des cercueils de 10 × 15 cm pour les cheveux, puis de creuser dix tombes d'un mètre cube dans ma propriété. Ensuite, on a demandé à un ami vétérinaire d'intoxiquer un chien à poils longs sur six ou huit mois, avant de le sacrifier. Un empoisonnement lent, pour reproduire les crimes éventuels.* » Au bout de trois ans, le trio a exhumé les dix mini-cercueils et la sépulture de l'animal. « *L'arsenic dissous dans la terre avait bien contaminé les cheveux. Mais lavés avec un mélange chimique, les traces disparaissaient. En revanche, la même méthode appliquée aux poils du chien ne les débarrassait pas du produit. Conclusion : quand on n'arrive pas à nettoyer des cheveux d'arsenic, c'est que le poison a été ingéré ; les parents de Marie Besnard ont donc été empoisonnés par absorption avant la mort.* » Les travaux de Martin-Lebreton-Ceccaldi, publiés à l'époque dans une revue spécialisée italienne, ont inspiré l'ultime expert désigné par la justice[1]. Malgré tout, Marie Besnard a été acquittée en 1961, à l'issue de trois procès d'assises.

En 1971 aussi, dans l'affaire Buffet-Bontemps, deux détenus de Clairvaux qui ont égorgé deux otages, le docteur Martin a expérimenté sur des macchabées avant de se prononcer. Si le légiste a pu répondre sans hésitation que « *la lame effilée de 3 × 12 cm fabriquée en prison par Claude Buffet a provoqué les plaies mortelles du gardien et de l'infirmière* », la question subsidiaire du juge s'est révélée plus ardue : « *Pouvez-vous exclure que l'Opinel de Roger Bontemps ait pu causer la blessure latérale droite de l'infirmière ?* » (sur une partie non vitale). *A priori*, le

1. Raymond Martin et Patrice Trapier, *Morts suspectes*, Paris, Calmann-Lévy, 1992.

légiste ne voit pas comment la petite lame de 12 mm de large de l'Opinel aurait pu causer cette plaie de 6 cm, « *complexe, quadrangulaire, bord supérieur rectiligne et effilé, bord inférieur déchiqueté* ». Dérouté, Martin, avec le coexpert Deponge, décide d'essayer sur des cadavres X (non identifiés) stockés dans les frigos de l'IML, « *pas des cas litigieux, deux corps, ça m'a suffi* ». Premier essai : « *enfoncé droit jusqu'à la garde* », l'Opinel ne répète pas la même blessure. Le docteur Martin s'y prend autrement : « *Si j'utilise la lame pour trancher la gorge à l'horizontale, puis que je la pique comme un poinçon, je reproduis exactement la même lésion.* » Son expertise, assortie de photos, a déclenché aux assises la fureur de Me Robert Badinter, qui a accusé le légiste de « *forfaiture* » pour expédier Roger Bontemps sur l'échafaud. Le docteur Martin n'en est pas sorti indemne : « *Je jure qu'il n'y a pas eu de collusion avec le juge et que l'Opinel a bien blessé l'infirmière.* » Après « *une nuit blanche, suivie de jours de dégoût* »[1], il a assisté, le 28 novembre 1972 à 4 heures du matin, à l'exécution capitale de Buffet et de Bontemps. « *Dans la cour de la maison d'arrêt de la Santé, la guillotine est montée en haut des trois marches, le bourreau assied le condamné sur une chaise, échancre sa chemise, attache ses pieds et ses mains. Et puis vous entendez trois bruits : celui de l'homme qu'on jette sur la bascule, celui du couperet et celui de la tête dans le panier. Le légiste était obligé de constater le décès avant de délivrer le certificat.* » Le docteur Martin masque ses émotions : « *Je n'étais pas friand de ce*

1. Raymond Martin, *Souvenirs d'un médecin légiste*, Paris, Calmann-Lévy, 1990.

spectacle, c'est moche et répugnant. Escamoter comme ça un gars dans la nuit et le tuer à la sauvette. Même si on connaît le client, et son crime souvent atroce... » Pourtant, le légiste a longtemps été « *partisan du châtiment suprême pour les cas les plus horribles, les meurtriers d'enfants* ». En 1964, l'autopsie de Luc Taron, 11 ans, mort par asphyxie dans le bois de Verrières, et la lecture des cinquante-cinq messages de « *l'étrangleur* » du petit garçon l'ont bouleversé. Aujourd'hui, Raymond Martin a « *honte de penser que Lucien Léger, l'étrangleur, est en taule depuis trente-six ans* ». « *Ça ne ressemble à rien, j'ai vu des photos de Léger, un vieillard aux cheveux longs jusqu'aux reins, la barbe sur le ventre, un légume. J'ai vieilli, j'ai réfléchi et j'ai révisé mon jugement sur la peine de mort. Je pense que ça ne sert à rien, les salauds seront toujours des salauds.* »

Dans sa propriété de La Baule (Loire-Atlantique), entre collections du *Quotidien du médecin* et dictionnaires spécialisés, Raymond Martin a conservé le Smith & Wesson qu'il a acheté et expérimenté pour élucider les causes de la mort en 1982 de René Lucet, directeur de la caisse primaire d'assurance maladie de Marseille. Certes, ce patron autoritaire en guerre ouverte avec les syndicats, limogé à cause d'irrégularités de gestion, « *avait des tas de raisons de se suicider : tous les légistes savent aussi qu'on peut se tirer deux balles dans la tête pour mourir, surtout avec un pistolet automatique qui tire en rafale. Et qu'on peut passer à l'acte d'un coup, sans que la famille ou les amis puissent le déceler* ». Mais, dans le cas de René Lucet, « *suicidé* » avec un revolver à barillet, « *les lésions au cerveau provoquées par le premier projectile excluent la possibilité d'en tirer un second, surtout dans l'oreille :*

il faut suffisamment de conscience et de présence d'esprit pour appuyer à nouveau sur la détente ». Avec le professeur Chodkiewicz, neurochirurgien, le docteur Martin, membre d'une association de tir, a testé une arme similaire sur son terrain et a « *constaté un tel recul au tir qu'il est impossible de réajuster le canon dans le conduit auditif* ». Une balle de trop. Donc un crime *a priori*. Noyé au milieu d'un collège d'experts, le légiste n'a pas pu imposer son analyse, mais a indiqué son désaccord dans la marge du rapport : « *Le juge ne m'a jamais téléphoné pour en savoir plus, ni convoqué à la reconstitution. Évidemment, mes conclusions sur la mort de Lucet impliquaient un deuxième larron.* » Qui n'a jamais été recherché.

Retiré depuis 1987, le docteur Martin, qui n'a « *jamais éprouvé de répulsion pour un cadavre* », continue à potasser des dossiers pour des juges d'instruction ou des présidents d'assises qui cherchent conseil. « *Il y a des choses inavouables, mais j'aurais été capable d'autopsier père et mère.* » En cas de causes de la mort obscures. « *Mon métier, c'est la recherche de la vérité, sans fin, car il y a toujours moyen de trouver mieux. Et l'autopsie, c'est un excellent moyen d'investigation.* » Son jusqu'au-boutisme a choqué sa famille. Car, pour dégonfler une rumeur sur un suicide par le feu, le docteur Martin n'a pas hésité à autopsier sa nièce, brûlée vive dans sa 2 CV un jour à midi en ville, avant de conclure à un accident dû au bidon d'essence qui s'était enflammé sur le siège arrière.

26 juillet 2000

3. Autopsies au scalpel

Le célibataire du foyer Sonacotra repose à plat ventre sur la céramique, tout emprunté dans ses habits : chaussettes de sport élimées et pantalon de jogging fatigué. Les agents d'amphithéâtre enlèvent ses pelures sous la lumière crue des scialytiques. Hôpital de Garches, bâtiment 25, le soleil d'été peine à transpercer le soupirail de la salle, en sous-sol ; sous la terre, comme toutes les morgues. Ici, tout est blanc et glacé : les tables d'autopsie, les carreaux au mur, les bacs d'évier, les bottes en caoutchouc, les gants de latex et le tablier du légiste. La dépouille, qui a passé une nuit en funérarium, une autre en réfrigérateur, s'exhibe malgré elle, blafarde, froide. À son poignet gauche, un bracelet avec ses nom et prénom, qui a remplacé l'étiquette d'antan au pouce de l'orteil. Sur son épaule, un tatouage bleu, comme griffonné à la craie, appelle désespérément « Anna[1] ».

À 9 h 30, heure de l'ouverture des corps, le professeur Durigon[2], lunettes cerclées et crâne dégarni, inspecte le dos puis incise l'avant-bras. Pour regarder si des hématomes invisibles sur ces « *zones de prise* » trahissent des signes d'empoignade. À trois, les garçons de morgue

1. Certains prénoms, lieux et détails ont été modifiés pour préserver l'anonymat.

2. Michel Durigon, *Pratique médico-légale*, Paris, Masson, 1998 ; Pierre Fernand Ceccaldi et Michel Durigon, *La Médecine légale à usage judiciaire*, Paris, Cujas, 1980.

retournent le corps et placent un socle sous la nuque : « *Ah, il est malgache. Qu'est-ce qu'il est robuste !* » La barbichette pointée en avant, le front rejeté en arrière, l'homme se tient raide, les bras le long du corps, les pieds en éventail. Au scalpel, le légiste l'ouvre du menton au pubis comme une fermeture Éclair, détache avec minutie la couche de graisse jaune des muscles rosés, et découvre ainsi les côtes bombées. Au sécateur, un garçon découpe le « *plastron* », enlève la demi-cage thoracique et pose les viscères dans un bac plastique. À la seringue, le légiste prélève, à l'intérieur, du sang puis de l'urine : « *Il a l'urine typique des buveurs de bière.* »

Sur la paillasse accolée aux robinets qui coulent à plein débit, Michel Durigon, spécialiste d'anatomopathologie, scrute, pèse, dissèque les organes un à un, prélève des échantillons et place ces « *pièces anatomiques* » dans des flacons étiquetés thymus, plèvre, poumons, péricarde, cœur, péritoine, pancréas, appendice, rate, foie, etc. Pour les examens de laboratoire. Le légiste perce l'estomac et passe le contenu gastrique au « *chinois* », un tamis de cuisine : « *Liquide noirâtre et matériel blanchâtre.* »

Le policier qui suit l'affaire : « C'est peut-être le vin qu'il a bu avec son copain ce matin-là. Ils ont picolé un litre et demi en une demi-heure, il s'est senti pas bien. Il est épileptique et pas habitué à l'alcool, alors il a pris de la Dépakine. Il s'est couché et ne s'est pas réveillé. Vous croyez que ce sont les comprimés, là ? »

Le légiste : « C'est possible, mais en tout cas, on ne trouve pas la bouillasse grumeleuse et grisâtre de ceux qui ont l'habitude d'ingurgiter beaucoup de médicaments. »

Le policier : « Vous trouvez quelque chose d'anormal ? »

Le légiste : « Non, le larynx est intact. Remarquez, dans trois quarts des cas de pendaison, le larynx ne casse pas. Il y a des ecchymoses là, mais dues aux ponctions pour le réanimer. »

Le policier : « Il vous arrive souvent de découvrir des morts violentes ? »

Le légiste : « Sur des corps putréfiés ou carbonisés, il arrive qu'on rate des orifices de projectiles. D'où l'intérêt d'une radio. Mais, sur un beau corps net comme ça, c'est rare. Tiens, pas de morsure de langue. Parfois, les épileptiques meurent étouffés par la langue. »

En même temps, l'agent d'amphi soulève la tignasse du défunt, taille une demi-auréole et rabat le cuir chevelu comme un bonnet de bain vermillon sur la figure de l'homme, désormais masqué. Le technicien enfile un casque à visière en Plexiglas et attaque le crâne. Le son de l'eau qui pleure sans répit s'estompe sous le bruit de crécelle de la scie : « *Une scie à plâtre qui vibre, mais ne tourne pas, comme dans les hôpitaux, pour éviter d'abîmer le cerveau.* » La boîte se détache dans un « blop » creux, et livre les méandres des deux hémisphères. Le professeur Durigon, d'un ton léger : « *C'est beau, l'intérieur d'un crâne. Tout vide. Plus de souvenirs.* » Le policier métis, analogique : « *C'est la même forme qu'une calebasse.* » Le légiste ne décèle pas de fracture, pas de lésion, mais sonde de la pointe de son scalpel la tempe droite transparente, fragile, friable : « *C'est chez vous qu'il y a des noix de coco-fesses ?* » Le flic : « *Ah, non, pas dans mon île... C'est vrai que ça ressemble à une coloquinte.* »

Expert de la cour d'appel de Versailles et de la cour de cassation, le professeur Durigon rédige le certificat de décès du « *pauvre bougre* » de Madagascar, mort à 40 ans, puis les conclusions de son rapport au procureur : « *Pas de lésions de violence. Pas de cause macroscopique décelable à l'autopsie. Crise d'épilepsie possible favorisée par l'alcool.* » Une mort naturelle inexpliquée : « *Une autopsie qu'on peut qualifier de blanche. Dans 20 à 30 % des cas, on ne peut affirmer les causes de la mort.* »

Dans la salle d'autopsie, les agents d'amphithéâtre achèvent la besogne : envelopper le cerveau dans du papier cellulose, le replacer dans le trou béant, remboîter le crâne et réajuster le cuir chevelu. Emballer les viscères et les remettre dans le buste. Reposer le plastron. Ramener les deux pans de la peau sur le sternum, et refermer le mort. À petits points sur le cou, à grandes piqûres sur le ventre, Christian s'applique à recoudre les chairs avec une aiguille dite *post mortem*, longue et recourbée, et du fil de cuisine. Synchrone, Freddy referme sur la table voisine un cadavre X roumain, frappé à coups de radiateur par un compatriote dans un hôtel mal famé de banlieue : hémorragie cérébrale. Christian charrie le policier, censé fournir l'arme du crime au médecin légiste, pour comparer aux plaies constatées sur le cadavre : « *Je parie que vous ne l'avez pas apporté, le chauffage.* »

Maintenant, les garçons débarbouillent les visages à l'éponge et au savon désinfectant, frottent la peau, shampooinent les cheveux. Un drap blanc et une housse plastifiée pour ensevelir la dépouille. Un plateau à chariots pour la convoyer à la chambre froide, « *à 4 degrés pour éviter de geler les organes et de se brûler les doigts* ». Sur la lourde porte en bois, une pancarte intime : « *Laissez la réquisition* [du procureur ou du juge] *sur le corps.* » Le petit frigo de

9 m², lui, congèle les X à moins 10 degrés, six adultes et deux bébés inconnus, le temps pour les policiers de les identifier. Le chef de service répugne à « *les garder trop longtemps. Si au bout de quelques mois ils sont toujours sans nom, on prélève leurs maxillaires pour essayer plus tard de les identifier par les dents. Et ils sont enterrés sur la commune de découverte, comme les indigents* ».

Le professeur Durigon a eu mille peines à restituer, au bout de deux ans et demi, les restes du pasteur Doucé, retrouvés en forêt de Rambouillet, trois mois après sa disparition en 1990. Même pas dix-huit kilos. « *Un jour, on nous a apporté ce cadavre, de grand singe soi-disant...* », raconte le légiste, atterré par l'ignorance crasse des néophytes.

Détaché mais pas cynique, le chef du service anatomopathologie et de médecine légale de Garches aligne avec deux autres médecins 300 autopsies par an : « *Les plus intéressantes sont les morts subites. À tous âges. Trouver la myocardite, l'embolie pulmonaire ou les pathologies infectieuses. Avec les coups de couteau ou les armes à feu, c'est toujours plus évident de retracer la chronologie des blessures, les trajectoires des projectiles.* » Les meurtres ne recèlent guère d'énigme : « *Les crimes sont souvent dramatiquement simples. Le parricide et matricide de Meudon a oublié la scie avec des débris de chair humaine. Le Portugais qui a étranglé un homme avec le fil du téléphone a laissé le combiné avec son numéro... Le tueur du parking a jeté la tronçonneuse dans la rivière à Poissy-Carrière, avec l'emballage.* »

Noyés fragmentés par les hélices ou les écluses repêchés dans la Seine, brûlés des accidents de la route, victimes des crashs d'avion sur les petits aéroports de la région, intoxiqués à la salmonelle du pintadeau servi à la maison de retraite, les faits sont divers et variés. Le légiste qui a exercé de 1970 à 1985 à l'Institut médico-légal de la place Mazas à Paris ne voit plus de nos jours de « *sourires kabyles* » ces grands égorgements, « *moins d'overdoses mais plus de trains* » (passages à l'acte sur la voie ferrée) et une foule de « *suicides invraisemblables : un hara-kiri avec quatre coups de couteau dans le ventre, un suicide à la perceuse dans l'abdomen, des immolations par le feu. Le vieux qui, le jour de son anniversaire, est descendu à la cave chercher du champagne, et s'est planté un couteau dans la tempe, avant de l'enfoncer en se cognant contre le mur en parpaings. Une femme, inspirée par le film* L'Empereur de Chine, *qui s'est tailladé les poignets puis s'est égorgée aux ciseaux. Ces gens malades, ça fait peine. En autopsie, on voit la misère noire.* »

Une femme de 33 ans au teint laiteux, seins plastiques, coupe garçonne, et un homme de 55 ans, aux jambes maigrelettes, mine sévère et brosse grisonnante, attendent dans l'amphithéâtre. Entre eux, un enfant de 7 ans à la peau caoutchouc, cheveux noirs ébouriffés et bobo rougi aux genoux, ferme les yeux. Tué en plein rêve par son père. Autopsie d'une famille. Trois balles de carabine 22 long rifle pour trois têtes. Et trois baguettes de cerf-volant, plantées en travers des crânes, pour calculer au compas les trajectoires. Rescapé de la polio, pensionné à vie, il s'est senti trop vieux pour sa jeune épouse et a préparé son départ, en solitaire. Lettres d'adieux avec numéro d'assurance-vie et détails administratifs. Au dernier moment, il a décidé de les emporter avec lui pour

« ne pas laisser sa femme à un voleur d'amour et son fils à la DDASS ». Par une nuit noire et chaude, à 4 heures du matin, l'homme a tué femme et enfant, plongés dans le sommeil, a appelé les pompiers et appuyé sur la détente, en direct au téléphone.

27 juillet 2000

4. Petites mains de la mort

C'est le départ du « *train* ». Dans la salle de mise en bière, Simon[1], ancien thanatopracteur, prépare le Marocain qui s'est jeté sous le Corail. Christian, Antillais baraqué, s'inquiète de ses couleurs : « *Il commence à devenir vert, je mets du fond de teint sur les paupières ?* » Simon masse le visage pour « *détendre les muscles, ça donne tout de suite un aspect moins figé* », dilate le nez pincé avec des mèches de coton, refaçonne la bouche et coud les lèvres. Christian, qui fredonne « *coquillette* » sur l'air d'*Alouette*, insère deux coquilles en plastique sous les paupières rétractées et asperge le corps de parfum au chèvrefeuille. Les deux agents d'amphithéâtre en blouse blanche transportent le corps avec peine dans son cercueil en zinc, sur un oreiller de satin, sous un linceul vert et blanc. Ils poussent le chariot dans l'ascenseur, montent à « *la grande salle des départs* », ronde et bleue, vasques en

1. Certains prénoms, lieux et détails ont été modifiés pour préserver l'anonymat.

marbre et gerbes de fleurs. Ils installent la bière sur un autel en céramique, dressent le couvercle le long d'une colonne, enlèvent le bénitier et la croix, puis offrent à la famille une dernière image du suicidé avant son voyage pour Marrakech : « *Ils ont dit : "Merci pour tout ce que vous avez fait pour lui", et ça nous suffit.* »

Les « *garçons* », diminutif de « *garçons de morgue* », mettent un point d'honneur à présenter les plus fracassés aux familles, pour éviter de décliner : « *Désolé, il n'est pas visible* », « *pour aider au travail de deuil* ». Pourtant, Christian a dû réparer l'homme de bout en bout : « *Plus de structure, tout fragmenté, fendu en deux, un bras détaché. Je l'ai rabouté avec de belles coutures. J'ai infiltré de la ouate pour retrouver le volume du crâne, j'ai collé les bouts d'os sur le cuir, je l'ai tout remonté. C'est ma spécialité de rebâtir un gars qui a la tête à la place des pieds, d'arranger une bouche défoncée, de refaire un beau sourire, de lui donner un air reposé. Moi, je remets tout en ordre, ça me fait kiffer.* »

Agent d'amphi à Garches depuis neuf ans, Christian qui en a 35, a quitté la pizzeria, « *je gagnais des clopinettes* », pour ce métier spécial, payé au-dessus du Smic. Après ses 16 ans, avec son CAP de restauration collective, le cuisinier a surtout préparé la tambouille pour ses huit frères et sœurs. Déraciné de Pointe-à-Pitre avant ses 10 ans, Christian s'est retrouvé à Paris avec sa mère, sans son père. Femme de ménage à la Sécu le matin, à l'hôpital de Gonesse l'après-midi : « *Elle bossait dur, ma mère. Moi, je faisais des bêtises. Après le catéchisme, elle m'a dit : "Tu vas apprendre qui c'est Dieu" et m'a envoyé faire cierge. Je servais bien la messe, mais je gardais la pièce à la sortie.*

Le curé m'a viré. » Christian a bourlingué en banlieue, à Garges-lès-Gonesse, Villiers-le-Bel, Mantes-la-Jolie, dans les quartiers chauds. Marié à une Africaine et père de trois enfants, Christian décompresse le soir avec « *un bon fire* (feu) *de rhum nature ou deux whiskies* » : « *Après, je fais du bruit, de la trompette, crier dans le micro, trouver des bons thèmes de voix, pour des soirées.* »

À la morgue, Christian a appris « *à laisser ses sentiments à la porte, sinon c'est toi qui es touché* » et à oublier : « *Faut pas avoir de mémoire, en fait.* » N'empêche. « *Une seule fois, en autopsie, j'ai trouvé une fille jolie. J'étais amoureux d'elle. Enfin, je dis ça comme ça. Elle s'appelait Marilyn, elle avait 16 ans. Elle était chef de bande, elle dressait les dealers, les mettait à l'amende. Elle avait été retrouvée dans une usine désaffectée. Comme elle sniffait de la colle ou de l'eau écarlate, elle était venue ici pour suspicion d'overdose. Mais il n'y avait rien en toxico. On n'a jamais su. Fallait voir comment elle était sapée quand elle est arrivée, des grosses pompes… Mais elle était tellement mignonne, des cheveux longs, blonde. C'est surtout sa mère qui m'a motivé, elle demandait des tas de trucs pour sa fille. Je m'en suis occupé à fond, comme quelqu'un de ma famille. Marilyn, elle est partie en robe de mariée, avec plein de fleurs dans son cercueil, des super collants, des gants en dentelle et un petit bouquet à la main.* »

En 1997, quand sa mère diabétique – « *trop de sirop de canne à sucre* » – est décédée à l'hôpital de Créteil, Christian l'a rapatriée à Garches pour la préparer : « *Je l'ai lavée, j'ai appelé une coiffeuse et je l'ai habillée avec sa robe de soirée violette, gonflante, des plis en haut, des dentelles en bas. Elle était belle, ma mère.* » Le soir, dans la grande salle bleue des départs, ils l'ont veillée comme aux Antilles, avec des bouteilles. Seul de tous les médecins légistes et agents d'amphi de Garches, Christian a autopsié des proches : son beau-frère qui a « *pris un coup de lame dans une kermesse à Sarcelles* » et sa petite copine d'enfance « *morte à cause d'un techou* [shoot] » : « *Je le fais, j'y tiens, c'est la dernière chose que je peux pour eux. Même que je mets Freddy sur la tête pour que ce soit impeccable.* »

C'est Freddy, rasta costaud, dreadlocks et tee-shirt rouge « Born to Attack », couturier avant la morgue, qui a coopté Christian et lui a montré le point de croix : « *Moi, on m'appelle toujours pour rechercher les balles. Détecteur de métaux, quoi. J'aime bien fouiller dans tout ça.* » Enfant de la DDASS, expédié à 18 ans chez son frère, CAP de serrurerie, FPA de métallerie, Freddy a bossé trois ans à la fonderie sur la zone industrielle de Limay, devant le four : « *J'ai vu trois mecs brûler, à cause des retours de flamme qui entrent par la grille du masque, j'ai pas eu envie de me retrouver cramé.* » Chômeur à l'ANPE et couturier au black, Freddy en a eu sa claque de la galère et de broyer du noir. Il a été embauché comme agent d'amphithéâtre à Garches, la veille de Noël 1990. Le contact des cadavres ne lui a pas porté la poisse, au contraire : « *À force de découper, tu finis par bien aimer la vie. Et tu te dis : "Quand c'est ton tour, c'est ton tour." Il y a une dame, le premier jour de verglas, elle glisse et hop, elle se tue. Un couple revient du Canada, la femme s'assied sur le trottoir, le mari recule la voiture et l'écrase. Un avion se pète dans la cour d'une maison, pile sur un gosse qui jouait… J'ai lavé ses cheveux pleins de sang, je l'ai nettoyé et j'ai découvert son visage avec ses yeux bien bleus. Je pousse le chariot pour le présenter à la famille et je vois exactement le même en face de moi. Le choc. C'était son vrai jumeau.* »

Le soir, Freddy expurge les sales images avec la musique et l'amour. Le week-end, avec la pêche au bord des rivières, sans penser aux noyés gonflés de gaz putride qui défilent à son travail : « *Il faut inciser l'abdomen pour évacuer les gaz. Il y en a qui mettent le briquet, pschitt, et ça fait une belle flamme bleue.* » Demain, justement, « *c'est un pourri* », un corps putréfié. « *Ah, c'est pas tous les jours dimanche !* lance Freddy. *Quand tu tiens le coup devant un pourri, t'as fait le plus gros. Après un brûlé, t'as les crocs, ça sent bon comme un barbecue. Des fois, tu coupes au scalpel comme un gigot bien cuit, t'enlèves la première tranche et puis il y a la petite goutte de sang vers l'os.* » Des façons de parler pour exorciser ; des gestes de respect pour les morts. Ici, pas de mauvaises farces de carabins : « *Parfois, en autopsie, on va chambrer le mec alcoolique qui a un foie énorme : "Ben, dis donc, qu'est-ce t'as picolé, toi, pour avoir une cirrhose pareille", mais on ne joue jamais avec les corps. C'est sacré.* »

Dans la pièce des garçons, il y a une cafetière, une mappemonde, une collection de filles de cartes postales sur les plages et… une grosse mouche verte qui entre par la fenêtre. Chassée d'un coup de journal : « *Hop, dehors, on n'aime pas ça.* » Briquer, récurer, désinfecter, la traque journalière aux bactéries, aux odeurs et aux bestioles passe par la Javel et l'insecticide « Super Cobra ». « *On a eu des gars qui ont pété les plombs, qui ont tout cassé, qui se sont effondrés avant l'autopsie, mais pas de déséquilibrés et de pervers.* » Plus secret et pudique, Simon, 29 ans, visage en triangle et voix douce, intégré au groupe voilà six ans, se « *méfie des voyeurs* ». L'enfant adoptif, privé du rapport charnel à la mère, a passé une adolescence mortifère : à dévorer *L'Homme devant la mort* de Philippe Ariès et le *Livre des morts tibétain* ; à hanter les cimetières la nuit ; à photographier les squelettes ; à préparer un crâne à la maison. Sonorisateur de concerts hardcore, régisseur de spectacles, Simon a bifurqué après le service militaire : « *Un jour, je suis allé aux pompes funèbres pour me renseigner sur ce qu'on fait sur les morts. Ils m'ont parlé de la thanatopraxie et m'ont envoyé à la société de Garges-lès-Gonesse.* » Embauché comme toiletteur, Simon s'est formé à embaumer les corps : « *ponctionner le sang et le remplacer par un liquide avec 10 % de formol et de l'amarante pour colorer. Masser, habiller, fignoler, préparer les morts en quatre-vingt-dix minutes* » de maisons en appartements. « *J'ai opté pour l'administration* » des hôpitaux de Paris et « *pour la médecine légale* » : « *L'autopsie, c'est le top en thanatologie. On recherche, on observe, on analyse les cas. Et puis il y a la relation avec les familles qui nous remet les pieds sur terre. C'est le fil conducteur qui permet de ne pas dégrader les corps, de veiller à l'image, au physique avant et après l'autopsie.* »

Cet agent d'amphithéâtre surdoué selon son chef de service et ses deux alter ego antillais, payés entre 7 000 et 8 000 francs par mois (week-end compris), sont écœurés de s'exposer sans même toucher de « *prime pour les maladies contagieuses, juste 78 francs par mois pour travaux dangereux* ». En manque de reconnaissance, les garçons qui ont surpassé de loin le travail des « *morguiers* » d'antan revendiquent un statut « *d'assistants techniques des médecins légistes* ». Mais Simon ne dévoile pas pour autant la face cachée de son métier aux familles : « *C'est mal perçu d'ouvrir un humain, ce n'est pas naturel. On n'en parle pas à la société. Les familles ont besoin de connaître les causes de la mort, mais quand elles cherchent à savoir ce qu'est une autopsie, on ne veut pas leur dire. En général, les gens ne regardent jamais le crâne mais voient la cicatrice au cou. Alors, on explique que nous, on les habille et on les prépare seulement. Que le mort a une grande couture, que c'est un protocole médico-légal, on se couvre derrière la justice.* » Simon, qui s'est piqué de photo, compose d'étranges natures mortes : pigeon en pierre décapité sur une tombe ou surimpression d'une serpette sur une tête de bébé autopsié : « *J'étais tellement morbide que ce métier, pourtant à la limite de la folie, m'a soulagé. Ici, je me reconstitue.* » Après « *ce tour des métiers de la mort* », Simon veut passer un CAP de mécanicien d'avions : « *La mécanique m'intéresse, démonter, regarder ce qui se passe à l'intérieur, réparer.* » Pour réaliser son rêve, piloter dans les nuages, et ne plus se réveiller en sueur froide : « *Tiens, cette nuit, j'ai transpiré du sang.* »

Partie 14

Paumés du Jihad

L'été 1995, je m'occupe – avec d'autres collègues de *Libé* – des enquêtes sur la campagne d'attentats qui frappent le pays, avec des « bombes du pauvre » remplies de poudre noire et de mitraille (clous, boulons) fabriquées comme en Algérie. J'apprends que « le coup d'envoi » de ces massacres a été l'assassinat de l'imam Sahraoui dans sa mosquée rue Myrha, deux semaines avant l'attentat meurtrier du RER à Saint-Michel, parce qu'il s'opposait à l'exportation en Europe des actions contre les civils et religieux. On imagine alors des émirs du Groupe islamique armé venus en France verser le sang, une guerre étrangère transposée ici. Mais je découvre, atterrée, comme les policiers antiterroristes qui me le révèlent, l'identité et le profil de ce tout jeune homme des cités de Lyon, un certain Khaled Kelkal, 23 ans, ayant laissé son empreinte digitale sur l'engin explosif posé le 26 août le long de la voie du TGV dans le Rhône. Puis, après l'attentat à la voiture piégée contre l'école juive de Villeurbanne, je suis destinataire à *Libé*, à l'instar de tous les rubricards « Police » des médias, d'un avis de recherche façon *Wanted* de ce petit délinquant de droit commun avec ses photos anthropométriques prises en 1990 lors d'une garde à vue pour une attaque de magasin à la voiture bélier, bientôt placardé dans la France entière. Sidérant, ce décalage entre la bouille espiègle du jeune Khaled Kelkal et les actes de terrorisme aveugle qui lui sont imputés ; ça ne colle pas, on se met à douter, mais l'arrestation future des émirs l'ayant recruté en banlieue lyonnaise et les témoignages de ses potes complices prouveront la triste réalité. Ce natif de Mostaganem en 1971, venu tout bébé en France, le seul Arabe de sa classe dans la ZUP de Vaulx-en-Velin, qui ne se sentait pas à sa place, s'est éloigné du lycée puis s'est mis à voler, jusqu'à la chute. Condamné à quatre ans de détention, Khaled Kelkal se convertit en prison avec un codétenu musulman qui recrute pour les maquis du GIA. À sa sortie, des séjours à Mostaganem finissent de l'ancrer définitivement dans un islam radical et rigoriste. Un parcours et une bascule qui n'étonnent plus personne trente ans après, tant ces profils se sont clonés, mais Khaled Kelkal a été le premier jihadiste français. Je témoigne d'ailleurs dans le *Faites entrer l'accusé* de France 2 présenté par Christophe Hondelatte sur « Khaled Kelkal, ennemi public n° 1 », parmi les préférés – hélas – de Mehdi Nemmouche, petit braqueur de supérettes de Roubaix devenu en 2013 le très cruel geôlier des journalistes français otages en Irak, pour l'organisation État islamique (EI), juste derrière Mohamed Merah, du quartier des Isards à Toulouse, parti se former au Pakistan, qui a tué à Toulouse et Montauban en mars 2012, des militaires, des enfants et un professeur de l'école juive Ozar-Hatorah. En janvier 2015, je retrouve avec tristesse Chérif Kouachi dont j'avais déroulé le parcours dix ans plus tôt au sein de la filière dites des Buttes-Chaumont, en redoutable tueur de *Charlie Hebdo*, venu avec son frère exécuter la fatwa contre le journal satirique à cause des caricatures du Prophète, pour le compte d'Al-Qaeda au Yémen. De 1995 à 2015, de Kelkal à Kouachi, la boucle est bouclée. Cette double page sur « Kouachi-Coulibaly : les chemins du jihad parisien », parue le 16 janvier 2015, fut mon ultime papier dans *Libération*.

1er octobre 2002

1. Ce 25 juillet-là, huit morts à la station Saint-Michel

La bonbonne de gaz mène rapidement les enquêteurs sur la piste du GIA. Kelkal est tué deux mois après, Bensaïd arrêté.

Le 25 juillet 1995, à 17 h 30, l'explosion d'une bombe dans le RER ligne B à la station Saint-Michel provoque un séisme national. Corps déchiquetés, jambes coupées, poumons blastés, passagers mutilés, brûlés ou « *poly-criblés* » par les éclats de verre et de métal. L'effet de souffle a déformé la structure de la sixième voiture du RER « Gare du Nord-Saint-Rémy-lès-Chevreuses », a arraché portes et banquettes. Transformé les ressorts des sièges en projectiles mortels. Pompiers et secours désincarcèrent les victimes et évacuent les blessés, par dizaines. Trois plans d'urgence sont déclenchés. Les sirènes hurlent dans l'île de la Cité, toute proche, bouclée.

Secoués par ce retour du terrorisme aveugle, qui rappelle les attentats téléguidés par l'Iran en 1985-1986, le président de la République et les ministres descendent dans la station sinistrée. Le plan de prévention des attentats Vigipirate est actionné, les mesures de sécurité renforcées dans les lieux publics. Le ministre de l'Intérieur, Jean-Louis Debré, réunit un comité interministériel de lutte antiterroriste qui envisage deux hypothèses liées aux engagements internationaux du pays : les islamistes, à cause de l'Algérie, ou les Serbes, en raison du conflit en Bosnie. Faute de revendication, Debré lance un appel à témoins et promet un million de francs à qui permettra d'identifier les terroristes. L'appât de la prime déclenche des centaines d'appels plutôt « *loufoques* » qui saturent la police et ne mènent à rien. La diffusion imposée aux policiers de trois portraits-robots de Maghrébins suscite aussi des vérifications stériles. Les indices manquent. Seuls, les débris de l'engin parlent. Il s'agit d'une bonbonne de gaz de camping, remplie de poudre noire et de mitraille (clous, boulons), avec un réveil pour retardateur. Une « *bombe du pauvre* » qui s'apparente à celles du Groupe islamique armé (GIA) en Algérie. De plus, les enquêteurs font le parallèle entre l'attentat de Saint-Michel et l'assassinat, deux semaines plus tôt, de l'imam Sahraoui dans sa mosquée de la rue Myrha à Paris. Ce cofondateur du FIS, opposé aux actions du GIA contre civils et religieux, partisan de renouer le dialogue avec le pouvoir algérien, aurait été menacé dans la feuille clandestine du GIA, *El-Ansar*, enjoint « *d'interrompre les négociations au nom du Jihad* » et de se taire sous peine de mort. Un ultimatum. Les services de renseignement, RG et DST, retrouvent dans ce bulletin du 22 juin comme un avertissement : pour « *venger les martyrs* » tués dans le détournement de l'Airbus à Marseille à Noël 1994, « *la France va recevoir prochainement des signes clairs* ». Le quotidien algérien *La Tribune*, bien informé par la sécurité militaire, aiguillait les agents français sur les assassins de Sahraoui, cinq hommes du GIA dirigés par un certain « *Abdessabour* » qui « *repassera aux actes dans les prochains jours* ». Un article prémonitoire, huit jours avant Saint-Michel.

Les services français demandent à leurs homologues algériens de décoder le pseudonyme « *Abdessabour* » et identifient Abdelkrim Deneche, un activiste supposé du GIA basé en Suède. Les photos de Deneche intègrent ainsi les albums de suspects présentés aux témoins. Un gendarme breton qui a vu trois Arabes s'échanger un sac et se congratuler sur le quai à Châtelet, juste avant la déflagration à Saint-Michel, croit reconnaître Deneche. C'est ainsi que le juge antiterroriste Jean-François Ricard fonce en Suède, le jour même du second attentat dans une poubelle, place de l'Étoile à Paris (le 17 août), pour arrêter ce suspect numéro un. Or, le 25 juillet, Deneche a perçu ses aides sociales dans un bureau de poste de Stockholm, en laissant signature et empreintes sur le reçu, et n'a donc pas pu poser la bombe à Saint-Michel. Fausse route.

C'est une trace de doigt sur l'engin intact retrouvé sur la voie du TGV à Cailloux-sur-Fontaines (Rhône) le 26 août qui aiguille les enquêteurs sur la bonne piste, sur Khaled Kelkal, 23 ans, petit délinquant de la banlieue de Lyon. La police ratisse les milieux islamistes radicaux. Le 7 septembre, un carnage est évité de justesse à

Villeurbanne (Rhône), un véhicule piégé explose devant une école juive, juste avant la sortie des élèves. Repéré dans les monts du Lyonnais le 27 septembre, Kelkal s'enfuit, sans son copain Koussa, interpellé. Et, au bout de quarante-huit heures de chasse à l'homme, Kelkal est tué par les gendarmes. Le jour de son enterrement, une bombe explose à Paris au métro Maison-Blanche. Le GIA revendique alors au Caire les « *frappes militaires au cœur même de la France* », en raison de son « *soutien aux apostats* » (gouvernement algérien), et révèle l'existence d'une missive secrète à Jacques Chirac, sommé de « *se convertir à l'islam* ». La police surveille toute la bande de Kelkal à Vaulx-en-Velin, et suit ainsi Nasserdine Slimani qui, le 31 octobre, rencontre à Paris l'émir Boualem Bensaïd, alias « Mehdi ». Les policiers ne lâchent plus d'une semelle Bensaïd : il loue un appartement dans le XVIe arrondissement et téléphone le soir même à Belkacem à Lille pour discuter d'un attentat imminent à la voiture piégée sur le marché Wazemmes de la ville. Le réseau a été aussitôt démantelé, les 1er et 2 novembre 1995, à l'exception du maître d'œuvre de la campagne d'attentats, Ali Touchent, dit « Tarek », qui laisse aujourd'hui son adjoint Bensaïd affronter seul les juges.

*

Le coordinateur et poseur de bombes Boualem Bensaïd et l'artificier Smaïn Aït Ali Belkacem ont été condamnés, le premier comme auteur, le second en tant que complice, par la cour d'assises spéciale de Paris le 30 octobre 2002 à la réclusion criminelle à perpétuité assortie de vingt-deux ans de sûreté pour les attentats du 25 juillet dans le RER à Saint-Michel (8 morts et 117 blessés), du 6 octobre au métro Maison-Blanche avenue d'Italie (18 blessés), et du 17 octobre à la gare du Musée d'Orsay (26 blessés).

Auparavant, en 2000, aux assises de Paris, Boualem Bensaïd avait été condamné à trente ans de réclusion criminelle pour la tentative d'attentat du 26 août le long de la voie du TGV à Cailloux-sur-Fontaines. Karim Koussa de Lyon avait pris vingt ans de prison pour quatre tentatives de meurtre de policiers à Bron le 15 juillet en compagnie de son ami Khaled Kelkal afin d'échapper aux recherches et une autre fusillade visant les gendarmes le 27 septembre au col de Malval où il sera arrêté.

16 juillet 2012

2. « En France, j'opère seul, mais j'ai été envoyé par Al-Qaeda »

De la banlieue de Toulouse aux zones tribales du Waziristan, Mohamed Merah raconte son itinéraire d'apprenti terroriste lors des négociations secrètes avec l'officier de la DCRI durant le siège de son appartement, le 21 mars à Toulouse, dont *Libération* publie en exclusivité l'intégralité sur son site.

La prison. En 2007, à 19 ans, « *je suis rentré en prison pour une connerie, un vol de sac à main, et je me suis fait allumer pour dix-huit mois, injustement.*

C'est aussi ça qui m'a mis en colère. Alors que le proc en demandait une année, j'en prends dix-huit », après quinze petites condamnations avec sursis pour des vols et violences avant sa majorité. « *Donc, j'avais un peu les nerfs.* » L'année suivante, « *j'ai été extrait* [de cellule] *par les gendarmes pour une course-poursuite à Toulouse, l'histoire du X5 et du Touareg qui a percuté les gendarmes et, bon, je conduisais le X5. J'ai vu que je m'étais fait balancer par une personne et si on me mettait cette affaire, ça allait faire beaucoup* ».

La conversion. « *C'est là que j'ai invoqué Allah en arrivant à la gendarmerie, je lui ai demandé de m'aider. J'ai vu que les gendarmes étaient à côté de leurs pompes. Ça a été une preuve d'Allah. C'était Allah qui m'avait facilité, et c'est là le déclenchement quand je suis rentré dans l'islam.* [...] *Depuis ce jour-là, le 18 février 2008, je me suis converti sérieusement à la religion et j'ai toujours été assidu dans mes prières.* »

Le voyage en Algérie. « *Je suis algérien et je sais qu'il y a un groupe en Algérie,* mach'allah, *qui opère. J'appréciais ces gens-là, je voyais qu'ils se laissaient pas faire, mais j'avais aucune science. J'ai étudié le sujet pour voir si ce qu'ils faisaient était l'islam.* » Seul détenu barbu en djellaba à la maison d'arrêt de Seysses, au sud de Toulouse, Mohamed Merah s'engage à les rejoindre. Libéré fin 2009, il s'envole en mai 2010 : « *Arrivé en Algérie, c'était vraiment difficile de les trouver à cause des intrusions qu'il y a eues dans le groupe. Ils se méfient beaucoup et c'est devenu très chaud en Algérie de rejoindre Al-Qaeda. Je suis revenu en France pour y faire des opérations, j'ai essayé de m'allier avec des Français pour faire ces coups-là, mais j'ai trouvé personne.* »

Infiltrer la Légion. En juillet 2010, à Toulouse, Mohamed Merah passe une nuit avec les recrues de la Légion étrangère puis repart le matin, sans explication : « *Je voulais m'engager à la Légion étrangère pour aller en Afghanistan et retourner mon arme contre les légionnaires et rejoindre les talibans.* » « *Pendant un combat, j'aurais tué tous les militaires qui auraient été avec moi et j'aurais rejoint les talibans. C'était un de mes objectifs. Mais je ne suis pas allé jusqu'aux entraînements car mon cœur n'était pas apaisé, je me sentais pas bien. Et c'était lourd pour moi, donc j'ai décidé d'aller en Syrie pour trouver directement mes frères.* »

En quête des moudjahidines. « *De la Syrie, j'ai cherché. J'ai fait tous les pays voisins et mon but précis, c'était de faire beaucoup de pays comme le Liban, la Turquie, tout ça. Bon, je sais que c'est pas là-bas qu'il faut chercher, mais comme ça j'ai plein de visas dans mon passeport et si je me fais serrer, eh ben, je serai crédible en disant que je suis un touriste. Comme ça s'est passé avec vous.* » Le plan a fonctionné : « *Je me suis fait arrêter par les soldats algériens en plein maquis, euh, il m'est rien arrivé. J'ai été arrêté par les soldats américains à Kandahar* [en Afghanistan], *ils ne m'ont rien fait. J'ai été arrêté même à Mossoul. Je suis rentré en Irak du côté Kurdistan, j'ai rejoint Mossoul au culot et j'ai vu que c'était vraiment pas cette place-là qu'il fallait chercher. De toute façon, y avait personne, que des barrages. J'ai décidé de revenir en Irak côté kurde et un taxi a demandé la route à un soldat disant que j'étais français. À partir de là, ils m'ont contrôlé, Allah les a aveuglés et ils m'ont escorté jusqu'au côté kurde et, de là, ben j'ai fait la Palestine. Après, je suis* *passé au Tadjikistan* [...] *et j'ai rejoint l'Afghanistan. Mon but en tant que touriste était de me faire kidnapper par les talibans, à prendre les routes dangereuses. Mais Allah, il en a pas décidé ainsi. Donc je suis revenu en France par Dubaï et, depuis la France, j'ai fait mon visa pour le Pakistan et je savais qu'ils pouvaient pas me le refuser, étant donné que j'étais allé en Afghanistan et que voilà, j'étais crédible, j'avais fait beaucoup de pays. Ils m'ont donné le visa et à partir de là ça a été très, très, très, très, très, très facile pour les trouver.* »

Al-Qaeda en ligne de mire. « *Quand je suis arrivé au Pakistan, comme d'hab je faisais le touriste, je visitais des monuments et tout pour être vu. Dès que je suis allé à Islamabad, je suis rentré dans une certaine mosquée et j'ai vu un homme dont j'avais entendu qu'il soutenait les talibans ouvertement. Il le déclarait ouvertement et je savais que son fils ou ses enfants avaient été tués par les militaires pakistanais, donc je savais que je pouvais lui faire confiance. Je lui ai tout déclaré, j'ai parlé avec lui en arabe en lui disant que je voulais rejoindre Al-Qaeda, les talibans, tout ça. Je suis allé au culot vers lui, ça l'a même surpris. La chose qui l'a tranquillisé, c'est que, pour aller le voir, je lui ai expliqué que j'étais de France, un touriste, et Allah a fait qu'il sache que j'étais sincère et pas un espion. Et il m'a ramené chez lui et de là, de là il m'a envoyé chez un émir des talibans.* » Malgré quelques jours de test enfermé dans une pièce, Mohamed Merah a « *des doutes* » : « *Ça me paraissait un peu trop rapide et trop facile, je suis allé voir qu'une personne, cash, il me trouvait un contact.* » Il traverse les montagnes à moto avec les talibans : « *J'ai rejoint les frères dans le*

Waziristan, dans les zones tribales, à Miran Shah. » « *On m'a proposé les bombes, j'ai pas voulu. Je leur ai dit : "Entraînez-moi que au pistolet."* » « *J'ai tiré avec plusieurs armes différentes, tout ce qui est arme de poing, kalachnikov, PK, les grosses mitrailleuses, grenades, tout ça.* [...] *Je devais faire une opération au Pakistan, un attentat, on a travaillé sur le terrain, mais c'était trop sécurisé, j'ai vu que ça pouvait pas marcher et j'ai décidé de rentrer en France pour attaquer la France. Je travaille avec Al-Qaeda, j'ai des supérieurs, je suis pas tout seul* [...]. *En France, j'opère tout seul, mais voilà, j'ai été envoyé par Al-Qaeda, y a toute une organisation derrière.* »

Les objectifs militaires. Mohamed Merah assène qu'il ne veut « *pas combattre des gens innocents* » : « *J'ai tué des militaires parce que ces militaires tuent en Afghanistan* » et « *des juifs car ces mêmes juifs-là tuent mes petits frères et mes petites sœurs en Palestine* », explique-t-il. À Toulouse, il tend un piège à un militaire ayant passé une annonce pour vendre une Suzuki : « *Et allô, je veux ta moto, je suis intéressé.* » Imad Ibn Ziaten vient au rendez-vous, le 11 mars. « *J'ai invoqué Allah et je lui ai mis une balle en pleine tête* [...]. *J'ai vu les gendarmes passer, ils m'ont ignoré, pourtant je sais qu'ils m'ont vu. J'ai mis une deuxième balle dans la tête.* » Le 14 mars, Mohamed Merah part à Montauban « *repérer la caserne* » de parachutistes. « *Le lendemain, j'ai foncé. Y en avait plein qui étaient seuls, mais comme je savais que cette opportunité était à saisir, je me suis dit qu'il fallait que j'en tue minimum deux.* » Le 19 mars, Mohamed Merah attend en vain un autre militaire devant chez lui à Toulouse. Il rentre bredouille et décide d'attaquer l'école juive Ozar-Hatorah, sur sa route, avec un Uzi, « *un pistolet israélien pour tuer des Israéliens* ». Trois enfants et un professeur juifs tombent sous ses balles. Aucun remords : « *Mon seul regret, c'est de ne pas avoir pu en tuer plus.* »

Conversation secrète. Appelé à la rescousse par les policiers du RAID, à la demande de Mohamed Merah retranché dans son appartement depuis un assaut raté à 3 h 12, le brigadier Hassan cherche à la fois à comprendre ce qui lui a échappé quand il a été enfumé par ce jeune islamiste sur ses voyages, lors de leur rencontre le 14 novembre 2011, et à glaner le maximum de renseignements « *opérationnels* ».

Il attaque par l'Afghanistan : « *Vas-y maintenant, tu peux mettre cartes sur table, hein, t'as plus rien à perdre, après l'entretien* [le débriefing quatre mois plus tôt], *maintenant tu me racontes la vérité. Roule.* »

Mohamed rit : « *Y a pas de problème. Déjà, j'ai été dans plusieurs pays afin de trouver les frères, et quand je les ai trouvés, c'est quand j'ai été au Pakistan, pas avant.*

– *T'es parti comme ça, d'un coup de tête ou... comment t'as pu avoir le déclic ?*

– *Déjà, avant que je rentre dans l'islam, je les soutenais, ces gens-là, je savais qu'ils étaient dans le vrai.* »

Hassan essaie d'obtenir sa reddition. Merah hésite : « *J'ai envie de me rendre mais* wallah, *c'est flou.* »

Hassan rétorque : « *Avec le RAID, on a été réglo. Ils sont venus me chercher, je suis venu pour toi. Toi, on t'a rencontré, on a tissé des liens. Tu sais, dans la police, y a pas que des connards, on sait être réglo. On est professionnels ici.* »

Mohamed ne « *craint pas ça* », mais les vingt-deux ans de réclusion criminelle qu'il risque, « *j'en ai 23, c'est vite calculé, j'en aurai 45* » : « *Je peux me dire aussi que j'ai rien à perdre. En commençant ces attentats, je savais comment ça allait finir. Soit j'allais être abattu dans la rue ou chez moi.* »

Hassan revient à la charge : « *Tu veux crever anonyme ou tu veux faire parler comme certains de tes coreligionnaires qui ont fait le jihad et qui une fois arrêtés, grâce au tribunal, ont pu évoquer leurs convictions ? Est-ce que tu veux la gloire et la notoriété et qu'on parle de toi jusqu'à la fin des temps ou est-ce que tu veux y crever comme ça ?* »

Merah ne tombe pas dans le panneau : « *Je demande à Allah de me préserver de l'ostentation. Je ne fais pas ça pour la gloire,* [sinon] *toutes mes bonnes actions seraient annulées auprès d'Allah,* [qui] *n'accepte pas les moudjahidines qui combattent pour leur renommée ou pour le butin. Mon but, c'est pas de marquer l'histoire. J'accomplis mon devoir de musulman.* »

Le policier joue sur la fibre musulmane. Il se fait rembarrer : « *Si toi t'es musulman, moi je suis cosmonaute.* » Car, pour Merah, c'est « *un péché* » que de « *travailler pour la DCRI* [Direction centrale du renseignement intérieur] *qui lutte contre le terrorisme* » : « *Tu tues les musulmans, tu combats Al-Qaeda et ses alliés.*

– *C'est pas parce que je suis à la DCRI que j'ai tué du monde* [...]. Inch'allah, *je prie le bon Dieu tous les jours pour que jamais j'utilise mon arme. Par contre, toi, les militaires que tu as tués étaient tous muslims.* »

Mais, pour Merah, « *ce sont des militaires qui*

combattent les moudjahidines en Afghanistan » et donc « *ce ne sont pas des musulmans* ». Dialogue de sourds.

Hassan ne perd pas de vue qu'il faut extirper le maximum d'éléments, afin de retrouver les armes, les voitures, le scooter, la caméra GoPro. Ces pièces à conviction seront récupérées à la fin de la journée. Bien qu'il soit flic du renseignement depuis dix-huit ans et n'ait jamais été officier de police judiciaire, Hassan se livre à un interrogatoire serré, recueillant des aveux circonstanciés sur les sept assassinats et les projets criminels échafaudés. Y compris sur sa propre personne : « *Tu m'avais pas ciblé quand même ?* »

Merah acquiesce froidement : « *T'en aurais pris une en pleine tête.* »

Indifférent en apparence (« *je t'en veux pas* »), Hassan essaie d'en savoir plus sur la provenance de l'argent et des armes : « *Par rapport aux armes, attends, Toulouse c'est pas Chicago* [...]. *Tu vas pas acheter des armes à Auchan quand même. T'as fait comment ?*

– Ben j'ai cherché [...], *et ces armes-là, je les ai trouvées du côté du banditisme, des vendeurs en gros d'armes à feu.* »

Le policier revient sur les coups de Merah pour financer ses voyages : « *Et donc en tout, t'as récolté combien d'argent avec toutes ces opérations de filouterie ?*

– Je sais pas, peut-être 20 000, 30 000 euros.

– Holà, t'as pas moyen de me dépanner un peu, là ? J'ai pris un crédit immobilier !

– Vas-y, fais-toi plaisir, y a 5 000 euros dans une Clio garée quelque part.

– Bon, on les partagera ensemble quand je viendrai te voir, je prendrai un café avec toi au parloir [de la prison].

– *LOL !*

– *Faut bien plaisanter, voilà, se détendre un chouïa.* »

De son côté, Merah a des interrogations obsessionnelles sur l'enquête : « *Depuis quand vous êtes sur moi ?* » Hassan lui répond que la police afghane l'a contrôlé à Kandahar en novembre 2010, « *le temps que ça vienne par coursier* » (rires), elle « *a mis presque un an à nous signaler ta présence sur zone* ». Merah a eu le temps d'aller au Pakistan et de revenir : « *Si on l'avait su, on ne t'aurait pas laissé repartir* », explique le policier. Qui se prend de vertes critiques sur les failles des services de renseignement : « *Si vous auriez été un peu plus malins, vous aurez appelé des cyber-policiers.* »

Car Merah a commis « *une grosse erreur* », non détectée : « *J'étais en pleine zone tribale dans le Waziristan* [où il a été entraîné au tir par Al-Qaeda en septembre 2011] *et j'ai envoyé des e-mails à ma mère pour pas qu'elle s'inquiète* [...] *et apparemment vous en savez rien du tout.* » Penaud, le policier lâche : « *Eh ben, on savait pas grand-chose de toi.* » Merah croyait qu'il allait « *se faire arrêter* » à cause de ces mails. Et n'en revient pas d'avoir pu berner ce flic et sa collègue de Paris lors du « débriefing » de novembre 2011 : « *Franchement, t'y as cru à cette histoire de tourisme ?*

– *J'y croyais à moitié mais bon... je pensais sur la bonté d'âme* », répond le flic. Puis Hassan affirme qu'il n'était pas dupe : « *Sache quand même qu'à l'entretien je croyais un mot sur deux de ce que tu disais. Donc je savais à peu près ton potentiel, le fait que je sois là ce matin et face aux circonstances, ça m'étonne à moitié.* »

Bluff ou réalité ? Si l'officier avait réellement senti ce « *potentiel* » chez Merah, une surveillance étroite aurait dû s'imposer. Mais le flic sait aussi le flatter pour essayer de le faire sortir sur le balcon torse nu, en caleçon et mains en l'air : « *Malgré tes attentats, moi, je te tire mon chapeau parce que t'as rien laissé transparaître.* » Ou « *t'es plus rusé que moi* », « *tu m'as bien roulé dans la farine* ». Hassan ne tombe pas pour autant dans le piège du tueur, qui tente d'obtenir son assentiment sur la « *légitimité* » de ses actes au nom d'Allah, pour punir « *les juifs qui tuent les enfants palestiniens* » et les militaires engagés en Afghanistan qui « *tuent les moudjahidines* ». Il coupe court : « *Moi, je me pose pas ce genre de questions, personnellement. Moi, je suis à Toulouse. Je vis ma vie, je fais mon boulot, mon taf, autant que je peux, mais après, bon, les questions géostratégiques, ce qui se passe là-bas, euh... J'ai d'autres soucis, familiaux, professionnels...* »

Merah, du tac au tac : « *Pourquoi tu fais ce métier, alors ?*

– *Parce que j'aime bien ce métier, j'aime bien cette région, voilà. Mais bon, je me projette pas en Afghanistan, c'est pas mon rôle.* »

Conscient qu'il a échoué à détecter la radicalisation de Merah, Hassan engrange des renseignements sur les réseaux d'Al-Qaeda en Afghanistan, leurs connexions au Pakistan, la formation du Toulousain au Waziristan. Il essaie de connaître la « *façon d'opérer en France* » d'Al-Qaeda. Mais il se fait tacler : « *Hé ! C'est de l'or, ces renseignements que tu me demandes.* » Pirouette du flic : « *Hé ! Mais t'es un garçon en or, non ? On discute tranquille.*

– *Ouais, mais je vais t'en poser des questions, moi, bientôt.* » Merah veut connaître les indices ayant conduit la police jusqu'à lui après ses trois attentats. Passionné par Jacques Mesrine (braqueur abattu par l'antigang le 2 novembre 1979), le petit délinquant du quartier des Izards a « *lu des livres sur le banditisme pour savoir comment les gros voyous se font arrêter* ». Il en a pris de la graine pour brouiller les pistes, préparant ses « *opérations* » au minimum pour éviter d'être repéré : « *Vous avez essayé de me suivre en voiture, franchement ?*

– *Oui. Ça nous est arrivé, oui.*

– *Vous suiviez pas longtemps, honnêtement ?*

– *Ah non, tu roules un peu vite, quoi. T'es un vrai pilote, toi.* »

Pas peu fier de semer la police, Mohamed Merah se polarise sur sa traque : « *Vous avez enquêté sur moi ?*

– *Ben, on a enquêté aussi longtemps que ça a été possible et avec les moyens dont on a disposé, et voilà. Bon. On a des éléments. On n'a pas tout malheureusement, parce qu'on aurait pu éviter cette tragédie. On aurait enquêté suffisamment, mais bon, on sait pas ce qui se passe dans la tête des gens, c'est ça.* »

Hassan tente de comprendre les mécanismes du criminel, furieux d'avoir été taxé de « *tueur en série* » après ses assassinats de militaires. Limite parano, Merah explique qu'il a « *transmis le message* » aux journalistes et « *revendiqué ses attaques* » au nom d'Al-Qaeda : « *Comme ça, vous pouvez pas étouffer l'affaire, pas dire : "C'est un psychopathe" comme vous dites à la télé, vos fausses informations.* » C'est un point sensible. Pour le jeune meurtrier qui a eu des soucis psychiatriques à 19 ans, son art de la dissimulation ne s'apparente pas à de la schizophrénie, mais « *à la ruse, à la tromperie* », qui « *est le nerf de la guerre* ». Lorsque le flic se mue en psy, ce garçon déséquilibré livre ses émotions intimes sur le meurtre du militaire à Toulouse, le 11 mars « *C'est, on va dire, éprouvant la première fois, hein.*

– *Le fait de tirer sur le moment ou le soir lorsque tu y as repensé ?*

– *Ouais, le soir. Sur le moment, c'était chaud, je ressentais rien. En rentrant chez moi, je me sentais... C'était une épreuve, t'as vu. Abattre un homme,* hamdullah, *je savais que c'était une bonne action mais je ressens quelque chose. Et, psychologiquement, j'étais fatigué. Pas physiquement. Je dormais beaucoup.* »

À Montauban, le 15 mars, Mohamed Merah ne sent « *pas de stress* » dans l'action car il devait « *tout faire tout seul, filmer, tirer, remonter, fuir* » à scooter : « *Dès la deuxième fois, j'ai vu que j'en avais tué trois, moi je pensais que je les avais tués tous les trois, je ressentais mon cœur apaisé. Et, comme il était apaisé, je voulais refaire ça à chaque fois et récidiver dans mes opérations, je me sentais de mieux en mieux.*

– *Donc tu montais en puissance au niveau de ta confiance à chaque fois que tu commettais un acte, quoi. La première fois, t'étais un peu tourmenté parce que c'est pas humain, pas naturel d'ôter la vie à quelqu'un. Est-ce que tu t'es confié ?*

– *Je me suis confié qu'à Allah.* »

Hassan se demande si l'union religieuse éphémère de Merah aurait pu changer son destin : « *Si ton mariage avait marché, tu serais passé quand même à l'action ou tu aurais attendu ?*

– *Non, non. Je serais quand même passé à l'action.* »

Mohamed Merah a d'ailleurs divorcé car son épouse « *posait beaucoup de questions* », trop curieuse pour un homme qui ramène des armes à la maison puis les enterre. Le soir, alors que Merah ne veut pas se constituer prisonnier, Hassan lui propose « *de se rencontrer pour mieux se connaître, s'apprécier davantage et te faire comprendre que je ne suis pas forcément un ennemi d'Allah* ». Ébranlé, Merah maintient sa position mais s'emmêle : « *Écoute, t'es mon ennemi, tu vois. Euh... on combat* [...] *du même côté, t'as vu. Euh... on combat face à face, calibre à la main. Donc, tu peux pas prétendre être mon allié, tu es que mon ennemi.* » Hassan, lui, ne peut s'empêcher de culpabiliser : « *Pour toi, c'est une attaque de mécréants, mais pour nous, pour moi, c'est une tragédie.* »

*

Au bout de ces quatre heures d'échanges entre « le tueur au scooter » de Toulouse – retranché dans son appartement assiégé – et l'officier Hassan du renseignement intérieur régional, qui s'étalent entre 7 h 34 et 22 h 44 le mercredi 21 mars, les policiers d'élite du RAID qui tentaient de négocier en vain sa reddition, investissent les lieux et finissent par abattre Mohamed Merah, 23 ans, le lendemain à 11 heures. Un rapport rendu public en octobre 2012 par le ministre de l'Intérieur Manuel Valls pointera les « *dysfonctionnements* » des services de police apparus dans l'affaire de Mohamed Merah qui, bien que repéré dès 2006 et surveillé en 2011 par la Direction régionale du renseignement intérieur (DRRI) de Toulouse, a pu aller s'entraîner au jihad au Pakistan et tuer sept personnes en Midi-Pyrénées, trois militaires, trois enfants et un adulte de confession juive. Au procès d'assises d'appel à Paris en avril 2019, son frère aîné Abdelkader Merah a été reconnu coupable d'association de malfaiteurs terroriste et de « *complicité* » des sept assassinats perpétrés en mars 2012 par Mohammed et condamné à trente ans de réclusion criminelle. Le second accusé, Fettah Malki, petit délinquant toulousain lui ayant fourni une arme et un gilet pare-balles, a écopé de dix ans d'emprisonnement pour association de malfaiteurs simple.

7 septembre 2014

3. Mehdi Nemmouche, de Roubaix aux basses œuvres jihadistes

Radicalisé sur le tard, il a déployé toute sa perversité dans les geôles syriennes de l'État islamique.

À Alep, le petit braqueur de supérette de Roubaix est devenu en 2013 geôlier d'otages pour l'État islamique en Irak et au Levant (EIIL, devenu depuis EI). Là-bas, Mehdi Nemmouche roule des mécaniques avec ses gants de moto en cuir pour frapper les récalcitrants et, même s'il « *s'en fout de Ben Laden* » selon un témoin, il fanfaronne auprès des mécréants occidentaux retenus qui osent lui tenir tête : « *Non mais, tu ne sais pas à qui tu as affaire, j'suis Al-Qaeda, moi !* » Cet exécutant « *d'un rang secondaire* » a « *maltraité et battu* » Nicolas Hénin, mais a également « *donné quarante coups de gourdin sur le crâne* » de Didier François, d'après les auditions des quatre victimes versées dans l'enquête ouverte à Paris pour « *enlèvements et séquestrations en relation avec une entreprise terroriste* ».

À en croire ces procès-verbaux, le grand reporter d'Europe 1 Didier François fut durant trois mois « *la tête de Turc* » de ce Français cagoulé surnommé « Abou Omar » qui le prend pour « *un agent de la DGSE* » et menace de l'exécuter. À plusieurs reprises, les leaders irakiens et syriens d'EIIL ont dû « *protéger les otages occidentaux des violences de Nemmouche* », prêt à les liquider au lieu de rançonner les États. Si « Abou Omar le cogneur » est obligé de modérer ses pulsions avec les otages occidentaux, il se montre bien plus cruel avec les « *50 ou 80 prisonniers syriens de droit commun* » enfermés à côté, dans le sous-sol de l'hôpital désaffecté d'Alep, qu'il « *torture* » parfois « *toute la nuit, jusqu'à la prière de l'aube* », sous les « *hurlements* », comme en atteste Nicolas Hénin, du *Point*. Cynique et mégalo, Mehdi Nemmouche s'amuse aussi avec ses captifs français, traités à la dure, et se plaît à leur lancer sa phrase fétiche tirée de *Trop d'énergie*, du rappeur Rohff : « *C'est ça la vie d'artiste, elle est belle mais elle est triste.* » Il chantonne aussi « *la bohème, la bohème, nous ne mangions qu'un jour sur deux* » ou « *douce France, cher pays de mon enfance, bercée de tant d'insouciance, je t'ai gardée dans mon cœur* ».

Inconditionnel de *Faites entrer l'accusé* (France 2), longtemps présenté par Christophe Hondelatte, Abou Omar en a téléchargé les épisodes, qu'il visionne en boucle, et pose des colles aux otages sur les grandes affaires criminelles françaises : à propos de l'assassinat, en 1994, de la députée frontiste du Var Yann Piat ou sur « *l'ennemi public numéro un Khaled Kelkal* », ce petit délinquant de la cité des Minguettes, dans la banlieue de Lyon, mouillé en 1995 dans les attentats en France du Groupe islamique armé (GIA). Mais « *son héros absolu* », c'est Mohammed Merah, son « *frère* » de Toulouse entraîné par Al-Qaeda au Pakistan qui, à 23 ans, a abattu au 11,43 trois parachutistes français revenus de combattre les talibans en Afghanistan, puis a attaqué l'école juive Ozar-Hatorah, où il a tué un professeur et trois enfants. Dont une fillette qu'il a traînée par les cheveux avant de l'achever. Un modèle pour Nemmouche, qui rêve d'imiter ce « *plus grand Français que la France ait jamais produit* » et qui lance aux otages : « *Les petites juives, je les tirerais bien par les nattes avant de les buter.* »

Fils d'un père algérien inconnu, né à Roubaix (Nord) le 17 avril 1985, placé dès l'âge de 3 mois puis ballotté de foyers en maisons d'accueil, Mehdi Nemmouche admire également son aîné Lionel Dumont, nordiste converti qui fit partie du « gang de Roubaix » en 1996, de piètres braqueurs islamistes, avant d'aller faire le coup de feu en Bosnie, de prendre vingt ans de prison à Sarajevo puis trente ans en France, où il est emprisonné. D'après le dossier judiciaire, Mehdi Nemmouche s'est assoupli au bout de trois mois avec Didier François car celui-ci connaissait sur le bout des doigts les copains de guerre de Dumont, « *la 7e brigade des bandits d'honneur ayant défendu Sarajevo* ». Le troisième maître à penser de Nemmouche est Djamel Beghal, l'activiste franco-algérien arrêté à 35 ans à Dubaï durant l'été 2001. Il préparait alors un attentat contre l'ambassade des États-Unis à Paris sur ordre d'un lieutenant de Ben Laden, juste avant l'attaque des tours jumelles de New York.

Aux yeux de Nicolas Hénin, pour ce garçon d'alors 28 ans, « *paumé et pervers* » mais au « *très grand ego* », « *le jihad n'est finalement qu'un prétexte pour assouvir sa soif maladive de notoriété* ». À l'en croire, si Abou Omar, qui se présentait « *masqué dans notre cellule est apparu plusieurs fois à visage découvert* », c'est sûrement à cause de « *sa recherche de gloire* » : « *Je pense qu'il savait qu'on tiendrait un jour cette conférence de presse en son honneur* », a dit samedi le journaliste du *Point*. Pour lui, Mehdi Nemmouche n'est « *probablement pas parti en Syrie pour se battre pour un quelconque idéal, mais avant tout sans doute par manque de reconnaissance, pour se réaliser d'une certaine façon et pour réaliser une sorte de cavalcade meurtrière dont il avait fomenté le dessein* ».

C'est au terme de cinq ans de prison, du 5 décembre 2007 au 4 décembre 2012, pour des petits délits – conduite sans permis, refus d'obtempérer, puis vols aggravés et braquage de supérette –, que Mehdi Nemmouche « *s'est radicalisé* », selon le procureur de la République de Paris François Molins : « *Il s'illustre par son prosélytisme extrémiste, fréquentant un groupe de détenus islamistes radicaux et faisant appel à la prière collective en promenade.* » Pourtant, son avocate nordiste, Soulifa Badaoui, qui a suivi son parcours, son BEP d'électronique, son échec au bac pro électrotechnique et sa reprise à 22 ans d'une capacité en droit, n'y a vu que du feu lors de ses visites au parloir, « *en 2010-2011* » : « *Il n'est apparemment pas quelqu'un de religieux. Ni de près ni de loin. Par exemple, il ne parsème même pas sa conversation d'expressions comme*

"Inch Allah". *Il ne parle pas de politique, ni de l'actualité. Il voulait s'en sortir.* » Après son transfèrement en 2011 à la maison d'arrêt de Toulon-La Farlède, Nemmouche bascule. Il se met à pratiquer l'islam de façon trop voyante aux yeux de l'administration pénitentiaire, avec « *des tendances prononcées* » à « *essayer d'enrôler* » d'autres détenus, a expliqué David Mantion, secrétaire régional adjoint de l'UFAP-UNSA justice. Ses manquements à la discipline le conduisent à l'isolement en octobre 2011, ce qui le rend « *plus calme dans l'ensemble* », d'après Mantion : « *Il faisait les cinq prières par jour, portait la barbe et la djellaba. Il n'avait pas la télévision en cellule, car ce n'était "pas bien".* » Mais lorsqu'à Toulouse, en mars 2012, Mohammed Merah résiste aux forces de police, Mehdi Nemmouche demande tout de suite « *un poste de télévision pour suivre l'affaire. Il avait un peu l'air de jubiler. Une fois la médiatisation retombée, il a rendu le téléviseur* », a témoigné le gardien.

Avant sa libération en décembre 2012, l'administration pénitentiaire a averti la Direction centrale du renseignement intérieur (DCRI, devenue DGSI) de la radicalisation de Mehdi Nemmouche, qui fit alors l'objet d'une fiche S, pour susceptible d'attenter à la « *sûreté de l'État* ». Tout contrôle de cet individu devait être signalé à la DCRI. Cela n'a pas empêché Mehdi Nemmouche de partir en Syrie en catimini le 31 décembre 2012, *via* Bruxelles, Londres, Beyrouth et Istanbul. Métamorphosé en « Abou Omar le cogneur », le jihadiste du nord de l'Hexagone est resté toute l'année 2013 en Syrie pour combattre au sein de l'EIIL et « *s'occuper* » des otages avec la manière forte, ses blagues de potache et ses refrains franchouillards, « *douce France, cher pays de mon enfance* »...

*

Mehdi Nemmouche comparaîtra début 2025, devant la cour d'assises spéciale de Paris, en compagnie de quatre coaccusés – dont deux présumés morts – pour ses sévices de geôlier en Syrie contre sept Occidentaux, dont les quatre journalistes français Didier François, Édouard Elias, Nicolas Hénin et Pierre Torres, enlevés en juin 2013, et otages de l'EI. Il sera jugé pour séquestration, actes de torture et de barbarie, en bande organisée et en relation avec une entreprise terroriste.
Premier jihadiste issu des rangs de l'État islamique à perpétrer un attentat en Europe, contre le Musée juif de Bruxelles le 24 mai 2014, le Français Mehdi Nemmouche a déjà été reconnu coupable de ces quatre assassinats « terroristes » en Belgique et condamné mi-octobre 2024 à la réclusion criminelle à perpétuité.

16 janvier 2015

4. Kouachi-Coulibaly : les chemins du jihad parisien

De leur rencontre en prison aux attaques synchronisées menées la semaine dernière, retour sur la radicalisation progressive des tueurs de *Charlie Hebdo*, de Montrouge et de l'Hyper Cacher.

Ni « cellule dormante » ni « loups solitaires ». L'irruption en terroristes des frères Kouachi et d'Amedy Coulibaly pour porter à leur façon la guerre sainte en France contre des caricaturistes, des policiers et des juifs (17 morts) démontre cruellement qu'il s'agit d'une bande de jihadistes du cru, qui ont grandi en Île-de-France, y ont travaillé, ont été emprisonnés, fichés et suivis. Malgré un itinéraire commun, ces soldats du jihad se revendiquent d'organisations différentes et concurrentes, les Kouachi agissant au nom d'Al-Qaeda au Yémen tandis que Coulibaly se réclame de l'État islamique. Il n'empêche, sur le terrain, le trio a choisi ses cibles et préparé des attaques « *synchronisées* » avec lance-roquettes, kalachnikov, pistolets Tokarev, pistolet-mitrailleur Skorpion, grenades et dynamite.

C'est, semble-t-il, à la maison d'arrêt de Fleury-Mérogis (Essonne) que se nouent, en 2005, leurs liaisons dangereuses. Voleur impénitent, Amedy Coulibaly aligne déjà cinq condamnations en quatre ans sur son casier judiciaire pour des « *vols aggravés* ». La peine la plus lourde, six ans de prison, lui a été infligée par la cour d'assises des mineurs du Loiret pour un braquage de banque – butin de 25 000 euros – commis le 7 septembre 2002 avec deux complices. Le délinquant de droit commun Amedy Coulibaly se frotte à l'islam radical, incarné par un détenu charismatique du même bâtiment : Djamel Beghal, moudjahid franco-algérien formé aux armes et aux explosifs en Afghanistan et au Pakistan. Un homme qui, en 2001, avant le 11 septembre, a concocté un projet d'attentat-suicide contre l'ambassade des États-Unis à Paris. En détention, le prosélyte Djamel Beghal, qui pourtant doit rester à l'isolement, prend en main le voleur du quartier de la Grande Borne à Grigny (Essonne), et lui inculque les rudiments de l'islam à sa façon ultra-fondamentaliste. En plus de côtoyer l'émir Beghal, le petit voyou Coulibaly rencontre un autre garçon, alors âgé de 22 ans : Chérif Kouachi, du XIXe arrondissement de Paris, qui a plongé fin janvier 2005 pour son appartenance à la « *filière irakienne* » dite des Buttes-Chaumont. Il pratique le sport à haute dose.

Chérif Kouachi, né en 1982 à Paris, et son frère aîné Saïd, orphelins, ont décroché de l'école et ont été placés en foyer à Treignac, en Corrèze, en 1994. Si le grand s'applique à passer son CAP de cuisine, le cadet, plus turbulent et indiscipliné, rêve de devenir footballeur… De retour à Paris chez un oncle installé dans le XIXe, Chérif livre des pizzas, s'adonne au rap, au shit, aux filles et à l'alcool, puis stoppe toutes ces déviances de « mécréants » lors du ramadan 2004. Son frère l'a emmené à la mosquée Adda'Wa de la rue de Tanger, où officie un petit prédicateur du quartier : Farid Benyettou, 23 ans alors qui le soir organise chez lui prières et prêches et recrute pour le jihad anti-américain en Irak. Certains de la bande prônent même une action sur le sol français, à commencer par Chérif Kouachi, si l'on en croit l'un de ses membres : « *Chérif m'a parlé de casser des magasins de juifs, de les attraper dans la rue pour les frapper. Il ne parlait que de cela et de faire quelque chose ici, en France, avant de partir.* » Il visait deux restaurants tenus par des membres de la communauté juive rue Petit, vers la porte Chaumont, à deux pas de chez lui. Or, pour son avocat Vincent Ollivier, Chérif la ramène juste afin de ne pas passer pour un lâche et a seulement évoqué une hypothétique vengeance contre un commerce juif qui l'avait « *viré* ». Voilà dix ans, Chérif Kouachi avait été arrêté la veille de son départ en Irak *via* la Syrie avec un pote tunisien, Thamer Bouchnak, qui essayait de lui montrer le maniement d'une kalachnikov sur des croquis. Aux yeux de Me Ollivier, à l'époque, le parquet antiterroriste exagère de relier les deux hommes « *à Ben Laden et al-Zarqaoui* » : « *Ce ne sont que deux jeunes de 22 ans qui ont pris un billet pour la Syrie, avec un retour.* » Voilà Kouachi et Bouchnak mis en examen pour « *association de malfaiteurs en relation avec une entreprise terroriste* ». Au bout de dix-huit mois de taule, Chérif Kouachi qui, selon un proche, y était rentré « *taillé comme une ablette en ressort en Musclor* », libéré sous contrôle judiciaire en juillet 2006. Il respecte ses obligations de pointer et devient poissonnier chez Leclerc. Le 1er mars 2008, il épouse Izzana Hamyde, avec Saïd pour témoin, et s'installe à Gennevilliers (Hauts-de-Seine). Jugé libre au procès du réseau du XIXe au printemps 2008, Chérif Kouachi est condamné à trois ans d'emprisonnement dont la moitié ferme, déjà purgée. Il continue de vendre du poisson.

Libéré lui aussi pour ses vols aggravés, le délinquant de droit commun Amedy Coulibaly se marie le 5 juillet 2009, religieusement, avec celle qui est sa compagne depuis trois ans, Hayat Boumeddiene. Ils emménagent à Bagneux (Hauts-de-Seine). Amedy Coulibaly et Chérif Kouachi se voient souvent, seuls ou en couple, sortent ensemble, projettent d'aller à la foire du Trône. Leurs épouses, Izzana et Hayat, se fréquentent aussi. Jeune fille à la dérive, placée en foyer pour enfants à la mort de sa mère, Hayat a basculé dans l'islam à outrance et a dû renoncer à son emploi de caissière à cause de son niqab. Coulibaly, lui, travaille en contrat de professionnalisation chez Coca-Cola à Grigny (Essonne). À ce titre, il se trouve parmi les 500 jeunes reçus par Nicolas Sarkozy à l'Élysée en juillet 2009 sur le thème de l'emploi : « *À la limite, si le président peut me faire embaucher* », lance alors Coulibaly, surnommé « Doly », au *Parisien*. Il joue au poker en ligne et voyage avec son épouse en Crète, en République dominicaine, en Malaisie. Il aurait aussi fait quelques séjours au Maroc. Interrogée par la police en mai 2010 sur la foi de son époux, Hayat ne le dit pas très pieux : « *Amedy n'est pas vraiment très religieux. Il aime bien s'amuser, tout ça. Il n'est pas du genre à se balader tout le temps en kamis, la tenue traditionnelle musulmane masculine, etc. Normalement, c'est une obligation pour les hommes d'aller à la mosquée le vendredi à la prière. Amedy, il s'y rend selon son emploi du temps, mais je dirais qu'en gros il y va toutes les trois semaines.* »

Or, Amedy Coulibaly a un emploi du temps chargé en cette année 2010. Il bosse toujours comme opérateur chez Coca-Cola mais fraie avec des gars de banlieue ayant versé dans le banditisme et donne des coups de main à Djamel Beghal, son mentor islamiste alors assigné à résidence à Murat (Cantal) et en attente d'expulsion vers l'Algérie. Coulibaly va le voir. Son comparse Chérif Kouachi l'accompagne à deux reprises. Hayat Boumeddiene suit deux fois son mari dans ce périple de 500 kilomètres jusqu'à l'hôtel *Les Messageries* où loge « *le savant* » Beghal, qui a « *beaucoup de livres sur la religion* ». N'ayant pas le droit de rester dans la même pièce, Hayat lui pose des questions de celle d'à côté. À en croire Coulibaly, les hommes évoquent « *des souvenirs de prison et parlent de la montagne* ». « *La première fois qu'on a fait de la randonnée avec lui* [Beghal], *on a fait de l'arbalète en tirant sur un tronc d'arbre* », raconte sur PV Hayat Boumeddiene, qui a d'ailleurs été photographiée en niqab en train de décocher des carreaux.

La sous-direction antiterroriste (SDAT) de la police judiciaire surveille en effet toute la bande depuis le 11 février 2010, date à laquelle un tuyau alarmant est tombé dans ses oreilles : « *Un groupe d'islamistes radicaux en lien avec un "frère" résidant dans le Cantal prépare une action criminelle importante sur le territoire national.* » Les écoutes placées sur Beghal, dit « Abou Hamza », et sa clique démontrent qu'il s'agit de préparatifs d'évasion de Smaïn Aït Ali Belkacem, l'artificier des attentats du Groupe islamique armé (GIA) en 1995 à Paris, condamné à la réclusion à perpétuité. Des échanges téléphoniques entre Beghal et Coulibaly trahissent l'ascendant du maître à penser qui, le 12 mars 2010, dissuade son disciple de donner de l'argent aux associations humanitaires non musulmanes et le convainc de le verser aux résistants palestiniens : « *Les musulmans sont prioritaires, mon frère. Les enfants de Palestine, ce sont les combattants de demain, c'est eux qui sont en train de tenir tête aux juifs,* wallah, *avec des pierres, mon ami.* » Amedy Coulibaly promet d'obéir à Djamel Beghal : « *Ben vas-y, moi, je vais faire ça aussi.* Inch' Allah. » Puis, le 6 mai, Coulibaly demande à Beghal si le Coran permet de laisser des dettes en mourant. « Abou Hamza » rétorque qu'il vaut mieux les payer avant, sinon elles restent « *en suspens* », sauf dans certains cas : « *Dans la circonstance actuelle où il y a le feu dans la maison, il n'y a ni créancier ni parents.* »

Depuis la centrale de Clairvaux (Aube), Belkacem qui détient un portable sous un faux nom et une adresse imaginaire (1, rue du Pakistan, 75010), organise sa fuite. Le 6 avril, il ordonne à un certain Teddy d'aller voir « *Doly* » (Coulibaly), « *le petit Noir* » de Grigny, un gars « *fiable, déterminé* » qui peut trouver « *ce qu'on cherche* ». Il s'agit de 240 munitions de kalachnikov découvertes en perquisition le 18 mai 2010, jour du coup de filet chez Amedy Coulibaly, qui nie toute implication dans un projet d'évasion. Il baratine : « *Ces cartouches pour kalach, je les ai achetées il y a un mois dans la rue, 1 euro pièce, et je cherche à les revendre 3 euros.* » Pour sa part, son alter ego, Chérif Kouachi, s'emmure dans un silence total en garde à vue : « *Il a refusé de parler et de manger pendant quatre-vingt-seize heures et n'a jamais regardé les policiers,* assure aujourd'hui un témoin. *Il a juste levé les yeux à la fin pour déclarer : "Je suis innocent." Pareil pendant trois ans d'instruction. Il n'a jamais dit un mot ni à un policier ni à un juge.* » Son attitude inflexible, qui trahit déjà une « *force de caractère et de détermination jusqu'au-boutiste* », est revenue en mémoire de ce témoin après le massacre à *Charlie Hebdo*. Mais, faute d'éléments probants à l'époque, Chérif Kouachi, qui entretient juste des contacts avec Amedy Coulibaly, est remis en liberté le 11 octobre 2010 et placé sous contrôle judiciaire, interdit de quitter le territoire et obligé de pointer chaque mois, jusqu'à son non-lieu en juillet 2013.

Pourtant, les Américains repèrent un voyage de son frère Saïd et d'un autre homme – aujourd'hui identifié comme étant Chérif – au sultanat d'Oman entre le 25 juillet et le 15 août 2011, et les suspectent d'un passage clandestin au Yémen pour s'entraîner au tir. Alertés, les services secrets français ont « *écouté* », « *filoché* » et « *surveillé* » Chérif Kouachi à compter de décembre 2011, pendant deux années. Son frère Saïd, au casier judiciaire vierge et au comportement passe-partout, l'a été moins longtemps. Les deux ont à nouveau été « *branchés* » en février 2014, mais les interceptions de sécurité ne laissent apparaître qu'un trafic de contrefaçons de vêtements et de chaussures de sport monté par Chérif. Aucune conversation captée n'est en lien avec le terrorisme islamique et les écoutes ont donc été interrompues en juin. Sept mois seulement avant que les frères Kouachi exécutent la fatwa contre *Charlie Hebdo* pour « *venger le Prophète* ».

Coulibaly, lui, a fini le 15 mai 2014 de purger sa peine de cinq ans de prison pour « *association de malfaiteurs* » (pour l'aide au projet d'évasion de Belkacem), sans qualification de terrorisme. Il n'a jamais été dans les « *radars* » du renseignement comme islamiste radical. Le meurtrier d'une policière municipale à Montrouge et de quatre otages de l'Hyper Cacher de la porte de Vincennes n'a pas plus été repéré dans les lieux de prière qu'il dit, dans sa vidéo posthume, avoir fréquenté pour recruter : « *Depuis que je suis sorti, j'ai beaucoup bougé, j'ai sillonné les mosquées de France un petit peu, beaucoup de la région parisienne. Elles sont pleines d'hommes pleins de vigueur, en bonne santé, de jeunes sportifs.* » Coulibaly aurait emprunté 6 000 euros à Cofidis pour « *financer un peu* » l'armement des Kouachi et le sien, peut-être en Belgique. Le 2 janvier, il a expédié sa femme, Hayat, à Madrid avec un comparse, Mehdi Sabry Belhoucine, 23 ans, pour prendre un vol à destination d'Istanbul, afin de passer en Syrie le 8 janvier. Le frère aîné de cet accompagnateur, Mohamed Belhoucine, a déjà été condamné à un an de prison pour son appartenance, en 2010, à une filière d'acheminement de combattants dans la zone afghano-pakistanaise et se trouverait actuellement en Syrie. Afin de préparer son jihad à Paris, Coulibaly a loué le 4 janvier pour une semaine une planque à Gentilly (Val-de-Marne). La PJ y a découvert la parfaite panoplie du jihadiste : quatre pistolets Tokarev, un revolver, des munitions, des détonateurs, des bombes lacrymogènes, un gilet tactique, des jumelles, un gyrophare, des drapeaux de l'État islamique. Après la mort en martyr du trio, la SDAT, la DGSI et la brigade criminelle de Paris recherchent toujours leurs complices.

*

Les assaillants ayant été éliminés, ce sont quatorze complices – dont trois absents – des frères Kouachi et d'Amedy Coulibaly qui ont été jugés à Paris à l'automne 2020 pour la série d'attentats de janvier 2015 dans les locaux de *Charlie Hebdo*, à Montrouge et à l'Hyper Cacher. La cour d'assises spéciale a rendu un verdict mesuré contre des « *petites mains* » et de plus aguerris ayant fourni armes, appartement ou finances. Les peines allant de la réclusion criminelle à perpétuité (contre Mohamed Belhoucine) et trente ans (Hayat Boumeddiene), tous deux en fuite ou décédés, à cinq ans de prison. Mais le véritable commanditaire de la fatwa contre le journal satirique, Peter Cherif, n'a été jugé qu'en 2024 à

Paris pour son rôle de mentor auprès de son ami d'enfance Chérif Kouachi et son engagement durant sept ans au sein d'Al-Qaeda au Yémen. Issu de la filière des Buttes-Chaumont et parti combattre en Irak en 2004, Peter Cherif est capturé par les Américains dans les ruines de Falloujah, écope de quinze ans de prison, parvient à s'échapper en Syrie en 2008 avant d'être expulsé vers la France. Alors mis en examen pour « association de malfaiteurs terroriste » et jugé dans l'Hexagone début 2011, il réussit à s'enfuir au Yémen avant sa condamnation à cinq ans de prison. Selon l'accusation, lors d'un séjour de son pote de jeunesse au Yémen en 2011, Peter Cherif aurait *« facilité l'intégration de Chérif Kouachi dans les rangs d'Al-Qaeda dans la péninsule Arabique, AQPA »* et *« était nécessairement au courant de la mission qui lui avait été confiée »* de perpétrer l'attaque contre *Charlie Hebdo*. Le 3 octobre 2024, Peter Cherif, 42 ans, a été condamné à la réclusion criminelle à perpétuité pour son implication dans la tuerie.

Remerciements

À Dov Alfon et Alexandra Schwartzbrod de la direction actuelle de *Libération* qui m'ont autorisée à publier mes textes avec les titres et sous-titres du journal.

À Bénédicte Dumont, du service documentation, qui m'a retrouvé des articles et à l'« archiviste barbu » qui les indexait sur des fiches cartonnées avant 1995.

À mon ami et complice Francis Zamponi qui m'a repérée à Lyon Libé et recrutée à Paris en 1990.

À mes coéquipiers hors pair Franck Johannès et Jacky Durand qui m'ont épaulée.

Aux chef(fe)s de service et adjoint(e)s qui m'ont conseillée et relue, notamment Sorj Chalandon, Dominique Simonnot, Michel Henri, Brigitte Vital-Durand et Nicole Pénicaut.

Aux reporters tout terrain des « Infos géné ».

À mes patrons Serge July, Jacques Amalric, Laurent Joffrin, Antoine de Gaudemar et Jean-Michel Helvig, qui m'ont fait confiance et laissé une entière liberté.

À tous les chefs d'édition, secrétaires de rédaction, photographes, correctrices et maquettistes qui ont mis en valeur mes articles.

À tous les potes du journal pour ces vingt-cinq années formidables à vos côtés et ces fiestas mémorables sur la terrasse.

À mon fidèle directeur éditorial du Seuil Jean-Christophe Brochier qui a accepté de suivre ce livre jusque après « la quille », et à l'efficace Muriel Brami.

À l'ensemble des gens des maisons Seuil et Points qui s'occupent de mes bouquins.

Table

Partie 3
Skinheads et nazillons, actions françaises
99

Partie 4
Escrocs en tous genres
141

PARTIE 7
Flic Story
241

PARTIE 8
Écoutes et bretelles
287

PARTIE 9
Taupes, espions et infiltrés
301

RÉALISATION : NORD COMPO À VILLENEUVE-D'ASCQ
IMPRESSION : NORMANDIE ROTO IMPRESSION S.A.S. À LONRAI
DÉPÔT LÉGAL : MARS 2025. N° 159340 (2500071)
IMPRIMÉ EN FRANCE